해체와 파괴

Deconstruction and Destruction

Деконструкция и деструкция, by Mikhail Ryklin
originally published by Λoroc

해체와 파괴 : 현대 철학자들과의 대담

초판 1쇄 인쇄 _ 2009년 7월 15일
초판 1쇄 발행 _ 2009년 7월 20일

지은이 · 미하일 리클린 | 옮긴이 · 최진석

펴낸이 · 유재건 | 주간 · 김현경
편집팀 · 박순기, 박재은, 주승일, 박태하, 강혜진, 김혜미, 임유진, 진승우, 박광수
디자인팀 · 이해림, 신성남 | 마케팅팀 · 이경훈, 정승연, 서현아
영업관리팀 · 노수준, 이상원, 양수연

펴낸곳 · 도서출판 그린비 | 등록번호 · 제10-425호
주소 · 서울시 마포구 동교동 201-18 달리빌딩 2층 | 전화 · 702-2717 | 팩스 · 703-0272

ISBN 978-89-7682-325-0 04100 | 978-89-7682-317-5 (세트)
이 도서의 국립중앙도서관 출판시도서목록(e-CIP)은 e-CIP 홈페이지(http://www.nl.go.kr/ecip)에서
이용하실 수 있습니다.(CIP제어번호 : 2009002064)

그린비 출판사 나를 바꾸는 책, 세상을 바꾸는 책
홈페이지 · www.greenbee.co.kr | 전자우편 · editor@greenbee.co.kr

해체와 파괴

Deconstruction and Destruction

현대 철학자들과의 대담

미하일 리클린 지음 | 최진석 옮김

차례

해체와 파괴: 현대 철학자들과의 대담

| 일러두기 |

1 이 책은 M. Рыклин, *Деконструкция и деструкция*, Москва: Логос, 2002를 번역한 것이며, 경우에 따라 독일어판 Michail Ryklin, *Dekonstruktion und Destruktion*, Zürich-Berlin: diaphanes, 2006을 참조했다. 원저자와의 합의하에 서문의 일부를 축약했음을 밝혀 둔다.

2 본문의 주석은 모두 각주로 표시되어 있다. 원주는 끝에 '—지은이'라고 표시했으며, 표시가 없는 것은 모두 옮긴이 주이다. 단, 후기의 주석은 옮긴이 주에 '—옮긴이'라고 표시했으며, 표시가 없는 것은 모두 원주이다.

3 독자의 이해를 돕기 위해 옮긴이가 본문에 추가한 내용은 대괄호([ ])로 묶어 표시했다.

4 단행본·정기간행물에는 겹낫표(『 』)를, 논문·단편·영화제목 등에는 홑낫표(「 」)를 사용했다.

5 외국 인명이나 지명, 작품명은 2002년에 국립국어원에서 펴낸 외래어 표기법을 따라 표기했다. 단, 기존의 관례가 굳어서 쓰이는 것들(예: 슬라보예 지젝, 도스토예프스키 등)은 관례를 따랐다.

서문

"당신이 항상 철학에 관해 묻고 싶었지만, 감히 물어보지 못했던 것들……"

『해체와 파괴』*Deconstruction and Destruction* 는 현대 철학에 던져진 우리 물음의 빈칸들에 얼마간 답변을 제공할 목적으로 쓰여진 책이다. 소비에트 연방의 붕괴를 전후하여 러시아어로 번역돼 출간되었던 엄청난 양의 서구 현대 철학자들의 책을 읽노라면, 우리 내면에는 그들에게 묻고 싶은 갖가지 질문들이 솟아나기도 하거니와, 또한 그들의 책을 읽고 있는 우리 자신의 위치에 대해서도 물음이 생겨나는 것이다. 기실 이 '위치'의 역사는 다분히 문제적인데, 그것은 서구인들의 텍스트들을 우리[1] 앞에 예측 불가능한 방향으로부터 던져 놓는다는 점에서 우리와 서구 사이의 몰이해의 지대이자 맹점을 표시하기 때문이다.

그런 점에서 이 책의 과제는, 이 끈질긴 내적 물음, 혹은 대화를 이해

1) 여기서 '우리'란 우선적으로 서구와 역사적·문화적으로 오랫동안 절연되어 있던 러시아인들, 특히 소비에트 연방 이후를 살아가는 '포스트-소비에트인들'을 가리킨다. 하지만 보다 넓은 의미에서는 서구의 '타자'로서 '서구적인 것' 일반에 역사적으로 마주해야 했던 비(非)서구 세계 전체, 심지어 자기 스스로 타자화된 서구 자신을 지칭할 수도 있을 것이다.

가능한 표면 위로 옮겨 놓고 침묵에 잠겨 있으되 완고하게 남아 있는 우리의 질문들을 여기 소개된 철학자들에게 제기하는 데 있다. 만일 그 질문들이 파 놓은 의문의 심연이 쉽게 메워지지 않는다면, 최소한 그 심연이 우리 앞에 엄존해 있으며 사유의 대상으로서 제기되어 있음을 보여 주어야 할 것이다.

물론 여기서 우리는 철학 텍스트들을 마치 어떤 사유의 영점零點으로부터 직접적으로 이해할 수 있다는 환상을 거부해야 한다. '사유의 영점'이란, 독자인 우리들에게뿐만 아니라 저자 자신들에게도 역시 존재하지 않는 탓이다. 얼핏 단순할 정도로 명백해 보이는 전통적 텍스트들에도 '거리'는 존재하며, 우리의 경우 그와 같은 '거리'는 전적으로 수렴 불가능한 것으로 드러나 있다.

형이상학에 대한 우리 포스트-소비에트 러시아인들의 태도는, 형이상학이 현대적 사유의 가능성으로서 그 힘을 상실했다고 진단한 서구 철학자들의 그것보다 더 불분명하게 남아 있다. 가령 들뢰즈와 가타리, 보드리야르 등은 형이상학에 대해 한 치의 양보도 없는 전쟁을 선언하고 그 사망 선고를 내리기도 했다. 하지만 형이상학에 대한 이 모든 전투는 사실 형이상학에 의해 유표화有標化된 영토에서 진행되어 왔음을 유념해야 한다. 이 영토에 대해 권리 주장을 하려는 어느 누구에게나 마찬가지로, 우리 러시아인들에게도 이 '형이상학의 전장戰場'에 대한 태도는 여전히 문제적으로 남아 있다.

여기 모아 놓은 대담들을 다시 읽으며 나는 상당히 '계몽적'이라 할 만한 두번째 교훈을 얻을 수 있었다. 비록 형이상학에 대한 우리들의 태도가 몇몇 역사적 이유들로 인해 더욱 문제적이 되었으며, 각고의 노력을 기울여 반드시 규명해야 할 것임에도 불구하고, 우리의 경험이 서구인들에게 완전히 낯선 것만은 아니며, 따라서 우리에게만 특별히 국한된 경험은 아니란 사실이 드러났기 때문이다. 나와 이야기를 나눈 철학자들 중 그 누구도 소비에트의 경험에 대해 전적인 이질감을 갖고 대하지 않았다. 다만 몇몇 미소한 문제들에서만 상호 몰이해의 지점들이 나타났으며, 그런 '맹점들' 역시 우리가 (전부는 아니더라도) 어느 정도 확보 가능한 공통의 언어적 소통 과정을 통해 충분히 이해할 만하게 바꿀 수 있었던 까닭이다. 더구나 그와 같은 '맹점'들은 서구의 지식 사회 내부에도 존재하는 것으로서 특별히 '러시아적'이라 불러야 할 만큼 특이하다고 말할 수는 없는 것이다.

아직 소비에트 연방이 존속하던 시절에 읽을 수 있었던 데리다와 들뢰즈, 보드리야르의 텍스트들은 검열 기구가 만들어낸 금단의 열매 가운데 하나였다. 다른 많은 이들과 마찬가지로 나 역시 그들의 텍스트들을 쉽게 이해하고 깨칠 수 있으리라 지나치게 낙관하곤 했었다. 바꿔 말해, 서구 현대 철학의 텍스트들을 그것들이 세상에 등장하기 위해 요구되었던 제도적 장치들뿐만 아니라, 심지어 텍스트 내에서 직접 언명되지 않은 전제들을 비롯한 여러 가지 복잡한 시스템들을 고려하지 않고도 곧장 이해할 수 있다고 단정했던 것이다. 하지만 나중에 파리에서 그들을 직접 만나 이야기를 나눈 후, 나는 내가 예전에 이해했다고 생각했던 많은 것들이 실상 오해에 불과했으며 다른 많은 보충적인 지식을 갖추지 않으면 전혀 이해할 수 없으리란 결론에 도달해 버렸다. 이전엔 매개 없는 직접적 이해를 지나치게 낙관했었다면, 이젠 역으로 이해의 불가능성을 너무 비관해 버린 것인데, 어쨌거나 진자는 결국 양극단만을 오갔던 셈이다.

이제 그 세번째 단계라 할 만한 지금, 거의 10여 년 전 이루어졌던 대담들의 출판을 준비하며 나는 더욱 큰 거리감을 지닌 채 그것들을 되돌아보고 있다. 그리고 이제, 예전엔 번역이 불가능하다고 생각되었던 몇몇 국면들과 아울러 그 번역 불가능성을 둘러싸고 있는 보다 보편적인 독해 가능성에 관해 고찰할 수 있게 된 듯하다.

장르 그 자체는 항상 조건적이다. 대담이라는 장르가 인터뷰와 구별되는 지점은, 인터뷰가 타자의 말을 고스란히 옮기는 데 역점을 두는 반면, 대담에서 타자의 말은 언제나 '우리의' 맥락 속에 자리 잡게 된다는 데 있다. 대담자든 인터뷰어든, 대담에서는 더 많이 이야기하는 게 누구인지 따위는 그다지 중요하지 않다. 예컨대 펠릭스 가타리는 그 자신이 말할 수 있는 것 이상을 끌어내 이야기하기 위해 종종 나의 말과 질문들을 필요로 했다. 물론 그가 실천적인 정신분석가였다는 점을 고려해야겠으나, 담론에 대한 가타리의 태도가 '독백적' 경향의 대담자들보다 훨씬 탁월했다는 점은 꼭 언급해야겠다.

대담 전체를 다시 읽어 나가며 내가 확인할 수 있었던 다른 하나는 소비에트의 경험에 대해 현대 철학의 거장들이 보여 주었던 커다란 관심과 흥미이다. 소비에트의 경험을 어떻게 개념화할 것인가는 그 자체로 고유한 지적 과제를 구성한다. 10월 혁명은 20세기 지성사에서 가장 중대한 사건 가운데 하나였으며, 오랜 시간 동안 사유의 현대적 지평을 규정해 왔고, 특히 정치적 사건이 지성사적 사건으로 변환되는 기점 역할을 맡곤 했다.

각각의 대담들은 그 시간적 순서에 따라 편집·배열되어 있지만, 뜻밖에도 일정한 논리적 순서를 따르고 있음이 드러나게 되었다. 가장 쟁점적인 것은 두 가지 담론적 흐름, 즉 자크 데리다에 의해 주창된 해체론적 패러다임과 질 들뢰즈 및 펠릭스 가타리의 분열분석이다. 내가 이 책의 제목을 '해체와 파괴'라고 붙인 이유는 이 두 가지 사유의 도정이야말로 전통 철학에 대한 현대적 사유의 관계를 규정짓는 가장 의미심장한 이정표가 되리란 느낌이 들었기 때문이다.

이 두 가지 사유의 길은 프라이부르크 대학 총장이라는 불운한 에피소드를 남긴 후 1930년대 후반 하이데거가 전념했던 니체에 대한 새로운 독해와 저 유명한 '전회'로까지 거슬러 올라간다. 해체론적 패러다임은 전통 철학에 대한 하이데거의 문제의식을 지속·심화시켰으며, 가장 이단적으로 보이는 텍스트조차 유럽 형이상학의 역사 속에서 자신의 뿌리를 찾도록 만들었다. 반면, 분열분석은 '니체적' 노선을 발전시키며(푸코와 들뢰즈는 자신들을 '니체주의자'라 부른 바 있다), 동시에 이 노선을 본질적으로 변형하는 데 주력했다. 이 노선은 한편으로 보드리야르의 '시뮬라시옹'과 폴 비릴리오의 '속도의 철학'(질주학)을 통해 계속되었거나, 다른 한편으로는 해체론적 문학 운동 속에 꾸준히 자기 자리를 찾으려는 리처드 로티의 '실용주의'에서 지속되고 있다. 그 창설자인 데리다와 더불어 현대 해체주의의 가장 유력한 대표자들은 장-뤽 낭시와 필립 라쿠-라바르트인데, 그들은 해체주의자로서 이미 자신들의 고유한 족적을 남겨 놓았다.

자크 데리다는 아마 이 책에서 가장 빈번히 인용되는 철학자일 텐데, 그의 사상에 가까이 다가가 본 적이 있는 사람이라면 그 누구도 데리다에게 무심한 태도를 취할 수 없을 것이다. 가령 슬로베니아의 철학자이자 정신분석가인 슬라보예 지젝은 데리다의 제자임을 자처하면서 데리다 사유의 다양한 측면들에 자기 작업을 연관시키고 있다. 또한 미국의 대표적인 맑스주의자인 수잔 벅-모스에게도 이런 사정은 별로 다르지 않으며, 보리스 그로이스의 경우, 그가 명명한 '기호학적 전체주의'의 수장으로 데리다를 지목하며 그에 대한 중요한 비판을 이어가는 형편이다.

보드리야르는 '철학의 죽음'이라는 테제하에 자신의 입지를 비非철학적인 것이라 명기하고 있으나, 들뢰즈와 자신의 근친성을 강조하는 한편으로 데리다와는 거리감을 표시하고 있음을 알아채기란 어렵지 않다. 당연한 말이지만 '분열분석적 파괴'를 문자적 의미 그대로 이해해서는 안 될 일이다. '분열분석적 파괴'는 전통적 의미에서 이해되었던 형이상학 너머에 있는, 보다 본질적이며 상이한 철학적 문제의식을 가리키는 까닭이다. 들뢰즈는 이를 '소수성의 철학'이라 부른 바 있는데, 이런 의미에서 '파괴'는 그 위상을 다시 정의해야만 하는 전통적 사유의 기반을 다지는 작업이 된다. 더욱이 '미래의 철학'이라는 관점에서 이 책의 대담자들 중 상당수는 자신들이 전통적 의미에서의 '철학자'로 불리는 데 반대하고 있었다.

반면 해체론이 이른바 '미래의 철학'과 같은 것에서 발견해 낸 것은 미래 철학의 대립물이라 할 수 있는, 이미 오래전에 거부되어 버린 전통적 사유로의 회귀에 다름 아니었다(이는 선례가 없는 것도 아닌, '유구한' 회귀의 전통이기도 하다). 예컨대 비릴리오에 따르면 '미래의 철학자'가 획득한 것은 기실 사유가 아니라 기술공학적 지식이며, 하이데거식으로 말해 이 기술이란 형이상학에 은밀하게 연루된 유럽 니힐리즘의 본질적 결과에 다름 아니라는 것이다.

전통적 사유와의 유구한 공모는 '극복'이라는 가정에서 극단에 치닫는다. 리처드 로티가 형이상학의 본질은 본래적으로 환상과 허구에 있다고 말하는 이유도 여기에 있다. 그에 따르면 철학자가 되고자 하는 욕망 역시 더 이상 불가능한 노릇인데, 가령 그의 관점에서 볼 때 데리다는 기껏해야 독창적인 철학적 '저술가'에 불과한 것이다. 그러나 로티에게서도 결코 해체되지 않고 남아 있는 것은 사적인 것과 공적인 것 사이의 고대 형이상학적 대립이다. 상식의 진리를 수호하기 위해 그가 이 대립의 근본성을 아무리 강조하고 있어도, 공적인 것과 사적인 것의 대립은 마치 '상식' 자체와 다를 바 없이 그가 생각하는 것 이상으로 더욱 본질적으로 형이상학의 역사에 기입되어 있다. 달리 말해, '논증 없는 사유'에 대한 로티의 추구는 더욱 치밀한 논증을 요구받고 있으며, 예를 들어 2001년 9월 11일의 대사건에 대한 그의 평가 역시 그러하다.

슬라보예 지젝은 또 다른 입장에서 해체론적 비판가라 할 수 있다. 그의 중심 테제는 동일성/정체성, 혹은 주체의 자기 동일성에 대한 더욱 급진적인 해체에 있으며, 우리는 동일성/정체성 따위를 애써 끄집어낼 필요가 없다는 데 있다. 사유의 절대적 주체는 본래적으로 분열된 주체이며, 그에 따르면 헤겔이야말로 이런 분열성을 누구보다도 더 분명히 인식하고 있던 철학자였다. 헤겔을 코제브Alexandre Kojève와 라캉이라는 두 가지 관점에서 읽고 있는 지젝은 (소비에트-유고슬라비아적 판본으로서) 사회주의의 경험을 언급하며 '이성의 간계'를 파헤치는 작업을 벌이고 있다. 헤겔과 라캉을 창조적으로 종합하는 가운데 지젝은 '파괴로서의 해체'를 성공적으로 완수하고 있으며, 양자 간의 대립을 허물어뜨리는 중이다. 이때 숭고에 대한 그의 독특한 관점이 그를 팝 문화에 더욱 근접시키고 있다는 점은 대단히 역설적으로 보인다. 비릴리오나 그로이스의 경우와 유사하게, 사상이 표면적인 급진성을 내달릴수록 매스미디어에 대한 의존도도 증가하는 까닭이다. 이제 사유는 더욱더 '유혹'과 '혼성'을 지향하는 추세이며, 이는 후기 산업사회의 디지털 '비주얼리티' 속에서 보다 확대되고 있다.

비릴리오, 지젝, 그로이스와의 대담은 대화의 주도권을 장악하려는 '두번째 목소리'의 개입으로 인해 각별히 힘겨웠다. 이 철학자들의 내부 깊숙이에서 분열되어 있는 다양한 목소리들은 외부로부터 개입하는 목소리[리클린의 질문을 의미한다]를 종종 차단했으며, 외부의 목소리에 상당하는 내적 등가물을 찾는 데 분주했기 때문이다.

그와 대조적으로 해체주의자들은 다분히 모범적인 태도들을 보여 주었다. 자신들의 사유 체계를 이해하고자 하는 타자에 대해 그들은 침착하게 주석을 달아 주고 차근차근히 설명해 주는 자세를 취했던 것이다. 그들은 말의 권위가 인격적 현존으로 인해 발생한다고 믿는 사람들이 아니었으며, 다른 이들의 텍스트를 인용할 땐 가능한 한 파토스를 배제하려 했고, 반복해서 설명하는 데 인색하지 않았다. 주된 인용 논거는 데리다와 낭시, 라쿠-라바르트의 저작들이었는데, 그들에게 '자족적인 힘으로서의 말'이라는 생각은 얼마간 의심스럽고 위험한 것으로 비쳐졌다.

대담이라는 장르는 서로의 윤리적 입장이 얼마나 가까이 접근할 수 있는가를 확인해 볼 수 있는 자리이기도 하다. 사유의 힘은 녹음된다고 해서 소진되는 게 아니며,[2] 오히려 말과 행동 방식의 결합을 통해 더욱 통합적으로 드러나게 마련이다. 그런 점에서 사유의 힘은 그 본고장이라 할 수 있는 그리스와의 관련성을 지금까지도 잃지 않고 있으며, 무엇보다도 '삶의 예술'로서 철학자들 각자의 사유를 통해 지속되고 있다고 하겠다.[3]

현대 서구 철학의 텍스트들을 읽는 독자들이라면 스스로에게 이런 질문을 던져 본 일이 있을 것이다. 철학자들이 펼쳐 놓은 이 모든 입장들이 내 삶과 내 사유의 경험에 어떤 관계가 있는가? 이렇게 정밀하게 가공된 사유의 구조들, 작지만 탁월한 논리적 걸작들이 테러의 시대 이후에

---

2) 전체 대담은 영어·프랑스어·독일어·러시아어로 진행되어 녹음되었으며, 나중에 리클린 본인과 그의 친구들이 청취하고 받아 적는 과정을 통해 텍스트화되었다.

3) 러시아어판의 서문은 이보다 많은 분량을 포함하고 있는데, 대부분 본문의 대담 내용을 요약하고 다시 정리한 것들이라 리클린의 동의를 얻어 한국어판에서는 제외했다. 독어판의 서문도 역시 여기까지다.

남겨진 사유의 폐허와는 어떤 관련을 맺는가? 이 텍스트들과 엮인 나의 위치는 어떻게 설정되어야 하는가? 나의 본래성을 상실하지 않으면서 그들로부터 무엇을 배울 것인가?

이 책에 실린 대담에서 내가 맡은 역할은, 철학자들에게 암묵적으로 던져져 왔던 그 질문들을 직접 그들에게 건네는 데 있었다. 여기서 내가 취한 전략은 단순하지만, 어느 정도 효과를 거두었다고 믿는다. 나는 그들 철학의 개념적 구조를 분석하는 데서 논의를 시작했으며, 그 다음엔 그들이 보통 연구 대상으로 직접 다루지는 않되 거기서부터 출발하는, 또한 내 입장에서 그들의 글을 읽는 특정한 맥락—물론 그들이 이 맥락을 대단찮게 여긴다거나 무관심하게 흘려버린다는 뜻은 아니지만—으로 계속적으로 되돌아갔다. 논의의 중심에는 언제나 '전체주의'가, 소비에트의 경험과 테러가 있었다. 내 질문에 대한 대담자들의 반응은 그들에 대한 나의 독서를 재구성하는 데 도움이 되었고, 기존의 독서 경험을 새로운 방식으로 재구축할 수 있는 가능성을 제공하기도 했다. 또한 역으로, 내 독서 경험에 관해 논의를 진행하면서, 사실상 그들 또한 자신들의 텍스트를 새롭게 조명하게 되었음을 인정하기도 했다.

독서는 주어진 글이 전제하는 맥락을 현재 책을 읽고 있는 이의 맥락으로 단순히 치환한다고 해서 완수되지 않는다. 이런 독서 방식은 오해의 축적으로 이어질 따름이다. 실로 그 자체로 '독창적인' 텍스트는 다른 텍스트들에서 제기되지 않았던 수많은 잠재적인 질문들을 포함하며, 그 질문들이 폭발해 나올 때에야 비로소 해당 텍스트의 창조성 역시 함께 드러나게 마련이다.

그런 의미에서, 내가 함께한 대담자들은 이전에는 존재하지도 않았던 새로운 맥락이 나와의 대담을 통해 새로이 구축되고 있다는 데 동의했다. 즉 서로가 주고받은 대화의 과정을 통해 우리 사이의 순수한 거리, 여하한의 수사학적 시도로도 쉽게 제거되지 않는 '몰이해의 맹목 지대'가 모습을 드러낸 것이다. 아마도 이해의 진정성은 바로 여기서 성립할 터인데, 텍스트가 무관심 속에 방치되길 요구하지 않는 곳에서만 비로소 텍스트는 철저하게 사유되기 시작할 것이다.

이 책의 대담들 중 일부는 이미 발표된 적이 있다. 자크 데리다와의 대담은 발레리 포도로가Valeri Podoroga와 나탈리아 아프토노모바Natalia Avtonomova와 함께했던 대담의 일부였으며, 그 전체 텍스트는 『모스크바의 데리다』[4]에 실려 있다.

장 보드리야르와의 대담은 『네자비시마야 가제타』Nezavisimaya Gazeta 1996년 2월 22일자에, 로티와의 대담은 같은 신문 1996년 8월 28일자에 발표되었고, 『로고스』 제8호(1996)에도 실려 있다. 그로이스와의 대담은 조금 축약된 형태로 얼마 전 잡지 『영화예술』Искусство кино 2002년 제2호에 발표되었다.

기타 펠릭스 가타리, 필립 라쿠-라바르트, 장-뤽 낭시, 폴 비릴리오, 슬라보예 지젝, 수잔 벅-모스와의 대담은 이 책에서 처음으로 발표된 것들이다. 데리다와 지젝의 대담을 번역하고 그로이스와 나눈 대담의 녹음을 풀어 준 옐레나 페트로프스카야Elena Petrovskaya와 케티 추흐루키제Keti Chukhrukidze 및 안나 알추크Anna Altschuk에게도 감사를 전한다. 나머지 대담들은 내가 직접 번역한 것들이다.

물론 대담을 위해 시간을 쪼개고 자기 사상을 설명하느라 애써 주고

---

4) М. Рыклин и Ж. Деррида, *Дерррида в Москве*, Москва: Ad Marginem, 1993〔미하일 리클린·자크 데리다, 『모스크바의 데리다』〕.

새로운 맥락을 구축하는 데 동감해 주었던 대담자들에 대한 감사를 빼놓을 순 없다. 그렇게 새로운 맥락을 만들어 내는 일이 다만 나 하나만을 위한 작업이 아니었길 바랄 뿐이다.

2002년 3월,

모스크바 브리스톨에서

미하일 리클린

1 Jacques Derrida

해체와 파괴: 자크 데리다와의 대담

자크 데리다와의 대담

대담 일시: 1990년 2월 26일
대담 장소: 모스크바 말리코지힌스키 거리

리클린 첫 질문을 드리기에 앞서 먼저 확실히 말씀 드려 두고 싶은 게 있습니다. 그것은, 저로서는 당신이 수행하고 있는 작업에 대해 어떤 입장을 취한다는 게 사실 전혀 쉽지 않다는 사실입니다. 즉, 당신 글에 나타난 지성사적 맥락과 제가 지금 처해 있는 지적 맥락 사이의 대응점을 찾는 일이 그렇게 단순하지 않은 듯합니다.

'해체'란 이렇게 이해해 볼 수 있지 않을까요? 논리적으로는 해소할 수 없는 모순들, 또는 이종적 담론들 사이에서 발생하는 이질적 다양성을 해명하려는 시도라고 말이죠. 물론, 일반적으로 말해 논리적 모순을 제거함으로써 도달하는 철학적 논증 가능성을 담론의 성립 근거라고들 합니다만, 당신의 작업에서 드러나는 해소 불가능한 모순들은 대개 논리적 모순들이 이미 제거되었을 때조차도 보존되어 있곤 합니다.

이런 사실은 철학의 근본 개념들이 그리 단순하지 않음을 보여 줍니다. 설령 그게 어떤 철학자들에게는 단순하고, 분해 불가능하며, 심지어 '원자적'인 것으로 지각된다 하더라도 말이죠. 그런 단순성이란 흔히 외부로부터 억지로 부여된 것에 지나지 않지요. 마침 당신은 그와 같은 외관상의 단순함 배후에 놓인 다양한 텍스트 전략, 그러니까 불투명한 것을 투명하게 만들기 위해서라면 담론적 폭력의 사용도 배제하지 않는 텍스트 전략들을 폭로하는 작업을 해왔습니다. 하지만 우리 소비에트 연방에서의 텍스트 상황이란 당신이 익숙하게 작업해 왔던 상황들과는 사뭇 다르다는 말씀을 저는 드리고 싶은 것입니다.[1)]

이런 차이를 어떻게 설명할 수 있을까요? 제가 보기에 '비논리적 모순'은 소비에트 문화에서 너무나 명백해 보이기 때문에 심층으로부터 그것을 끌어내 파헤치는 따위의 특별한 해명 절차가 따로 필요해 보이지도 않습니다. 이를 입증할 수많은 사례들이 있고 또 그게 명백한 만큼, 비논리적 모순이란 어쩌면 우리 소비에트 문화의 표층에 단단히 붙박여 있는 듯 보이기도 합니다. 거듭 말하자면, 비논리적 모순이 존재한다는 사실을 밝히기 위해 '해체'와 같은 특별한 방법론 같은 걸 동원할 일이 우리에겐 없다는 말입니다.

얼마 전 회화와 해체론에 관한 논문을 쓸 일이 있었습니다.[2)] 그때 저는 무엇보다도 먼저 당신의 글 『회화에서의 진리』[3)]를 참조했는데, 그 와중에 저는 소비에트 예술인들 앞에 놓인 과제가 티투스-카르멜[4)]이나 반 고흐 같은 사람들이 마주했던 시대적 과제와는 전혀 다르다는 사실을 명

---

1) 이 대담은 1990년 초, 즉 소비에트 연방의 역사적 종말이 있기 이전에 이루어진 것이다. 이 해에 데리다는 소비에트 과학아카데미의 초청을 받아 모스크바 국립 대학교에서 강연과 세미나를 이끌었다. 그 결산이 리클린에 의해 『모스크바의 데리다』로 출판된 바 있다. M. Рыклин, *Деррида в Москве*, Москва: Ad Marginem, 1993.

2) M. Рыклин, "Де(кон)струкция (в) живописи", *Террорологики*, Тарту-Москва: Ad Marginem, 1992, C.73~82〔미하일 리클린, 「회화(에서)의 해체/파괴론」, 『테러의 논리』〕.

3) Jacques Derrida, *La vérité en peinture*, Paris: Flammarion, 1978.

4) 제라르 티투스-카르멜(Gérard Titus-Carmel, 1942~). 프랑스의 화가. 데리다는 「회화에서의 진리」에서 티투스-카르멜의 1975년 작품 「포켓사이즈 틀링깃 관(棺)」(The pocket size Tlingit coffin)에 관해 논의한 바 있다.

확히 깨닫게 되었습니다. 스탈린 시대를 거치며 구성된 우리의 시각 문화와 그것이 허용했던 모든 형이상학적 가정들은 스탈린 이후 다시 반세기를 거치는 동안 닳아빠지고 변형되어 이젠 기이하고도 낯선 문제들을 일으키고 있는 것입니다. 이제 새롭게 제기된 질문들은 '어떻게 우리의 비전vision을 재구성할 것인가?' 혹은 '어떻게 형이상학을 재건할 것인가?' 등과 같은 것들입니다.

소비에트의 예술가들은 그와 같은 질문들에 답하고자 노력해 왔고, 그들의 해체적 노고는 잃어버린 시선의 가능성들 가운데 몇 가지를 재구성하는 데 집중되었습니다. 그들은 전망 가능한 시각적 상황을 건설하기 위해 애써 왔던 것입니다. 이 모두는 결국 폭력적인 지각 문화, 포틀래치적 정신에 입각한 문화로부터 유래한 결과라 하겠습니다. 여기서 제가 주로 염두에 두고 있는 것은 바타유Georges Bataille와 마르셀 모스Marcel Mauss가 '원시' 사회와 북아메리카 인디언의 부족 사회에 관해 범례적으로 기술했던 사실들과 관련되어 있습니다.

해체를 수행하기 위해 무엇보다도 먼저 해체의 가능성 자체를 재구성해야 한다는 것—이는 원칙적으로 전혀 다른 과제들일 수밖에 없습니다. 소비에트 연방의 그런 특수한 문화적 상황에 대해 당신은 어떻게 생각하십니까?

데리다 네, 우리는 굉장히 중요한 순간에 도달해 있으며, 당연히 당신이 방금 상기시켜 주신 것들에 관해 잊어서는 안 될 것입니다. 해체를 미리 준비된 가능성이나 규칙 혹은 도구들의 세트로 간주하고서 모든 새로운 상황과 모든 새로운 텍스트 뭉치들에 다만 '적용'하려고만 든다면, 저는 해체에 대한 당신의 기술에 반대했을 것입니다. 무엇보다도 해체는 단순한 논리의 파괴나 모순에 대한 논리적 폭로가 아니기 때문입니다. 해체의 주요한 이미지는 논리적 수준에서 완성되는 게 아니거든요. 그것은 단순히 모순을 폭로하고 해체하며 비판하는 방법론적 수준에서 끝나는 게 아니란 말이지요…….

리클린 또는 논리적 모순의 안쪽 면, 즉 반대편의 폭로를 뜻하지도 않겠지요…….

데리다 그렇습니다. 그 역시 여러 가지 많은 제스처들 가운데 하나에 지나지 않지요. 저는 어떤 하나의 단일한 해체란 존재하지 않는다고 말하고 싶습니다.

미국에서 해체에 관한 논쟁적인 회합이 있을 때마다 특히 자주 벌어지던 일인데, 그때마다 저는 단수로 쓰여진 '해체'Deconstruction 라는 단어의 첫 대문자를 지우는 일부터 논의를 시작하곤 합니다. 해체'들'은 도처에서 실행되고 있으며, 언제나 특수하고 국지적이며 관례적인 조건들에 의존해 있습니다. 당신이 제 작업을 참조했다고 하셨으니 하는 말인데, 제가 실행하는 해체의 여러 사례들은 저 자신에게만 특권적인 의미를 갖는 상황들일 뿐이지 결코 범례적으로 받아들일 수는 없는 상황들입니다. 제 텍스트에는 해체에 관한 일련의 일반적 주장들이 포함되어 있을 뿐만 아니라, 또한 저 자신의 반복 불가능한 개인적 특수성에 따라 불가피하게 끌어들여진 일련의 사례들도 포함되어 있는 까닭입니다.

저는 프랑스어 텍스트들을 가지고 작업합니다. 또 제게 중요해 보이는 어떤 특수한 상황들을 대상으로 작업하곤 하죠. 하지만 제 자신이 분명히 인식하고 있고, 또 종종 독자들에게 상기시켜 주고 싶은 것은, 해체란 대단히 개별적인 상황을 지칭하는 것이며 그것이 발생하는 여러 다양한 구체적인 조건들에 깊이 의존해 있다는 사실입니다. 그러므로, 예컨대 만일 당신이 해체의 프랑스적 모델을 당신 나라의 상황에 그대로 적용시키려 한다면, 그 시도는 실패로 귀결되거나 별다른 유의미한 결과물을 내놓지 못할 것입니다. 저는 감히 그렇게 하라고 충고하고 싶지 않습니다. 그와 반대로 저는 이렇게 제안하고자 합니다. 각자는 자신이 처해 있는 특수한 역사적·정치적·이데올로기적 상황에서 해체의 고유한 방법을 발명해야 한다고 말입니다.

아, 물론 해체 자체를 새로 발명할 필요는 없겠죠. 당신이 원하든 원하지 않든, 해체는 자기 일을 할 따름입니다. 해체는 온전히 진행 중인 사태이기 때문입니다. 지금 소비에트 연방에서 벌어지고 있는 사태는 나름대로 해체의 실행 과정이라 할 수 있습니다. 하지만 당신의 고유한 작업과 글쓰기, 혹은 정치적 행위를 특수한 공간…… 그러니까 가령 당신이 방금 묘사했던 스탈린 시대에 일어났던 사태에 기입할 수 있는 어떤 방법을 당신은 발명해야 할 것입니다.

예술의 가능성을 재구성하는 일도 해체의 일부가 될 수 있습니다. 바로 그것이야말로 방식은 조금 다를지라도 프랑스와 미국에서 벌어진 것만큼이나 진정한 해체적 상황을 연출할 수 있노라고 말씀 드리고 싶군요. 해체는 여기 소비에트 연방에서 예술의 새로운 형식이 창출되는 새로운 공간을 열어젖히는 한 가지 방법이 될 수 있겠죠. 과거의 예술을 배태했던 조건들이 파괴되는 다양한 방식만큼이나, 새로운 예술이 탄생하는 공간 역시 다양하게 등장할 겁니다. 과거 예술의 가능 조건들이 파괴되기 위해 스탈린이 꼭 필요하지도 않았을 노릇인데, 왜냐하면 어쨌든 그것들 역시 사라져야 할 운명이었기 때문입니다. 이런 식으로 매번 무언가 새로운 것을 발명해야 하고, 그 새로움을 위해 매번 그 가능성을 재구성해 볼 필요가 있습니다.

리클린 미안합니다만, 저는 예술의 가능성이 파괴되었다는 이야기를 하려던 게 아닙니다. 오히려 문화 자체의 하부구조가 파괴되었다는 이야기를 하려던 것입니다만…….

데리다 그 역시 마찬가지의 일입니다. 마찬가지예요. 가령 비교 대상이 서로 부합하지 않기에 벌어질 수 있는 우스운 사례에 관해 이야기해 보죠. 이 예는 완전히 넌센스라 할 만하지만, 당신은 제가 의도하는 바를 이해할 수 있을 것입니다.

제가 보기에 지난 두 세기 동안 프랑스에서 철학 교육의 하부구조는 완전히 무너져 내리고 말았습니다. 이상적인 철학 교육의 이미지가 어떻든 간에, 이러한 상황은 아주 일찍부터 그리고 더 이상 심각할 수 없을 지경으로 망가져 버렸습니다. 그래서 우리 중의 몇몇, 즉 장-뤽 낭시와 같은 이들은 우선적으로 그 파괴의 과정을 분석하기로 했습니다. 어째서 이런 붕괴 현상이 발생했는가, 그 현상에 얽힌 이해관계, 동기, 진행 과정 등등은 무엇인가……. 나중에 철학 교육 제도를 재건하는 투쟁에 돌입하기 위해서는, 또 거기서 새로운 가능성을 찾아 구축하기 위해서는 그런 분석 과정이 반드시 필요했던 것입니다.

이때 프랑스와 소비에트 연방의 교육 제도를 상호 비교해 보는 일은 완전히 우스운 짓입니다. 양자가 놓인 상황은 상호 부합하지 않는, 전적으로 다른 상황들이기 때문이지요. 하지만 비교가 우스운 만큼 또한 양자의 메커니즘도 자세히 밝혀지는 법입니다. 이렇게 해체는 무엇인가를 새로이 확증하고 재구성하기 위해 개념과 의미를 분석하는 형식일 뿐만 아니라, 또한 제도 자체를 분석하는 형식이라고도 할 수 있습니다. 스탈린이 어떤 하부구조를 파괴했다손 치더라도, 그가 그것을 대신할 만한 충분히 견고한 다른 구조물을 대체하여 건설했다는 것 역시 사실이 아닙니까?

리클린 이 맥락에서 스탈린은 아마도 더욱 일반적인 과정이나 현상을 지시하기 위해 동원되어야 할 고유명사가 아닐까 싶은데요.

데리다 그렇다고 달라질 건 없어요. 하지만 당신이 그렇게 생각한다면 스탈린을 괄호 속에 넣도록 하죠. 하부구조의 파괴 과정에서 그 자리를 다른 구조가 대체했다는 사실은 건축학적으로도 의미를 지닙니다. 아시다시피, 가령 교회 자리에 무언가 다른 건물을 올리고 싶다면, 먼저 교회를 허물어야 하지 않겠습니까? 그렇게 무언가를 쌓아 올리려면, 대개 이미 구축되어 있는 기존의 구조를 파괴해야만 하는 것입니다. 바로 이때 무엇을 어떻게 진행해야 할지 정확히 계산할 필요가 생깁니다. 과연 정말로 파괴해야 할지, 완전히 없애 버리거나 혹은 무언가 일부분이라도 보존해야 할지, 그냥 고쳐 짓거나 색을 다시 칠하는 게 나을지 등등……. 매일매일 이런 정산 과정이 되풀이되게 마련입니다.

리클린 그렇다면 당신의 작업에서 로고스 중심주의에 대한 비판은 필연적이지 않았다는 말입니까? 그것은 결국 실패했다는 말인가요? 왜냐하면 당신의 관점에서…….

데리다 제게 로고스 중심주의에 대한 비판은 반드시 필요한 작업이었습니다.

리클린 그렇지만 만약 당신이 해체적 비판이 필연적이라고 주장하신다면, 또 로고스 중심주의가 그것이 어떤 형태를 취하든 비판의 도마에 올라야 한다고 주장하신다면, 당신의 해체는 소비에트의 상황에 전혀 적용될 수 없다고 생각합니다. 왜냐하면 여기 소비에트의 문화 상황에서 형이상학은 오히려 소멸의 위협을 받고 있는 까닭입니다. 소비에트 연방에서 형이상학은 보전되어야 하지, 파괴될 수는 없는 노릇입니다. 소비에트 문화에서 형이상학의 가능성은 결코 실현된 적이 없기 때문이죠. 만일 우리가 로고스 중심주의를 비판하고자 한다면, 그때 우리가 잊지 말아야 할 것은 소비에트의 지배적 이데올로기는 (당신의 관점에서는 당연히 아니겠지만) 언제나 로고스 중심주의라 부를 만한 것을 비판해 왔다는 사실입니다. 이를테면 부르주아 과학으로서의 관념론 따위들 말입니다.

데리다 그런 논리를 익히 알고 있습니다. 알고 있어요. 물론 그에 동의할 수도 있고요. 하지만 그건 진지한 논쟁거리는 아닌 것 같군요. 만약 로고스 중심주의의 비판이라는 기치 아래 당신이 주장하고자 하는 게 "형이상학 따위는 꺼져라!"와 같은 문구를 깃발에 써넣고 거리를 행진하는 것이라면, 그런 일은 전혀 할 필요가 없습니다. 하지만 로고스 중심주의의 해체는 대단히 점진적이고 복합적으로 실행되는 작업이며, "꺼져라!"라고 외치는 것만으로는 당연히 달성될 수 없습니다. 저 자신이 그렇게 말한 적이 전혀 없습니다. 오히려 전 언어를 사랑하고 로고스 중심주의를 사랑하는 편입니다. 만일 제가 프랑스에서 제도로서의 철학 교육을 재건하고자 한다면, 그것은 순전히 형이상학의 교육을 위해서일 것입니다. 제 생각에, 형이상학은 우리들에게 꼭 필요한 것이며, 단지 쓰레기통에 처넣기 위해 그것이 필요하다고는 말할 수 없습니다…….

만일 당신의 기획 전체에 일관성을 부여하고 싶다면, 로고스 중심주의에 대한 해체의 이념을 간직하라고 권하고 싶군요. 건축학적 기획 일반에서 모든 것은 로고스 중심주의에 의거해 있는 탓입니다. 물론 그것은 대단히 조심스럽게, 매개물을 늘리는 한편으로 주의를 기울여 가며 실행할 일입니다. 모든 것을 한번에 움켜쥐려 들거나 날려 버리려 들면 안 됩니다.

제가 보기에, 어떤 맑스주의적 변종 혹은 스탈린주의적 변종이 로고스 중심주의를 부르주아적이고 관념론적 경향이라고 단언하면서 이 논리를 전용할 가능성이 있습니다. 아무튼 제게 시간이 주어진다면, "스탈린주의야말로 로고스 중심주의다"라는 사실을 밝힐 수 있을 겁니다. 물론 그런 작업은 대단히 폭넓은 상황 분석적 연구를 요구하겠지만 말이죠. 또한 일관성을 유지하기 위해서는, 스탈린이 제시했던 혹은 스탈린이라는 이름을 환유적으로 내걸었던 그런 맑스주의의 변종이 본질적으로 로고스 중심주의였음을 증명해야 할 것입니다. 하지만 그에 관해 지금 성급한 결론을 내리고 싶진 않군요.

제가 안고 있는 역설이란 바로 이런 것입니다. 저는 종종 언어에 너무 의존하고 있다는 이유로 로고스 중심주의를 옹호한다는 비난을 받고 있습니다. 그래서 역설적인 것이죠. 해체가 로고스 중심주의 이상의 로고스 중심주의, 즉 초超로고스 중심주의처럼 간주되는 까닭도 해체가 모든 것을 언어에 대입하는 과정인 양 묘사되기 때문입니다. 바로 그런 이유로 그러한 역설에 더욱 주의를 기울일 필요가 있습니다.

리클린 그런 평가를 수용할 수 없다는 말씀이시죠?

데리다 그렇습니다. 이건 대단히 정교하게 다루어야 할 문제입니다. 이런 문제를 해결하고자 한다면, 당연히 아주 섬세해져야 합니다. 하지만 섬세하다는 게 항상 논증 과정에 매달려 그것만을 절차탁마하라는 뜻은 아닙니다. 때로 섬세함은 상황에 부합하는 올바른 선택을 할 수 있는 능력을 뜻하기도 하니까요. 가령 이따금은 고지식할 정도로 강직한 슬로건을 휘두르며 가두시위에 나설 줄도 알아야 한다는 말입니다.

리클린 그렇다면 말입니다, 이건 제 마지막 질문이 될 텐데, 가령 포틀래치적 논리 유형이 로고스 중심주의임을 증명할 수 있을까요? 여기에 스탈린이 가장 좋은 예는 아닐 것입니다. 어떤 제2의, 제3의 형이상학의 판본들이 어쨌든 그에게 영향을 미쳤겠죠. 그가 신봉하던 맑스주의도 유럽 지성사의 큰 흐름 가운데 일부에 지나지 않았으니까요. 아무튼 보아스[5]가 연구했던 콰키우틀Kwakiutl 같은 부족 공동체를 떠올려 보시죠. 그렇다면 과연, 여하한의 공동체라도 그 존립 기반을 형성하는 '선물의 교환'échanges des dons이나 혹은 그와 유사한 다른 메커니즘 등이 로고스 중심주의적이라고 말할 수는 없을까요? 만일 그렇다면 소비에트 연방 역시 결코 실패했다고만 평가할 수는 없을 일인데요…….

데리다 실패하지 않았다고요?

5) 프란츠 보아스(Franz Boas, 1858~1942). 미국의 문화인류학자.

리클린 네, 아무도 그 논리를 벗어날 수 없을 테니까요. 왜냐하면 로고스 중심주의는 결국 보편적이라고 해야 옳기 때문이죠. 하지만 로고스 중심주의가 보편적임을 증명할 수 없다면, 우리는 지구상의 공동체 대부분이 형이상학이든 일상의 논리든 여하한의 메커니즘도 없이 존속하고 있노라고 말해야 할 겁니다.

데리다 이 질문에는 대답할 수가 없군요. 무엇보다도, 당신이 '포틀래치의 논리'라고 부른 것은 굉장히 복잡한 현상이기 때문입니다. 저는 포틀래치의 논리가 로고스 중심주의라고 결코 주장하지 못하겠습니다. 지금 우리에게 필요한 것은 일련의 매개물들입니다. 지금 저는 도무지 이해가 안 가는 게, 당신이 만일 스탈린주의 사회가 포틀래치적 기획이란 점에서 특수한 사회였다고 주장하고 있다면, 도대체 어떤 근거로 그런 주장을 하는지 납득이 가지 않는군요.[6]

리클린 말하자면, 산업적이고 공업적인 유형의 포틀래치라 이 말입니다.

데리다 그렇다면 여기엔 굉장히 길고 논리적인 분석이 필요하지 않을까 싶은데요.

리클린 그게 제가 시간을 두고 해보고 싶은 일입니다.

---

6) 리클린은 2008년 2월 26일 옮긴이와의 인터뷰에서 『환희의 공간: 전체주의와 차이』(*Пространства ликования: Тоталитаризм и различие*, Москва: Логос, 2002)가 스탈린주의 사회와 포틀래치적 기획의 연관성에 대한 자신의 중간 결산적 연구라고 답변해 주었다.

데리다 아무튼 확신이 가지는 않는군요. 그게 틀렸다는 말은 아닙니다. 오히려 당신이 도와주신다면 이 문제에 한번 천착해 볼 수도 있을 듯하군요. 굉장히 기나긴 토론이 이어져야겠죠.

사실 최근 10여 년, 대략 12년간의 제 연구에서 선물에 대한 물음은 본질적인 중요성을 차지했습니다. 선물과 그 보답으로서의 선물, 교환 등에 관해서 말입니다. 여기서 제가 어떤 분명한 예견 따위를 내놓기는 어렵습니다. 예컨대 해체의 첫걸음에서부터 마지막 단계까지, 즉 선물에 관련된, 선물을 주는 것과 받는 것, 보답으로 돌려주는 것과 같은 경험에서 나온 모든 역설에 관한 분석 과정이나 그 결과를 미리 알 수는 없다는 말입니다. 어쩌면 후일 이 단계로 다시 돌아오게 될는지도 모르겠습니다. 하지만 당신의 확신 또는 질문에 대해 제가 해 드릴 수 있는 유일하게 정리된 답변은 이렇습니다.

저는 로고스 중심주의의 보편적 특성에 대해서는 결코 말한 적이 없습니다. 로고스 중심주의는 유럽적이며, 서구 사상사의 형성물이고, 철학과 형이상학, 과학, 언어 및 로고스에 의지하고 있는 모든 것에 관련되어 있습니다. 그것은 우선 만물의 중심에 '로고스' 또는 '이성'이나 '담론' 등등 로고스의 번역어들을 대입하는 방법을 뜻합니다. 그뿐만 아니라 로고스 중심주의는 사방에서 힘을 끌어모으고 중심화하는 것, 모아들이는 것 Versammlung, 마치 하이데거가 로고스와 레게인legein, 말하기의 특성이라고 해석했던 의미에서의, 극한을 한데 끌어모아 산종散種, dissemination을 행하는 것으로서 로고스의 자기규정 방식을 뜻하는 것이기도 합니다. 한마디로 말해, 그것은 만물을 끌어모으고 통합하는 방법이라 할 수 있겠죠. 발생학적으로 유럽적이며 그리스적인 방법이라 이겁니다.

확실히 유럽은 여러 다른 대륙들 가운데 하나입니다. 하지만 로고스 중심주의가 다양한 여건에 힘입어 전 세계적 현상이 되었다는 사실은, 우리로 하여금 로고스 중심주의를 전적으로 유럽적인 현상이라고만 확언할 수 없게 합니다. 게다가 로고스 중심주의가 아무런 매개 없이 보편화된 것도 아닙니다. 로고스 중심주의가 모든 상황에서 자발적으로 보편화되었다거나 또는 우리가 지금 상당한 곤욕을 치르고 있는 어떤 역설로 내달리는 보편적 구조라 말하고 싶지는 않군요. 차라리 음성 중심주의야말로 더 보편적이지 않나 싶은데, 잠깐 양자의 차이에 관해 이야기해 봅시다.

음성 중심주의에는 〔서구적인 의미의〕 '로고스'가 존재하지 않았으며 문자가 음성학 발전을 겪지도 않았던 중국 문화에서도 찾아볼 수 있습니다. 확실히 중국에서는 목소리의 권력이란 게 존재했으며, 그것은 역사의 인간화, 혹은 인간의 시대라는 특정한 역사적 단계에 이르러 세계 도처에서 실현되었던 바와 유사한 역사적 필연성을 획득하기조차 했던 것이죠. 제가 음성 중심주의와 로고스 중심주의의 차이를 예로 들어 보이고, 로고스 중심주의가 보편적 구조라는 데 동의하지 않는 이유가 여기에 있습니다.

이제 선물과 포틀래치, 보답으로서의 선물에 대한 당신의 질문으로 돌아가 봅시다. 이는 실로 엄청난 문제를 던져 놓고 있습니다……. 해체는 선물이라는 문제를, 다시 말해 도대체 준다는 것이 의미하는 바가 무엇이냐 하는 문제를 다룰 수 있어야 합니다. 물론 하이데거에게도 'es gibt'를 의미화하려는 시도가 있었지요. 그 시도는 존재 물음 너머로 나아가는 것이며, 그 물음의 심연을 조성하는 것으로서 'es gibt' 혹은 'geben'이 무엇을 뜻하는지 묻는, 보다 근본적인 질문에 해당하는 것이었습니다. 이런 하이데거적인 행로를 주의 깊게 고찰하면서, 저는 선물과 보답의 의미를 규정지을 방법을 찾으려 애썼고, 그 방법은 하이데거와는 좀 다른 데 있었습니다. 즉 하이데거적 사유와는 다른 길을 찾았다는 말입니다.

만일 '존재한다는 것', 곧 '있음'이라는 것을 우리가 보답이라 부를 수 있다면 보답의 경험을 형식화하는 것도 가능한 일입니다. 가령 위반을 실행한다든지 혹은 과도함을 경험하는 것, 교환의 경제 너머, 즉 '주고-받기' 너머에 자리 잡는 것 등이 그렇습니다. '주고-받기'에 관한 물음은 대단히 중요합니다. 아시다시피, 방브니스트[7]에 따르면 어원학적으로 '주다'와 '받다'는 몇몇 언어에서 동일한 형태를 취하고 있습니다.

최근 10년 또는 15년간 제 작업의 중심에는 '독毒-선물'이라는 구조가 자리 잡고 있었습니다. 제 관심을 끄는 문제는 보답의 가능성 혹은 '만일' 가능하다면 교환의 굴레에 그저 새로이 기입되지 않는 그런 선물의 가능성에 관한 물음에 있었습니다. 하지만 설령 그런 가능성이 존재한다 해도, 당장 그것을 눈앞에 보여 줄 수 없는 상황입니다. 왜냐하면 그것은 대단히 본질적인 이유로 인해 결국 증명될 수 없기 때문이지요. 그런 가능성을 보여 주고자 어떤 의미화의 방법을 찾아내는 순간, 그 가능성은 이내 선물을 중립화하고 폐기하며 부정하는 교환의 경제에 다시금 기입되어 버릴 것입니다.

하지만 그 가능성을 직접 보여 주는 게 불가능하다 할지라도, 선물과 그 보답에 대한 참조는 곧 선물의 가능성 자체에 대한 '긍정'affirmation과 깊이 연관된 사유여야 합니다. 실로 긍정이야말로 해체의 본질과 원리를 구성하기 때문이죠. 바로 이것이 해체가 부정이 아닌 이유이며, 파괴destruction와도 다른 까닭입니다. 여기엔 긍정이, 또 어떤 'yes'가, 하지만 실증적으로 입증할 수는 없는 어떤 'yes'가 존재합니다. '부정'negative에 짝

7) 에밀 방브니스트(Émile Benveniste, 1902~1976). 프랑스의 비교언어학자. 구조주의 사유의 형성에 큰 영향을 끼쳤다.

을 이루는 '긍정'positive이 아니라 전적인 긍정으로서 'yes'란, 그것이 없다면 그 어떠한 해체도 가능하지 않은 그러한 'yes' 혹은 선물과도 같은 것이라 하겠습니다. 저는 이러한 'yes'의 가능성, 선물의 가능성 등을 정식화하려는 것입니다.

순수한 'yes'가 존재하지 않는 만큼, 순수한 선물도 존재하지 않는다고 생각합니다. 일련의 텍스트들을 통해 제가 보여 주고자 했던 것은, 가령 'yes'는 반복되어야 한다는 사실입니다. 'yes'라고 말해야 할 때, 필요한 것은 'yes, yes'입니다. 만일 나중에 다시 'yes'라고 말하기를 약속한다면 말이죠. 'yes'가 애초부터 이중적이고 반복적이라는 사실은 그 순수성의 부재를 뜻합니다. 'yes'는 붕괴해 버리거나 스스로 허물어져 버리거나 혹은 자기 패러디가 되기도 하고, 단순한 기계적 반복이나 시뮬라크르 따위가 되기도 할 것입니다. 그러므로 선물과 'yes'가 그것들의 이중체와 허상 또는 또 다른 시뮬라크르에 의해 감염될 가능성이 항상 존재한다고 할 수 있습니다. 그렇기 때문에 'yes' 또는 긍정이 그 자체로 성립한다고 확증할 수 없는 것이죠. 하지만 지시 대상, 곧 선물이 지닌 최소한의 가능성까지 완전히 지워진 것은 아닙니다.

리클린 당신이 1960년대에 썼던 조르주 바타유에 관한 탁월한 논문[8] 역

8) Jacques Derrida, "De l'économie restreinte à l'économie générale", *L'écriture et la différence*, Paris: Seuil, 1967〔자크 데리다, 「제한 경제에서 일반 경제로」, 『글쓰기와 차이』, 남수인 옮김, 동문선, 2001〕. 이 책은 러시아어로 다음 두 종의 번역본이 출간된 바 있다. Ж. Деррида, *Письмо и различие*, перевод В. Лапицкого и др, СПб.: Академический проект, 2000; Ж. Деррида, *Письмо и различие*. перевод Д. Кралечкина. Москва: Академический проект, 2000. 그 외에도 『에로스의 타나토그래피』(*Танатография Эроса*, СПб: МИФРИЛ, 1994)에 실린 세르게이 포킨의 번역을 참조할 수 있다. —지은이

시 선물의 문제를 파헤치고 있습니다. 그 이후 바타유에게로 돌아가진 않았습니까?

데리다 네. 돌아가지 않았습니다.

리클린 돌아가지 않았다고요? 그게 유일한 논문이었나요? 그거 무척 애석하군요. 저로서는 당신과 바타유의 만남이 대단히 생산적이지 않았을까 싶은데 말이죠.

데리다 몇몇 예외를 제외하고, 제 작업 텍스트들의 선정은 아주 우연히 이루어지는 편입니다. 그리고 석 달 정도 지나면 곧 다른 문제들로 관심을 옮겨 가곤 하죠.

리클린 하지만 하이데거의 철학은 당신 작업의 지속적인 대상 아닙니까?

데리다 몇 가지 예외도 있다고 말했지요. 바로 그 경우입니다.

리클린 바타유는 하이데거에 대해 굉장히 날카롭게 비판하던 사상가였지요. 그는 말 그대로 형이상학의 '외부'에 머물러 있었습니다. 『내적 체험』[9]에서 그가 하이데거에 관해 했던 몇 가지 언급들이 기억나는군요.

데리다 바타유는 하이데거를 늘 심각하게 사유만 하는, 대단히 진지한 대

9) Georges Bataille, *L'expérience intérieure*, Paris: Gallimard, 1954.

학교수처럼 대했습니다.

리클린 네, 그랬죠. 기실 바타유 자신이 아카데미와는 아무 관련도 맺지 않은 '자유로운 화살', 곧 자유로운 문필가로 살았더랬죠. 그는 아카데미에 대해 어떤 소외감 같은 것을 느꼈던 것 같습니다. 하지만 동시에 그는 하이데거를 높이 평가하기도 했지요.

데리다 당신이 던진 질문들로 미루어 보건대 무엇을 더 선호하는지 알 듯하군요. 바타유와 하이데거 사이의 상호 관계를 고찰해 본다면, 저로서는 이렇게 말할 수 있을 듯합니다.

한편으로 저는 하이데거가 지나치게 아카데믹하고 지나치게 진지했다는 식의 바타유의 단언이 옳다고 생각하는 편입니다. 그리고 이런 평가는 당신이 바타유를 지칭하는 데 썼던 '자유로운 화살'이란 표현에 부합하는 것이겠죠. 반면, 아카데미의 한 일원으로서 제가 하이데거에 대해 내리는 평가는 바타유보다도 더욱 비판적이며 급진적이라고 봅니다. 아카데미의 교수로서 하이데거가 맡았던 역할의 의미를 진정으로 이해하기 위해서는, 또한 아카데미에 대한 소속감이 그의 사유에 어떠한 심원한 영향력을 행사했는지 이해하기 위해서는 아카데미로 주의를 돌릴 줄 알아야 한다는 게 제 의견입니다. 거기서 무슨 일이 일어났는지 알려면, 비단 주의를 기울이는 것뿐만 아니라 그에 소속되기조차 할 필요가 있다는 말입니다.

하이데거에 대한 저의 아카데믹하고 또 정치적인 해체가 바타유보다도 더욱 효과적이라 말할 수 있다면 좋겠군요. 왜냐하면 저는 아카데미에 속해 있으며, "여기 이 사람은 대학교수라구!"라고 말하는 '자유로운 화살', 즉 독야청청하는 아방가르드적 문필가보다는 하이데거에게 더 가까운 자리에 서 있는 까닭입니다. 우리는 어느 정도 한 발 물러서 바라볼 필요가 있겠지요.

제 자신은 바타유에 관해 높이 평가하고 있으며, 구태여 그에게 반대하면서까지 제 작업들을 변호할 마음은 아직 없습니다. 하지만 하이데거의 사유를 구체적으로 연구하는 데 있어서 바타유가 자신의 사유를 충분히 멀리까지 밀고 나갔다는 생각은 들지 않는군요. ■

2 Félix Guattari

욕망하는 기계들과 단순한 기계들: 펠릭스 가타리와의 대담 I

펠릭스 가타리와의 대담 I

대담 일시: 1991년 6월 24일
대담 장소: 프랑스 파리 생소뵈르 거리

리클린 선물해 주신 책은 흔쾌히 다 읽었습니다. 그런데 당신의 특이한 글쓰기 스타일은 저를 다시 한번 놀라게 하더군요. 문체의 특이성을 고려한다면 프랑스 문인들 가운데 당신은 샤를 푸리에Charles Fourier와 꽤 가까워 보입니다. 이에 대해 어떻게 생각하시는지요?

가타리 푸리에와 저 사이의 특별한 유사성에 대해서는 느껴 보지 못했는데요…….

리클린 당신의 신조어 도입 방식이 저로 하여금 푸리에를 연상하게 해주었습니다. 가령 최근 발간된 어떤 소설에 나타난 '랭보주의'와 '엘리자베스주의'에 관해 논의했던, 『인동의 세월』[1]에 실린 어느 인터뷰에 나온 것처럼 말입니다. 당신의 책들 몇 권을 읽어 본 이후에야, 저는 당신과 들뢰즈의 글쓰기 스타일이 지닌 차이점을 발견할 수 있었고, 그와 함께 쓴 책들에서 당신이 맡았던 몫을 더욱 잘 이해할 수 있었답니다. 만약 당신과

---

1) Félix Guattari, *Les années d'hiver: 1980~1985*, Paris: Bernard Barrault, 1985.—지은이

들뢰즈가 각각 따로 작업했더라면 비교할 수 있었을 법한 그 차이를 알게 되었다는 말이죠.

먼저 욕망의 문제와 관련된 질문을 드리고 싶습니다. 『안티 오이디푸스』[2] 이후 이 문제에 관한 당신의 입장에는 어떤 변화가 있었습니까?

가타리 예전과는 달리, 본능의 하부구조에 상응하지 않는 욕망의 흐름이나 그 역류에 관련된 욕망의 본능 경제로부터 상당히 자유로워졌다는 점에서 모종의 변화가 생겼다고 봐야겠죠. 이제 저는 욕망의 기계적 구조와 기계적 기능에 관해 더 자주 이야기할 수 있게 되었습니다. 아마도 제가 이미 당신에게 『분열분석적 지도 그리기』[3]를 선물해 드렸죠?

리클린 네.

가타리 거기서 쓴 대로, 저는 욕망의 흐름flux과 그것의 기계적 역류reflux, 차이적인 영토성과 비신체적인 우주의 범주화된 지도를 그려 보고자 합니다. 거기엔 이미 욕망의 흐름 및 영토성의 본능적 하부구조 따윈 없는 것이죠. 이제 제게 기계란, 말하자면 그 말의 종합적인 의미에서 사회적 기계에서와 마찬가지로 미학적이고 이론적인 기계에서도 실현되는 욕망의 벡터를 의미하는 것입니다. 기계는 더 이상 정신분석에서 말하는 부분 대상과 연관해서 이해할 필요가 없습니다.

---

2) Gilles Deleuze et Félix Guattari, *L'anti-Œdipe*, Paris: Minuit, 1972〔질 들뢰즈·펠릭스 가타리, 『앙띠 오이디푸스』, 최명관 옮김, 민음사, 2000〕.

3) Félix Guattari, *Cartographies schizoanalytiques*, Paris: Galilée, 1989. —지은이

리클린 당신의 관점에서 보자면 욕망의 생산은 사회적 생산과 외연을 함께한다는 말이겠죠…….

가타리 그뿐만이 아니라 미적 생산이나 비신체적인 생산, 가령 이상적인 수학적 본질의 생산 혹은 음악적 대상의 생산과도 외연을 함께한다고 말할 수 있습니다.

리클린 간단히 말해, 당신은 여하한의 정신분석적인 함의로부터도 욕망의 개념을 해방시키고 싶은 것이로군요.

가타리 말하자면 그렇습니다.

리클린 바로 여기서 다음과 같은 질문이 제기됩니다. 욕망이라는 개념은 정신분석의 열쇠어이기도 한데, 그렇다면 과연 욕망을 프로이트의 텍스트에 나타난 것과 같은 정신분석적 적용 사례로부터 온전히 '해방시킬' 수 있는가? 궁극적인 해방을 노정하기엔 욕망의 개념이 너무나도 '가족주의'와 밀접하게 결부되어 있는 게 아닌지 의심스럽습니다.

이와 관련하여 또 다른 질문도 가능합니다. 당신은 이해interest의 수준에 있는 전前 의식적 투여와 욕망의 수준에 있는 고유한 무의식적 투여를 구별하고 있습니다. 하지만 「지식과 권력」이라는 제하에서 논의된 푸코와 들뢰즈의 대담[4] 으로 미루어 보건대, 푸코는 이런 구별을 전적으로 수용하고 있지는 않습니다. 부정하지는 않지만 거리를 두고 있다는 말이죠.

---

4) Michel Foucault et Gilles Deleuze, "Les Intellectuels et le pouvoir", *L'arc* Nr.49, 1972.

가타리 푸코는 욕망의 경제에 기입되지 않은, 권력의 내적 기술의 수준에 머물러 있습니다. 다시 말해, 그는 권력의 미시 물리학을 다루는 모든 경우에서 단지 몰적 수준에 머물러 있다는 말이죠. 물론 몰적인 것과 미시 물리학은 서로를 부정하지 않습니다. 왜냐하면 우리가 제기하는 욕망의 분자 물리학에는 미시 물리적이면서도 동시에 거시 사회적이기도 한 상황들이 분명 존재하기 때문입니다. 예컨대 록음악은 전 지구적인 차원에서 널리 확산되어 있는 세계적인 문화 현상이라 할 수 있습니다. 그것은 매스미디어를 통해 계속 증폭되고 있지요. 하지만 다른 한편으로 록음악이 욕망의 분자 경제학을 가동시키고 있다는 점 또한 중요합니다.

리클린 푸코는 왜 그가 욕망의 개념으로부터 거리를 두는지에 관해 이렇게 설명하고 있습니다. 그에 따르면, 욕망과 오이디푸스적 삼각형에 기반한 핵가족 사이의 명확한 분절선을 긋는다는 게 사실상 불가능하다는 것이지요.

당신은 푸코의 이런 관점을 공유하지 않는 듯 보이는군요. 당신과 마찬가지로, 푸코가 정신분석에서 차용한 개념들에 의지하지 않고 다만 순수하게 '전략적인' 수준에 머물러 있으려 했던 점도 지적해 두겠습니다.

다른 한 가지 질문을 더 해보죠. 당신이 그 창설자의 한 사람이기도 한 새로운 기계주의는 계몽주의 시대의 기계주의와 어떤 점에서 다르다고 할 수 있습니까? 계몽주의야말로 다양한 기계주의에 사로잡혀 있던 시대라 할 수 있는데 말이죠.

가타리 18세기의 기계주의는 기술적 모델의 건설에 기반해 있었습니다. 그 시대의 기계주의는 물질적 체계와 상호작용의 원리에 따라 작동하는 좁은 의미의 기계들에 관심을 두고 있었죠. 즉 그런 유형의 기계들만이 유일한 문젯거리였습니다. 반면, 우리가 염두에 두고 있는 기계란 굉장히 넓고 다양합니다. 이미 말씀 드린 바와 같이 그 중에는 기술적 기계도 있습니다만, 또한 마찬가지로 촘스키가 이해한 바와 같은 언어학적 기계도 있으며, 대도시 기계 혹은 도시들의 메가 머신mega machine도 있고, 미적 기계 역시 포함되어 있습니다.

리클린 그렇군요. 『분자혁명』[5]에서 당신은 분자적이고 이데올로기적이며 문학적 기계들에 관해 글을 썼던 손디[6]를 인용하기도 했지요……. 그럼 당신의 경우에 우리는 보편화된 기계주의에 대해 말할 수 있는 것입니까?

가타리 제 작업을 보편화된 기계주의에 대한 몰두라기보다는 차라리 『천의 고원』[7]에서도 도입한 적이 있는 횡단성의 개념을 기계들에 대해 적용하는 것으로 이해하는 게 나을 듯합니다.

횡단성이란 다양한 종류의 기계들을 가로지르는 추상적 이행의 개념입니다. 여기서 기계들은 특정한 의미를 지닌 담론의 기저를 형성하고, 또 차이의 발생 지점이자 제가 존재론적 이질 발생이라 불렀던 지점들을 지칭하는 것입니다. 기계는 존재론적 인터페이스로 기능하는데, 그로 인

---

5) Félix Guattari, *La révolution moléculaire*, Paris: Recherches, 1977〔펠릭스 가타리, 『분자혁명』, 윤수종 옮김, 푸른숲, 1998〕.—지은이

6) 페터 손디(Péter Szondi, 1929~1971). 헝가리 태생의 문학연구가, 인문학자. 한국어로 번역된 저작으로 『헤겔 미학 입문』(토마스 메처Thomas Metscher와 공저, 종로서적, 1991), 『문학해석학이란 무엇인가』(아카넷, 2004) 등이 있다. 손디의 아버지 레오폴드 손디(Léopold Szondi, 1893~1986)는 정신의학자이자 정신분석가로 유명했다.

7) Gilles Deleuze et Félix Guattari, *Mille plateaux*, Paris: Minuit, 1980〔질 들뢰즈·펠릭스 가타리, 『천의 고원』, 이진경 외 옮김, 연구공간 수유+너머, 2000; 질 들뢰즈·펠릭스 가타리, 『천 개의 고원』, 김재인 옮김, 새물결, 2001〕.

해 서로 구별되는 이질 발생적인 우주, 즉 현실 전체가 생겨납니다. 또 그러한 현실 전체는 차이적으로 구별되어 있으면서 동시에 상호 긴밀하게 하나처럼 얽혀 있는 현실의 개별 영역들에 부합합니다. 가령 사회적 공간들, 가족적이거나 인종적 영역 따위와 같은 신체적 집합체들이 그에 해당되겠죠. 요컨대 이 기계들의 추상성은 이행을 가능하게 만들어 주는 어떤 것인데, 단 그것은 통상의 형식적인 의미에서가 아니라 특이화를 가능하게 해주는 어떤 것, 복합성의 이미지를 형성하는 어떤 것이라는 의미에서 그렇습니다.

리클린 말하자면 이런 새로운 문제 설정의 근저에는 주체 비판이라든지 그와 결부된 반성성reflexivity이나 초월성의 모든 개념들에 대한 비판이 놓여 있는 셈이군요. 그렇죠?

가타리 차라리 문제는 초월적 형식주의가 과도하게 수동적인 상태로 남아 있으며, 질료와 형식, 표현과 내용 사이의 관계는 지나치게 반영론적으로 제시되어 있다는 점에 있습니다. 언어학에서 특히 옐름슬레우[8]의 이론이 우리의 관심을 끄는 이유는 내용의 형식이 추상 기계의 형식적 관계와 동일하게 드러난다는 사실 때문이며, 또한 이 사실이 추상화 작용을 충분히 멀리까지 밀어붙임으로써 담론 형식의 너머로까지 나아갈 수 있도록 추동하기 때문입니다. 대개 담론 형식이란 게슈탈트 심리학에서 말

8) 루이 옐름슬레우(Louis Hjelmslev, 1899~1965). 덴마크의 언어학자. 내용/형식의 전통적 구분 대신 표현의 문제를 중요하게 제기했다는 점에서 들뢰즈와 가타리는 현대 언어학의 한계를 넘어서는 옐름슬레우의 공적을 높이 산 바 있다. 『천의 고원』 4장을 참조하라.

하는 형상과 형식의 대립 혹은 상부구조에 대한 하부구조의 대립과 같은 의미로 통용되었지만, 이제 그 너머로 나갈 수 있게 된 것이죠.

리클린 당신의 작업에서 집합적 신체란 어떤 기능을 수행합니까? 제가 욕망에 관한 질문을 우선적으로 던진 것은 괜한 일이 아닙니다. 우리가 원하는가 그렇지 않은가를 묻는 욕망은 오히려 집합적 신체를 파괴하는 게 아닐까요? 왜냐하면 욕망이라는 개념을 의식도 무의식도 전제하지 않는 신체들의 기능화와 결합시켜 생각하기란 어려운 일이기 때문입니다. 차라리 집합적 신체란 다른 원리 위에 세워져야 하지 않을까 싶습니다만…….

가타리 당신이 집합적 신체의 개념과 연관해 이해하고자 하는 의식/무의식의 관계에 관해 부연 설명해 주실 수 있습니까?

리클린 맑스와 프로이트의 이론에서 형식화된 무의식 개념은 반성성의 문제 설정에 대항하면서 첨예하게 논점화되었습니다. 하지만 그때, 집합적 신체는 반성성/비非반성성, 의식/무의식의 문제 설정과는 별다른 관련 없이 방치되어 버렸죠. 집합적 신체의 개념이 그런 상태에 놓여 있었던 탓에, 극한의 분절성으로 표상되는 근대의 초超합리성과 그리스 철학에서 유래한 고전적 합리성 사이에서 벌어졌던 철학사의 거대한 투쟁은 이 개념을 직접적으로 건드리지 못했던 것입니다.

가타리 하지만 의식성 자체의 집합적 원천이라는 것도, 집합적 의식이라는 것도 역시 존재하는 것 아닙니까?

리클린 여기서 '집합적'이라는 용어는 유비적으로 사용됩니다. 예컨대 바흐친[9] 자신은 '의식'이라는 말을 지속적으로 사용했지만, 이것은 고전 철학에서 이해되던 바로서의 바로 그 용어 '의식'과 직접적인 관련을 맺는 것이 아니었습니다. 바흐친의 해석에서 의식이란 전쟁 기계의 일종이었으며, 반성성의 고전적 개념에 대항하는 것인 동시에 프로이트가 이해했던 무의식의 개념에도 대항하는 그런 것이었습니다. 그는 정신분석에 대한 급진적인 비판자이기도 했는데, 자크 라캉이 그랬던 것처럼 정신분석의 본래 진리로 되돌아가자는 식의 내부로부터의 방식이 아니라, 소통적 의식 혹은 발화적 의식의 관점으로부터, 곧 외부로부터 정신분석에 대한 비판을 수행했었죠. 바흐친의 텍스트에 나타난 '민중'은, 설령 계몽주의 시대의 철학자들이라면 그것을 '자연 상태'라는 체를 통과하지 못한 전적으로 비반성적인 개념으로 치부했을 수 있다 하더라도, 우리들의 관점에서 보자면 충분히 생산적인 개념이 되리라 보입니다.

흘레브니코프[10]나 플라토노프[11]의 예에서 알 수 있듯, 러시아 전통

---

9) 미하일 바흐친(Mikhail Bakhtin, 1895~1975). 러시아 문학 연구자이자 문화학자 및 사상가. 서구에 알려진 소수의 소비에트 학자들 가운데 한 사람이다. 화용론적 언어 철학과 다성악, 대화주의, 민중의 웃음 문화 등의 개념으로 탈/현대적 사유의 길을 연 것으로 평가된다. 주요 저작으로 『프로이트주의』(1927), 『맑스주의와 언어 철학』(1929), 『도스토예프스키 창작/시학의 제문제』(1929/63), 『프랑수아 라블레의 작품과 중세 및 르네상스의 민중 문화』(1965) 등이 있다.

10) 벨리미르 흘레브니코프(Velimir Khlebnikov, 1885~1922). 러시아 미래주의 시인. 전통적이고 아카데미화된 시학적 규범을 벗어나 도발적이며 창조적인 문필 활동을 펼쳤다. 지성과 논리를 넘어서는 '초이성적 언어'를 발견하여 시와 드라마 창작에 적용하고자 애썼으며, 언어와 감성 및 욕망의 해방으로서 혁명에 환호했다. 절정기 흘레브니코프의 시에서는 온 우주가 초이성적 언어와 수(數)들의 총체적 체계로 채워져 있다고 묘사된다. 하지만 극단으로 치달았던 언어적 실험과 수와 문자에 대한 신비주의적 강박으로 인해 대중과의 소통은 파탄에 이르렀고, 결국 정신병원에서 객사하고 말았다. 언어에 대한 그의 새로운 감수성과 인식 및 실험은 야콥슨 등에 의해 정밀하게 연구되었고, 러시아 형식주의를 거쳐 구조주의적 언어관의 모태를 다진 것으로 알려져 있다.

전체에 걸쳐 집합적 신체라는 입지점에 부여된 가치는 비단 바흐친에게만 유별난 것이 아니었습니다. 여기서 문제 설정의 다른 한 극이 관찰될 수 있지요. 무의식의 탐구를 통해 형이상학이면서도 동시에 형이상학 비판의 기능을 수행하던 철학이 후면화되고 주변화되어 마침내 집합성의 또 다른 개념에 종속되고 말았던 시대[12]에 러시아 문학이 그 내부에서 일종의 철학의 기능을 수행했던 사실은 결코 우연한 일이 아니었습니다. 이렇게 이해해 본다면 "의식 자체는 본래적으로 무의식적"이라 할 수 있으며, 따라서 의식과 무의식 양자를 상호 외부적인 것으로 표상하는 관념 또는 상호 대립 따위는 곧 제거할 수 있습니다. 만약 주체를 본래 집합적인 것으로 간주한다면, 그래서 주체란 단지 주체화의 기능일 뿐이라고, 또한 단지 유비적으로만 주체일 수 있다고 생각한다면, 무한에 이르도록 주체를 분열시키고 분절해 나가야 할 필요도 없는 셈이죠.

그렇지만 형이상학의 급진적 비판가들인 질 들뢰즈와 당신에게조차도 형이상학은 대단히 본질적인 어떤 것으로서 존립하는데, 이로써 수용/배제의 대단히 복합적인 관계가 형성되는 게 아닌가 싶습니다.

러시아 문학은 현실과는 동떨어진 외딴 사상 내용에 대항하면서 형

---

11) 안드레이 플라토노프(Andrei Platonov, 1899~1951). 러시아 소설가. 가난한 기술공의 아들로 태어나 청년기에 혁명을 맞았다. 하지만 '새로운 사회'가 직면한 관료주의의 폐해에 직접 맞부딪혀야 했던 그는, 신랄하고 풍자적인 태도로 작품 활동을 함으로써 교조화된 비평계의 공격을 받았으며, 생활고와 냉대 속에서 어려웠던 삶을 마감해야 했다. 플라토노프의 문학 세계는 전반적으로 우주적이고 철학적인 사변으로 이어지는 경향이 있다. 그의 작품들은 대부분 사후에 출간되었는데, 대표작으로 『포투단 강』(1937), 『체벤구르』(1998) 등을 꼽을 수 있다.

12) 스탈린주의가 전횡하던 1930~1940년대를 말한다. 그러나 제정기 러시아 역시 욕망의 억압이라는 유사한 문제 상황에 놓여 있었고, 사후의 격하 운동에도 불구하고 스탈린주의가 소비에트 연방의 종막에 이르기까지 사회의 무/의식적인 욕망 구조를 이루었음을 고려한다면, 문학의 '철학적 기능'에 대한 리클린의 발언은 곧 러시아 문학 전통 전체의 특이성을 지적한 것이라 할 수 있다.

성된 표현의 체계가 아닙니다. 러시아 문학은 불가능을 전유하는 대안적 방식들을 실행하면서, 자신이 대항하고 있는 사상의 내용을 전적으로 자기 것으로 전유해 왔습니다. 러시아 문학은 '비형이상학적'으로 여겨지는 수단을 통해 형이상학적 작업의 온전한 몫을 실현해 냈던 것입니다.

가타리 하지만 러시아 문학은 개념을 생산해 낸다는 점에서도 철학적 작업을 수행하고 있지요.

리클린 러시아 문학은 엄청난 양의 개념들을 생산해 내고 있고, 그것들이 이 특수한 공간에서의 사유를 가능하게 해주고 있습니다.

가타리 개념은 무엇보다도 그것이 구성적이라는 점에서 특별합니다. 가령 도스토예프스키에게서처럼 개념이 충분히 발전해 있지 않거나 추상적일 때는, 기계적 몽타주 등이 개념과 관련되어 논의될 수 있습니다.

리클린 제 관점에서 본다면, 개념이란 문화의 자장에서 궁극적인 지향점이 무엇인지를 규정해 주는 것이 아닌가 싶습니다. 예컨대 신화는 개념들로 가득 차 있습니다. 물론 그게 형이상학적 의미에서는 아니겠지만, 그 개념들로 인해 지향성은 비로소 가능성으로 변모하며, 공간은 의미를 부여받게 되지요…….

여하간 집합적 신체에 관한 당신의 견해는 어떤 것입니까?

가타리 『정신분석과 횡단성』[13]이라는 꽤 오래된 텍스트의 어딘가에서 저는 집합적 주체성과 주체 집단의 문제를 풀어 본 적이 있습니다.

리클린 그건 『안티 오이디푸스』에서도 나오더군요.

가타리 그렇습니다. 논의는 다양한 등기 체계에서 주체성의 생산이 이루어진다는 식으로 전개되지요.

담론 구성의 측면에서 데카르트적 유형의 주체성 생산은 명석 판명함에 기초해 있습니다. 하지만 또한 다른 수준에서의 주체성 생산도 있을 수 있습니다. 예컨대 프로이트에 의해 분석된 꿈의 논리는 완전히 다른 주체성의 생산을 보여 주지요. 또한 텔레비전의 정보 전달 방식을 통해 이루어지는 매스미디어적 주체성의 생산 역시 광범위하게 실현되고 있는 중입니다. 주체성의 도시적이고 인종적인 생산 또한 나름의 규칙에 따라 작동하고 있어요. 제 목표는 그것들을 극단적으로 분리시키는 데 있지 않습니다. 의식에 기반하되 자연적 수준에 머물러 있는 기계도 있을 수 있고, 데카르트의 반성 기계가 한 예를 보여 주는 것처럼 여러 유형의 의식 기계들도 존재할 수 있습니다.

제 관심사는 차라리 주체화의 다양한 수준을 넘나드는 이행이 어떻게 이루어지는지, 그 가능성을 이해하는 데 있습니다. 이를테면 집단의 수준에서 혹은 개인의 수준에서 주체화의 이행이 어떻게 이루어지는가와 같은 문제 말입니다. 가령 독일의 청년 나치주의자들에게 히틀러는 〔라캉-프로이트적 의미에서〕 아버지의 대체물이었는가? 비록 그들에게 그와 같은 용어가 문제적으로 제기되어 있지 않았다 하더라도 말입니다. 혹은 히틀러의 안면성의 정치학도 그에 포함될 수 있겠습니다. 그의 제스처

13) Félix Guattari, *Psychanalyse et transversalité*, Paris: Maspero, 1972〔펠릭스 가타리, 『정신분석과 횡단성』, 윤수종 옮김, 울력, 2004〕. —지은이

관리 방식, 연설 태도 따위는 엄밀한 의미에서 미성숙한 추종자들에게 실존적 영토성을 구축한다는 문제가 제기될 수 있으니까요. 이 모든 것들은 생산과 시뮬라크르, 방어의 관계에서 논의될 수 있지 않을까요? 여기에 주체화의 모든 층위를 가로지르는 안면성의 기계가 작동하고 있습니다.

히틀러는 차치하더라도, 고대 사회에서 종족과 신화, 공간 및 신체적 관계의 층위에서 커다란 역할을 수행했던 것은 특수한 사물들, 즉 물신物神이었습니다. 횡단성의 관계야말로 일상적인 개별적 주체성의 단순한 구별보다도 더욱더 제 관심을 끄는 주제입니다.

리클린 다음 질문은 당신이 전제주의의 문제로 제기한 것과 관련이 있습니다. 특히 근친상간과 전제군주의 관계에 대한 것인데요, 『안티 오이디푸스』에서 당신과 들뢰즈는 이렇게 확언한 바 있습니다. 전제군주적 단계에서는 근친상간이 지배적 문제 설정으로 부각되는데, 그것은 전제군주의 결혼이 갖는 기능에 관련되어 있다고 말이죠.

또한 감응[14]에 관한 질문도 드리고 싶군요. 당신은 감응을 정체성에

---

14) 들뢰즈에게 감응(affect)이란 힘의 이행과 변이/변형 및 흐름의 지속 등을 뜻한다. 스피노자를 따라 들뢰즈는 감응을 존재 능력의 연속적 변이 과정으로 이해하고 있으며, 그런 한에서 감응의 사유는 순수한 사변의 영역이 아니라 오히려 물리 화학적·운동학적 이해의 대상이다. 하지만 감응은 대상화된 신체에 국한되지도 않는다. 차라리 감응이란 이미 신체성의 일부로서 계속 구성되고 있으며, 다른 신체와 혼합되고 분리되는 연속적 이행의 과정에서만 비로소 유의미하게 드러난다. 달리 말해, 감응은 흐름으로서의 신체, 혹은 신체의 변이와 변형, 생성력 전체를 이해하는 개념이며, 단지 관념이 아닌 실재, 실재로서의 사유 자체를 가리키는 것이다. 보다 자세히는 이진경, 『노마디즘』 1·2, 휴머니스트, 2002 및 질 들뢰즈, 「정동이란 무엇인가?」, 『비물질 노동과 다중』, 서창현 외 옮김, 갈무리, 2005 등을 참조하라. 'affect'의 번역어로 '정동'(情動), '정서' 등이 제안된 바 있으나, 이 책에서는 이진경의 예를 따르기로 한다.

선행하면서 동시에 발생론적으로도 목적론적으로도 결코 규정되지 않는 전이를 전제하는 전前 인칭적 범주로 간주하고 있습니다. 이런 입장을 들뢰즈와 더불어 '스피노자주의적'이라고 명명하였지요. 그런데 도대체 어떤 점에서 그와 같은 입장을 '스피노자주의'라고 부를 수 있습니까?

가타리 여기서 전문 철학적인 문제를 다룰 생각은 없습니다. 이 분야는 차라리 들뢰즈의 전공 영역이라 할 수 있겠죠. 이 분야에 관해 제 자신에게 충분한 확신이 있다고 말하기 어렵군요……. 감응의 이론에 대해서만 논의하는 게 더 낫겠습니다.

제 최근의 관점에서 감응이란 어떤 주어진 것se donne, 전술적이고 비담론적 관계에서 다루어지는 어떤 선분과도 같은 것입니다. 그것은 동시에 두 방향으로 움직이는, 제가 카오스모스[15]라 부른 일관된 운동에 부합하는 것이기도 합니다. 이 운동은 다만 차이화와 지각에 의해서만 포착되죠. 현실적 전체성, 즉 우주들, 모든 이질적인 복수성들이 바로 '나'인 것입니다. 다른 예를 들자면, 감응이란 프로이트의 『꿈의 해석』[16]에서 이르마에게 주사를 놓은 꿈을 분석할 때 나오는 흡수 지점을 가리키는 것입니다. 거기서 이르마가 등장하는 꿈 속에는 프로이트의 모든 다른 꿈들이 결합되어 등장하게 되죠(저는 목구멍에 난 반점을 다루는 에피소드를 염두에 두고 있습니다. 그때 프로이트가 깜짝 놀라고 있죠). 감응적이라 부를 수 있는 이 지점은 모든 복잡성이 해소되는 지점이자 동시에 모든 복잡성의

---

15) Félix Guattari, *Chaosmose*, Paris: Galilée, 1992〔펠릭스 가타리, 『카오스모제』, 윤수종 옮김, 동문선, 2003〕.

16) Sigmund Freud, *Die Traumdeutung*, Frankfurt a.M.: Fischer, 1989〔지크문트 프로이트, 『꿈의 해석』, 2004년 개정판, 김인순 옮김, 열린책들, 2004〕.

원천이 되는 지점이기도 합니다. 즉, 카오스가 여기서 더욱 복잡화되고, 카오스적 지각으로부터 복잡성의 차이화로의 이행이 실행되고 있는 것입니다.

또 다른 예를 들어 설명해 보지요. 비담론적 대상으로서 항문적 부분대상은 분할 불가능한 어떤 것인 동시에 차이화된 실존적 전체성들, 그 우주를 떠받치는 어떤 것이기도 합니다(엄마의 젖가슴에 결부된 욕망의 경제 전체를 떠올려 봅시다). 요컨대 카오스모스는 모든 복잡성을 거부하면서도 최고도로 실현된 초복잡성의 결집체라 할 만한 것입니다. 저에게는 감응이 복잡성의 담지자가 되는 방식이 대단히 흥미롭군요. 그런 감응의 한 가지를 리토르넬로ritornello라고 부른 적이 있는데, 그 중 어떤 것은 아주 단순하지만, 또 다른 것들은 굉장히 복잡한 양상을 띠고 있습니다. 드뷔시Achille Claude Debussy의 음악에 나타나는 복잡한 템포 진행 같은 것 말입니다. 그것은 공간의 변이와 확장, 다성악 그리고 음악사 등에 골고루 관련되어 있습니다.

리클린 정리하자면, 당신은 감응 속에서 고전 철학에서 유래한 개념적 도구들을 무력화시킬 가장 중요한 해석적 무기를 발견하고 개념화한 셈이라 하겠군요? 스피노자가 윤리학ethics을 도덕moral보다 상위에 놓았을 때, 그도 역시 데카르트주의와 대결하며 유사한 작업을 수행했던 것이고요. 진리로서 윤리학은 감응의 수준에서 확보되는 것인 반면, 도덕은 범박한 수준의 판단과 심판의 권리에 의지함으로써 스스로를 결박시킨다는 게 그렇겠습니다.

대개 비신체적 존재의 실존 가능성은 형이상학에 의해 부정적으로 받아들여지거나 아예 배제되곤 했습니다. 질 들뢰즈는 이 주제를 「플라톤과 시뮬라크르」[17]에서 굉장히 멋지게 서술한 바 있죠. 나중에 이 글은『의미의 논리』에 묶여 출판되었죠?

가타리 담배 피우십니까?

리클린 몇 달 전에 끊었습니다.

가타리 잘하셨습니다.

리클린 『인동의 세월』에 실린 인터뷰에서 당신은 자신이 68세대에 속해 있음을 고백했습니다. 그리고 1970년대의 분위기가 당신에게 그다지 우호적이지는 않았다고도…….

가타리 거기서 한 이야기는 무엇보다도 1980년대에 관한 것이었습니다. 제가 '결빙'의 시대라 불렀던…… 1970년대가 아니고요.

리클린 현재적 관점에서 당신은 1968년의 경험을 어떻게 평가하고 있습니까? 그 이후 지금 우리의 시대에는 무엇이 남아 있습니까? 그때의 경험이 없었더라면 실로 많은 것들이 생겨날 수 없었겠죠. 가령『안티 오이디푸스』도 쓰여질 수 없었을 것이고…….

---

17) Gilles Deleuze, "Platon et le simulacre", *Logique du sens*, Paris: Minuit, 1969〔질 들뢰즈, 「플라톤과 시뮬라크르」,『의미의 논리』, 이정우 옮김, 한길사, 1999〕.

가타리 물론입니다.

리클린 당신은 종종 좌파 운동에 참여했던 경력이 당신에게 미친 영향에 관해 말씀하시곤 했죠. 거기서는 무엇이 남았습니까?

가타리 지나고 보니 68년의 사건은 그 자체로 미학적 퍼포먼스였던 것 같습니다. 68년은 과학적 패러다임을 구성했던 사회경제적이며 행동주의적인 입지점을 미학적 패러다임의 범주에 속한 주체성의 생산으로 대체한 사건이라 말하고 싶습니다. 창조성의 패러다임은 1968년 다양한 소그룹들로 쪼개짐으로써, 또 정부의 탄압과 매스미디어의 교묘한 조작으로 인해 급격히 쓸려가 버렸습니다만, 그것이 남긴 결과는 뚜렷합니다. 즉 사회적 실천은 삶과 섹슈얼리티, 남성과 여성 및 아이와 어른 사이의 관계를 새로이 건설하는 미학적 실천과 접속할 수 있다는 사실 말입니다. 많은 점에서 1968년의 자극은 생태학의 등장을 촉구했습니다.[18] 저는 68년 이래로 생겨난 모든 사태는 이 패러다임이 일으킨 지속적인 변화를 확증해 준다고 생각합니다. 그에 대한 대응으로, 즉 집합적 주체성의 유사한 개입이 재발하는 것을 저지하기 위해 매스미디어적인 주체성이나 권력이 강화되어 왔다 할지라도 말입니다.

---

18) 가타리가 말하는 생태학은 일종의 생태철학(écosophie)으로서 자연환경의 보전에 국한된 자연주의 운동을 넘어서 사회적 관계 및 주체성의 생산 문제를 포괄하는 실천 철학적 개념이다. 가타리의 생태학에 대해서는 Félix Guattari, *Les trois écologies*, Paris: Galilée, 1989〔펠릭스 가타리, 『세 가지 생태학』, 윤수종 옮김, 동문선, 2003〕를 참조하라. 리클린 역시 생태학을 가타리적 의미의 포괄적 범주로 다루고 있다.

리클린 그렇다면 당신에게 68년과 그 이후 벌어진 일련의 사태들은 정치적 예술 작품으로 구성된 일종의 'Gesamtkunstwerk', 곧 총체적 예술 작품으로 간주될 수 있다는 말입니까?

가타리 그렇습니다. 그것은 직접적인 인과적 관계로 곧장 돌입하지는 않은 채 역사 위로 비상하였던 사건이었습니다. 그래서 오늘날 브라질과 칠레의 여성들이, 동성애자들이, 흑인 운동가들이 자신의 자유에 관해 사고할 수 있게 된 것이지요. 물론 그들은 68년의 이데올로기에 대한 직접적인 참조 없이 자기 일들을 하고 있습니다. 왜냐하면 이것은 이데올로기의 문제가 아니라 사회적이고 개인적인 실천의 새로운 지평이 열리는 문제이기 때문입니다. 그것을 우리는 존재론적 생산 혹은 실존의 생산이라 부를 수도 있겠습니다.

리클린 그럼 당신은 최근에 동유럽과 소비에트 연방에서 일어난 사건들에 관해서는 어떻게 생각하십니까? 사실 당신은 조직적인 좌파 운동에 소속된 적은 없더라도 좌파적 시선으로 세상을 바라보는 분인데요. 사회주의의 위기와 사회주의 진영의 와해라는 사태가 유럽 일반의 상황에 대한 당신의 평가에서 어떤 자리를 차지하고 있습니까?

가타리 젊은 시절 저는 트로츠키주의자였습니다. 결코 스탈린주의자였던 적은 없어요. 기실 소비에트 연방에 대한 입장으로 치자면 저는 처음부터 비판적이었습니다. 왜냐하면 다른 지식인들과 마찬가지로 1960년대보다 훨씬 이전부터 이미 굴라그[19]에 대해 비판해 왔기 때문이죠.

리클린 그러니까 당신에게 소비에트 연방은 별다른 논의거리가 없는, 곧 특별하게 중요한 위상을 차지하는 대상은 아니란 말씀이군요. 맞습니까?

가타리 트로츠키의 책을 읽고 나서, 1950년대부터 또는 더 일찍부터 시작된 소비에트 관료주의를 비판했던 것입니다…….

리클린 『배반당한 혁명』[20] 말씀인가요?

가타리 그것도 포함해서요. 동유럽에서 일어난 사태들은 관료주의와 같은 몰적 권력 구조가 얼마나 허약한지를 보여 주고 있습니다. 분자혁명 및 주체성의 변이라는 엄청난 파도가 수십 년간 방치되어 썩어 가던 잔해들을 쓸어 내듯 그것들을 부서뜨려 버리고 있는 중입니다. 마치 찻잔 속의 작은 바람이 거대한 폭풍을 일으키듯 말이죠.

실로 분자혁명은 밀도를 갖지 않고, 수단도 영유하지 않으며, 독점적인 전쟁용 기계도 소유하지 않습니다. 그것은 차라리 자본주의의 몰적 권력 구조에 대항할 수 있는 능력을 뜻합니다. 이 모든 것들이 말 그대로 동유럽 국가들을 뒤흔들어 놓고 있죠. 거기서 68년에 여기서 벌어졌던 것과 거의 비슷한 모든 일들이 발생하고 있습니다. 심지어는 주체성의 혁명이 개시되자마자 자본주의적 주체화의 역포획, 재영유도 시작되었습니다.

---

19) 굴라그(GULAG). 스탈린 시대를 대표하는 강제수용소.

20) Leon Trotsky, *The Revolution Betrayed: What is the Soviet Union and Where is it Going?*, 1937, http://www.marxists.org/archive/trotsky/1936/revbet/index.htm〔레온 트로츠키, 『배반당한 혁명』, 김성훈 옮김, 갈무리, 1995〕. 이 책은 트로츠키가 소비에트 연방에서 강제 추방당한 후, 1936년 노르웨이에서 작성하고 1937년 막스 이스트먼(Max Eastman)에 의해 영역된 반스탈린주의적 관점의 소비에트 연방사이다.

이로 미루어 보건대, 이 나라들이 전혀 다른 형태로 진행될 분자혁명에 의해 혼돈을 겪을 수도 있으며, 또 그럴 것이라고 저는 예상하고 있습니다. 동유럽 민중들의 자본주의적 주체성으로의 흡수, 단순한 전환은 있을 수 없습니다. 종교적이고 민족주의적인 감정의 고양과 같은 그런 반동적 현상들은 오히려 또 다른 희망이 목전에 와 있음을 보여 주는 하나의 징후일 따름입니다. 더구나 자본주의 체제가 그 나라들에서 발생한 지정학적이고 경제적인, 사회적인 문제들을 해결할 수 있으리라 보이지도 않고요. 거기서 자본주의는 제3세계 국가들에 대해 했던 것보다 더 나은 해결책을 내놓지는 못할 것입니다. 자본주의가 할 수 있는 일이란 그저 전지구적 차원에서 문제 해결을 지연시키기만 하는, 제3세계의 새로운 변종을 출현시키는 것일 뿐입니다.

리클린 요컨대 당신은 자본주의보다 더 나은 문제 해결 능력을 지닌 체제가 존재한다고 생각하시는군요. 하지만 동유럽 시민들 대다수는 바로 자본주의야말로 문제를 가장 훌륭하게 해결하리라 확신하고 있는데 말입니다. 물론 여기서 논의되고 있는 자본주의가 환상 속의 자본주의라는 것을 잊어서는 안 되겠죠. 그럼에도 불구하고 러시아처럼 이미 3세대 전에, 그때도 벌써 아주 빈약했던 자본주의적 전통이 단절된 경우에, 아직도 많은 이들이 자본주의라는 산타클로스가 그토록 소망하던 크리스마스 선물을 가져다줄 것이라 기대하고 있는 게 사실입니다.

설령 자본주의가 일련의 문제들을 해결할 수 있다고 가정해도, 단지 사람들이 원하기 때문에 자본주의로 이행한다는 것 역시 불가능한 일이겠죠. 러시아인들의 집합적 심성은 대단히 뿌리가 깊습니다. 그것은 스탈린주의보다도 더 오래된 것이며, 근래의 이상 변동에도 쉽게 쇠락하진 않을 것입니다. 어느 평온한 날 마술봉을 한번 휘두른다고 도시적인 집합적 신체가 한순간에 무너져 내릴 것이란 생각은 들지 않는군요.

가타리 들뢰즈의 용어를 빌려 말한다면, 이 경우 전쟁용 기계가 아니라 전쟁 기계에 관해 논의하는 게 더욱 적절할 듯하군요. 왜냐하면 전쟁을 위한 기계는 결국 국가에 복속되고 마는 탓입니다.

리클린 그런데 전쟁용 기계의 어떤 부분들, 예컨대 비밀경찰과 같은 기구는 법에 대해 대단히 복합적인 관계에 놓여 있지 않습니까? 본질적으로 법에 종속되지 않는다는 그런…….

성적 소수자와 관련된 다른 질문을 드려 보고 싶군요. 기억하시는지 모르겠습니다만, 언젠가 당신은 매춘이 가족주의적 삶을 조명하는 모종의 탐사적 실험이 될 수 있다고 쓴 적이 있습니다. 어떤 뜻입니까?

가타리 매춘이라는 제도는 매춘부 이외에도 고객, 정부, 경찰 및 다양한 사회적 기구들을 무대 위로 끌어냅니다. 섹슈얼리티는 사도 마조히즘적 취향을 드러내기도 하지만, 또한 마찬가지로 경찰적이고 국가적이며 상업적이기도 한 여러 다양한 국면들의 교차 지점을 드러내는 것이기도 하지요. 바로 여기서 여러 다양한 힘들이 그 순수한 형태로 관찰될 수 있습니다. 그 힘들은 매춘 제도를 둘러싼 채 분절되어 있으며, 가령 가족의 일상적 삶에서 이 힘들은 비교적 눈에 덜 띄는 편이지만, 실상 전혀 사라지지 않았음을 알 수 있습니다. 또한 전통적 가족 생활에서 노동과 금전에 관련된 동일한 문제들을 찾아볼 수 있습니다. 공적인 삶과 사적인 삶 사이에 상상 가능한 명확한 분절선 따위는 존재하지 않습니다.

리클린 당신이 하고 싶은 말씀은 가족 삼각형은 가상적이라는 것이지요?

가타리 말하자면 그렇습니다. 더구나 가족 삼각형은 일정 정도 삼각형의 틀에서 주체성이 후퇴하고 폐기되는 지점을 지탱하고 있으니까요. 그렇게 주체성은 삼각형의 형태를 수용하는 것입니다. 그 결과 가족주의 내에서 섹슈얼리티는 극단적으로 제거되기도 합니다. 매춘 제도 역시 그러한데, 특히 남창 제도는 죽음과 폭력 같은 굉장히 큰 위험을 감수해야 합니다. 그 경우엔 가족 삼각형에서 나타나는 방어 기제가 없으니까요. 매춘 제도에는 죽음에 대한 조명과 매혹이 동반해 있다고나 할까요. 그리고 마약 문제 역시 이에 관련되어 있습니다.

리클린 당신과 들뢰즈는 마약 문제를 각별한 형태로 다루기도 합니다. 들뢰즈가 말콤 로리Malcolm Lawry와 스콧 피츠제럴드Scott Fitzgerald를 인용하는 『의미의 논리』를 볼 것 같으면, 그는 거기서 중독과 같은 일반적인 귀결을 피하면서 의식의 확장을 위해 알코올이나 다른 마약류를 이용할 수 있다고 썼더군요. 당신의 관점에서도 그런 것이 가능할까요?

가타리 음, 누가 뭐라 해도, 몇몇 작가들에게 이런 시도가 성공을 거두었음은 부인할 수 없겠죠. 굳이 앙리 미쇼[21] 같은 사람들을 거론할 필요도 없습니다. 마약이 어느 정도 주체성을 폐쇄시키거나 혹은 공포감의 진척

---

21) 앙리 미쇼(Henri Michaux, 1899~1984). 벨기에 출신의 프랑스 시인, 화가. 신비주의와 광기의 접경에 놓인 작품 활동을 추구했으며, 약물 복용을 통한 창작 실험을 주저하지 않았다. 대표작으로「비참한 기적」(1955) 등이 있다.

을 둔화시키는 기능을 수행하는 게 사실입니다. 하지만 또한 몇몇 경우 마약이 일정 정도 창조와 생산의 견인차 역할을 하는 것도 사실이죠. 예컨대 샤머니즘에서 마약은 의식 지평의 틀을 확장하는 데 근본적인 기능을 수행하고 있습니다. 하지만 자본주의에서 마약은 대개 그 기능을 축소시키는 경향이 있어요. 이런 사실은 텔레비전·알코올·속도 등에 관련되는데, 폴 비릴리오가 명명했던 '질주적 영역의 오염', 즉 모든 공간의 수축에 해당되는 것들입니다.

리클린 스탈린주의 문화에서 마약류, 무엇보다도 알코올이 적지 않은 역할을 맡은 바 있습니다. 그때는 음주 문화의 증대라는 사실로 기억될 만한 시대였으니까요.

재미있는 사실은 질라스[22]나 흐루시초프, 그 밖의 다른 사람들의 회고에 따르면 스탈린 자신이 대단한 음주 애호가였다고 합니다. 그는 혁명 동지들이 실제로 어떤 생각을 품고 있는지 알아내기 위해 종종 그들에게 강제로 술을 먹였다더군요. 술자리에서 뱉은 몇 마디와 목숨을 맞바꾸는 일이 자주 벌어졌다고 합니다.

『안티 오이디푸스』로 돌아가 보죠. 거기서는 기관 없는 신체와 욕망하는 기계가 본질적인 대립을 이루는 것으로 도입되어 있습니다만, 그 다음부터는 '기관 없는 신체'의 개념이 2선으로 물러날뿐더러 당신이 혼자

---

22) 밀로반 질라스(Milovan Djilas, 1911~1995). 유고슬라비아의 작가이자 정치가. 티토와 함께 유고슬라비아 공산주의를 이끌었으나, 자유주의 노선을 주장함으로써 모스크바 정권의 미움을 샀다. 소비에트 연방과 유고슬라비아가 분쟁에 돌입한 1948년에는 스탈린이 아닌 티토의 입장에서 공산주의적 진정성을 역설함으로써 이데올로기적 감찰 대상이 되었고, 1954년 급기야 유고슬라비아 공산당에서 제명됨과 동시에 체포되었다. 감옥을 들락거리는 와중에도 활발한 저술 활동을 벌였으며, 1962년 『스탈린과의 대화』 등을 펴낸 바 있다.

쓴 책에는 그 개념에서 이어져 나온 개념의 흔적이 보이지 않습니다. 기관 없는 신체는 그렇게 소실된 개념인가요?

가타리 그 개념은 전혀 사라지지 않았습니다. 가령 『천의 고원』의 어떤 장은 통째로 이 개념을 해명하는 데 바쳐지고 있죠…….

리클린 제가 염두에 두고 있는 것은 좀더 나중의 저술들인데…….

가타리 제가 혼자 쓴 책만을 말한다면, 거기서 '기관 없는 신체'라는 개념은 '카오스모스'라는 이름으로 여전히 존속하고 있습니다. 이 개념을 통해 차이와 다양성을 넘어서는 상태로의 이행이 실현될 수 있습니다. 기관과 신체의 융합 일반과 그것의 지각을 카오스모스라고 부를 수 있는 것입니다. 바로 이런 이유로 제가 혼자 쓴 책에서는 '기관 없는 신체'라는 표현을 사용하지 않았습니다.

리클린 그럼 욕망하는 기계는 어떻게 됩니까?

가타리 욕망하는 기계는 그 자체의 현실성을 전혀 상실하지 않았습니다. 이 대담의 첫머리에서 저는 이 개념이 프로이트나 멜라니 클라인Melanie Klein의 부분 대상과 관련되어 있다고 말씀 드렸었지요. 이제 저는 여기서 이 개념이 부분적 주체화의 발생지라 부르겠습니다.

리클린 이제 주체의 지위에 대한 질문을 드리겠습니다. 주체란 당신의 입장에서 볼 때 라캉의 전제마냥 기표들의 유희에 입각해 있는 게 아닌데요. 그렇다면 주체는 이질 발생적 성분들의 총체에 의해 구조화됩니다. 결국 주체의 새로운 지위는 그 자신의 폐기를 상정하고 있다는 인상을 받습니다만.

가타리 개체화individualization의 산물로서 주체를 이해한다면, 그건 그렇습니다.

리클린 하지만 그 경우 주체는 어떤 형태로 존재하게 됩니까? 예컨대 데리다에게 주체는 가위표 쳐진 상태로만 존속할 수 있습니다. 그렇게 지워진 상태로만 비로소 주체가 드러나는 것이지요.

고전적 주체관에 대항하는 당신의 주체 설정은 상당히 폭력적이라 느껴질 정도입니다. 가령 자크 데리다는 형이상학과의 관계에서 일종의 중립 지대를 설정하고 있습니다. 그 지대는 현존하는 개념들이 표방하는 실존성과 근본성에 대한 검증을 중단함으로써 진리와 거짓을 판별하는 과정이 유보되어 있는 장소지요. 그와 반대로 당신은 형이상학적인 문제 설정과 교섭하는 여하한의 형식들도 거부함으로써 그러한 기계들, 개념적 도구들을 공격하고 있습니다. 하지만 당신이 만일 주체 개념과 같은 전통적인 개념적 열쇠어들을 계속 사용하려 한다면, "주체가 당신에게 의미하는 바는 무엇인가?" 혹은 "주체의 지위는 이제 어떻게 되는가?"와 같은 의문이 발생하는 것은 불가피합니다. 당신의 그런 공격 이후에 남은 것은 무엇입니까?

가타리 반성적 의식, 개인, 사회적 이성과 주체를 동일시하기를 거부하는 순간부터 우리는 이질 발생의 규칙들에 따라 구조화되는 부분적 주체화의 발생지에 관해 논의하게 됩니다. 그 경우 주체성의 문제는 기표에 의해 주어지는 것도 또는 발생하는 것도 아닌, 주체성 그 자체의 분절화에 달려 있습니다.

리클린 주체성은 대체물이나 부대물 같은 것이 되는 것입니까?

가타리 그와 비슷하지요. 예컨대 현대 사회에서 어린아이는 자신의 주체성을 언어적으로 구성합니다. 학교나 거리에서 마주치는 친구들, 교사들, 부모들과의 관계가 그렇지요. 뿐만 아니라, 어린이의 주체성은 텔레비전이나 게임과 같은 정보 전달 매체를 통해서도 구성되지요. 이런 구성적이고 복합적인 주체성은 바흐친적 의미에서 다성악적이라 부를 수 있겠습니다.

리클린 그렇다면 당신은 보드리야르의 주장에 대해서는 어떻게 생각하십니까? 그는 리얼리티는 하이퍼리얼리티에 의해 폐기되며, 우리는 다만 매스미디어에 의해 가공된 현실의 시뮬라크르만을 접할 수 있다고 주장하고 있습니다. 이 관점에 따른다면, 혁명성/반동성, 좌파/우파 등 기존의 이중적 대립항들은 전적으로 새로운 의미를 얻게 됩니다.

가타리 제가 보기에 그런 관점에는 상징계, 상상계, 실재의 구별과 같은 범주들의 시뮬회리는 위험이 도사리고 있습니다. 상상계나 시뮬라크르 단독으로, 혹은 어떤 유일한 현실 따위가 왜 존재하지 않을까요? 왜냐하면 현실의 여러 차원이 함께 존재하기 때문이고, 시뮬라시옹의 여러 이질 발생적 과정들이 함께 존재하기 때문이며, 상상계의 다양한 양태들이 함께 존재하기 때문입니다.

리클린 이 모든 범주들은 오로지 복수성으로서만 유의미하다는 말씀이지요?

가타리 바로 그렇습니다. 가령 꿈과 영화에서 나타나는 상상계를 비교해 보세요. 그것은 거기서 이질 발생적으로 출현합니다.

만약 보드리야르가 기술하는 대로 매스미디어를 통해 세계의 탈현실화가 진행된다는 당금의 상황에만 논의를 국한해 본다면, 제가 보기에 우리의 논의는 탈중심화의 시대가 도래함으로써 대체되고 말, 기껏해야 이행의 단계 이상을 넘어서지 못할 것입니다. 다르게 표현하자면, 현재 상황은 광고나 여론조사 따위로 형성된 지배적 이미지에 의해 주체성이 제거되어 가는 단계인 것입니다.

한편으로, 시간이 얼마간 흘러서 기술적 발전이 더욱 진척된다면 매스미디어적 시뮬라크르의 단성성은 파열되고 말 것입니다. 기계 장비의 규모가 축소되고, 텔레비전 채널 수가 증가하며, 상호작용성이 증대되는 것도 그에 일조하겠지요. 가령 콤팩트디스크를 통한 상호작용성은 정보소통과 오디오-비디오 및 매스미디어의 기구들을 결합시키고, 그로써 상황은 근본적인 변화를 겪게 될 것입니다. 시청자가 텔레비전과 맺는 관계는 능동화될 것이며, 이로써 감성적이고 집합적인 생산에 대한 접속도 이루어지겠지요. 피에르 레비Pierre Lévy는 이를 '역동적 표의문자'l'idéographie dynamique라 불렀어요. 그가 얼마 전 여기서 진행했던 세미나에 참석하셨습니까?

리클린 아니요.

가타리 다른 한편으로, 만일 매스미디어의 오염 상태에 계속 머물러 있게 된다면, 사회적이고 생태학적이며 인구학적인 재앙이 폭발하고 말 것입니다. 지금이 새로운 사회적 실천을 시작할 때입니다. 비록 사회적 실천이란 게 계속 패퇴해 가는 상황이라 할지라도, 그것이 (과장된 발언이었음을 감안하더라도) 보드리야르가 확언하는 바로서 사회적 실천이란 것 자체가 존재하지 않는다는 뜻은 아니니까요. 더군다나 삶의 다른 형식 속에서 사회적 실천을 되살릴 수 없다는 뜻도 전혀 아닙니다.

물론 저는 새로운 푸리에를 자처하는 예언자 같은 사람은 아닙니다만…….

리클린 푸리에는 예언자였다기보다는 몽상가였죠…….

가타리 그래요. 몽상가였을 수도 있죠.

어떤 형식으로 그런 일들이 생겨나게 될는지 예견할 수는 없군요. 하지만 제 생각에 도시 환경, 사회 등 모든 수준에서 재구성의 작업이 벌어질 것입니다. 교육과 정신의학이 변화를 겪을 것이며, 남성과 여성 사이에서 새로운 관계가 싹트겠죠. 더욱 발전된 정치 형태를 포함하여 시간과 속도, 기계에 대해 지금과는 전혀 다른 관계 방식이 생겨날 것입니다. 전에는 폴란드의 '자유노조'와 같은 독특한 정치 구조를 아무도 상상할 수 없었습니다만, 지금 그것의 중요성은 비단 폴란드에만 국한된 게 아니지 않습니까? '자유노조'에도 나름의 단점들이 있을 터이기에 제가 그 변호자로 나설 생각은 없습니다만, 그와 비슷한 맥락에서 지금 브라질에는 생디칼리슴에 새로운 의미를 부여함으로써 탄생한 새로운 노동자 정당이 존재하고 있습니다. 간단히 말해, 변화가 어떤 징후를 띠고 나타날 것인지는 정확히 예견할 수 없다는 말입니다.

리클린 당신의 입장이 제게는 어쩐지 이중적으로 보이는군요. 물론 당신은 제가 아는 가장 탁월한 저술가들 중의 한 사람입니다. 환희와 기쁨의 감정은 당신의 글쓰기 스타일에서 본질적인 자리를 차지하고 있으며, 이 문체의 특이성을 빌려 당신 나름대로 수많은 문제들을 해결해 왔습니다.

하지만 당신이 정치적 사건들에 관해 글을 쓸 때, 가령 이탈리아에 관해, '붉은 여단'[23]에 관해, 혹은 안토니오 네그리의 재판에 관해 글을 쓸 때면, 스타일상의 변화가 엿보입니다. 정치적 활동가로서 쓴 당신의 글은 당면한 사태를 대강 넘겨짚는 것처럼 보이기도 하거든요. 이건 꼭 두 개의 장기판을 동시에 두는 것 같기도 합니다. 본원적이고 이론적인 장기판과 좌파 정치적 장기판이 그것들이죠. 만약 당신이 두 개의 장기판의 이쪽저쪽을 넘나들고 있는 것이라면, 저로서는 각각의 판을 두고 있는 경기자들이 같은 사람인지 확신할 수가 없는데요.

가타리 그들은 분명 같은 사람이 아닙니다!

---

23) 붉은 여단(Red Brigades). 1970년에 결성된 이탈리아의 극좌파 혁명 조직. 국가 전복과 프롤레타리아 혁명을 완수하기 위해서라면 폭력도 불사한다는 맹렬 과격주의를 모토로 내걸었다. 여러 차례의 테러 활동을 통해 자신들의 존재를 알려 나갔으며, 1978년 당시 총리 알도 모로(Aldo Moro)를 납치·살해함으로써 조직의 활동력이 정점에 이르렀으나 이탈리아 정부의 지속적인 소탕 작전과 폭력주의에 대한 대중의 반감 등으로 인해 1980년대 이후 급격히 쇠퇴했다. 1979년 안토니오 네그리가 체포될 때의 죄목도 붉은 여단의 수괴로서 총리 살해를 지휘했다는 것이었다.

리클린 당신의 이론적 저술은 죽음에 각별한 의미를 부여하고 있습니다. 그렇지만 정치적 저술가로서 당신은 그와 반대로 삶과 현실 원칙 자체에 의미를 부여하고 있죠. 혁명의 가능성 자체가 거기 달려 있다고 할까요.

가타리 더 쉽게 이해하기 위해 예를 하나 들어 보죠. 당신이 정신병 환자를 치료한다면, 당신은 그와 마찬가지로 다양하고 이질 발생적인 언어로 말을 해야 합니다. 정신병자는 자신의 가족에 관해, 자기 문제들에 관해, 그리고 여러 수준에 걸친 자기의 계획들에 관해 이야기를 할 것입니다. 당신 역시 가장 다양한 수준에서 그의 문제들에 대해 이야기할 수 있는 능력을 갖춰야 합니다. 가령 정신병자가 인종주의적이고 파시스트적이며 유해한 환상의 힘에 사로잡혀 있다고 가정해 봅시다. 그럼 당신은 그에게 맑스 레닌주의에 관한 강의를 하시겠습니까?

리클린 하지만 그런 환상들을 함께 거론하기는 좀 부적절한 것 같은데요.

가타리 부적절하다고 하더라도 동시에 그런 언어들로 말할 수 있어야 합니다.

리클린 과잉의 영역은 차이보다 유사성이 더 크다는 말인가요? 예를 들어, 기독교와 이슬람교 사이에서는 차이가 명백해 보일지라도, 기독교 신비주의와 수피적 신비주의 사이에서는 그 차이가 명확하지 않듯이 말입니다. 마찬가지로 혁명적 폭력과 반동적 폭력에 관해서라면, 다 같은 폭력의 형식으로서 양자는 서로가 서로를 상기시켜 주게 마련입니다.

가타리 남을 질책하거나 남에게 책임을 지는 일이 늘 가치 있는 행위라고 보지는 않습니다. 어차피 그건 똑같은 과정이니까요. 평범한 시민과 범법자가 동시에 되는 것도 가능한 일입니다. 아이들은 거리와 가족의 영향력에 동시에 놓여 있습니다. 그래서 그들은 유리창을 깨면서도 또한 학교 숙제를 하기도 하는 것이죠. 아이들은 참여와 주체화 및 그것의 거부 사이의 교차 지대에 있습니다.

권력은 삶의 모든 차원이 단지 하나의 의미만을 가진 것처럼 취급하고, 그 모든 차원에 대해 개인이 책임을 지라고 강제하고 있습니다. 하지만 저는 그와 반대로 주장하겠습니다. 제가 어느 때고 어떤 입장을 개진한다면, 그것은 그 순간 제가 그렇게 생각하기 때문이고, 다른 순간에는 그와 다르게 생각하고 말할 수 있다는 것입니다. 스물다섯 살 때의 저는 맑스주의자인 동시에 프로이트주의자, 라캉주의자, 아나키스트이기도 했습니다. 제가 이 모든 것들을 하나의 차원으로 통합하려 한다면 저는 파열해 버리고 말 것입니다. 저로선 당신의 주장에 동의하기 어렵군요…….

리클린 그 모든 것들을 하나의 공통분모에 끌어모으는 것 말인가요?

가타리 바로 그렇습니다.

리클린 여하간 제가 말하고 싶었던 것은, 그저 당신의 이론적인 문제와 정치적인 문제가 서로 간에 약간 차이가 있다는 점이었습니다.

가타리 바로 보신 겁니다! 그게 제가 당신께 드릴 수 있는 답변입니다.

리클린 네, 정말 차이가 있죠. 그렇지만 이론은 정치 행위를 온전히 밝혀낼 수 없음에도 불구하고 그것을 해명할 수 있다고 주장하고, 정치 행위는 전적으로 독자적인 영역에 놓인 이론에 자꾸 의지하려 듭니다. 이런 현상은 결코 완전히 제거할 수 없는 일이지요.

우리의 대담이 애초에 생각했던 것보다 더욱 복잡다단하게 변한 것 같습니다.

마르키 드 사드Marquis de Sade는 다음과 같이, 전적으로 올바른 명구를 남긴 적이 있습니다. "모든 것은, 만일 그것이 과도하기만 하다면 좋은 것이다." 아마도 이 소설가는 과잉의 다양한 형식들 사이의 차이가 그것들의 담지자들에게 드러나는 만큼 크지는 않다는 점을 이해하고 있던 모양입니다.

가타리 누가 그랬다고요?

리클린 마르키 드 사드 말입니다.

가타리 아, 전 사르트르라고 하신 줄 알았습니다. 그가 책임을 떠안는 것, 책임의 옹호자라는 사실 때문에 놀랐던 적이 있거든요.

리클린 『안티 오이디푸스』 이래 프랑스 문학에 대한 당신의 견해가 바뀌었습니까? 그 책에서 당신과 들뢰즈는 프랑스 문학의 대척점으로 영국 문학에 높은 가치를 부여했었지요. 그런데 제게는 프랑스 문학의 전통에서 분열분석적 글쓰기가 불충분하게 나타난다고 보이지는 않는데요. 미쇼나 베케트Samuel Beckett 같은 이름들을 거론할 수 있겠습니다만.

가타리 베케트는 프랑스적 작가라고 부르기 어렵죠.

리클린 그는 프랑스어로 많은 글을 썼는 걸요. 하지만 로브-그리예Alain Robbe-Grillet나 레이몽 루셀Raymond Roussel 등도 언급할 수 있겠습니다. 대개 프랑스의 기계적 전통은 사드로부터 루셀을 거쳐 로브-그리예에 이르니까요.

가타리 영미 문학이나 조이스James Joyce, 로리, 헨리 밀러Henry Miller에 나타난 그런 글쓰기 방식이야말로 우리들에겐 국적을 넘어서는 특이한 방식으로 여겨졌죠.

리클린 지금은 어떤 작업을 하고 계십니까?

가타리 올 9~10월 즈음 들뢰즈와 저는 새로운 책을 출간하려 하고 있습니다.

리클린 그거 굉장한 소식이군요. 그 책은 어떤 문제를 다루고 있나요?

가타리 철학의 개념이나 과학의 기능, 미적 감응과 지각 등에 관련된 문제 전체를 다루고 있죠. 대략 '철학이란 무엇인가?'[24]와 같은 제목을 붙일 생각입니다.

---

24) Gilles Deleuze et Félix Guattari, *Qu'est-ce que la philosophie?*, Paris: Minuit, 1991〔질 들뢰즈·펠릭스 가타리, 『철학이란 무엇인가』, 이정임 · 윤정임 옮김, 현대미학사, 1995〕.

리클린 『천의 고원』 이후로는 들뢰즈와 함께 책을 쓴 적이 없으시죠?

가타리 네, 함께 작업하길 멈춘 적은 없지만 공백기가 있죠.

리클린 어느 인터뷰에서 당신은 질 들뢰즈와 함께해 온 여정에 관해 이야기한 적이 있습니다. 당신은 그에게 다른 친구들도 끌어들여 전체적인 팀 작업을 해보자고 제안한 적이 있었다죠. 하지만 들뢰즈가 반대했고, 들뢰즈보다는 당신이 집단적 작업에 더욱 마음이 끌리는 듯 보이더군요.

가타리 네.

리클린 그럼 만일 들뢰즈가 당신 주장을 받아들였더라면 결과는 어땠을까요? 어떻게 생각하십니까, 더 나은 책을 쓸 수 있었을까요?

가타리 사실대로 말하자면 그렇게 생각하지 않아요. 비록 다른 친구들을 함께 끌어들이고 싶은 마음이 그때 당시로는 전적으로 진심 어린 것이었지만요.

리클린 다른 사람들과 함께 글을 쓰는 것에 반대했던 들뢰즈의 이유는 무엇이었습니까?

가타리 푸코와 마찬가지로 들뢰즈 역시 "우리는 모두 니체주의자들이다"라고 말하길 좋아했습니다. 그가 이런 말을 했을 때는, 어떤 집단적 현상에 관해서도 자신은 별 관심이 없다는 뜻입니다.

리클린 하지만 어쨌든 당신은 들뢰즈와 함께 작은 집단을 형성했던 셈인데요.

가타리 그 점에 관해서라면 들뢰즈가 저의 첫번째 책인 『정신분석과 횡단성』의 서문에 써준 바 있습니다. ■

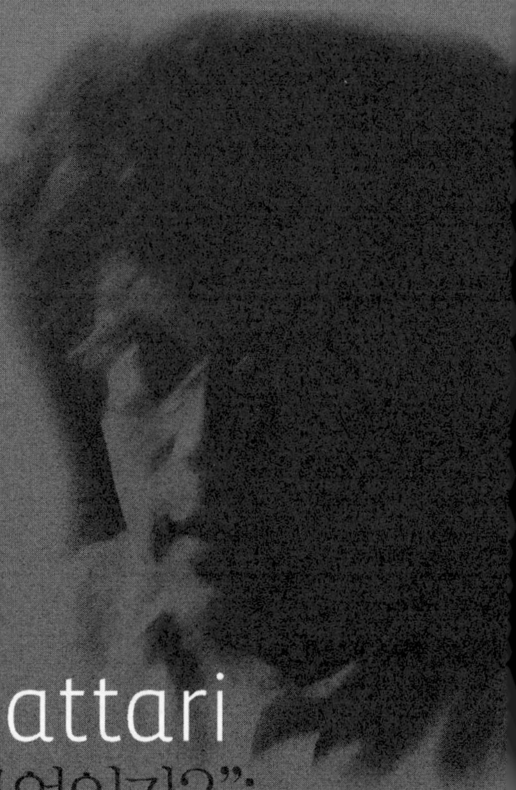

3

Félix Guattari

“철학이란 무엇인가?”: 펠릭스 가타리와의 대담 II

펠릭스 가타리와의 대담 II

대담 일시: 1992년 3월 3일
대담 장소: 프랑스 파리 생소뵈르 거리

리클린 들뢰즈와 당신이 함께 쓴 『철학이란 무엇인가?』[1]를 굉장히 흥미롭게 읽었습니다. 언젠가 푸코가 자신의 철학을 '초월적 주체가 부재하는 칸트주의'라고 불렀던 것을 기억하시겠지요. 바로 그런 의미에서, 당신들의 책을 읽으면서 저는 시원의 철학, 심지어 '영원성의 철학'이 복원되는 순간에 참여한 듯한 느낌을 떨칠 수 없었습니다. 이런 느낌이 잘못된 것일까요? 예컨대 개념과 감응affects의 구별이라든지, 과학의 가능 근거는 과학 이전에 이미 존재하고 있다는 진술 등은, 제 기억이 틀리지 않다면, 사실 칸트의 체계에서도 발견할 수 있는 것들입니다. 당신과 들뢰즈는 이런 복고적인 제스처에 일부러 의지했던 것인가요?

당신들의 예전 저서들에 비교해 볼 때, 이 책은 일반적인 의미 이상으로 전통 철학에 더 가까이 다가간 듯 보입니다. 이를테면 들뢰즈의 「플라

---

1) Gilles Deleuze et Félix Guattari, *Qu'est-ce que la philosophie?*, Paris: Minuit, 1991〔질 들뢰즈·펠릭스 가타리, 『철학이란 무엇인가』, 이정임·윤정임 옮김, 현대미학사, 1995〕. 세르게이 젠킨의 러시아어 번역본이 있다. Ж. Делез и Ф. Гваттари, *Что такое философия?*, перевод С. Зенкина. Москва: Алетейя, 1998.—지은이

톤과 시뮬라크르」[2]나 당신의 많은 다른 텍스트들보다도 더욱 그런 것 같더군요. 예전에 당신들은 철학의 거대한 흐름을 '전통 철학'과 동일시했고, 이때 '전통'이란 '작은' 철학, 곧 철학의 소수적 흐름들을 억압하는 것이라 주장한 적이 있습니다. 그런데 지금은 바로 그 '전통 철학'에서 당신들의 사유가 고유하게 뿌리내릴 가능성을 모색하고 있더군요.

가타리 무슨 말씀을 하십니까? 모든 위대한 철학은 존재를 개념적으로 구성하는 데 바쳐져 있습니다. 그런 전통의 몇몇 개념들을 다시 활성화시키겠다는 욕망에는 여하한의 선先판단도 개입하지 않을뿐더러, 전통을 통째로 받아들이려는 생각도 전혀 하지 않았습니다.

리클린 『철학이란 무엇인가?』가 제기하는 모든 문제의식을 고려해 봤을 때, 제겐 이 책이 모든 가치 판단에 선행하는 초월주의를 표방하기 때문에 전통의 의의를 부각시키는 또 다른 증거라는 생각이 듭니다. 이 책에서 당신들이 받아들인 새로운 형식은 이전의 작업들, 특히 『안티 오이디푸스』[3]에 나타난 것보다도 더욱 초월주의에 가까이 세워진 듯해서 말이지요.

가타리 관건은 초월주의를 표방하는 발화자가 내재적이라는 사실에 있습니다. 설령 초월성의 환상이 발화자를 지탱해 주고 있는 경우라고 해도

---

2) Gilles Deleuze, "Platon et le simulacre", *Logique du sens*, Paris: Minuit, 1969〔질 들뢰즈, 「플라톤과 시뮬라크르」, 『의미의 논리』, 이정우 옮김, 한길사, 1999〕.

3) Gilles Deleuze et Félix Guattari, *L'anti-Œdipe*, Paris: Minuit, 1972〔질 들뢰즈·펠릭스 가타리, 『앙띠 오이디푸스』, 최명관 옮김, 민음사, 2000〕.

말입니다. 우리의 질문은 그가 자신의 개념과 지각, 감응을 통해 어떻게 스스로를 확인해 가느냐에 두어져야 합니다.

리클린 이 책에서 사유의 이미지로서 규정되어 있는 내재성의 평면은 얼마간 개념들에 대립되는 것 같고, 칸트의 초월적 분석론에 나오는 시간이나 공간처럼 사유의 아프리오리a priori 한 조건을 떠올리게 해주는 것 같지도 않습니다. 여기엔 정말 그 어떤 상응점도 없습니까?

가타리 내재성의 평면은 시원의 카오스에 질서를 도입합니다. 이로써 그 역할이 끝나 버리는 것이고요.

리클린 당신과 들뢰즈는 철학의 의사소통 개념을 상당히 격렬하게 비판했습니다. 또한 예전에 비해 철학의 포스트모더니즘을 한층 더 엄격히 평가했다는 점이 절 놀라게 했는데요. 당신 자신의 의사와는 별개로 일어났을지 모르겠지만, 『안티 오이디푸스』는 포스트모더니즘에 강력한 영향력을 행사했고, 특히 포스트모더니즘 이론가들은 그 책에서 수많은 이론적 자양분을 길어 냈기 때문이죠. 제가 염두에 두는 이들은 주로 미국의 저술가들입니다만, 많은 이들에게 그 책은 아주 독특하고 고유한 복음서이자 새로운 신앙의 계시처럼 나타났습니다.

철학의 의사소통 개념에 대한 당신의 혹평은 흡사 비판주의적 전통이 지닌 오래된 전술과 공명하는 듯도 보입니다. 그런데 비판주의는 사실 본질적으로 초월주의의 일부를 구성하는 것이거든요. 플라톤의 대화를 예로 들어볼까요. 거기서 개개의 발화 행위가 특정한 시간 속에 분배되어 영원성에 귀속되는 양상을 취하고서만, 즉 대화가 사후적으로만post factum

기술될 수 있던 것은 그저 우연한 일이 아니었습니다.

간단히 말해서, 『철학이란 무엇인가?』는 이전의 다른 어떤 책들보다도 더욱 고전적인 스타일로 쓰여졌다는 인상을 지울 수 없습니다. 이에 동의하시나요?

가타리 아니요. 동의할 수 없는데요. 우리는 초월적 전통이 제시할 수 없었던 사유의 이질적 발생에 관해 계속 숙고해 왔습니다. 완전히 상이한 특질을 지닌 창조의 과정들이 철학·과학·예술이라는 세 가지 등기 체계 모두에 존재합니다.

리클린 플라톤주의에 대한 당신들의 평가는 어떻습니까? 「플라톤과 시뮬라크르」에서 플라톤주의는 '소수적 철학'의 용법으로부터 기각된 바 있는데, 그 이후 당신들의 평가에 변화는 없었습니까?

또한 '사건'이나 '표면의 논리'에, 그리고 플라톤주의를 대신할 대안적 개념을 만들어 내려는 시도에 어떤 변화가 있었습니까? 이제 전에 설정했던 그런 경계선은 더 이상 명료하게 드러나지 않는 것 같은데요…….

가타리 그건 당신이 제대로 파악한 게 아닙니다. 전혀 그렇지 않아요. 책을 정확히 읽지 않았군요. 거기서 개념들은 정확히 스토아 철학적 의미에서의 사건으로 규정되어 있습니다. 이 문제가 중심에 세워져 있지요. 개념은 초월적 이념으로 나타나는 게 아닙니다. 거기서 논의는 고전 철학을 급진적으로 의문에 붙여 버리는 '사건'이라는 개념에 기반하여 진행되고 있어요. 우리가 플라톤적 에이도스, 보편자에 반대한다는 사실도 명확히 밝혀 놓았습니다.

리클린 그러니까 당신 말씀은 『철학이란 무엇인가?』에는 그 어떠한 구태의연한 초월주의도 남아 있지 않다는 말입니까? 아니면 어떤 무언가가 하여간 남아 있다는 말입니까?

가타리 부분적 주체화, 개념적 인물들, 부분적 관찰자들은 남아 있지요.

리클린 저로서는 당신이 사건에 관한 전통적인 이해로부터 완전히 벗어났다고 말할 수는 없을 것 같은데요. 왜냐하면 당신은 사건에다가 그저 새롭고 낯선 형상을 접속시킨 게 아닌가 하는 생각이 들어서 말입니다. 그건 꼭 플라톤적으로 보인다고 해야 할까요.

가타리 우리는 책에서 분명히 밝혔어요. 철학은 오로지 보편자에 대한 대항자로서만 구성될 수 있다고 말입니다.

리클린 문제는 초월주의 철학자들의 상당수가 또한 보편자에 대항하여 투쟁하고 있다고 주장한다는 사실입니다. 칸트의 초월주의는 보편자에 대한 비판의 차원에서 고안되었으며, 초월적 감성학의 이념도 여기에 놓여 있지요. 스토아주의자들도 이 점에서는 친구가 없지 않았던 셈이지요.

저로서는 당신의 저술 활동을 전통과 적극적으로 연관시킨다는 게 아무런 비난거리도 되지 않는다고 생각합니다. 이에 대해 별다른 평가를 내리지 않고 다만 확인하는 선에서 마무리했으면 좋겠습니다.

가타리 『철학이란 무엇인가?』에서 진행된 논의는 전통적 개념들과 전쟁적인 혹은 경쟁적인 관계를 구축하는 게 아니었습니다. 이 책은 차라리

'지혜'라고 불리던 철학 이전의 철학, 혹은 전체 철학을 아우르는 지리 철학적 문제를 제기하는 데 바쳐져 있습니다.

리클린 하지만 당신은 철학자와 현자가 아무런 공통점도 나누지 않는 것처럼 그들의 이미지를 첨예하게 구분 짓지 않았습니까? 당신은 철학을 직접적으로 필리아[philia. 동료애·우정을 뜻하는 그리스어], 우의, 평등한 사람들의 공동체 그리고 폴리스에 연관시키고 있습니다. 그런데 현자는, 마치 헤겔에게서처럼, 아직 정신이 깨어나지 않은 동방의 어딘가에 남겨져 있는 듯하더군요.

필시 자크 데리다는 『안티 오이디푸스』보다 『철학이란 무엇인가?』를 더 마음에 들어 할 것이란 확신이 듭니다. 많은 철학적 개념들이 중단되는 동시에 보존되는 경우가 있는데, 그것이 바로 근본적인 해체의 몸짓이라 할 수 있는 까닭입니다.

가타리 당신 자신에겐 이 책이 마음에 들지 않았나 보군요?

리클린 그와 반대로 대단히 마음에 들었습니다. 저는 그저 저 자신에게 명확히 해두고 싶은 게 있었을 따름이지요. 그렇다고 그게 불만족스럽다는 의미는 아니고요.

가타리 당신이 책에서 받았다는 그런 인상은, 이전의 대담에 비했을 때 어느 정도 뒷걸음질 혹은 퇴보처럼 여겨지는군요.

리클린 죄송합니다만 '뒷걸음질'이란 말은 여기서 적절하지 않은 것 같습니다. 지금 우리의 논의는 어디까지나 거대한 고전적 흐름에 놓여 있던 과거의 개념들이 모종의 변형을 겪었다는 단순한 사실에 있으니까요.

가타리 제 관점으로는 어떤 직접적인 대립 같은 게 있습니다. 우리는 새로운 개념의 지속적인 창안이라는 입장에서 전통을 끌어들인 것입니다. 이는 플라톤의 '본질'이라든지, 혹은 초월적인 것으로 고양되는 '자연' 따위의 개념을 답습하는 일과는 전혀 다릅니다. 철학의 위대한 원천 위에서 우리는 철학적 지도 그리기를 실행하고 있습니다. 하지만 이게 전통 정신에 사로잡혀 있는 구태의연한 개념들을 되살리자는 말은 아니겠지요. 그게 다입니다. ■

4

Jean Baudrillard

투명성의 바이러스: 장 보드리야르와의 대담

장 보드리야르와의 대담

대담 일시: 1992년 3월 4일
대담 장소: 프랑스 파리 생뵈브 거리

리클린 당신을 비롯하여 데리다, 들뢰즈 등은 너무나도 유명하기 때문에 프랑스에 처음 온 외국인이라면 누구나 이 철학자들은 아마도 대학교수로 일하고 있거나 아카데미의 회원으로 활동하고 있지 않을까 하는 생각을 하게 됩니다. 하지만 현지에 와서 보니 그 철학자들은 자기 나라에서보다 외국에서 더욱 유명세를 타고 있고, 외국에서 오히려 열화와 같은 성원을 받고 있다는 느낌이 드는군요.

보드리야르 아닌 게 아니라, 어떤 사람들은 내가 콜레주 드 프랑스에서 일한다고 생각할 정도입니다.

리클린 아시다시피 미국에서는 유명세가 곧 돈벌이로 이어지기 때문이겠지요.

보드리야르 여하한 이런 상황을 개탄할 필요까진 없겠습니다.

리클린 그렇습니다. 동전의 양면과도 같은 것이니까요.

보드리야르 제 경우는 오히려 늘 변방에 머무르길 즐겨 했습니다. 더 자유로울 수 있거든요.

리클린 이제부터 몇 가지 질문을 드려도 되겠지요? 얼마 전 제가 읽은 책에서…….

보드리야르 물론입니다. 근데 무어라도 좀 마시지 않으시렵니까?

리클린 좀 이따가 마시도록 하겠습니다. 저는 「밀레니엄의 히스테리」[1]라는 논문에서 당신이 '트랜스'trans- 로 시작하는 수많은 단어들을 사용하는 것에 좀 놀랐는데요…….

보드리야르 '히스테리'가 아니라 '히스테레시스'[2]입니다…….

리클린 ……거기서 당신은 '트랜스이데올로기', '트랜스폴리티카' 등과 같은 용어들을 적어내려 갔습니다. 당신은 역사나 시장, 근대의 경계를 넘어서 있는 현재적 상황을 지시하기 위해서 이 단어들을 사용한 것 같습니다만, 어떻습니까, 당신이 보시기엔 역사를 폐기하거나 혹은 역사로부터 빠져나가는 두 가지 방법들, 즉 서구적 노선과 소비에트적 노선은 어

---

1) Jean Baudrillard, "Hysteresis of the Millenium", ed. Michael Flynn Strozier and Charles B. Strozier, *The Year 2000: Essays on the End*, New York: New York University Press, 1997, pp.250~262.

2) '히스테레시스'(hysteresis)는 보드리야르가 'hysteria'와 'amnesis'(건망증)를 합쳐서 만든 신조어이다.—지은이

떤 관계에 놓여 있다고 생각하나요?

스탈린 시대 역시 현실 원칙, 즉 역사를 폐기하는 모색의 한 여정이었습니다만, 불행히도 상식이 전혀 통하지 않는 방법을 따랐죠. 그 때문에 지금 우리 앞에는 참여의 열망에 불타는 민중의 역사 대신, 다분히 하이퍼리얼하고 트랜스역사적인 두 체제의 충돌이 펼쳐져 있을 따름입니다. 이에 대해 어떻게 생각하십니까?

보드리야르 그렇습니다. 역사로부터 벗어날 수 있는 두 가지 방법이 있지요. 그 하나는 관료주의적 결빙 과정으로서, 이는 세계를 송두리째 탈현실화하고 환각적인 인공 현실을 만들어 냅니다. 다른 하나는 역사의 종말이라고 부를 수 있는 것으로서, 역사의 성좌를 결빙시키고 역사에 대한 열망을 화석화하며, 그 열망 자체를 소비함으로써 희석해 버립니다.

소비 자체는 어쩌면 가장 중요한 이유는 아닐지도 모릅니다. 오히려 소비의 과정들을 차별화되지 않는 식별 불가능성 속에 용해한다는 게 더욱 문제적이죠.

'트랜스'라는 접두사는 조심스럽게 사용되어야 하는데, 왜냐하면 이는 어떤 특정한 개념을 가리킨다기보다는 차라리 어떤 것의 경계 '바깥'에 있음을 의미하는 것이기 때문입니다. 오늘 저는 이 접두어에 기대어 역사의 종말이니, 사회 혹은 정치적인 것의 종말 따위를 논하고 싶지 않습니다. 가령 '트랜스폴리티카'라는 용어의 의미는, 역사는 아직 종말을 고하지 않았으며 따라서 아직 아무것도 끝나지 않은 상황이란 뜻이니까요.

이제 곧 2000년이, 밀레니엄의 도래가 얼마 남지 않았지만[이 대담이 이루어진 시기는 1992년이었다], 역사의 종말은 아직 오지 않았으며 아마도 이 세기는 그냥 그대로 종말을 맞지는 않을 겁니다. 어쩌면 우리는 죽음이 종말을 맞은 시대를 살아가고 있으며, '진정성'을 담은 애도 작업이 끝난 시대를 살아가는 건지도 모르겠습니다. 다시 말해 모든 것이 환원 가능한, 거꾸로 되돌릴 수 있는 시대에 들어서게 되었는지 모를 일입니다.

이런 시대에 정치나 정치에 대한 심사숙고 따위는 더 이상 불필요할 것입니다. 여기서 우리가 마주할 수 있는 것은 이미 사멸해 버렸으되 또한 동시에 어떻게 해도 결코 사멸할 수 없는 무언가일 것입니다. 바로 이것이 '트랜스폴리티카'라는 용어로 제가 부르고 싶은 규정 불가능한 상황이기도 합니다. 폴 비릴리오와 저는 이 용어의 사용에 관해 여러 차례 토론해 왔습니다. 그 역시 이 용어를 사용하고 있거든요.

비릴리오에 관해 이야기하자면, 우선 그는 정치의 차원을 넘어서기 위해 상당히 공격적인 방식으로 그 출구를 모색하는 편이죠. 그의 논점은 주로 이행/변이transmutation에 맞춰져 있는데, 이는 니체가 '정치의 저편'에 관해 논의했던 『선악의 저편』에서 구사했던 스타일과 어느 정도 상통하고 있습니다. 어쨌든 궁극적으로는 죽음을 면할 수 있게 되었으나, 이는 과잉을 통해서가 아니라 결핍을 통해서라는 말입니다.

실상 정치의 저편, 선악의 저편, 혹은 우리를 잡아끌고 가는 퇴행 너머에서 드러나는 것은 그 결말이 어떤 것인지 아무도 알 수 없다는 사실뿐입니다. 어찌되었건 이런 상황 전체는 역사나 정치, 자유의 새로운 공간의 출현 혹은 민주주의의 만개 따위와는 전혀 무관한 것이죠. 여기서 분명히 알 수 있는 단 한 가지는 아마 제국의 몰락 정도일 것입니다. 그렇지만 이 역시 제국의 완전한 몰락이라기보다는 제국의 변형, 미시적 차원에로의 제국의 확산이라 할 수 있으며, 여기엔 예전의 제국이 지닌 모든 결함들이 그대로 보존되어 있습니다. 그리고 바로 이것이 '트랜스폴리티카'라는 용어가 의미하는 바입니다.

지금 이 순간 개시되고 있는 정치의 장이 어떤 것인지 아직 명확히 드러나진 않았습니다만, 우리가 총체적인 산포라는 세계 상황에 처해 있음은 분명합니다. 어쩌면 분자혁명이 시작되었다고 말할 수도 있겠죠. 하지만 지금은 그와 다른 것이 진행되고 있다고 말해야 더 옳은 게 아닌가 싶습니다.

리클린 바이러스 혁명 같은 것 말입니까?

보드리야르 그렇습니다. 바이러스 혁명 같은 게 진행되고 있습니다. 현재의 세계 상황을 지배하는 것은 관료주의적 폭력이 아니라 제국적 바이러스입니다. 어제 읽은 신문 기사에 따르면 러시아군이 소비에트 시절의 무기를 마구 팔아치우고 있다는군요. 이는 어쩌면 세계사적 사건이라고도 부를 수 있는데, 왜냐하면 러시아의 무기 판매는 곧 군사력의 세계적 분산과 사용 및 소진을 뜻하는 까닭입니다. 상당수의 고급 무기들이 이미 전 세계로 퍼져나가고 있어요. 바이러스의 확산처럼 말입니다. 군사력은 이미 특정한 전선에만 한정되어 배치되지 않고, 가시적인 공격력으로 표시되지도 않으며, 다만 바이러스처럼 확산되어 갈 따름입니다. 진정한 변이가 시작된 셈입니다.

리클린 이른바 '민주주의적 가치의 승리'란 그저 이중적인 기만에 불과하다고 믿는 이유가 거기에 있겠군요. 그것은 무엇보다도 우선, 민주주의적 가치라는 게 그것을 생산해 낸 나라들에서조차 이미 유통기한을 넘겼기 때문에 '시민적 역량의 고갈 상태'에 도달했다는 점에서 잘 드러나고 있습니다. 또한 저는, 지금 전 세계를 누비면서 그 누구든 회개하는 자라면 기께이 축복해 주는 우리들의 '포스트모던'한 교황, 요한 바오로 2세에 대한 당신의 평가에 전적으로 동의하는 바입니다.

보드리야르 그래요. 지금 교황은 정말 포스트모던하다고 할 수 있죠. 분명히 짚고 넘어가야 할 점은, 현재의 상황 전체는 그 '민주주의적 가치의 승리'와 전혀 무관하다는 사실입니다. 여기서 논점의 초점은 물론 자유에 있는 게 아닙니다. 용어 문제로 시시콜콜하게 따지지 않는다면, 논점이 해방에 있다고도 말할 수 없습니다. 우리의 논점은 차라리 자유화liberalization에 두어져 있으며, 이는 자유와는 전적으로 다른 차원에 놓인 문제를 구성합니다.

흡사 바이러스가 퍼져 나가듯, 거미줄 같은 커뮤니케이션 시스템의 전면화는 현재 마구 쏟아지고 있는 새로운 개인주의적 현상에서 잘 드러나고 있습니다. 요새 이에 대해 말이 많지요. 여하간 새로운 시스템은 완전한 내부 교환 체계를 구성하며, 이로부터 전면적인 자유화도 가능해지는 것입니다. 그러므로 우리는 일종의 독재적인 자유화의 시스템, 아마도 테러리즘이라고도 부를 만한 시스템에서 살게 된 셈입니다. 우리는 언제나 민주주의적 가치야말로 원리주의적 이데올로기보다 우월하다고 강조해 왔지만, 자유주의 체제 자체, 곧 자유주의의 가치를 내건 '새로운 세계질서'[3]야말로 테러리즘적이라 이 말입니다.

---

3) 이른바 '새로운 세계질서'(New World Order)란 용어는 고르바초프(Mikhail Gorbachev)가 동서 양 진영의 탈냉전적 질서를 지칭하기 위해 사용하기 시작했으나, 조지 부시(George H. W. Bush) 집권 말기부터 미국에서 공론화되었고, 1993년 출범한 클린턴 행정부에 의해 국가 의제로 공식 채택되었다. 애초엔 유엔을 기초로 한 국제주의적 정치 협력이 목표였으나, 소비에트 연방의 몰락과 클린턴의 경제 중심주의가 맞물려 신자유주의(Neo-liberalism)의 주요한 이데올로기로 변질되었다.

리클린 과거 적대적 블록 간에 바이러스적 상호 감염의 결과 어떤 형태의 투명성이 새로 발생하게 될까요? 동서 양 진영은 아마도 서로에 대한 신뢰 관계에 들어설 수 있겠지만, 상호 수렴할 정도에는 이르지 못하리라 보는데요. 여하간 두 진영은 투명성에 대한 신뢰를 표명하고 있습니다. '글라스노스트'[4]는 비록 영어로는 '개방'이란 좀 이상한 번역어를 쓰긴 하지만, 어쨌든 결국 '투명성'을 뜻하기 때문이죠. 아무튼 지금 진행되고 있는 과정들에서 어떤 형태의 투명성이 발생하리라 보십니까?

보드리야르 투명성이라는 단어는 보다 조심스럽게 언급할 필요가 있습니다. 이 말은 종종 자유화를 지칭하는 데 사용되지만, 다른 한편으로, 곧 바이러스에 의해 야기된 확산 작용이라는 측면에서 본다면, 일련의 현재적 사태들은 경제적 연관성은 말할 것도 없고 본래적인 연관성으로부터도 어느 정도 멀어져 버렸다는 생각이 드니까요. 무한한 확산이 진행될 수 있는 이유도 그래서겠죠.

현실적으로 우리는 두 유형의 바이러스를 알고 있습니다. 각각은 본래 서로에 대해 상극 관계에 놓여 있죠. 저로서는 전 세계에 억지로 자유화를 강요하는 게 가능하다는 생각은 들지 않습니다. 동유럽의 수많은 거대 정당들에서 요즘 빈발하는 탈당과 자진 해산의 물결은 어떤 점에서 전략적 함정 혹은 반反전략적 간계가 아닌가 싶거든요.

하지만 자유화에 반대하는 세력에는 이슬람이나 일본과 같은 모델도

---

4) 러시아어로는 '공개', '공표', '열려 있음'을 뜻하는 글라스노스트(glasnost)는 소비에트 말기 고르바초프가 체제 전환을 모색하기 위해 '페레스트로이카'(perestroika. 개혁·재건)와 함께 내세웠던 표어이기도 하다.

있습니다. 일본의 경우는 서구적 가치에 대한 상당히 본질적인 문제를 제기하고 있지요. 그 이유는, 우선 일본은 스스로를 보편적 세계 모델이라고 간주하지 않기 때문입니다. 일본인들은 인권 문제라는 세계 보편적 가치에 경멸감을 감추지 않고 있죠. 세계적 차원에서의 현상 유지status quo는 일본인들이 추구하는 세계 전략의 일부이며, 그들은 이 게임을 즐기고 있습니다만, 본질적으론 이 게임 자체를 경멸한다는 사실을 알아야 합니다.

요컨대 바이러스처럼 번지는 이 투명성으로도, 일본처럼 완전히 수렴되지 않는 세계가 있다는 말입니다. 어쩌면 '다행히도' 그런 세계들이 여전히 남아 있다고 말해야 옳겠죠.

리클린 당신이 마르틴 하이데거에게서 이른바 '죽음을 지향하는 멜랑콜리'라고 부르는 것을 찾는 이유는 어디에 있습니까? 하이데거를 그런 멜랑콜리의 특권적인 사례처럼 간주하는 듯 보이던데요.

보드리야르 그에 관해 이야기하자면, 저는 하이데거 자신을 문제 삼자는 게 아닙니다. 오히려 질문은 하이데거가 아니라 그가 연루되었던 역사적 사실에 대해 왈가왈부했던 사람들, 즉 거기에 찬성이든 반대든 어떤 식으로든 입장 표명을 했던 사람들에게 던져져야 옳은 일입니다.[5]

그 논쟁에는 데리다를 비롯해 많은 사람들이 개입되어 있습니다. 제가 보기에 그들이 어떤 식으로든 그 역사적 사실에 대해 반응을 내보이는 이유는 최초의 사건을 말끔히 씻어 내는 것, 그것을 영점으로 되돌리거나

---

5) 이 발언은 하이데거가 나치즘에 연루되었다는 역사적 사실, 그리고 거기서 촉발되어 지금까지도 계속되고 있는 하이데거의 나치즘 부역 논쟁을 지칭한다.

원래의 자리로 되돌려 놓는 것이 불가능하기 때문입니다. 그런 행위는 께름칙한 몽상 속에서나 가능하다는 말이죠. 하이데거를 둘러싸고 벌어진 미결된 책임의 문제는 결국 미결된 상태 자체로 남을 것입니다. 현재적 상황에서 이 문제를 계속해서 제기할 필요는 없어요. 그럴 가치가 없다는 말이죠. 후회만 남을 것입니다.

리클린 그럼에도 불구하고, 가령 구동독 지역에서는 국가안전부에서 일하면서 자신의 이웃들을 팔아넘겼던 자들에 대한 책임 문제가 지속적으로 제기되고 있습니다. 오직 그들만이 죄인이라는 말을 하자는 건 아닙니다. 확실히 몇몇 범죄 행위들은 그들의 의사에 반해 저질러졌음이 분명해 보이지요. 그렇지만 그들의 밀고 행위는 정말 비열하기 짝이 없는 짓이었습니다…….

보드리야르 동의합니다. 하지만 그런 입장만을 고집한다면, 결국 역사의 심판을 우리가 내릴 수 있는가라는 질문까지 제기해야 할 것입니다. 그래서 뭘 하자는 말입니까? 그들을 심판하고 단죄하자는 말일까요?

리클린 그들을 심판하자는 게 아닙니다. 제가 하고 싶은 말은, 용서가 곧 범죄 행위를 승인하고 그에 공모하는 게 되어서는 안 된다는 말입니다. '진정한 사회주의'를 자임하던 체제들은 자신의 인민들에게 양심의 가책 없이 살라고 가르쳤습니다. 진정한 사회주의적 인민이라면 이떤 의미에서는 선악에 전혀 무관심하게 살아갈 수 있다는 말이죠. 그 결과 인민이 극단적으로 비열한 행위를 저지른다 할지라도 대개는 아무런 자괴감도 느끼지 않으며, 따라서 그 어떤 책임감도 느끼지 않게 된 것입니다.

사회주의 체제에 대해 어떤 총결산을 내 보자는 말은 아닙니다. 다만 이미 저질러진 범죄 행위를 죄다 용서해 버림으로써, 우리는 어쩌면 거기에 이미 연루되어 버린 것인지도 모른다는 말입니다.

보드리야르 그에 대해서라면 이견이 없습니다. 저는 모든 것을 용서하자는 주의는 아니거든요. 용서는 전적으로 불가능합니다. 왜냐하면 애초에 용서 같은 게 전혀 존재하지 않기 때문이죠.

최근의 프랑스 정치사에서 사례를 끌어온다면, 자기 자신으로부터의 탈각, 즉 책임의 전면적인 부정이라는 현상이 전면화된 형편입니다. 스캔들이 끊임없이 터져 나오는데도 그 누구 하나 책임지려 들질 않아요. 이걸 어떻게 해석해야 하겠습니까?

책임을 강조하는 모든 현대적 담론 형태들은, 시간이 갈수록 완전히 무책임해지고 있습니다. 사실은 이게 슈타지[6] 보다도 더욱 근본적인 문제예요. 웃자고 하는 말이 아닙니다. 실제로 이 문제가 더욱 보편적인 현상이거든요.

요즘 아우슈비츠 등 집단 수용소에 관한 이야기들을 하고 있는데, 우리가 기억해 두어야 할 점은 이 문제를 1940~1950년대에 논의하던 용어나 방식대로 되풀이해서는 안 된다는 사실입니다. 그 이후 세상이 너무나도 많이 변했다는 사실을 강조하고 싶군요. 자기 자신이나 혹은 타인을

---

6) 슈타지(Stasi)는 국가공안을 뜻하는 Staatssicherheit의 약자로서 대민 감시와 첩보 업무에 종사하던 동독의 국가안전부이자 구동독의 비밀 정보기관을 가리키는 말이다. 통일 전까지 공식 요원만 10만 명, 비공식 정보원 20만 명을 거느리던 악명 높은 비밀 조직이었다. "모든 것을 알아야 한다"라는 모토로 서독 사회뿐만 아니라 동독 사회 내부에도 치밀한 내부 감시망을 구축했던 것으로 알려져 있다.

심판하기 위해 우리가 앞으로 동원해야 할 도구가 대체 무엇일까요? 대체 어떤 권리로 우리가 타인을 심판할 수 있다는 것일까요? 이런 질문에는 답이 없어요. 저는 그저 질문만 제기하려 합니다. 왜냐하면 우리는 이미 너무 많은 풀리지 않는 문제들을 갖고 고민하기 때문입니다…….

하지만 그렇다고 해서, 지금 현재 진행 중이지만 아무도 반응을 보이지 않는 그런 문제들에 대해 제가 분노하고 목소리를 높이는 데 전혀 문제가 되진 않습니다. 예컨대 슈타지의 비열한 장난질에는 모두 치를 떨며 화를 내고 있지만, 지금 알제리에서 벌어지는 사태[7]에 대해서는 잘도 정당화하고 있지 않습니까?

리클린 당신은 소비에트 연방을 대신해서 이슬람이 새로운 악惡의 원리로 부상하리라 쓴 적이 있습니다. 동구권이 이탈하자마자 악의 원리, 타자의 자리에 공백이 생기고, 필연적으로 거기엔 다른 대리자가 내세워질 것이란 취지였죠. 그런데 당신의 그런 발언은 오히려 사람들이 알제리의 군벌들을 묵과하게 만드는 이유 중 하나가 아닐까요? 알제리 군벌들의 잔학함이야말로 이슬람이라는 새로운 대타자의 등장을 저지하고 있기에—비록 당신이 이런 표현을 별로 좋아하지 않더라도—결국 그들은 곧 '사면'될 수 있단 말이겠죠. 집단적 상상력 속에서 실체화되는 거대 악을 저지하기 위해서라면 여하한의 폭력이라도 정당화될 수 있다는 논리입니다.

---

7) 알제리 내전(1992~2005)을 지칭한다. 1830년 이래 프랑스의 식민지였던 알제리는 1954년 공산주의와 근대적 민족의식으로 무장한 민족해방전선(FLN)의 봉기로 독립전쟁을 시작했으며, 1962년 마침내 해방되었으나 군사 정권의 한계를 벗어나지 못한 상태에 머물러 있었다. 이에 1988년 이슬람구국전선(FIS)이 결성, 1991년 최초의 총선거에서 압승을 거두었으나, FLN 계열인 군부의 거부로 곧 내전 상태에 들어가게 되었으며, 이 과정에서 무수한 민간인들이 상대편에 대한 보복을 이유로 희생되었다.

보드리야르 맞는 말씀입니다만, 이슬람은 민주주의뿐만 아니라 대타자에 대한 전 세계적 규모의 반응을 검증해 볼 수 있는 시험대란 점을 고려해야 합니다. 현실적으로는 민주주의야말로 거대 악의 원리로 등장하고 있습니다. 민주주의는 이슬람 원리주의가 거대 악의 진원지인 동시에 죽음을 부추기는 마수라고 비난하지만, 실제로 그런 짓을 저지르고 있는 것은 바로 민주주의입니다. 가령 미테랑은 이라크 사태가 벌어졌을 당시, 공산주의야말로 절대 악이라고 발언한 적이 있습니다. 도대체 어떤 차이가 있는지는 전혀…….

리클린 지금은 사담 후세인이 더욱 커다란 악으로 등장했죠…….

보드리야르 누가 되든 제가 보기엔 별 차이가 없습니다. 여하한 타자에 대한 민주주의의 도덕적 우월성 따위는 전혀 존재하지 않습니다.

리클린 핵심은 외부화, 즉 무언가를 절대적인 타자로 만드는 메커니즘에 있다고 할 수 있겠죠. 실제로 그것이 좋고 나쁜지는 이차적인 문제일 따름입니다. 만일 타자가 없다면, 어떤 대가를 치러서라도 또 다른 타자를 내세울 것입니다. 막대한 대가를 치르지 않고서는 결코 살 수도 없게 되었단 말이지요.

사실 후세인은 우리에게 친선의 손길을 내밀고 있습니다. 이때 실상 그가 하고 싶은 말은 이렇겠죠. "나는 당신들이 필요로 하는 바로 그 악이란 말이오!" 후세인이 이 역할을 맡은 데는 굉장한 솔직함이 있습니다. 그에 반해 고르바초프는, 이미 밝혀졌다시피 은밀히 이라크를 지원하면서도 겉으로는 자유주의자를 자처하고 있거든요. 뭐 최소한 자기는 그렇다는 식으로 가장하고 있죠……. 이런 상황에서 후세인은 거의 천재적으로 자기 역할을 다했습니다. 쿠웨이트에 쳐들어가고 쿠르드족을 공격하는가 하면, 어느새 자기가 궁지에 몰린 것마냥 호들갑을 떨고 있거든요.

자, 그럼 이제 다른 질문을 드리겠습니다. 당신은 서구적 권력 형태가 다른 사회 문화권의 권력 형태들보다 더욱 투명하다고 가정하는데, 그 이유가 어디에 있습니까? 더욱이 당신은 서구적 권력 형태는 마치 공기 중에 산포되어 떠다니는 것마냥 바이러스적으로 변이하였으며, 따라서 더 이상은 예전과 같은 방식으로 그에 맞설 수 없다고 강조하였습니다. 또 어떤 글에서는 그 투명함이 지닌 유령성에 대해 논하기도 했죠. 아무튼 서구적 권력 형태는 투명성의 포교자라고 부를 만한데 말이죠.

보드리야르 그래요. 하지만 포교만 할 뿐이죠. 그렇기 때문에 정보 및 커뮤니케이션 시스템과 결부된 투명성의 문제는 극도로 조심스럽게 다루어야 합니다. 그것은 투명성의 이데올로기라는 문제에 관련되어 있으며, 정치적 담론의 주제를 이루기 때문입니다. 하지만 그런 게 실제로 존재하는 듯 보여도, 아무튼 그것은 잠재적이고 가상적인 형태로만 나타나기 때문에, 실재하는 투명성은 전혀 아니라고 할 수 있습니다.

체제system는 이 세계를 이상적인 모델에 따라 구축하기 위해 그 자신을 가상화virtualization합니다. 투명성이 이 체제의 필수적 속성이라고 단언하고 싶진 않습니다만, 투명성의 담론이 인권의 담론이기도 하며 또 자유주의적 가치 수호를 위한 무기로도 사용될 수 있다는 점을 언급해 두고 싶습니다. 어떤 의미에서 투명성이란 체제 자체가 걸려들 수 있는 하나의 덫입니다. 체제는 그 자신의 지속을 위해서라도 더욱 투명해지고자 안간힘을 다 쓰거든요. 혹은 체제가 투명해지면 투명해질수록 더욱더 용이한 조작 가능성을 보유할 수 있기 때문이기도 합니다. 설령 그게 완벽하지는 않더라도 말이죠.

리클린 예컨대 서구의 금융 시장 환경은 아직도 알 수 없는 부분이 너무 많습니다. 굉장히 불투명하죠. 컴퓨터가 투명성 확보에 도움을 주리라 기대해 보기도 했지만, 투명하게 만드는 한편으로 실제로는 은폐 작업에 동원되는 게 사실입니다. 컴퓨터가 모든 것을 활짝 개방하는 듯 보이지만, 기실 새로운 형태의 불확실성에 더 깊이 연관되어 있다는 말입니다.

보드리야르 금지나 비밀 따위가 있더라도 그것들을 밝혀낼 수 있다는 희망이 존재하던 예전보다 상황이 더 나빠진 셈입니다. 그래서 지금은 경제에 있어서나 정치에 있어서나, 아예 증명 불가능하거나 사실 여부에 대한 검증 자체를 회피하려는 경향이 대세입니다. 마피아에 연루된 이 영역들에서 일어나는 모든 일들, 즉 기소장에 대한 불복이나 경제적 투기 행위 등은 전부 가능한 검증 과정을 제거하려는 시도라 할 수 있습니다. 더구나 컴퓨터를 통해 생산되고 저장되는 그에 관련된 모든 정보는 그 자체가 통제 불가능할뿐더러, 언제라도 바이러스 감염의 위험에 곧장 노출되어 있죠. 그러므로 이제 우리의 인식 가능성을 방해하는 전략적 방향 오도라는 문제가 제기됩니다. 지금과 같은 과도기적 상황을 인식할 만한 도구가 우리에게 없기 때문에 생기는 문제죠. 제가 투명성을 하나의 덫이라고도 부르는 이유가 거기 있습니다.

리클린 투명성과 관련해 당신은 악의 확산, 악의 만연에 대해서도 논한 바 있습니다. 악은 사물 자체의 투명성이 되기 위해 투명성을 이용하고 있으며, 마치 액체처럼 사방으로 퍼져 나가고 있다는 것입니다. 그 흐름이라는 속성으로 인해 악은 포착 불가능해 보이며, 사물들의 표면을 투과해 나가고 있습니다. 요컨대 악은 초월성을 상실한 반면, 전적인 내재성을 획득하였기 때문에 그것과 더 이상 분리 가능한 거리를 유지할 수 없게 되었다는 말이죠. 이제 악은 자신의 외부에 남겨 둘 수 있는 타자를 갖고 있지 않고, 사물의 표면 위에 항존하게 되었습니다.

보드리야르 어느 정도는 말장난이 되겠지만, 그래도 투명성transparence과 투과성transpiration 사이에 차이는 존재합니다. 예를 들어 투과성이 어떤 것의 배후에 투과적인 무언가를 남겨 두는 것을 의미한다면, 투명성이란 그 뒤에 캐내야 할 그 어떤 것도 없음을 뜻하는데, 이유는 단순히 그 배후에 아무것도 존재하지 않는다는 사실 때문입니다.

체제의 고유한 전략은 그 자체의 실체성을 삼켜 버리는 데 있습니다. 그럼 이제 우리는 어디서 체제를 찾아내야 할까요? 어떤 입지점에서 우리는 체제를 비판할 수 있을까요? 그 자체로서만 존속할 뿐, 어떻게 해도 타자적 존재가 되지 않는 체제에 대해 타자는 어떻게 구성될 수 있을까요? 설령 우리가 체제를 받아들이지 않는다고 해도, 우리는 체제의 타자가 되지 못합니다. 그리고 바로 이것이야말로 우리가 지금 감당해야 하는 긴요한 과제인 것입니다.

그렇다면 이제, 자기주장을 공개적으로 논변함으로써 현실에 개입할 필요가 있겠는가 혹은 현재의 시국에 관해 어떻다 저렇나 논평할 필요가 있겠는가 하는 질문들이 제기됩니다. 언젠가는 "이제 됐다, 충분해! 더 이상은 그만두겠어!"라고 생각한 적도 있습니다. 그땐 더 이상 호소할 데도 없고, 자기의 바깥으로, 즉 자신의 한계 너머로 나갈 수 있는 가능성도 사라졌다는 느낌이 들었기 때문이죠. 체제란 바로 그런 것이며, 이렇게 표현해도 좋다면, 다분히 마키아벨리적이며 악마적이라 할 수 있습니다…….

리클린 말하자면 더 이상은 예전처럼 탈주할 수 있는 가능성이 없어졌다는 말이겠죠. 서방 세계는 그 탈주자들을 자유주의적 가치에 대한 추구자로 간주하곤 했는데……. 우리 나라에서는 그냥 '반동분자들'이었죠. 다른 한편으로, 어떤 상황에서든 거의 자동적으로 친소비에트적 입장을 고수하는 공산주의자들도 없지 않았습니다. 과거에는 체제의 이 양극단을 오가며 자기 정체성을 절대화하려던 사람들이 있었습니다. 하지만 지금은 상황이 본질적으로 달라져서 그런 사람들을 더 이상 찾아보기 힘들게 되었죠.

지금은 상이한 형태의 간지奸智가 돋보이는 시대입니다. 고대 슬라브인들의 전법 중에는 후퇴를 가장하여 싸우는 책략이 있었답니다. 가령 적이 쳐들어올 때, 고대 슬라브인들은 숨 쉬는 대롱만 물 밖에 내민 채 강물 속에 숨어서 적들이 승리를 자축할 때까지 기다리곤 했습니다. 그리고 적들의 긴장이 풀리자마자 강에서 튀어나와 기습 공격을 가했던 것입니다. 제가 보기에 고르바초프 역시 이런 후퇴를 가장한 전법을 능수능란하게 구사하는 것 같습니다. 뒤로 물러서는 게 아니라 아예 감쪽같이 사라지는 것처럼 보이니까요. 하지만 이는 꽤 위험스런 전법이기도 합니다. 이로써 타자란 존재는 형편없이 작아져 버렸고, 막대한 규모의 무기들은 분산 소진되었으며, 새로운 정치 전략의 주체는 최종적으로 사라지게 되었으니까요.

보드리야르 그럼 당신은 고르바초프가 어떤 객관적인 세계 전략, 즉 공산주의 승리의 새로운 판본을 추구하고 있다고 생각하십니까? 그런 평가는 고르바초프가 스탈린보다도 엉터리라고 말했던 지노비예프[8]가 이미 내렸던 것이지요. 그는 공산주의가 바이러스의 형태를 띠고 전 세계적으로 산포되는 단계에 이르면 필연코 승리할 수밖에 없다고 말했다죠? (웃음)

리클린 여기서 진정한 문제는 고르바초프 자신에게 있었다기보다, 음, 제 생각에는 비록 바깥 세계에서 볼 때 소비에트 체제가 안정적이고 견고해 보였을지라도 이미 붕괴 직전까지 도달한 상태였고, 그런 체제를 고르바초프가 승계했다는 데 있었다고 봅니다. 체제 말기라서 권력의 원천도 자연 자원도 이미 거의 소진된 상태였으니까요.

반대로 러시아가 더 부강했더라면, 축제는 아마 계속되었을 것입니다. 하지만 체제는 극도로 방만했고 인적 자원이든 물적 자원이든 엄청난 규모의 양적 결핍을 겪고 있었습니다. 아무리 부강한 나라라 할지라도 볼셰비즘과 같은 산업주의적 포틀래치를 마지막까지 견딜 나라는 없을 겁니다. 고르바초프가 매달렸던 모든 일은 체제의 붕괴를 지연시키고 완화시키는 작업에 불과했으며, 그 각 단계마다 더욱 분명히 밝혀졌던 사실은 고르바초프의 소생술 역시 결국엔 최종적인 사망 선고로 이어질 따름이었고, 그 외에 다른 결과는 전혀 기대할 수 없었다는 것이죠.

우리 나라에서는 보통 고르바초프의 '사악한 의지'를 과장해서 떠드

---

8) 알렉산드르 지노비예프(Aleksandr Zinovyev, 1922~2006). 구소련 출신의 철학자이자 작가로 체제 비판적 작품 활동을 하다가 1978~1999년간 망명 생활을 해야 했다. 대표작으로 『호모 소비에티쿠스』(1982) 등이 있다.

는 경향이 있는데, 그의 '선한 의지'를 꼽아 보라 한다면 바로 이것이라 하겠습니다. 체제는 그 기능 방식에 변화를 줄 필요가 있었고, 바로 그때가 고르바초프로서는 정치가로서 자신의 이력을 끝내야 할 때였던 게죠. 그가 그 체제에 결부되어 있던 만큼 말입니다.

보드리야르 이제 고르바초프는 완전히 기력을 소진해 버린 것 같더군요. 최근에 그가 『리베라시옹』Libération에 기고한 글을 읽어 보니 진부하기 짝이 없었어요…….

리클린 당신이 공산주의는 '최악의 경험'이라 썼을 때, 주로 어떤 점을 강조하고자 했습니까?

보드리야르 제가 좀 흥미롭다고 느끼는 부분은 지노비예프식의 '공산주의의 최종 승리'와 같은 것이라기보다는 그와는 다른 것, 즉 공산주의는 세계사적 의미를 지닌 위대한 사건이었고, 따라서 공산주의의 모든 후진성과 관료주의, 경제적 낙후 상태에도 불구하고 그것은 서구 세계를 능가하고 있었으며 보다 진일보한 사회 모델이었다는 입장입니다.

리클린 근거를 대 보시죠!

보드리야르 제 입장의 주요 근거라 할 만한 것은, 모든 위대한 제국들 가운데 (그 이외에 뭐라 부르든) 오직 공산주의만이 자기 해체와 자기 해산의 위대한 역사적 행위를 할 수 있었다는 데 있습니다. 어떻게 말해도 이는 실로 찬탄할 만한 위대한 행위라 하겠습니다! 고르바초프를 비롯한 다른 이들이 이 드라마의 주연이 아니라 해도, 또 어떻든 이 드라마에는 주연 같은 게 없다고 해도, 여하간 비범한 사건이 여기서 벌어졌으며, 공산주의는 자신의 소멸 가운데 그와 같은 것을 역사에 바쳤던 것입니다…….

리클린 하지만 다른 유목적 제국들, 그러니까 칭기즈칸이나 타메를란[9]의 제국 역시 사정은 엇비슷하지 않았습니까? 이 제국들은 전광석화처럼 등장해서 세계의 절반을 정복하고, 거의 흔적도 남기지 않은 채 사라져 버렸지요. 스탈린의 제국은 그 세번째 차순에 불과했습니다. 제국이 건설되었던 속도는 실로 엄청났으나, 그 속도의 원동력은 순식간에 소진되어 버렸습니다. 스탈린 제국의 건설은 또한 유서 깊은 도시 문화를 그 담지자들로부터 실질적으로 완전히 박탈해 버린, 내부로부터의 유목적 강탈이기도 했습니다.

말년의 소비에트 제국이 정체를 알 수 없는 서구의 자유주의에 무력하게 용해되어 버릴 정도는 아니었습니다만, 그래도 이미 절반이나 붕괴되어 있던 제국은 이미 자신의 운동력을 상실한 상태였습니다. 그때 제국은 어떠한 서구적 기표라도 가장할 수 있었으며, 반대로 내적 결속을 통해 거기에 저항할 수도 있었을 것입니다.

보드리야르 설사 소비에트 제국이 망하지 않았다 한들, 서구가 통째로 삼켜 버릴 수 있었겠습니까? 절대 아니었겠죠.

---

9) 타메를란(Tamerlane, 1336~1405). 티무르 제국의 건설자인 아무르 티무르(Amur Timur)의 별칭. 티무르 제국은 14세기 중앙아시아 전역을 석권했던 대표적인 유목민 제국이다.

리클린 바이러스적 상호 감염에 관해 언급하신 것은 전적으로 옳다고 생각합니다. 제국은 서구 사회의 모세혈관을 타고 깊숙이 파고들 것이고, 또 서구 사회도 마찬가지로 제국의 내부로 깊이 스며들어갈 것입니다. 그 결과 서구 사회 일부에서는 이미 예전에 한물가 버린 가치들이 되살아난 경우도 있습니다. 별반 큰 성과를 거둔 적은 없지만 '대처리즘'이니 '레이거니즘' 같은 것들이 그런 경우들입니다.

다른 한편으로 제국의 변경에서는, 보다 정확히 말해 제국의 후위에서는 비합법적 행위들이 넘쳐 나는 치외법권적 공간들이 마구 생겨나고 있습니다. 이 점에서 지금 독일에서 벌어지고 있는 사태들은 굉장히 중요한 의미를 지닙니다. 가령 동독인들의 삶이 서독의 경제와 문화에 통합되는 과정엔 복잡한 죄의식의 메커니즘이 필연적으로 나타납니다. 하지만 또 다른 한편으로 그들은 아무런 마음의 부담 없이 과거의 파시스트 정권, 호네커Erich Honecker 체제의 편을 들었던 자기 동포들을 착취하고 있는 게 사실이죠.

이와 관련해 당신이 서구 사회와 동유럽의 만남에 관해서 쓴 부분을 언급해야겠습니다. 전자는 외적으로 최대한의 이동성을 자랑하지만 내적으로는 화석화되어 가는 반면, 후자는 외적으로 화석화되어 있으나 내적으로는 "따뜻한 심성과 활력을 전혀 잃지 않았다"라고 쓰셨더군요. 이런 글에서 당신이 의도하고 있던 바는 무엇입니까?

보드리야르 얼음 좀더 넣으시겠습니까?

리클린 아, 고맙습니다.

보드리야르 서구 사회는 말하자면 굉장히 신진대사가 빠른 체제라고 부르고 싶군요. 모든 것이 빠른 속도로 순환하니까요. 하지만 실제로는 어떤 근본적인 타성 같은 게 존재하며, 그래서 대중 역시 타성적이고 부동적인 상태로 남아 있습니다. 순환의 속도가 빨라질수록 대중의 무관심 또한 더욱 커질 것이며, 대중에게 부가되는 체제의 하중이 증가하고, 결국 대중을 휘어잡게 되겠죠.

물론 가정입니다만, 이런 사회를 생각해 봅시다. 부동적이고 전체주의적으로 보일지라도 국가 권력이 대중의 역량을 실현시킬 수 있는 사회가 있습니다. 이때 권력은 타성적인 동시에 대중적 힘의 축적체로 나타납니다. 이와 같은 권력 형태의 반대편에는 내적 운동성을 내장하고 있는 시민사회가 존재합니다. 여기서 시민사회의 원동력으로 꼽을 수 있는 것은 총체적이고 전면적인 분열 가능성이겠죠. 우리가 우리 자신의 투명성과 행동 능력을 믿는 한, 제가 가정한 것과 같은 〔첫번째〕 사회는 그 부동성으로 인해 곧 붕괴되리란 생각이 들게 마련입니다. 하지만 실제로는 그렇지 않아요. 현대 사회는 정치적이고 경제적인 투명성을 지향하고 있습니다만, 다른 한편으로 결코 투명하다고 말할 수 없는 대중이 존재하기 때문입니다. 여론조사와 분석적 예측 가능성을 도입함으로써 대중을 투명하게 만들려고 노력하지만, 대중은 여전히 불투명하게 남아 있는 것입니다.

리클린 그래도 그런 노력 덕분에 대중은 최소한 통제 가능하게 된 것 아닙니까?

보드리야르 아니요, 그렇지 않습니다.

리클린 투표함 앞에 선 대중은 '옳은 선택'을 할 것이다……. 이런 예측이 결국 대중의 행동을 예상 가능하게 만드는 것일 텐데요…….

보드리야르 하지만 그건 어디까지나 '화장빨'에 불과하다는 말입니다. 작동하는 모든 것은 흡사 어떤 효과를 창출해 내는 듯 보이지만, 실상 소위 '관측 시스템'이란 것은 죄다 엉터리라는 말입니다. 가령 르펜[10] 현상이란 게 그 대표적 사례라 할 수 있겠습니다.

사회학적으로 말해 그는 대중의 불투명성, 그 비환원성의 파생물에 다름 아닙니다. 대중은 조악한 이동성, 현대화에 대한 과도한 요구에 타성적인 저항을 벌입니다. 왜냐하면 그것들은 대중에게 아무런 이득도 가져다주지 않기 때문이죠. 바로 그게 르펜이 체제에 대해 거칠게 저항할 수 있도록 만든 이유였던 것입니다. 그는 투과성과 투명성에 대한 대중의 거부를 대리해서 표현했던 셈이지요. 정치적 차원에서 볼 때, 르펜 따위야 아무렇게나 좋을 대로 생각해도 괜찮고, 이데올로기적으로 부정해 버려도 상관없겠습니다만, 도대체 이런 사태가 어떻게 생긴 영문인지, 싸움의 본질이 도대체 어디에 있는지는 확실히 알아야 할 일입니다.

(건배하며) 투명성을 위하여!

리클린 이제 예술에 대한 질문을 몇 가지 드리고 싶군요. 시간이 괜찮으

---

10) 장-마리 르펜(Jean-Marie Le Pen). 포퓰리즘과 인종주의를 강령으로 내세운 프랑스의 극우 정당 리더. —지은이. 프랑스 국민전선(FN)의 총재로서 불법체류 외국인 추방과 사형제 부활 등을 선거 공약으로 내세우며 각종 선거에 꾸준히 나서 왔다. 2002년 대선에서 사회당의 리오넬 조스팽(Lionel Jospin)을 제치고 2위를 차지함으로써 프랑스뿐 아니라 국제사회를 놀라게 했으나, 극우에 대한 사회적 경각심을 바짝 세워 놓고 결선에서 자크 시라크(Jacques Chirac)에 완패했다.

시겠습니까?

<u>보드리야르</u> 정오께 손님이 오시기로 했습니다. 그전에 몇 가지 할 일도 있고요. 하지만 아직 시간은 조금 더 있습니다.

<u>리클린</u> 일단 앤디 워홀Andy Warhol과 현대 예술 상황 전반에 관한 질문을 드리고 싶군요. 그러니까 예술가의 신체가 예술 작품보다도 더욱 각광을 받는 이 시대에 관해서 말입니다. 여기엔 워홀 말고도 다른 예술가들이 포함될 수 있겠죠.

행위 예술이나 보디 페인팅에서 잘 나타나듯 예술가의 존재가 작가와 예술 작품으로 분리되지 않는 시대, 바로 이것이 예술에 있어서의 투명성이 아닐까 싶습니다. 가령 제프 쿤스[11]와 같은 시뮬레이셔니스트[모사주의자]들에 대한 당신의 입장은 어떻습니까?

<u>보드리야르</u> 음, 쿤스에 대해 말한다면, 그는 위선적이게도 미적 규준을 은근히 이용해 먹고 있다고 말해야겠군요. 그는 일부러 포르노그래피적 대상 혹은 그 비슷한 분위기의 키치 작품 따위를 고른 후에, 그것들을 미적으로 포장하고 이용합니다. 이건 미학적으로도 완전히 위선적이에요. 이런 짓은 비단 쿤스 혼자만 하는 게 아닙니다. 이런 날것 그대로의 재료들로 그는 소위 '예술'이라는 작업에 임하고 있으며, 심지어는 광고에도 활

---

11) 제프 쿤스(Jeff Koons, 1955~). 미국의 전위주의 예술가로 키치(kitsch)를 통해 현대 미국 사회를 조명하고자 했다. 이탈리아의 유명한 포르노배우 치치올리나(Cicciolina)와 1991년 결혼한 것으로도 유명하며, 그녀와의 성생활을 작품 활동의 주제로 삼기도 해 예술계의 논란을 불러일으켰다.

용하고 있는 형편입니다.

하지만 그와 반대로 워홀은 미학의 원리를 순수한 이미지로, 순수한 대상으로, 즉 무관심적인 시각적 대상물로 전환시켜 놓았습니다. 다시 말해 그는 미학의 원리를 제로의 지점까지 환원시켜 놓았으며, 바로 그것이 워홀의 작업을 가장 매력적으로 만들어 주는 것이지요.

다른 예술가들도 워홀과 별반 다르지 않은 작업을 한다고 생각하기 쉽지만, 실상 그들은 정반대의 작업에 몰두하고 있습니다. 가령 예술적이지 않은 대상 위에 예술을 구축하려는 시도 같은 것 말이지요. 하지만 워홀은 처음부터 이미 미학화되어 있는 대상을 선택합니다. 사실 모든 일상적인 사물들 자체가 이미 미학적 견지에서 구축되어 있는 것이죠. 워홀 작업의 핵심은 그것들을 날것 자체로, 즉 시뮬라시옹의 상태 자체로 되돌리는 데 있습니다. 이런 작업이야말로 진정 고차원적 예술 활동이 아닐까요?

워홀에 비하면 쿤스 같은 시뮬레이셔니스트들은 별로 중요하지 않아요. 그들은 그저 컴퓨터 조형 모델이나 현미경적 확대술, 근접 촬영 따위에만 관심이 있지요. 다시 말해, 그들의 주된 관심사는 과학의 발전으로 접근 가능해진 날것 자체의 이미지에 있을 뿐이며, 그렇게 새로운 이미지들을 한가득 만들어 냄으로써 이른바 예술이라는 것을 창조해 냈다고 말합니다.

뭐 아무튼 그들이 이러한 이미지들을 미적인 영역으로 끌어들였고, 다시금 미적 규준이란 것으로 가공해 냈습니다만, 워홀은 그들과는 전혀 달랐습니다. 여기서 대단히 명확한 분기점을 찾아낼 수 있는데, 그것은 모름지기 예술가란 예외 없이 미적 원리의 상실을 감내해야 하며, 이건 그들에게 불가피한 사태라는 사실입니다. 실제로 예술가들이 무엇을 원하건, 그들은 미적인 것의 이편에도 저편에도 속해 있죠. 하지만 오직 워홀 한 사람만이 미적 원리란 것에 무관심한 태도를 보이고 실천적 행위로 나아갈 수 있었던 것입니다. 워홀적인 코미디, 진정한 노출증의 본질이 바로 여기에 있는 셈입니다만, 사실 제가 거기까지 관심을 갖고 있는 것은 아닙니다. 그건 어쩌면 쿤스 같은 이들이 벌이는 위선적인 미학화만큼이나 중요하지 않을 수도 있거든요.

리클린 시장 메커니즘 자체의 미학화를 두고 하시는 말씀이겠죠? 사실 쿤스는, 아니 쿤스뿐만 아니라 다른 예술가들 역시 교환가치의 관점에서 예술을 다루고 있지 않습니까?

보드리야르 쿤스는 늘 시니컬한 척하고 다니지만 실제로는 시니컬한 게 아무것도 없는 작자입니다. 좀 병적이라고나 할까, 혹은 감상적이라고 할까, 아무튼 좀 멍청하기도 한……. 들으셨는지 모르겠습니다만, 치치올리나[12]와는 이혼했다더군요.

리클린 처음 듣는 걸요. 얼마 전 프랑스 텔레비전에서 그들을 봤는데, 굉장히 재미있는 쇼에 출연했더군요. 그들은 '에로티즘, 섹슈얼리티, 가족' 혹은 뭐 그 비슷한 주제의 토론에 초대받았더랬습니다. 번쩍거리는 옷차

---

12) 치치올리나(Cicciolina, 1951~). 본명은 일로나 스탤러(Ilona Staller)로 포르노배우로 활동하다가 1987년 이탈리아 급진당의 공천을 받아 국회의원에 당선됐다. 당시 쿠웨이트를 침공한 이라크에 관해 언급한 자리에서, 세계 평화를 위해서라면 후세인과도 잘 수 있다고 공언해 사람들을 놀라게 했다. 1991년 제프 쿤스와 결혼했으며, 결혼 직후 세계를 주유하며 열었던 전시회 'Made in Heaven'은 쿤스와의 성행위를 적나라하게 보여 준 것으로 유명하다. 아들의 양육권을 두고 쿤스와 격렬한 법정 공방을 벌인 끝에 1992년 이혼했다.

림새의 절반쯤 벌거벗은 아가씨들을 야회복을 차려입은 부르주아 대중들 사이에 앉혀 놓았더군요. 쿤스와 치치올리나는 몸의 문화, 에로티즘 따위에 대해 오랫동안 이야기를 나누더군요. 섞이지 않는 것을 억지로 섞어 놓은 것마냥, 여하간 이 퍼포먼스가 어찌나 흥미진진했던지…….

보드리야르 어디서 그걸 했답니까?

리클린 프랑스 3방송이었던 것 같습니다. 토론 프로그램이었지만 그들은 거의 신경도 안 쓰더군요. 아무튼 적나라하게 벌거벗은 아가씨들과 점잖은 숙녀분들을 뒤섞어 놓음으로써 그날 저녁을 범상치 않은 비주얼로 연출했던 것 같습니다. 사실 숙녀분들은 그런 자리에서 어떻게 처신해야 할지, 무슨 말을 해야 할지도 잘 모르는 것 같았거든요.

보드리야르 우스꽝스런 상황이었다는 건 분명했겠군요.

리클린 그다지 나쁘진 않았던 듯합니다.

신디 셔먼이나 셰리 레빈, 바바라 크루거[13]와 같은 여성 예술가들에 대해서는 어떻게 생각하십니까? 그들은 종종 당신에 관해 언급하기도 하는데요.

보드리야르 아마 언급하기도 하겠죠. 하지만 그런 언급이 그들이 뉴욕에

---

13) 신디 셔먼(Cindy Sherman, 1954~), 셰리 레빈(Sherry Levine, 1947~), 바바라 크루거(Barbara Kruger, 1945~). 미국의 여성주의 사진작가들.

서 '반反보드리야르' 전시회[14]를 여는 데 장애가 되진 않을 겁니다. 차라리 그건 하나의 지표 역할을 한다고나 할까…….

리클린 그런 걸 일종의 고차원적으로 표현된 애정의 징표로 보기도 하는데요.

보드리야르 아, 물론입니다. 그들 중에 바바라 크루거에 대해서는 제가 잘 안다고 하겠습니다. 그녀는 글도 쓰니까요. 신디 셔먼은 약간 아는 정도고, 다른 이들은 잘 모르겠습니다. 그들에 관해 뭐라고들 평하나요? 제 분야가 아니라서 잘 모르겠군요. 하지만 솔직히 말해서 그들에게 뭔가 독창적인 게 있으리라 생각진 않습니다. 그들은 그저 기호학적 행동주의semio-activism의 투사들이 아닌가 싶습니다.

리클린 리처드 프린스[15]는 아십니까?

보드리야르 아마도 들어 본 적이 있는 듯합니다.

리클린 그는 사진을 재료 삼아 작업하는 사람입니다. 여러 잡지들에서 광고 사진을 모아다가, 그 중 일부를 극도로 확대한다든가 하는 식으로 하나의 계열 속에 그것들을 모아 붙이곤 하죠.

---

14) 바바라 크루거가 1987년 뉴욕에서 기획·전시했던 '저항(반보드리야르)'에 대한 언급이다.
15) 리처드 프린스(Richard Prince, 1949~). 미국의 화가. 사진 이미지를 재촬영하는 기법을 통해 '재(再)사진'(re-photography)이라는 용어를 만들었다.

보드리야르 그런 작품을 본 적이 있습니다만, 아시다시피 제가 이 분야에서는 별반 전문가가 아니어서…….

리클린 그럼 사진 분야에서 당신은 어떤 쪽을 선호하십니까?

보드리야르 그게…… 거의 초보라 할 수 있어서 말이죠.

리클린 개인 전시회도 열었던 것으로 기억하는데요? 미셸 들로름 화랑에서였던가요?

보드리야르 네, 4년 전의 일이군요. 제가 예술을 하고 있다고 생각하며 사진을 찍었던 건 아닙니다. 전문적인 사진작가도 아니고…….

리클린 (보드리야르의 사진이 걸린 벽을 가리키며) 하지만 훌륭한 작품들을 남기셨는 걸요.

보드리야르 그건 제 마음에 들더군요. 저는 사진 찍는 데서 굉장한 즐거움을 찾고 있습니다. 글보다는 사진에서 저 자신을 표현하는 최고의 방법을 발견할 정도죠. 하지만 사진은 제가 특별히 사유의 훈련을 쌓는 분야는 아닙니다…….

리클린 옛날 사진작가들 중 특별히 맘에 드는 사람이 있다면요?

보드리야르 사진의 역사에 관해 잘 안다고 말할 순 없어서요. 물론 몇몇을 알고 있긴 합니다만, 사실 모두가 아는 사람들이죠. 사진에 대해 특별한 입장을 표현하기엔 제가 아는 지식이 너무 짧습니다. 누구를 좋아하느냐란 질문에는…… 제가 오랫동안 함께 작업해 온 사람이 있긴 합니다. 로버트 프랭크[16]와 함께 책을 내기도 했죠…….

리클린 프랑스인인가요?

보드리야르 미국인입니다. 다른 한 사람을 더 든다면, 독일에 관한, 독일인들에 관한 앨범을 함께 만들려고 작업하는 사진가가 있습니다. 리처드 오번Richard Auburn이 바로 그인데, 최근까지 그와 함께 1989년의 베를린에 관한 앨범을 준비해 왔죠. 베를린 장벽이 무너질 때 오번은 거기에 있었거든요. 그는 놀라운 재능을 지닌 친구입니다. 대단한 사진작가죠.

리클린 메이플소프[17]에 관해서는 어떻게 생각하십니까?

보드리야르 그의 작품들 중 일부를 본 적이 있습니다. 제가 사진에 푹 빠져서 사는 건 아니라, 어쩌다 몇 가지를 보게 되었고, 괜찮다는 생각을 했습니다. 가끔 화랑을 돌아다니곤 하는데, 문제는 그게 너무 많아서 말이죠. 이내 질려 버리고 곧잘 알레르기가 나곤 한답니다. 전시회에 나온 작품들은 굉장히 전문적이고 기술적으로 작업된 것들임에도 별반 관심 없이 지나쳐 버리기 일쑤라는 거죠. 거의 토할 지경이에요. 작가들은 어떻게 해

16) 로버트 프랭크(Robert Frank, 1924~). 미국의 사진작가.
17) 로버트 메이플소프(Robert Mapplethorpe, 1946~1989). 미국의 사진작가.

야 자기 작품이 미학적으로 보이는지도 잘 알고 있고, 최고의 기술을 발휘해서 작품을 완성하지만, 제 호기심을 끌지는 않더군요. 저는 애호가적 자세로 사진을 찍을 따름입니다.

리클린 다이앤 아버스[18]에 대해서는 어떻게 생각하십니까?

보드리야르 대답하기 어렵군요. 어떤 작품들이 더 독창적이고 또 아닌지 대답하기 어렵습니다. 평가를 내리기에는 여력도 시간도 없군요.

리클린 그럼 글 쓰실 때 손으로 직접 쓰십니까, 아니면 컴퓨터로 하십니까?

보드리야르 타자기로 칩니다.

리클린 폴 비릴리오가 자기는 절대적으로 손으로만 글을 쓴다고 말하기에 상당히 놀랐습니다. 심지어 타자기도 안 쓴다는군요. 생각이 곧장 모니터 화면에 뜨는 컴퓨터가 개발될 때까지 기다리겠다는 겁니다. 그런 기계는 이미 발명되긴 했는데, 너무 비싼 데다가 아직 불완전하다네요. 아무튼 비릴리오는 그런 완전한 기계가 등장할 때까지 기다리겠다는군요.

보드리야르 그래요, 폴은 참…… 대단한 양반입니다! 저는 오가면서 수첩에다가 무언가를 적곤 합니다. 타자기로 옮기는 건 나중 일이죠.

---

18) 다이앤 아버스(Diane Arbus, 1923~1971). 미국의 사진작가.

리클린 제가 알기로는 지금 식자들의 대부분은 컴퓨터로 작업을 하고 있습니다. 당신이 컴퓨터를 쓰지 않는 특별한 이유가 있습니까?

보드리야르 아마도 좀 얼토당토않은 이유가 되겠습니다만, 그건 순전히 제가 컴퓨터를 전혀 쓸 줄 모르기 때문입니다. 타자기를 잘 치는 건 아니지만, 그렇다고 특별히 못 치는 편도 아니랍니다. 오히려 저는 이걸 전략적으로 활용하는 편이죠. 타자기로 텍스트를 치는 데 걸리는 시간은 저로 하여금 문체의 리듬을 결정짓는 거리를 확보해 주거든요. 사실 전 메모지나 예비 원고 따위 없이 곧바로 글을 쓰곤 한답니다.

리클린 그럼 인용이 필요할 때는 어떻게 하십니까?

보드리야르 자주 있는 일은 아닙니다만, 대개 수첩에서 인용문을 찾아내곤 하죠. 부분부분 이론적인 내용들을 적어 놓은 터라 글 쓸 때 도움이 되곤 합니다. 다른 사람들에게 이 방법을 권하지는 않아요. 이건 거의 방법이라고 할 수도 없거든요. 대체로 메모 카드도 쓰지 않고 사는 편입니다. 컴퓨터를 쓰지 않는 건 아마 제 머리가 그에 저항하는 탓이 아닐까요.

리클린 말하자면 당신은 느림이라는 리듬에 이끌리는 편이라 할 수 있겠군요.

보드리야르 저는 문자를 신성시하는 사람이 아닙니다만, 컴퓨터 화면과 제가 글 쓰는 행위를 아무리 해도 같은 것으로 생각할 수 없더군요. 사람들은 그게 똑같은 거라고 하지만 말입니다. 제게 영상 화면은 조형적 표현일 뿐이지 텍스트는 아닙니다. 영상은 이미지란 말이죠. 제가 화면 위에 표시된 조형 이미지로 작업하지 않는 이유가 그것입니다.

아시다시피 이미지와 텍스트는 상호 환원 불가능한 것들입니다. 친구들이 컴퓨터 좀 갖추고 살라고 아무리 말해도 제겐 전부 쓸데없는 소리일 뿐입니다. 무슨 이데올로기적 이유가 있는 것은 아니에요. 그냥 컴퓨터로 일하기 싫다는 데 무슨 이데올로기적인 이유가 있겠습니까? 제가 이렇게 글을 씀으로써 컴퓨터의 전능함은 무화되어 버리고 말죠. 즉, 글을 수정하고 재입력하고 저장하는 가능성이 사라진다는 말씀입니다. 제 글쓰기 스타일에 그런 것들은 전혀 필요하지 않거든요. 저는 손으로 직접 문장을 수정하는 걸 좋아하고, 그게 제 스타일입니다. 그런 일을 컴퓨터에 맡기고 싶진 않아요…….

리클린 왜 사람들은 그런 즐거움을 포기하는 걸까요?

보드리야르 뭐…… 아마 바보들인가 보죠.

리클린 컴퓨터의 효용은 막대합니다. 가령 컴퓨터를 이용함으로써 세 편의 논문이 열 편으로 늘어나기도 하죠. 도덕적으로 타락시키는 것이기도 하고…….

보드리야르 (웃음) 컴퓨터로 일하는 사람들은 가끔 난처한 상황에 처하기도 하죠. 도무지 텍스트를 완성할 수 없는 상황 말이에요. 텍스트는 미완성인 상태로 남아 있는데 자꾸 수정만 끝없이 해대고……. 이런 완벽주의야말로 컴퓨터의 사용과 뗄 수 없는 관계에 있지 않습니까? 절망적이죠.

글쓰기에 두려움을 느끼게 되는 겁니다. 그래서 글쓰기 자체를 자꾸 컴퓨터에 위임하게 되고, 컴퓨터는 상황을 악화시키기만 할 뿐이죠.

리클린 이 블랙 유머는 직접 생각해 내신 건가요?

보드리야르 네.

리클린 조각도 좀 해보셨죠?

보드리야르 솔직히 말해, 거의 쓸데없는 짓이었죠.

리클린 당신 사진을 좀 찍어 가도 괜찮겠습니까?

보드리야르 물론이죠.

리클린 우리의 원래 주제로 되돌아가 마지막으로 드리고 싶은 질문은 철학에 관한 것입니다. 현대 철학의 여러 흐름들 가운데 당신이 각별히 좋아하는 것은 무엇입니까? 1970년대 말에 '신新철학자들'[19] 과 연대하신 적이 있는데, 사실 공식적으로 그 일원은 아니셨죠. 그래도 이 맥락에서 당신은 거기에 포함되어 있던 걸로 아는데…….

---

19) 프랑스 철학자이자 저널리스트인 베르나르-앙리 레비(Bernard-Henri Lévy)가 1977년 『인간의 얼굴을 한 야만』(박정자 옮김, 프로네시스, 2008)을 통해 자본주의나 공산주의 가릴 것 없이 인간의 자유를 억압하는 전체주의 일반을 비판하며 주창했던 철학적 경향.

보드리야르 전혀 그렇지 않습니다. 저는 '신철학자들'과 아무런 공유점을 갖고 있지 않았습니다.

리클린 하지만 그들은 당신을 그 일원으로…….

보드리야르 1977년에 베르나르-앙리 레비나 다른 철학자들이 등장했을 무렵, 저는 그들의 견해에 전혀 동의하고 있지 않았어요. 차라리 저는 리오타르나 데리다의 세대에 속해 있었고, '신철학자들'과는 거의 무관했다 하겠습니다. 상투적으로 이야기하는 것들은 있습니다만…….

리클린 독일어에는 'Wahlverwandtschaft', 즉 친화력이란 단어가 있습니다. 현대 철학자들 중에 당신이 친화력을 느끼는 이들이 있다면요?

보드리야르 제가 그런 걸 느낀다면 그건 무엇보다도 롤랑 바르트일 겁니다. 상호 이해에 관해 이야기한다면, 폴 비릴리오나 클레망 로세Clément Rosset와 저는 서로를 가장 잘 이해하는…….

리클린 비릴리오와 누구요?

보드리야르 클레망 로세에 대해 아마도 잘 모르실 겁니다. 그는 주변적 인물이고, 잘 알려져 있지도 않죠. 주로 낯선 주제에 관해, 가령 잔혹성에 관해 글을 쓰는 사람입니다만, 그의 작업은 굉장히 흥미롭습니다.[20] 그 다음

---

20) Clément Rosset, *Le principe de cruauté*, Paris : Minuit, 1988〔클레망 로세, 『잔혹성의 원칙』〕.

은 리오타르를 꼽을 수 있겠습니다. 오랫동안 친분을 유지해 왔는데, 지금은 약간 멀어졌죠. 그와는 반대로 데리다와는 여하한의 친연성도 못 느끼겠더군요. 하지만 들뢰즈는 상당히 맘에 듭니다.

리클린 장-뤽 낭시와 같은 철학자들은 어떻습니까?

보드리야르 저와 비교해서 너무나도 박식한 철학자들이라 해야겠군요. 엄격히 말한다면 저는 철학자 축에도 못 낄 겁니다…….

리클린 하지만 당신의 글들을 읽노라면 그들을 넘어서는 엄청난 철학적 분위기를 떨쳐 버릴 수 없던데요. 그건 기술 공학적인 분위기를 흠씬 풍기는 비릴리오의 텍스트들에서는 전혀 감지할 수 없는 것이기도 합니다.

보드리야르 서른에서 서른다섯 사이에 저는 철학의 영역에서 본원적 축적과 같은 것을 일구어 냈었습니다. 그 시기 동안 실제로 많은 것들을 축적했고, 몽땅 읽어 댔죠. 그 다음에 저는 지식을 축적하는 일에서 물러나 다른 일에 몰두했습니다. 저는 이념의 역사, 철학적 지식의 역사에서 벌어지는 사건들을 추적하는 데 매진하는 사람은 아닙니다. 낭시나 데리다와 같은 이들은 철학적 텍스트들, 철학적 논변들을 분석하는 데 매진하는 편입니다만, 저는 그런 부류에 속하지 않아요.

리클린 데리다가 관심을 갖고 종사하는 분야는 다양하죠. 얼마 전 그 자신이 주관해서 루브르에서 열린 전시회 '눈멂의 기억'에 대한 책[21]이 출간되었더군요. 현대 철학의 수많은 가능성들이 그의 이름과 연관되어 펼쳐져 있습니다.

보드리야르 그래요. 하지만 저는 들뢰즈의 작업에 더 매혹되는 편입니다. 비록 그가 가타리와 함께 하는 일에 대해서는 잘 모르겠습니다만…….

리클린 그들의 최근 저서인 『철학이란 무엇인가?』[22)]에 대해서는 어떻게 생각하십니까?

보드리야르 읽어 볼 시간이 없었습니다.

리클린 제가 읽어 봤는데, 이전의 책들에 비했을 때, 몇 가지 점에서 그들의 새 책은 '칸트적인' 주제로 되돌아간 것 같더군요. 당신의 평가를 들어 봤으면 좋았을 텐데 말입니다. 아무튼 저는 그들의 저작에서 고전 철학의 거대한 전통으로의 전환을 감지했습니다.

보드리야르 전환과 회귀는 철학의 본질적 문제 가운데 하나입니다. 철학자들이 언제나 칸트와 같은 고전으로 되돌아가는 것은 우연이 아니죠. 기실 회귀를 통해 철학의 재건이 가능한 것이기도 하고요. 제겐 이 모든 일들이 그저 낯설 뿐입니다. 아마도 이건 제 개인적 선입견일 수도 있겠습

---

21) Jacques Derrida, *Mémoires d'aveugle*, Paris: Réunion des musées nationaux, 1990. '눈멂의 기억'은 1990년 프랑스 루브르 박물관에서 열린 사진전이다. 데리다는 여기에 맹인들이 그린 그림을 전시했는데, 이를 통해 그는 맹인됨, 곧 눈멂이야말로 그래픽적 재현의 기원이자 조건임을 보여 주고자 했다.

22) Gilles Deleuze et Félix Guattari, *Qu'est-ce que la philosophie?*, Paris: Minuit, 1991〔질 들뢰즈·펠릭스 가타리, 『철학이란 무엇인가』, 이정임·윤정임 옮김, 현대미학사, 1995〕.

니다만, 68년의 맥락에서 예측해 볼 때, 다른 모든 것들과 더불어 철학의 종말이 다가온 듯합니다. 철학의 어휘도, 그것을 가르치는 학교도 모든 게 예전 그대로지만, 그 의미는 돌이킬 수 없이 달라져 버렸으니까요. ■

5

Philippe Lacoue-Labarthe

민족 미학과 형이상학 전통: 필립 라쿠-라바르트와의 대담

필립 라쿠-라바르트와의 대담

대담 일시: 1992년 3월 25일
대담 장소: 프랑스 스트라스부르 대학교 인문대학

리클린 『나치의 신화』[1]에서 당신은 장-뤽 낭시와 함께 전체주의의 문제를 연구한 바 있습니다. 이 주제는 우리 시대와 직접 연관되는 역사적 사실을 다루었기 때문에 다시 부연 설명할 필요가 없겠죠. 당신의 저작이 현대성의 문제에 결부되어 있다는 점과 그것은 무엇보다도 철학적인 현대성이라는 점이 흥미롭습니다. 현대성에 관한 당신의 사유가 역사적 사실의 문제보다는 철학적 문제의식에 더욱 정향되어 있다는 말입니다. 여하간 철학적 저작으로서 『나치의 신화』는 "이것은 다시는 반복되어서는 안 된다"라는 테제를 표방하고 있습니다. 제가 알고 싶은 것은, 이 책이 당신이 그간 제시했던 '민족 미학'Nationalästhetik의 개념과 어떻게 관련되어 있느냐는 점입니다.

라쿠 - 라바르트 그 질문에는 단계적으로 대답할 필요가 있군요.

먼저 『나치의 신화』의 애초의 판본은 군국주의에 관해 정치적 논의가 진행된 어느 학술 대회에서 발표한 원고였습니다. 마침 그때는, 그러니까 1980년대 초반은 우리가 윌름 가街에 고등사범학교 부설 정치연구센터를 설립했던 때였죠. 거기에 초빙되었던 연구소 구성원들 및 그들의 연구

스타일은 우리가 지닌 문제의식이 커다란 논란을 불러일으키리란 사실을 분명히 예감하게 해주었습니다. 또 그때 이미 소비에트 연방의 사회주의가 결국 붕괴하고야 말 것이란 점도 명약관화해 보였거든요. 더욱이 이미 모두가 큰소리로 떠들고 다녔듯이, 맑스주의의 영향력 또한 역사적으로나 정치적으로나 상당히 쇠퇴하던 참이었습니다. 이것이 당시의 일반적 상황이었습니다.

둘째, 『나치의 신화』 자체에 관해 말하자면, 이 책은 제가 '민족 미학'이라고 부른 정식화가 적용된 첫번째 저작물이었습니다. 제가 이 문제의식을 독일 전통에 적용했던 이유는, 그게 제 전문 분야였기 때문이죠. 그때 이 문제를 보다 보편적 차원에서 제기해 볼 수는 없을까, 지금껏 나를 사로잡았던 전체주의의 개념을 재고하는 데 매진해 볼 수 없을까 하는 질문이 문득 떠오르더군요. 왜냐하면 한나 아렌트가 시도했던 전체주의에 대한 해명은 모든 것을 설명하기에 아직 부족한 감이 없지 않았던 탓입니다. 저로서는 그녀가 무슨 이야기를 하려는 것인지 잘 이해가 가지 않았거든요. 저는 '전체주의'라는 개념이 효과적으로 작동한다고 생각지 않습니다. 전체주의의 경험 속에서 저를 전율하게 했던 것은 차라리 전체주의의 미적 이념이 지닌 힘이었으니까요.

그러던 차에 보리스 그로이스의 『총체적 예술 작품 스탈린』[2]을 읽고

---

1) Philippe Lacoue-Labarthe et Jean-Luc Nancy, *Le mythe nazi*, Marseille: L'aube, 1991. —지은이

2) Boris Groys, *Gesamtkunstwerk Stalin*, München: C. Hanser, 1988〔보리스 그로이스, 『아방가르드와 현대성』, 최문규 옮김, 문예마당, 1995〕. 이 책은 러시아에서 1993년 「스탈린의 스타일」("Стиль Стали")이란 제목으로 『유토피아와 교환』(*Утопия и обмен*, Москва: Знак)에 번역·소개되었다가, 2003년 본래의 제목으로 『유토피아의 예술』(*Искусство утопии*, Москва: Художественный журнал)에 개정·재수록되었다.

깜짝 놀랐습니다. 비록 거기서 그가 든 사례는 소비에트 연방에 국한된 것이었지만, 거기엔 역시 어떤 불변항 같은 게 있지 않은가 하는 생각이 들었거든요. 우리는 정치적 사유의 전통을 체계적으로 되짚어 볼 필요가 있습니다. 왜냐하면 그 전통의 범위에서 정치는 꾸준히 예술과 뒤섞여 있기 때문이죠.

이러한 혼성은 이미 그리스인들에게서도 다분히 명백하게 나타났습니다. 레비-스트로스에 따르면 문화적 수준이 낮은 민족에게는 그런 현상이 덜 분명하게 드러난다고 합니다. 여하튼 그런 경향은 보댕이나 마키아벨리, 몽테스키외, 그리고 이들을 뒤따르는 정치 사상가들의 경우에서도 분명히 찾아볼 수 있습니다. 그들 모두에게서 미적인 것에 대한 전적인 열망이 나타났고, 그 정치적 이념의 수준은 그들이 이 미학적 사명을 얼마나 성취해 냈는가에 달려 있었던 것입니다.

리클린 하지만 당신의 입장은 전통적으로 상정되었던 미학적 관념의 경계를 훨씬 넘어서는 듯 보이는군요. 게다가 당신이 미학적이라 상정하는 것은 하이데거의 경우와도 완전히 대립적입니다. 그는 자신의 형이상학적 체계에 있어 미학 혹은 세계의 미학화에 격렬하게 반대했다고들 하죠. 가령 바그너처럼 아무런 제한 없는 미학화, 그 뻔뻔함에 대해 하이데거는 전혀 동의할 수 없었던 것입니다.

당신은 피지스physis와 테크네techne가 분명히 한데 엮이는 지점인 전통을 미학적이라고 부르는데, 거기엔 미메시스mimesis의 개념 역시 함께 끌어들여지고 있습니다. 그런데 사실 원칙적으로 미메시스와 모방imitation은 전혀 합치하지 않는 개념들로서, 이는 전자가 후자로는 전혀 번역될 수 없다는 당신의 주장에서도 역력히 드러나지요. 미메시스는 사전적 의

미에서의 미학적 관념과는 전혀 다른 문제의식을 제기하는 탓입니다.[3)]

이제 다른 질문을 드려 보고 싶군요. 『나치의 신화』가 명백히 정치적 문제에 집중해 있음은 우연하게 여겨지지 않습니다. 이는 책의 서문에서 '민주주의의 표상/재현[4)] 불가능성'이란 명료하게 재현될 수 있는 이미지 figure의 사용을 금지한다고 썼을 때도 이미 알 수 있는 사실이었죠. 참으로 의아스러운 점은 『나치의 신화』가 어떤 이미지를 도입하려는 시도인 동시에 그 이미지가 신화적이지 않음을 주장하는 데 있습니다. 당신도 인정하다시피, 그런 이미지는 현대적이라 부를 수도 없고, 또 이미 극복된 것이기도 하지만, 동시에 그것 없이는 도무지 우리가 살아갈 수도 없는 그런 무엇이란 말이지요. 이렇게 명료한 표상, 새로운 이미지에 대한 당신의 견해는 어떤 것입니까?

---

3) 현존하는 것의 완전무결한 복제나 재생은 불가능하다. 데리다의 '차연'(différance)이 보여 주는 바, 현존하는 것과 그 모상에는 언제나 일정한 간극, 틈새가 있으며, 이로부터 양자 간의 불일치와 차이가 필연적으로 발생하는 까닭이다. 따라서 미메시스는 복제나 모사라는 일반적 의미 이외에, 본질적으로 '차이를 메우는 보충으로서의 생산'이란 의미를 갖게 된다. 라쿠-라바르트가 제시하는 '미메시스'는 바로 이 점에 착안하여 이해해야 한다. 통상적으로 '모방'이 대상의 복제와 재생산을 통해 모방되는 대상 본래의 구조를 보존하고 안정화시키는 데 기여한다면, 미메시스는 모방되는 대상의 원래 구조를 뒤흔들고 교란시킴으로써 이전에는 없던/새롭게 생산된 '다른' 진리, 혹은 기존 진리의 또 다른 측면을 열어젖히는 것이다. 미메시스가 그에게 단순히 미학적 차원 너머의 정치적 의미를 지니는 것도 여기서 연유한다. 예컨대 공고화된 기존 지배 질서는 신화처럼 완결된 구조를 자랑하지만, 미메시스는 거기 존재하는 어떤 파열된 틈을 비집고 드러냄으로써 와해 효과를 창출해 낼 수 있기 때문이다.

4) 탈/현대적 사유의 근본 문제로서 재현 불가능성 또는 표상 불가능성은 러시아어로 'непредставимость' 또는 'неизобразимость/неизобразимое' 등으로 옮겨지는데, 그 내용적 의미는 대동소이하며, 본문에서는 동일한 용어를 반복하지 않으려는 차원에서 혼용되고 있다. 독일어 번역자들이 이 용어를 'Nicht-Repräsentierbarkeit' 혹은 'das Undarstellbare' 등으로 옮기는 이유도 다르지 않다. 한국어 번역에서도 문맥에 따라 양자를 번갈아 사용하거나 함께 표시하도록 한다.

라쿠-라바르트 음, 제 주장이 어떤 단일한 관점에만 입각해 있노라고 생각할 필요는 없습니다. 의문점이 없진 않거든요. 제 생각은 이렇습니다. 정치적으로 연관되는 모든 역사적 존재들은 모종의 재현 가능한 이미지를 통해 지탱되어 왔습니다. 이는 비단 칸토로비치[5]가 연구했던 군주정뿐만 아니라 여하한의 군주 정체에도 해당되는 사실이지요. 근본적으로 현대성이란 바로 그와 같은 이미지에 부합하는 것입니다. 이 관점에서 볼 때 1789년의 대혁명은 일종의 분수령이라고 부를 수 있습니다. 국왕의 처형으로 훼손된 이미지는 다분히 신학적인 효과를 낳았거든요. 이와 관련해, 루이 16세의 처형에 관한 바타유의 연구는 이미 오래전부터 제 관심을 끌어 왔습니다. 처형당한 것은 다만 통치자에 그치지 않고, 신의 대리자이기도 했다는 말이죠.

리클린 『나의 이웃, 사드』[6]에서 피에르 클로소프스키 역시 이 사례를 분석한 바 있지요.

라쿠-라바르트 네, 클로소프스키도 그랬죠. 대혁명 이후 서구 사회는 민주화되었으나, 곧 상징적 공백 상태에 직면하게 되었습니다. 고대적 입법 장치였던 신화도 없었고, 군주정 시대에나 존재하던 신의 대리인이란 관념 또한 더 이상 존속하지 않았습니다. 제가 독일의 전통, 특히 독일 철학

---

5) 에른스트 칸토로비치(Ernst Kantorowicz, 1895~1963). 중세 정치사 및 지성사를 연구한 독일 사학자. 유럽 중세기에 국왕의 주권적 권력의 영속성은 그의 신체적 현존과 분리되어 '정치적 신체'의 차원에서 이미지화되고 보존되었음을 밝혀냈다. 이 문제를 다룬 주저로 『왕의 두 신체』(1957)가 있다.

6) Pierre Klossowski, *Sade, mon prochain*, Paris: Seuil, 1947.

에 관해 연구하면서 깜짝 놀랐던 이유는, 이렇게 크게 벌어진 공백의 심연 앞에서 독일 철학은 어떻게든 표상 가능한 형식을 구축하고자 하는 끈질긴 열망을 간직해 왔기 때문이었습니다. 그런 열망은 제2의 신화를 구축하고자 하는 열광적인 시도 속에 제대로 표현되어 있지요.

이로부터 하나의 의문이 떠오를 겁니다. ['그럼 어떻게 신화가 등장한 것인가?'라는 의문을 의미한다] 이미지의 구성 작용이라는 것 자체가 기실 존재하는 게 아니란 사실을 민주주의가 모르지는 않았습니다. 다만 민주주의에서는 이런 사실이 명시되지 않을 뿐이죠. 장-뤽 낭시는 모파상의 작품에서 그 좋은 예를 찾아냈는데, 거기서 작중 인물인 사무원은 실직한 후 자기의 새로운 입지를 표상할 여하한의 가능성도 발견하지 못하게 되어 완전히 넋이 빠져 버리게 되죠.

민주주의 혹은 공화정에서 이미지의 구성 작용의 부재는 결국 신화적으로 보충되게 마련입니다. 다만 그게 필연적이라고 말씀 드리고 싶진 않군요. 재현 가능한 이미지는 더 이상 가능하지 않으며, 극히 어렵기도 하거니와 실제로 비현실적이기까지 하다는 점은 인정해야 한다고 봅니다. 지금으로서는 여하한의 재현 가능성도 인정하지 않는 정치만이 유일하게 올바를 수 있을 것입니다.

리클린 당신의 주장에는 어쩐지 석연치 않은 부분이 있습니다. 민주주의가 우리를 표상/재현 불가능성에 빠뜨렸다는 주장에는 동의합니다만, 표상/재현 불가능성이 어떤 형식이든 이미지의 구성 작용을 불가능하게 했다는 주장이 과연 얼마나 신빙성이 있을까요? 이미지화의 형식들이 극도로 세분화될 수 있다는 주장이나 극세화된 이미지 형식들은 전체화되지 않는다는 주장에는 전적으로 동의합니다. 하지만 전체화와 재현 가능성,

이미지의 구성 작용 등은 사실상 같은 말 아니겠습니까? 또 사실 그런 질문은 이미 데리다도 지속적으로 제기해 왔던 것이기도 하죠. 예컨대 맑스가 이해했던 대로 '상품 물신주의'는 전체화되지 않는 이미지의 구성 방식 아니겠습니까? 무한한 세분화를 통한 이미지 구성 작용은 또 어떻습니까?

우리가 어떤 공백 상태, 활짝 열린 심연에 직면했다는 점에도 저는 동의하지 않습니다. 그러한 전적인, 메워질 수 없는 틈이란 전혀 존재하지 않기 때문입니다. 그런 틈새는 항상-이미 메워져 있는 까닭입니다. 무한한 접합적 존재Unendlich-zergliedert-Sein란 거리를 확보함으로써만 자신의 현존을 주장할 수 있다고 봅니다. 틈새를 메워 가는 접합의 형식에 관해서라면 바르트가 『신화론』[7]에 탁월하게 분석한 바 있죠. 그것은 곧 전체화되지 않는 새로운 신화라는 것입니다. 새로운 신화의 이미지적 잠재력은 그게 아무리 극단적으로 가시적 모델화에 동원된다 할지라도 소진되는 게 아닙니다. 이에 대해서는 어떻게 생각하십니까?

라쿠 - 라바르트 먼저 말씀 드리고 싶은 것은, 저로서는 왜 바르트가 그 모든 것을 '신화'라는 말로 불렀는지 도무지 이해할 수 없다는 점입니다. 그 책의 마지막 텍스트로 말하자면…….

리클린 「오늘날의 신화」 말씀이군요.

라쿠 - 라바르트 ……저로서는 그다지 납득이 가지 않더군요. 1950년대 프

7) Roland Barthes, *Mythologies*, Paris: Seuil, 1957〔롤랑 바르트, 『신화론』, 정현 옮김, 현대미학사, 1995; 롤랑 바르트, 『현대의 신화』, 이화여자대학교 기호학연구소 옮김, 동문선, 1997〕.

랑스 소부르주아지의 일상에서 끌어낸 우화나 일화 따위, 곧 바르트가 대단히 섬세하게 구조적으로 분석했던 그 모두가 어째서 신화와 관련된다는 것인지 잘 모르겠습니다.

리클린 바르트는 상당히 자세한 설명을 했지만, 아마도 당신에겐 별로 설득력 있게 다가오지 않았나 보군요.

라쿠-라바르트 그래요, 별로 설득력 있단 생각은 들지 않더군요. 또 다른 이유도 있습니다. 왜 바르트는 '좌파'의 신화에 대해서는 동일한 분석을 행하지 않았을까요?

리클린 『롤랑 바르트가 쓴 롤랑 바르트』[8]에 보면, 그가 여러 해 동안 기획했으나 실현시킬 수 없었던 계획들의 목록이 올라 있습니다. 그 가운데 '지식인의 인류학'이란 계획이 있었음을 언급해야겠습니다. 상당수의 저명한 지식인들이 '좌파적'이었는데, 아마도 쓰여지지 않았다는 그 책은 그들의 신화에 대한 것이 아니었나 싶더군요.

라쿠-라바르트 『신화론』에는 매혹적인 부분들이 적지 않게 포진해 있습니다만, 또한 잘못된 부분들도 상당히 많습니다. 그런 말씀을 드리는 이유는 제가 신화를 보다 정치적인 의미에서 이해하고자 하기 때문이죠. 제가 보기에 신화나 이미지, 의미는 모두 어떤 것을 조직해 내는 심급에 해

8) Roland Barthes, *Roland Barthes par Roland Barthes*, Paris: Seuil, 1975〔롤랑 바르트, 『롤랑 바르트가 쓴 롤랑 바르트』, 이상빈 옮김, 강, 1997〕.

당합니다. 그것들이 죄다 스러져 가고 있다는 판단에는 일단 동의합니다. 메워야 할 어떤 근본적인 공백 따위가 없다는 점에 대해서도 그렇고요. 그럼에도 불구하고 하나의 근본적 사실이 남아 있습니다. 그것은 보다 깊은 상징적 의미에서 구조적인 조직화를 실행하는 심급들은 이미 객관적으로 소멸해 버렸고, 유럽의 현대사는 이 소멸해 버린 심급들을 재건하는 데 바쳐진 역사라는 사실입니다.

리클린 이미 사라진 것들을 복구하는 데 바쳐진 꼴사나운 역사라는 말이군요.

라쿠 – 라바르트 그렇다고 칩시다. 여하간 사정은 그렇다는 말입니다. 가령 당신네 나라에서는 '개인숭배'라는 희한한 단어 조합이 먹혀들지 않았습니까? 저는 히틀러 시대의 독일에서 어떻게 '민족 미학'이 성립되었는가를 해명하려 애써 왔고, 현대 프랑스의 정치적 실천에서 그 흔적들을 발견하게 되었습니다. 예컨대 드골의 군사 지향적 풍토는 '프랑스의 이념' 같은 것을 구현하려는 열망이었다고 할 만하죠. 그의 직접적인 후계자들은 이를 완수할 능력이 별로 없었습니다. 오히려 미테랑의 놀랄 만한 정치 감각이야말로 그가 프랑스의 이념을 실현시켰노라고 말할 만했죠.[9)]

---

9) 프랑수아 미테랑(François Mitterrand, 1916~1996). 1985~1995년간 프랑스를 이끈 대통령. 1958년 이래 프랑스 제5공화국의 역사에서 유일한 좌파 대통령이었다. 드골 이후 우파 일색이던 국정을 사회주의적으로 전환했으나, 곧 좌우동거체제('코아비타시옹' cohabitation)를 표방함으로써 국가 통합에 무게중심을 두었다. 냉전 종결과 독일 통일 등의 상황에서 프랑스를 중심으로 유럽 통합을 주도한 탁월한 외교력을 인정받았지만, 그의 정치적 근본 기조는 강대국 프랑스의 건설에 있었으며, 이 점에서 미테랑은 드골의 국가 정책을 부분적으로 계승했다고 평가되기도 한다.

리클린 프랑스의 대통령 제도는 대체로 유사 군주정적이라 할 수 있는데, 이는 프랑스 지식인들의 위상에서도 잘 드러나고 있습니다. 여기서 지식인들의 위상은 유난히 높죠. 이건 아마도 프랑스 사회에서 왕의 기능이 아직 완전히 쇠퇴하지 않았다는 사실과 관련이 있을 텐데요. 가령 더 자유롭고 탈중심화된 사회라 할 수 있는 미국이나 영국, 독일의 예와 비교해 본다면 거기 지식인들은 중대한 사회적 사안에 대해 그다지 큰 목소리를 내지 못하거든요. 사회적 투사가 될 마음이 없던 푸코조차도 그러했는데, 이는 프랑스의 유사 군주정적 패러다임이 견고하게 재생산되고 있다는 증거가 되지 않겠습니까?

라쿠-라바르트 푸코가 저항적 투쟁을 벌였다고 생각하시나 본데, 제가 보기에 그건 오히려 철학이 그리스 시대부터 수행했던 기능과 관련이 있지 않나 싶습니다. 지식인의 진보적 역할에 대한 이해는 그람시에 와서야 분명해졌죠. 이를테면 그의 '유기적 지식인'과 같은 개념 말입니다.

리클린 『나치의 신화』 서문을 읽어보니 사건은 자의적으로 발생하는 게 아니란 말이 나오더군요. 그럼 이 발언과 이미지figure의 개념은 어떻게 엮어 설명할 수 있겠습니까? 이미지는 당연히 사건적인 것인데 말이죠. 혹은 '비신화적인 이미지'란 게 가능한 것일까요? 장-뤽 낭시는 사건을 공동적-존재Gemeinsam-Sein,[10] 즉 인간 존재의 상호 환원되지 않는 공통성의 원리라고 이야기하고 있으며, 이는 상당히 설득력 있는 주장이라고 봅니다. 하지만 당신의 경우는 좀 어려운데, 왜냐하면 제가 보기에 당신은 현재의 지적 상황을 돌파할 어떤 단일한 출구를 모색하기보다는 서로 수렴되지 않는 상황의 복수성을 받아들이고 있을 뿐이기 때문이죠. 당신이 제시하는 비신화적 이미지라는 개념을 훨씬 더 이해하기 어렵게 만드는 이유도 거기 있습니다. 비록 당신은 이 개념 없이는 어떤 사회도 존립할 수 없다고 주장하지만 말입니다.

낭시에게는 그가 『함께 나타나기』[11]에서 확고히 표명한 바와 같이 공동체의 상실이란 진정 견딜 수 없는 사태일 것입니다. 표상/재현 불가능한 것은 그저 표상/재현 불가능한 것 이상도 이하도 아니라는 식의 소위 '포스트모던한' 해법을 그가 거부하는 이유도 같은 맥락이죠.

라쿠 - 라바르트 이 질문에는 가급적 짧게 대답하고 싶군요. 쉽지 않은 주제에 대해 즉흥적으로 대답을 이어가고 싶지는 않으니까요. '사건', '공동체'는 낭시의 답안입니다. 하지만 제 경우는 낭시와 달리 '공동체'에 대해 아무 미련이 없어요. 절 사로잡고 있는 유일한 문제라면, 그것은 혁명에 관한 문제입니다. 제 생각을 전부 설명하려면 무척 많은 시간이 걸릴 테

---

10) 러시아어로 '사건'(событие)이란 단어는 '함께'(со) '존재'(бытие)한다는 뜻으로 풀어 볼 수 있다. 이에 대해서는 다음 글을 참조하라. 최진석, 「코뮨주의와 타자」, 『코뮨주의 선언』, 교양인, 2007, 233~277쪽. 라쿠-라바르트와의 대담, 특히 낭시와의 대담에서 주요하게 거론되는 공동적 존재(성)(совместность) 혹은 '함께 있음'(l'être-en-commun)이라는 논제는 나치즘과 스탈린주의로 귀결되었던 근대 사회의 기획에 대한 근본적인 절망과 동시에 새로운/상이한 공동체적 기획의 가능성에 질문을 던진다. 본래적으로 서로 다른 존재들인 개인들이 근대적 전체주의에 함몰되지 않으면서 어떻게 함께 존재할 수 있는 공동의 기반을 다지는가가 그 주된 관건이다. 이와 같은 '함께 있음'의 추구는 한편으로 '부정의 공동체'(블랑쇼), '어떤 공동체도 이루지 못한 자들의 공동체'(바타유)와 같이 불가능한 기획으로 진단되기도 하며, 다른 한편으로는 '코뮨주의'(『코뮨주의 선언』)와 같이 우정과 기쁨을 통한 나눔의 가능성으로 제시되기도 한다. 적절한 번역어를 찾기가 어려웠던 이 단어는 러시아어로 '공동적 존재(성)'으로 번역되었는데, 명사적 개념어로 온전히 전환되지 않는 이 용어의 함의를 드러내기 위해 '함께' 혹은 '함께 있음' 등으로 프랑스어 본래의 형태를 함께 번역해 두도록 한다.

11) Jean-Christophe Bailly et Jean-Luc Nancy, *La Comparution*. Paris: C. Bourgois, 1991.—지은이

지만, 일단 제가 믿고 있는 사실에 관해 이야기하자면, 서구의 정치적 이념이 발전하는 순간은 오직 그 이념이 혁명의 이념에 이끌려 갈 때뿐이라는 것입니다. 하지만 동시에 지적해 두어야 할 점은, 그 모든 역사상의 혁명들은 아직 충분히 혁명적이지 않았으며, 혁명이 테러로 치달았을 때조차 그 테러는 혁명의 불충분한 급진성을 보여 줄 따름이었다는 것입니다. 혁명은 충분히 나아가지 못했지만, 관점만은 다분히 급진적이어서 사람들을 죽이고 있었단 말이죠.

리클린 테러란 인간의 신체로 총체적 예술 작품을 창조하려는 절망적인 시도다, 이런 말씀인가요?

라쿠 - 라바르트 아뇨, 혁명에 무언가 문제가 있었다는 말이죠. 만약 지금 다시 이 주제에 관해 낭시와 토론을 한다면 어떤 결론에 도달할지 잘 모르겠군요. 많은 점에서 우리는 일치하고 그래서 공동 작업을 해왔지만, 이 문제에 관한 한 어떤 분기점 같은 게 생겨나지 않았나 싶습니다. 그는 공동체와 공동적 존재성을 신뢰하지만 저는 오로지 혁명만을 믿을 뿐입니다.

리클린 지금 당장은 어쩔 수 없이 패배를 감내해야 하지만 언젠가는 승리를 거두리란 희망을 거두지 않는, 그런 혁명을 믿는 건 아닙니까?

라쿠 - 라바르트 승리 같은 건 바라지도 않습니다. 상처의 치유가 그리 오래 걸리지 않길 바랄 뿐이죠.

리클린 1968년의 사건에 관해서는 어떻게 생각하십니까?

라쿠-라바르트 제가 겪었던 68년의 경험은 혁명적 급진주의에 참여했던 사람들, 본래 세상을 가장 일상적인 관점에서만 보았던 그 평범했던 사람들이 실상 전혀 혁명적이라 부를 수 없는 것들을 삶의 현장 속으로 불러들였다는 사실에 있습니다. 혁명에 대해 굉장히 고전적인 해석을 내렸던 이들도 바로 그들이었죠. 이 새로운 경험을 다른 방식으로 되짚어 볼 만한 그 어떤 가능성도 전무했습니다. 다만 유사 고전적인 패러다임만이 가능했던 것이지요.

하지만 혁명 과정은 결국 혁명 지도자들 가운데 카스트를 낳는 결과를 초래했습니다. 게다가 트로츠키주의자들과 마오주의자들 중에는 잘 훈련된 기능주의자들도 있었거든요. 도구화의 경험 같은 게 있었다고나 할까, 그들은 상황 일반을 능숙하게 통제하는 능력이 있었습니다. 소비에트를 조직하고 작동시키는 유토피아적 체제는—1956년 앙리에서 겪어 봤습니다만, 그건 소비에트가 적절한 활용된 보기 드문 사례였습니다—68년의 사건에는 전혀 적용할 수 없음이 드러났는데, 이로부터 저는 거기엔 거짓된 공산주의의 모델 이외에는 아무것도 없다는 사실을 깨달았습니다. 저와 동일한 경험을 통해 자가당착에 빠졌던 그 누구라도 곧 이 게임에서 빠져나와야겠다는 생각을 했을 겁니다.

그래서 역으로 68년이란 제게 더할 나위 없이 생산적인 시기였을 수도 있습니다. 그때 수없이 많은 어리석은 과오를 저질렀고, 또 아직도 완전히 이해되지 않은 채 남아 있는 것들이 있지요. 혁명의 파열은 가능하다고 믿었던 것들을 이루기엔 우리 힘이 너무나 미약했음을 고지하면서 끝났을 뿐입니다. 예컨대 국가의 폐지는 실천하기에 너무 어려운 과제였죠. 특히 프랑스에서는 더욱 그랬고요…….

리클린 『나치의 신화』를 읽어 보면, 이 책은 두 부분으로 나뉘어 있다는 생각이 듭니다.[12] 그 첫번째 부분은 그리스인들과 그들에 대한 독일인들의 동일시를 둘러싸고 기술되어 있습니다. 두번째 부분은 나치의 신화 그 자체에 대한 해명으로서, 이는 다양한 전거들로 보충되어 있으며 그에 근거해 있기도 하죠. 첫번째 신화에서 동일시는 언어적 수준에서 발생하고 있으며, 두번째 신화는 민족의 유사 생물학적 개념, 즉 신비화된 '에너지'의 순환이라는 주제를 둘러싸고 구성되어 있습니다. 제겐 이러한 분리가 이론적으로 끝까지 밀어붙여져 사유되진 않았다는 인상이 들더군요. 가령 마치 이미 예전에 논의되었던 주제를 계속 이어붙인 양 '인종주의적' 문제의식이 갑자기 제기되고 있습니다만, 사실 그건 다시금 논증되어야 할 부분이란 생각이 들었거든요.

동일시에 관해서라면 맑스도 이미 이야기한 바 있습니다. 독일인들이 프랑스에서와 같은 혁명의 기회를 놓쳤을 때, 대신 그들은 철학의 영역에서 혁명과 유사한 효과를 반복하려 했었고, 이로써 실제로는 존재하지 않는 사태가 마치 사실처럼 발생한 듯 동일시를 행했다는 것이죠. 보상 개념의 초기 원고들 중에 나오는 논의입니다.

이제 제가 드리고 싶은 질문은 동일시 모델과 신화 사이의 간극에 대한 것입니다. 전자는 그리스인들의 사례를 들면서 논의되어 있고, 후자는

---

12) 『나치의 신화』가 두 부분으로 나뉠 수 있다는 리클린의 주장은 이 책에 내용상의 차이와 분기가 있다는 뜻이다. 실제로 『나치의 신화』는 「상황」, 「신화적 동일화」, 「나치 신화의 구축」의 세 개 장으로 나뉘어 있을 뿐이다.

'인종'과 '피' 따위들로 정당화되곤 하죠. 아무튼 이 간극이 근본적으로 메워질 수 있는 것일까요?

라쿠 - 라바르트 이 질문에는 그저 사실에 입각한 답변밖에 드릴 수가 없겠군요. 책의 첫번째 부분은 제가 쓴 글이고, 따라서 제 자신의 고유한 문제의식이었습니다.

리클린 네, 당신의 예전 글들을 읽어보았기에 당신의 필치를 알아볼 수 있었습니다. 가령 미메시스, 민족 미학, 헬레니즘—이는 모두 당신 특유의 어휘들이죠.

라쿠 - 라바르트 맞습니다. 여하간 많은 점에서 그 어휘들은 맑스에게로 거슬러 올라갈 수 있습니다. 예를 들어 『독일 이데올로기』[13]나 『브뤼메르 18일』[14] 등이 그렇죠. 돌아보건대 맑스의 이 저술들은 저로 하여금 많은 것들을 이해할 수 있게 해주었습니다. 스스로를 반복하는 역사는 희극적으로 나타날 수밖에 없다든가……. 뭐 하지만 중요한 점은 이게 아니라 역사에는 모방의 역할이 중요한 몫을 차지한다는 것입니다. 이것이 맑스의 심원한 직관이었죠.

실제로 누가 어느 부분을 썼느냐는 사실 외에, 중요한 이유를 꼽으

---

13) Karl Marx und Friedrich Engels, *Die deutsche Ideologie*, MEW Bd.3, S.5~530〔칼 맑스·프리드리히 엥겔스, 「독일 이데올로기」, 『칼 맑스·프리드리히 엥겔스 저작 선집 1』, 박종철출판사, 1991, 193~264쪽〕.

14) Karl Marx, *Der achtzehnte Brumaire des Louis Bonaparte*, MEW Bd.8, S.111~207〔칼 맑스·프리드리히 엥겔스, 「루이 보나빠르뜨의 브뤼메르 18일」, 『칼 맑스·프리드리히 엥겔스 저작 선집 2』, 박종철출판사, 1993, 287~393쪽〕.

라면, 저는 하이데거가 다져 놓은 지평 위에 제 질문을 던지고 작업했다는 점입니다. 낭시에게는 이런 부분이 없죠. 대신 낭시에게는 로젠베르크[15]의 『20세기의 신화』[16]가 나치의 신화라는 주제의 이론적 지평을 구성하고 있었습니다.

리클린 그 책은 『나의 투쟁』[17]과 더불어 민족 사회주의의 성전으로 떠받들어지지 않았습니까?

라쿠-라바르트 거의 성경 수준이었지만, 진정한 이론적 수준에 미치는 책은 아닙니다.

리클린 하여간 그 두 권의 책과 다른 유사한 글들로부터 우리는 신화의

---

15) 알프레트 로젠베르크(Alfred Rosenberg, 1893~1946). 에스토니아 태생의 나치즘 이론가이자 이데올로그. 모스크바 대학에서 공학 박사 학위를 취득했으나 혁명 후 반혁명을 지지했다가 독일로 망명, 나치당의 전신인 독일 노동자당에 입당했다. 히틀러의 신임을 얻어 그가 감옥에서 『나의 투쟁』을 집필하는 것을 도와주었으며, 1930년 나치즘에 대한 독자적인 이론적 성과물이라 알려진 『20세기의 신화』를 출판하기에 이른다. 이 저작으로 인해 로젠베르크는 공식적인 나치즘 이론가로 내외의 인정을 받게 되었으나, 기실 이 책은 하나의 이론서라기보다 허구적 망상으로 가득 찬 프로파간다에 불과하다는 게 정설이다. 가령 예의 게르만 민족의 우월성과 민족 간 위계, 독일 문화의 역사적 사명 등에 대해 장광설에 가까운 논변으로 무장한 이 책의 문화적 원천은 애니미즘이나 샤머니즘적 요소와 더불어 당대의 온갖 잡동사니 지식들로서, 로젠베르크가 그토록 강조했던 '혈통의 순수성'에 대한 '과학적' 이론과는 전혀 거리가 멀었던 것이다. 패망 전까지 근 100만 부가 판매될 정도로 인기를 누렸으나, 히틀러 자신이 비웃었듯 "실제로는 아무도 읽지 않는" 과대망상적 이론서로서 나치당 내부에서도 '독일 과학주의의 수치'로 간주되어 신랄한 비판을 받았다고 한다. 한편 로젠베르크 자신은 나치 범죄의 공모 혐의로 뉘른베르크 전범 재판에 회부되어 처형되었다.

16) Alfred Rosenberg, *Der Mythus des zwanzigsten Jahrhunderts*, München: Hoheneichen, 1930.

17) Adolf Hitler, *Mein Kampt*, München, 1925〔아돌프 히틀러, 『나의 투쟁』 상·하, 서석연 옮김, 범우사, 1999〕.

지위에 관한 의문을 제기할 수 있습니다. 그런 유類의 논의들에서 신화는 본질적으로 태곳적 시원으로부터 유래한 것으로 설정되어 있으며, 이로써 나치의 프로파간다에 영합하고 있거든요.

제 논지를 이해하시겠지요? 『나치의 신화』에 나오는 인종주의적 모티브에는 그것을 그리스적 문제의식과 연계시킬 수 있는 중요한 고리가 누락되어 있어요. 그래서 당신은 『무지카 픽타』[18]에서 그 연결 고리를 찾아야 했던 것입니다. 가령 그 책에는 마르틴 하이데거가 리하르트 바그너를 어떻게 읽고 있는지에 관해 분석한 장절이 있지 않습니까? 바그너가 발할라의 신들, 보탄, 오딘[19] 등과 원시 게르만적 신화소를 이념적 삶에 도입했다고 말한 부분 말입니다. 다시 말해, 바그너에 의한 낭만주의적 주제의 탈헬레니즘화는 먼저 니체에게, 그 다음엔 하이데거에게 영향을 미쳤다는 것입니다. 비단 그의 음악에만 국한시킬 수 없다는 거죠. 그의 총체 예술Gesamtkunstwerk 개념에는 순수한 감응적 요소가 작동하고 있으며, 많은 이들이 이러한 죄의 나락 속에서 영감의 원천을 발견해 왔던 것입니다.

라쿠 - 라바르트 거기에 대해서는 전적으로 동의합니다. 『나치의 신화』를 집필할 때 한 가지 불분명하게 남아 있던 점이 있었는데, 그게 지금에 와서야 비로소 명확해진 것이죠. 그래요, 모방을 통한 전유가 바로 그것입니다. 독일에서 모방을 통한 전유는 그리스 전통을 통해, 즉 전혀 다른 전

18) Philippe Lacoue-Labarthe, *Musica ficta: Figures de Wagner*, Paris: C. Bourgois, 1991.
19) 바그너의 『니벨룽의 반지』에 나오는 지명과 신의 이름들이다. 리하르트 바그너, 『니벨룽의 반지』, 강미선 옮김, 책과소리, 2005를 참조하라.

통인 디오니소스적 그리스를 통해서만 성취될 수 있었다는 말입니다. 이에 관해서는 제가 『정치의 허구』[20]에서 횔덜린Friedrich Hölderlin의 예를 분석하면서 설명했습니다만…….

리클린 ……그건 엘리트주의적 개념이 아니었나요?

라쿠 - 라바르트 그렇습니다. 극단적인 엘리트주의였죠. 바그너주의는 그런 엘리트주의적 스타일이나 전유 방식을 거부했던 것입니다. 제 개인적인 철학적 소양 탓인지 저는 별로 흥미를 못 느끼겠더군요. 아직 1970년대 말 즈음, 비교적 초기부터 저는 하이데거의 정치 철학에 관심을 갖기 시작했으며, 이런 의문을 던질 수 있게 되었습니다. 즉, 히틀러가 쓴 의미에서 인종주의자가 전혀 아니었던 하이데거가 도대체 어떤 연유로 민족사회주의자가 될 수 있었는가? 진정 흥미로운 질문이 아닐 수 없습니다.

리클린 그래서 어떻게 됐다는 겁니까? "Eine große Dummheit?"(그저 거대한 어리석음이었다는 말입니까?)

라쿠 - 라바르트 그렇습니다. 어마어마하게 거대한 바보짓을 저질렀죠? (웃음) ……그런 게 없었다고 말할 순 없겠군요. 그럼에도 불구하고 하이데거는 결코 나치의 '철학'을 공유할 수 없었습니다. 그는 여하한의 생물학적 결정주의에도 격렬하게 반대했거든요.

---

20) Philippe Lacoue-Labarthe, *La fiction du politique*, Paris: C. Bourgois, 1987.—지은이

리클린 그건 아마 당신도 이미 훌륭하게 지적했듯이 하이데거의 특수한 입장에서 확인할 수 있겠죠. 가령 독일인들을 단일한 가족적 집합체로 간주했다든가, 독일어의 철학적 고유성에 대한 의식 따위들 말입니다. 이런 입장들 중 어떤 것들은 헤겔에게까지 거슬러 올라갈 수 있는데, 이는 그가 『역사 철학』[21]의 서문에서 독일 민족이 고귀한 아테네 혈통을 타고 났다는 식으로 언급한 적이 있기 때문입니다. 아테네의 혈통에 이어진다는 말은 곧 엘레우시스 신화의 후계자일 수 있다는 뜻이겠죠. 바로 그렇게 독일 민족은 어떤 철학적 비전의 담지자가 되는 것이고, 그에 도달하는 특권적 통행증을 이미 갖고 있었다는 논리가 성립합니다. '중유럽 민족'에 대한 하이데거의 사유도 동일한 맥락에서 읽을 수 있는데, 그에 따르면 중유럽인은 유럽의 정신적 통합을 위해 복무할 사명을 띠고 있으며, 그로써 타 민족의 질시를 살 수밖에 없는 것입니다. 이렇듯 하이데거에게 형이상학의 역사는 독일사의 흐름에 위험스럽도록 가까이 물길을 대고 있으며, 거기서 자기 자리topos를 찾으려 했던 것입니다. 그가 니체와 바그너의 논쟁을 '우리 역사의 전환점'이라 불렀던 것도 결코 우연이 아니었던 셈이죠.

철학적 언어의 창조물이라 할 수 있는 독일 민족이, 설령 그게 나치의 프로파간다에 의해 고취된 열정에 불과하다 할지라도, 일단 극단적 상황으로 치닫게 되자 하이데거 역시 그 상황 자체에 의해 감염될 수밖에 없었습니다. 그가 다른 독일인들에 비해 조금 더 일찍 깨어나긴 했지만, 그

---

21) Georg Wilhelm Friedrich Hegel, *Vorlesungen zur Philosophie der Geschichte*, Werke Bd.12, Frankfurt a.M.: Suhrkamp, [5]1996〔게오르크 빌헬름 프리드리히 헤겔, 『역사 철학 강의』, 김종호 옮김, 삼성출판사, 1993〕.

래도 나치에 대한 그의 도취의 이면에는 보다 깊은 사정이 도사리고 있던 것이죠. 독일 전통에 대한 그의 태도에는 어떤 근친상간적인 측면이 있었다고나 할까요…….

라쿠-라바르트 글쎄요, 여기서 근친상간을 이야기하는 게 온당할는지……. 차라리 흡사 동족혼적 관계 같은 게 있었다고 보는 게 낫지 않을까요?

리클린 바로 그래서 하이데거의 가장 양심적인 연구자들조차도, 설령 그들이 최대한의 세심함을 발휘하며 그의 텍스트들을 읽는다 할지라도, 어떤 씁쓸한 느낌을 피해 갈 수 없다는 것입니다. 가장 본질적인 부분들은 차치하더라도, 그들의 시선을 벗어나는 어떤 부분이 늘 존재하며, 이해 불가능하게 남아 있는 부분이 있더라는 말이죠. 하이데거 텍스트에 존재하는 신비주의적인 계기들은 절대에 대해 헌신할 것을 호소하고 있고, 이는 곧 나치에 대한 하이데거의 공감을 가능케 했던 것이기도 합니다. 실상 나치즘은 훨씬 더 저열한 모습을 띠고 나타났지만 말이죠.

라쿠-라바르트 네, 하이데거가 나치의 슬로건들 중 몇 가지만을 취했던 게 사실이지만, 그래도 그는 언제나 그것들을 자기 철학 내부로 적용하려 했답니다. 그건 이미 민족 사회주의적 클리셰라 부를 수 없는 것이었지만, 결국 동일한 의미장 속에 배치되고 말았죠. 근친상간이라는 말로 무얼 말씀하고 싶으신지 모르겠으나, 제가 '동족혼적'이라고 지칭하는 바는 정확히 아도르노가 하이데거에 관해 적용하고자 했던 그 맥락을 가리키는 것입니다.

리클린 아마도 '근친상간적'이란 표현이 여기서 별로 적절하지 않을 수도 있겠습니다. 제 말의 요지는, 하이데거의 철학에는 여타의 언어로는 번역될 수 없고 옮겨 놓을 수도 없는 본질적인 무언가가 있다는 데 있습니다.

라쿠 - 라바르트 근친상간이란 표현은 너무나도 바그너적인 데다가 지크문트를 떠올리게 해서 말이죠.[22)]

리클린 다음 질문은 나치즘과 비합리주의에 관한 것입니다. 당신은 나치즘은 결코 비합리주의가 아니며, 오히려 스스로의 논리를 갖고 있다고 확신하고 있죠. 프로이트나 레비-스트로스 등은 비합리주의가 논리적인 것과 명확히 구별될 수 없다고 역설한 바 있습니다. 그들에 따르면 비합리적인 동시에 논리적인 게 양립 가능한 일이기도 합니다.

어쩌면 당신은 한 발 더 나가고 싶어 하는 것일지도 모르겠군요. 이를테면 나치의 논리는 주체를 사유하던 전통적 방식과 결부된 형이상학적 합리성의 특수한 형태였다는 식으로요. 그 점에는 전적으로 동의합니다만, 여하간 그런 식의 설명에도 역시 한계가 없진 않습니다. 요컨대 당신들 책의 첫번째 부분, 즉 논증의 '아폴론적 기원'에는 맞아떨어지지만, 동시에 두번째 부분, 즉 게르만 민족의 인종주의적 신화에 깃든 몽매주의와는 부합하지 않는다는 말입니다.

라쿠 - 라바르트 피에 관한 신화가 몽매주의에 불과하다는 점에는 동의합니다. 하지만 그게 비합리주의는 아니라고 말하려면, 나치즘은 사회 정치

---

22) 바그너의 『니벨룽의 반지』에 나오는 지크문트와 지클린데의 근친애를 두고 한 말이다.

적 병리 현상 이외엔 아무것도 아니었다는 주장 역시 기각되어야 하는 것입니다.

리클린 하지만 어떤 사회가 정상과 병리의 경계를 설정하고, 나와 타자를 나누는 경계선을 긋고 있을 때, 사회적 병리 현상의 발생을 논하는 것도 대체로 가능하지 않겠습니까? 심지어 스탈린 같은 독재자들이 보여 주었던 정신 병리적 증상들은 자기 시대의 정상과 병리를 나누는 경계선을 설정하는 데 기준이 되기도 했으니까요. 그런 사회에서는 대개 트라우마를 어떤 특수한 성격 장애 같은 것으로 치부해 버림으로써 오히려 그것을 감내할 만하게 만들어 버리곤 합니다. 즉 트라우마를 사회의 다른 구성원들과 함께 공유할 만하게 바꿔 놓는 것이죠.

라쿠 - 라바르트 그런 예는 민족 사회주의의 역사에서도 찾아볼 수 있습니다. 비록 영국과 프랑스의 연구자들이 거의 전적으로 무시해 버리고는 있으나, 트라우마의 처리 방식은 나치즘의 역사에서 실제로 문제시되었던 일이고, 또 그래서 전적으로 현실적인 무게를 갖는 것이었습니다. 1920～1930년대의 독일에서 그것은 그냥 범상한 상처였다기보다는 활짝 벌려져 파헤쳐진 상처였으니까요.

리클린 러시아의 1920～1950년대가 바로 그랬습니다.

라쿠 - 라바르트 그렇습니다. 하지만 러시아에서는 어떤 좀 다른 의미를 갖는, 아마도 훨씬 더 위험스러웠을 상처였겠죠. 나치당에 의해 양성된 지식인들은 전혀 비합리적인 집단이 아니었습니다. 외국 연구자들은 근본적으로 그 시대를 망상의 절정기 정도로 치부하고 있지만, 실상 그 시대는 망상만으로 가득한 그런 때가 아니었습니다. 그보다는 차라리, 나치 시대는 19세기 스타일에 따라 과학적 체계의 형식들이 잘 갖추어져 있던 시기였다고 할 수 있죠.

나치 체제가 어떤 결과를 빚고 말았는지 우리는 잘 알기 때문에, 그 체제의 기반을 완전히 괴상망측한 것이었다고 추론하곤 합니다만, 기실 그런 관점은 그 당시의 가장 위대한 지식인들을 고려해 봤을 때 그다지 온당하다 말할 수 없습니다. 가령 나치즘은 다윈이나 맑스도 어느 정도 공유하고 있던 토대로부터 싹텄으니까요. 다만 그것은 19세기에 비해 저열화된 형태로 드러났을 따름입니다. 즉, 개인적 차원에서 성립했던 논리 체계가 집단적 차원으로 이전되고 적용되었을 때, 불가피하게 질적 저하에 직면했던 것이죠.

하지만 그래도 그것이 과학적 형식을 갖춘 논리 체계였음은 부정할 수 없는 일입니다. 만일 그 논리를 단순히 비합리주의라고 치부해 버린다면, 나치즘에 대해 완전히 잘못 이해하고 있는 것입니다. 민족 사회주의는 하이데거 자신이 규정하였던 바로서 하나의 형이상학적 구도 위에 세워진 이데올로기였음을 저나 낭시나 확신하고 있습니다. 인간의 본질과 현존재의 특수성, 현존의 문제 등을 다룬 논의에서 이런 사실들을 분명히 확인해 볼 수 있죠.

리클린 아무튼 대중의 지위에 관한 질문은 모든 면에서 여전히 열린 채 남아 있는 셈이군요. 제가 보기에 책의 두번째 부분에 대중에 대한 호소가 분명히 나타나는데, 바로 이 점이 이 책이 두 개로 나뉘어 있다는 하나의 증거가 되지 않겠습니까?

후안무치하게 잘도 떠들던 나치의 선동가들은 정치한 이론에 대한 요구를 곧잘 무시하곤 했습니다. 그들 눈에 이론 따위는 무감동한 추상과 다르지 않았기에 거기에 대놓고 침을 뱉곤 했죠. 사실 괴벨스나 로젠베르크, 히틀러 같은 이들은 독일인이 언어적 차원에서 그리스인들과와 친화성을 갖는다는 주장 등에 전혀 흥미를 보이지 않았습니다. 바그너적 신화에도 무관심하기는 마찬가지였죠. 그들이 원했던 것은 오로지 트라우마에 짓눌렸던 대중의 각성된 에너지를 자기들의 목적에 알맞게 이용하는 데 있었던 것입니다.

이런 사정은 스탈린주의에서도 다르지 않았습니다. 가령 시골에서 도시로 수천만 명이 대이동을 시작했을 때 이념적 문제는 극도로 미미한 정도로만 작동할 수밖에 없었습니다. 엄청난 농촌 인구가 도시로 밀려들자 오직 테러만이 불가피한 해결 방식으로 남게 된 것이죠. 새로운 대중 통제 수단으로서 테러는 도시 생활에 잘 적응하지 못한 대중들을 다시금 도시로부터 쫓아 버릴 수 있는 효과적인 수단이 되었습니다. 이런 상황에서 소위 이론이 실천적 차원에서 맡을 역할은 전무했던 셈이죠.[23)]

라쿠-라바르트 음, 어떻게 대답해야 좋을까요. 나치즘이 대중을 선동하기 위해서는 독일의 전통에 각별히 매달릴 수밖에 없었습니다. 기실 나치

---

23) 스탈린의 '대테러'의 배경에 관해 언급하는 것이다. 공업화와 집단화를 추구하던 스탈린은 1차 5개년 계획(1928~1932)을 통해 공업 현대화 및 농업 집단화에 착수했으며, 그 결과 1930년대 초엔 900~2,500만의 농촌 인구가 도시로 몰려들었다. 아직 현대화의 기반이 부족했던 스탈린 정권에게 새로운 유입 인구의 도시 빈민화와 생존 문제는 신생 사회주의의 목을 졸라맬 수도 있는 큰 문젯거리로 대두된다. 1934년 측근이던 키로프(Sergei Kirov)의 암살을 계기로 시작된 대테러를 이와 같은 인구 문제 해결책의 일환으로 해석하는 경우도 없지 않다. 대테러의 결과 소비에트 사회의 인구 배치가 완전히 다른 식으로 뒤바뀌었기 때문이다.

즘엔 그리스로 거슬러 올라갈 만한 전통이랄 게 아무것도 없었거든요. 사실 그리스적인 유산에 대해서는 일체 경멸감을 표했죠. 따라서 저는 바로 이런 점들이야말로 하이데거로 하여금 1934년 프라이부르크 대학 총장 자리를 사임하도록 만들었던 이유였다고 확신합니다. 하이데거는 독일과 그리스의 깊은 유대에 바탕을 둔 담론들, 곧 헤겔과 셸링, 니체와 횔덜린의 계승자였기 때문이죠…….

리클린 그와 동시에 니체의 유산에 대한 하이데거의 결산 작업이 시작되었죠…….

라쿠 - 라바르트 그렇습니다. 니체에 대한 결산, 횔덜린으로의 회귀……. 하이데거가 몰두했던 문제의식은 그 시대에 다른 사람들이 가졌던 것들과는 아무런 공통점이 없었죠. 로젠베르크의 스타일에 관해서도, 만약 그와 관련해서 비교할 만한 전통을 내세울 수 있다면 가능하다고 봅니다.

리클린 하지만 그런 전통은 기각될 텐데요.

라쿠 - 라바르트 한편으로는 기각되면서, 한편으로는 수용되죠. 가령 스탈린 체제가 가능했던 이유는 맑스가 있었기 때문이지만, 그와 동시에 결과적으로 맑스가 기각되었기 때문에 스탈린 체제가 가능했던 겁니다.

리클린 실제로 스탈린 집권기에 맑스의 텍스트들이 수행했던 역할에 관해서는 별반 연구된 바가 없습니다. 러시아에서도 이런 주제는 최근에야 논의되기 시작했기 때문에 아직 그 결과를 기다리는 중이랍니다.

'민중적'völkisch[24)]이란 개념에 대해 이야기하자면, 한편으로 그것은 지식인들이 부단히 되돌아가는 반성적 구조의 일부분이라 하겠습니다. 하지만 다른 한편으로 그것은 지식인의 사유로부터 자꾸만 빠져나가는, 어떤 자족적인 형태의 해방을 지향하는 힘이기도 합니다. 민중은 극단적인 디오니소스주의보다도 더욱 이해 불가능한 힘이니까요. 민중은 결국 대중mass이 될 것입니다.

라쿠-라바르트 하지만 그때 민중은 이미 민중이 아니라 벌써 대중일 텐데요.

리클린 민중이 되기 위해서 민중은 때로 대단히 강렬하게 대중으로의 자기 생성 과정을 거쳐야 할 것입니다. 당신에게 이런 변형 과정은 분명 주체의 형이상학 논리와 별반 다르지 않아 보일 것이겠지만, 제가 말하는 주체가 집합적이며 비非반성적인, 아마도 심지어는 반성적 전유 과정에 복속되지도 않는 주체란 사실을 아셔야 합니다. 사실 이런 주체는 '폭력'을 통해 탄생하는 것이며, 따라서 철학은 언제나 믿을 수 없을 정도로 폭력과 긴밀히 결부되어 있다는 말이죠. 철학은 폭력을 회피하고자, 폭력과 일정한 거리를 유지하고자 노력하는 가운데 사유의 도정에 들어서기 때

---

24) 독일어 원어로 표기된 'völkisch'는 대개 '민족적'이란 말로 옮겨지며, '민족'이 앞선 논의와도 상관되지만, 리클린의 이어지는 논변에서 러시아어 'народ'(narod)로 번역된 점에 비추어 '민중'으로 옮겨 보았다. 러시아어로 'народ'는 '민족'보다 넓은/다른 의미로 사용되며, 리클린이 자주 언급하는 바흐친의 저작에서 주요 개념으로 등장하는데, 그때는 이미 사회학적 '계급'이나 '계층', '집단'의 범주를 훨씬 넘어서 있다. 옮긴이와의 인터뷰에서 리클린은 이 '민중' 개념을 네그리와 하트의 '다중'(multitude)과 연관시켜 이해할 수 있다고 확인해 주었다. 그러므로 본문에서 지시된 '대중'(mass)은 '다중'으로 읽어도 무관하겠다.

문입니다.

그러나 폭력이 사유의 가장 유력한 원동력으로 등장하며, 폭력으로부터 회피하거나 벗어나려는 시도가 불가능한 그런 시대가 있게 마련입니다. 그런 시대는 또한 대중이 인식론적으로 승리하는 시대이기도 하지요. 이때 이념은 극도로 혼돈스럽고 종종 갈피를 잡을 수 없을뿐더러 이질적인 것들로 가득 차 있으니까요. 가령 스탈린주의는 맑스나 레닌의 사상에 의지했을 뿐만 아니라 푸슈킨[25]에게 호소하기도 했습니다. 푸슈킨의 이름을 걸고 다른 시인들이 매장되거나 칭송받기도 했기에 하는 말입니다. 벨린스키[26]나 체르니셰프스키[27]의 경우도 사정은 다르지 않았죠. 그것은 말 그대로 순수한 전유 과정이었고, 어떤 구체적인 증거도 필요 없

---

25) 알렉산드르 푸슈킨(Aleksandr Pushkin, 1799~1837). 러시아 근대 문학의 선구자로 추앙받는 민족 시인, 작가. 러시아 근대 문학어의 토대를 놓았다고 평가되며, 종종 괴테와 셰익스피어의 문학사적 지위에 비견된다. 도스토예프스키나 투르게네프(Ivan Turgenev) 등도 러시아 근대 문학의 근원으로 상찬해 마지않았으나, 20세기 초 아방가르드 문학에서는 현재 문학의 발전을 짓누르는 과거의 영예란 (다소 과장된) 비난도 받았다. 새로운 문학을 시작하기에는 너무나도 찬란한 과거의 유산이었기 때문이다. 하지만 스탈린의 일국 사회주의론이 대(大)러시아주의, 조국 러시아의 영광된 과거를 찬미하는 '기념비주의'를 지향하게 되자 위대한 문학적 과거의 복권이란 기치에서 푸슈킨에 대한 새로운 우상숭배가 시작되었다.

26) 비사리온 벨린스키(Vissarion Belinskii, 1811~1848). 19세기 전반 러시아 최고의 문학 비평가. 친구 바쿠닌(Mikhail Bakunin)을 통해 헤겔 철학의 강력한 영향을 받았으며, 푸슈킨 시학의 본질을 보편(세계사)과 특수(러시아사)의 종합이란 측면에서 해명했다. 나중에는 개인의 창조적 본성과 자유를 주창하며 반(反)헤겔주의로 급격히 선회하는 동시에 포이어바흐에 열광했다. 갑작스레 사망함으로써 사상적 전환의 구체적 상을 제시하지는 못했으나 소비에트 문학사는 벨린스키를 사회주의 문학 비평의 비조로 숭앙하는 데 망설이지 않았다.

27) 니콜라이 체르니셰프스키(Nikolay Chernyshevsky, 1828~1889). 러시아의 유물론적 문학 비평가, 소설가, 미학자 및 경제 사상가. 19세기 전반의 러시아 지식인들과는 달리 초기부터 헤겔주의에 강한 혐오감을 품어 왔으며, 유물론과 공리주의로 무장하고 문필 활동을 했다. 1855년 「현실에 대한 예술의 미학적 관계」란 논문을 통해 일약 유물론적 미학자로 이름을 떨쳤으며, 1863년엔 소설 『무엇을 할 것인가』를 써서 사회주의적 삶의 미래에 대한 비전을 제시했다. 문학·철학·사회·경제 등에 대해 급진적 관점에서 많은 글을 썼고, 그로 인해 1864년부터 유형에 처해졌다. 1889년 귀향과 동시에 유명을 달리했다.

는 사실이었습니다.

히틀러는 대중을 조종하기 위해 어떻게 이념들을 혼돈 상태에 빠뜨려야 하는지를 너무나 잘 알고 있었습니다. 오직 이런 점들이 그를 '엘리트'로 보이게 만들었던 것이죠.

라쿠-라바르트 논리의 붕괴가 전술적으로 어떻게 먹혀 들어가는지에 대해서는 동의하겠습니다. 히틀러는 바그너로부터 괴물적인 키치kitsch에 도달했던 셈이지요. 하지만 그런 설명은 아마도 전술적 차원 이상의 설명은 아닐 것입니다. 근본적으로 그는 완전히 논리적인 인물이었을 뿐만 아니라 낭만적 의미에서 민중과 대중 사이의 간극을 어떻게든 채우려고 애썼던 인물이었거든요. 그에게는 민족으로서의 독일, 즉 역사적 주체로서의 독일이라는 프로젝트가 있었고, 이 역시 명백한 사실입니다.

리클린 하지만 그 역사적 주체라는 것이 전혀 반성적인 형식을 띠진 않았거든요. 철학에서 말하는 주체는 그와는 상당히 다를 수밖에 없죠. 반성적 주체와 주체로서의 국가 사이에 놓인 차이는 실로 거대한 것입니다. '비고전적'이라는 단어는 그 차이를 훌륭하게 표현하고 있죠. 가장 나쁜 폭력의 과잉은 바로 이 '비고전적' 주체의 합리성으로부터 나오는 것입니다.

라쿠-라바르트 반성적 주체로서 '형이상학적' 주체와 좀 거칠게 말해 (횔덜린과 니체가 구별되는) 권력에의 의지로서 '가능한' 주체 사이에는 반성성이 상실되는 지점이 있으며, 그 빈자리를 메우기 위해 나치들이 공공연하게 권력에의 의지를 이용했다고 말할 수 있겠죠. 물론 나치가 니체로부터 이 개념을 곧장 차용했으리라 생각지는 않습니다만……. 니체의 경우는 상당히 복합적으로 따져 봐야 할 일입니다.

리클린 엘리자베트 푀르스터-니체[28]나 보이믈러[29] 같은 이들이 니체를 철학적 소화 불량에 빠지게 만들었죠. 뭐 그 덕에 니체는 아주 간편히 때울 수 있게 됐다고나 할까요? 이를테면 병사용 포켓판 니체 선집이 나오기도 했으니까요.

라쿠 - 라바르트 횔덜린의 운명도 니체와 비슷한 행로를 밟았습니다만, 똑같은 효과를 보지는 못했죠. 나치가 니체를 체계적으로 이용해 먹었다는 이유로 그를 비난할 마음은 없습니다. 바그너와 결별했던 후기 니체는 스스로를 프랑스인, 볼테르주의자라고 불렀는데, 그를 사로잡았던 생각은 독일적인 것에 대한 분노, 즉 반유대주의를 자신은 결코 참을 수 없다는 것이었습니다. 니체를 나치 철학자로 만드는 과정에서 이 모든 점들은 무시되고 제거되었답니다.

리클린 이제 공동체의 역할에 관한 질문으로 넘어가겠습니다. 억압적인 통치 체제에서 세계관Weltanschanuung이란 상대적으로 종속적인 기능을 담당하곤 합니다. 가령 히틀러와 스탈린 사이에 불가침조약이 맺어지자마

---

28) 엘리자베트 푀르스터-니체(Therese Elisabeth Alexandra Förster-Nietzsche, 1846~1935). 니체의 여동생으로 니체 사후 그의 재산을 관리하고 '니체 아키이브'를 설립했다. 니체의 유고를 정리하고 펴내는 일에 종사했으나, 그녀가 편집한 유고집의 많은 부분이 나치의 국가 사회주의적 해석에 경도되게 만든 책임이 있다고 비판받았다.

29) 알프레트 보이믈러(Alfred Bäumler, 1887~1968). 나치의 대표적인 국가주의 철학자. 『니체. 철학자와 정치가』(1931)에서 힘에의 의지를 형이상학적 의지로 규정짓고, 힘-의지의 표현이 곧 정의이며, 따라서 약자에 대한 강자의 지배권과 무력 사용이 정당하다고 역설했다.

자 소비에트 연방에서는 비스마르크의 저작들이 출간되었고 바그너가 찬양되기 시작했죠. 또 독일에 대해서도 그전과는 사뭇 다른 어조의 글들이 쓰여지기 시작했습니다. 상호 모방과 매혹이 그전에도 계속되고 있었지만요.

라쿠 - 라바르트 여하한의 양심의 가책도 못 느끼던 극단적 실용주의자들에게 표면적인 비일관성 따위는 자신들의 논리를 확고히 구축하는 데 아무 방해도 되지 않았습니다. 그들이 내세웠던 논리라는 것은 철두철미한 자기 일관성 같은 것과 완전히 무관했거든요. 저는 그들의 논리가 어떤 대단한 사상을 낳았다고 생각진 않습니다. 다만 철학적이란 표제하에 어떤 자기 근거 같은 것들을 쌓았던 것이죠. 당신 지적도 틀리진 않으나, 세계관을 지배하는 것은 매우 특수한 일관성이며, 그로 인해 이데올로기는 근 10여 년 넘게 작동할 수 있었던 겁니다.

최근 프랑스에서는 그 비슷한 것들을 재건하려는 움직임이 나타나고 있습니다. 텔레비전에서 떠들어 대는 것 말고, 르펜의 문화와 사회 정책, 대학 교육에 관한 프로그램들을 유심히 읽어 보노라면, 완전히 일관된 파시스트 이데올로기가 구축되고 있음을 금세 알 것입니다. 물론 지금 이게 나치적인 대중 운동의 형태를 띠는 것은 아니어도, 아무튼 르펜의 프로그램은 그와 상당히 유사해 보이는 게 사실입니다.

단적으로 말해, 저는 역사가의 과제는 역사적으로 등장했던 대중 운동들에서 지금껏 의식되지 않았던 철학적 배경을 발견함으로써 그것들이 왜 환멸에 빠지고 실패하게 되었는가를 규명하는 데 있다고 생각합니다. 물론 모든 것을 죄다 설명할 수는 없겠죠. 하지만 그렇다고 나치즘 체제가 아무 문제없이 작동했다고 단언할 수는 없을 것입니다. 다시 말해 전술적이고 정치적인 고려에 따라 내부 논리를 조정해 갈 필요가 있던 것이죠. 무엇보다도 먼저 우리는 1945년 이래로 상정되었던 나치에 대한 평가, 즉 그들은 방언 같은 말들을 지껄이던 미치광이들에 불과했다는 관점에 저항해야만 할 것입니다. 당시 프랑스에서 널리 확산되었던 그런 관점에 대해 이젠 이렇게 말해야 합니다. "아니다, 전혀 그렇지 않았다!"

리클린 형이상학의 전통은 언제나 대중에 대해 미심쩍은 태도를 취해 왔다는 생각이 들지 않습니까? 이성을 통해 대중을 이해하려 애써 왔고 또 지금도 그런 형편이지만, 실상 모든 것을 규정지었던 것은 바로 대중이었고, 그것도 가장 '숭고한' 영역에서 그랬단 말입니다. 누가 그들을 이끌어 가는지는 별로 중요하지 않아요.

아마도 발터 벤야민은 대중 현상의 본질적 측면들을 분석하고 지각했던 소수의 지식인들 가운데 하나였을 것입니다. 대중 현상을 공간적 차원에 연계시키면서 부랑자나 샌드위치 행상과 같은 일련의 인물상들figures을 자기 분석 과정에 도입했으나, 그들은 우리 예상과는 달리 고유명사를 지닌 개인들로 환원되지 않는 존재들입니다. 말하자면 벤야민의 과제는 개인들이 나타내는 비개인적 차원의 규명에 있었고, 그런 의미에서 일종의 해체적 작업을 예고했던 셈이지요. 저나 제 동료들은 벤야민이 모스크바 체류 기간 동안 어떻게 자기 생각을 구체화해 갔는지,[30] 그럼으로써 아직까지도 현실성을 지닌 방향 지표를 마련했는지를 규명하고 있답니다.

30) 벤야민은 1926년 12월 6일부터 1927년 2월 1일까지 모스크바에 체류한 바 있고, 이 기간 중 쓴 일기가 1980년 독일어로 처음 출간되었다. Walter Benjamin, *Moskauer Tagebuch*, Frankfurt a.M.: Suhrkamp, 1980. 1997년에는 러시아어로, 2005년에는 한국어로도 출간되었다. 발터 벤야민, 『발터 벤야민의 모스크바 일기』, 김남시 옮김, 그린비, 2005.

벤야민에 관해서는 어떤 입장을 갖고 있습니까? 당신의 작업에 그가 어떤 영향을 끼쳤습니까?

라쿠 - 라바르트 그의 텍스트들을 많이 읽어 봤고, 또 그에 기반해서 작업하기도 했습니다. 그래서 내린 결론은 어쩌면 벤야민은 하이데거보다도 더욱 중요한 위치에 있을 수 있다는 것이죠.

리클린 당신의 입장으로 미루어 볼 때, 상당한 칭찬처럼 들리는데요.

라쿠 - 라바르트 그래도 제 솔직한 심정은 하이데거에게 더 기울어 있습니다. 그는 특별한 철학적 힘을 지니고 있고, 그가 질문을 던지는 방식에 저는 대체로 동의하는 편이니까요.

리클린 20세기에는 상당히 중요한 인물들이 포진해 있었습니다. 후설이나 비트겐슈타인, 들뢰즈, 데리다 등이 그들이죠. 그들의 사유가 보여 준 깊이는 철학사적 기억 속에 각별히 남을 만할 일입니다.

라쿠 - 라바르트 저로서는 그 목록에 베르그손을 보태보고 싶군요.

하지만 벤야민에게로 되돌아가 봅시다. 그의 연구들은 제게 예외적인 생산성을 낳았습니다. 기실 그는 하이데거와 동일한 문제의식 및 전통적 기반 위에서 자기 사상을 발전시켜 나갔으니까요. 하지만 벤야민에게는 하이데거에게서 찾아볼 수 없는 치밀함과 깊이가 느껴집니다. 아무튼 많은 외적 차이들에도 불구하고, 이 두 사람은 많은 점에서 교차하고 있다고 말하고 싶군요. 올해 저는 벤야민이 생시에는 출간되지 않았던 텍스트들 가운데 하나[31]를 갖고 작업할 일이 있었습니다.[32] 1915년에, 그러니까 그가 스물세 살 때 썼던 글이었는데, 하이데거가 나중에 이야기했던 모든 것들을 앞서면서 또 보충한다고 할 만한, 그런 내용으로 빛나는 텍스트였습니다. 살아생전에는 알려지지 않은 채 버려졌으나, 이미 다른 모든 것들에 앞서 쓰여진 대단한 글이었죠.

리클린 하이데거가 끌어들여 사용했던 수많은 신조어들을 두고 볼 때, 그는 철학적 언어에 있어 가장 탁월했던 발군의 장인이 아니었나 싶습니다. 이는 당신이 그의 '관점들'에 동의하든 안 하든 형이상학의 경계를 넘어설 수 있다고 생각하든 안 하든, 완전히 별개의 문제겠죠. 하이데거의 저작들이 보여 주는 엄청난 지적 노고들을 인정하지 않을 수 없다는 게 이 바닥의 중평이니까요.

마치 들뢰즈가 그랬듯이 하이데거를 매우 드물게 인용하며 작업할 수는 있어도, 최소한 철학 교육이라는 제도적 차원에서는 어떤 철학자라도 그가 이룬 업적을 평가하지 않고 그냥 지나칠 수는 없는 일입니다. 하이데거를 빼놓고는 횔덜린이나 니체, 헤라클레이토스 등을 다루는 철학사 강의를 진행할 수조차 없겠죠. 그런 점에서 하이데거는 자신의 스승인 후설을 이미 능가하고 있습니다. 눈에 잘 보이지도 않았던 철학사의 전통을 통찰하는 독창성이란 면에서도 저는 하이데거를 오직 헤겔이나 니체,

---

31) 「독일 낭만주의에서의 예술 비평」을 말한다. Walter Benjamin, "Der Begriff der Kunstkritik in der deutschen Romantik", *Gesammelte Schriften* I,1, Frankfurt a.M.: Suhrkamp, 1974, S.7~122〔발터 벤야민, 박설호 옮김, 「독일 낭만주의에서 예술 비평의 개념」, 『베를린의 유년 시절』, 솔, 1992〕.

32) Philippe Lacoue-Labarthe, "Introduction to Benjamin's 'The Concept of Criticism in German Romanticism'", *Studies in Romanticism* 31, 1992, pp.421~432.

데리다 그리고 들뢰즈 정도와만 비교할 수 있다고 보는데요. 저는 실상 그와 공유하는 '관점들'이 거의 전혀 없습니다만, 그런 '관점들'을 통해 그가 많은 것들을 가르쳐 주었던 게 사실입니다. 특히 우리의 사유 스타일, 무엇보다도 글쓰기의 스타일이라는 점에서 그가 일으킨 많은 변화를 인정해야겠죠. 바로 그렇습니다. 아마도 하이데거는 철학의 교사로서 진정 특별한 재능을 타고난 사람이었다고 말해야 옳습니다.

라쿠-라바르트 그 점은 전적으로 동의하는 바입니다. 벤야민은 하이데거적 의미에서는 전혀 사상가라고도 부르기 힘들겠죠. 벤야민이 제게 아주 아주 중요한 역할을 했노라고 말할 때는 그런 의미로 그렇게 이야기한 게 아니었습니다. 그보다는 차라리 벤야민에게는 어떤 다른 특별함이 있노라고 말씀 드리고 싶군요. 즉, 비록 하이데거라면 별반 큰 의미를 부여하지 않았을 테지만, 제 경우엔 모든 것들을 재평가하고 다시 음미해야 할 때 반드시 요구되는 치밀함이 바로 그것입니다. 벤야민은 자기 작업에서 실로 놀랄 만한 치밀함을 보여 주었던 사람이었죠.

리클린 하이데거가 대단히 예민한 귀를 가졌으되, 그의 눈은 별로 신통치 않았다는 말씀을 하려는 건가요? 반 고흐의 유명한 장화 그림에 관해 아이러니를 섞어 가며 쓴 어느 글[33]에서 데리다는 하이데거의 관점이 완전히 글러먹었다는 식으로 말하기도 했습니다. 아무튼 사물에 대한 치밀한 시선이란 점에서 벤야민에 비할 만한 사람이 없다는 건 사실일 겁니다.

---

33) Jacques Derrida, *La vérité en peinture*, Paris: Flammarion, 1978〔자크 데리다, 『회화에서의 진리』〕..

원래 주제로 되돌아가서 피와 인종 따위라든지, 그것들이 대중에 끼치는 영향 등에 관해 이야기를 계속해 보죠. 그런 것들은 어쩌면 억압된 것의 귀환, 대중이 아직 갖지 못한 것에 대한 병적인 태도, 혹은 존재하지 않는 것에 대한 열정적인 숭배 같은 것은 아닐까요? 아직 미처 쓰여지지 않은 역사, 그러나 본질적으로 결코 쓰여질 수 없는 역사, 즉 이성의 수준에는 절대 도달할 수 없는 그런 역사라는 게 있지 않겠습니까? 따라서 로젠베르크 같은 인종주의 이론가가 허무맹랑한 망상에 가득 차 있던 것도 무리는 아니었겠습니다만…….

라쿠 - 라바르트 로젠베르크에 대해서라면 완전히 동감입니다. 하지만 클라게스[34]나 괴벨스, 보이믈러, 크리크[35]를 두고 말한다면, 그렇지 않다고 봐야 할 것입니다. 그들은 발군의 이론가들은 아니었으나, 일정한 토대에 기반하여 활동했으며, 그래서 심지어 크리크 같은 자는 신화나 로고스에 대한 하이데거의 입장을 비판하기도 했으니까요. ■

---

34) 루트비히 클라게스(Ludwig Klages, 1872~1956). 독일의 심리학자, 철학자.

35) 에른스트 크리크(Ernst Krieck, 1882~1947). 나치 독일의 작가, 대학교수. 보이믈러와 함께 민족/국가 사회주의적 교육 과정을 형성하는 데 기여했다.

6 Jean-Luc Nancy

참을 수 없는 표상/재현 불가능성: 장-뤽 낭시와의 대담

장-뤽 낭시와의 대담

대담 일시: 1992년 3월 28일
대담 장소: 프랑스 스트라스부르 샤를르그라 거리

리클린 제가 『나치의 신화』[1]나 『함께 나타나기』[2]를 읽었을 때 떠올린 첫 질문은 "재현의 형식으로서 이미지figure란 도대체 무엇인가?"라는 것입니다. 『나치의 신화』 서문에서 당신들은 일반화된 표상/재현 불가능성이 곧 민주주의를 가리킨다는 사실은 전혀 견딜 만한 상황이 아닐 것이라고 썼더군요. 하지만 당신들이 '신화'라고 지칭하는, 그 전적인 대립물이 그렇다고 더 견딜 만하게 여겨지지도 않습니다. 이 양극단을 대신하여 당신들이 상정하는 '이미지'란 신화적인 것은 아니되 표상할 수는 있는, 그런 것이 아닌가 싶은데요.

낭시 제가 '이미지'라고 부르는 것이 대체 무엇이냐는 질문을 저 자신에게 종종 던져 보곤 하죠. 안토니오 네그리가 주관하는 잡지 『전미래』Le Futur Antérieur의 다음 호가 곧 나올 예정인데, 마침 그 표제 논문으로 이 주제에 관련된 글을 하나 쓰는 중입니다.

---

1) Jean-Luc Nancy et Philippe Lacoue-Labarthe, *Le mythe nazi*, Marseille: L'aube, 1991.
2) Jean-Christophe Bailly et Jean-Luc Nancy, *La comparution*, Paris: C. Bourgois, 1991.

한편으로 현대의 민주주의는 표상/재현 불가능성으로부터 그 근거를 찾고 있습니다. 이에 관해 클로드 르포르Claude Lefort는 라캉에게서 빌려 온 용어를 써 가며 재미있는 이야기를 하나 들려준 적이 있죠. 그에 따르면 민주주의란 오직 상징계에만 존재하는 정치 체계로서, 르포르가 라캉을 이해한 바대로, 기표들의 교환을 통해 세워진 질서가 바로 민주주의라는 것입니다. 다시 라캉을 빌리면, 그가 '대타자'라고 불렀던 자리인, 상징적 교환을 생산해 내는 중심 자리는 비어 있으며, 이는 또한 죽었으되 여전히 작동 중인 아버지란 이름의 기표가 놓인 자리이기도 합니다.

라캉의 주요한 가르침은, 이 중심적이고 극도로 중요한 자리를 결코 상상계로 채워 넣어서는 안 된다는 점에 있습니다. 상상계는 여기서 동일시 또는 동일화가 빠지는 고유한 함정이라고도 이해할 수 있겠죠. 당신도 아시다시피, 라캉에게 상징계와 상상계는 제3의 심급인 실재The Real를 통해 서로 연관되어 있습니다. 그리고 바로 이 세번째 심급이 상징계의 중심에 놓인 거대한 구멍이라는 것입니다.

물론 라캉에 대한 제 해석에 어느 정도 일면적인 경향이 없지 않습니다. 그의 이론은 훨씬 더 복잡하니까요. 가령 상상계 역시 상징계가 작동하는 데 있어서 필요불가결하다는 게 라캉의 주장이기도 합니다.

리클린 실재에도 연관되어 있죠.

낭시 물론입니다. 하지만 정신분석가들 중에서는 상상계는 재현 과정에 빠질 수 없는 어떤 함정 같은 것이라고 주장하는 이들이 있습니다. 르포르는 여기에 이를테면 정치적 형식을 덧붙인 것입니다. 상상계는 총체적인 동일시라 할 수 있으며, 그런 상상계의 자리에 위치해 있던 이들이 바로 히틀러나 스탈린, 또는 당이었다는 말이죠.

이 두 가지 가능성들, 즉 상징계의 차원과 상상계의 차원은 이미 루소에게서도 발견할 수 있는 것들입니다. 민주주의는 상징계에 들어섬으로써 전체주의에 필연적인 상상적 동일시를 벗어나는 과정이라는 의미에서 그렇지요. 하지만 실제로 그와 같은 상황을 견뎌 내기란 무척 어려운 일이라고 르포르는 덧붙입니다. 공동체에 운명적으로 수반되는 표상/재현 불가능성은 필연적으로 그 공백에 대한 보충을 필요로 한다는 말이죠.

이렇게 민주주의가 상징계에 연관되면서 여타의 다른 모든 것들은 죄다 상상계로 떠밀려 버립니다. 문제는 여기서부터 생겨나죠. 우선 라캉은 (비록 편의적이고 설명적인 요구에 의해서였을지라도) 르포르의 가정과 달리 상징계와 상상계 사이의 완전한 분리에 관해 이야기한 적이 없습니다. 가령 라캉은 '나'의 신체적 이미지 형성에 관해 논했던 저 유명한 거울 단계에 관한 글[3]에서, 그 단계는 동시에 상징적으로도 또 상상적으로도 수용될 수 있다고 언급했단 말이죠. 어쩌면 순수한 상상계, 즉 라캉이 '환희적 수용체'라고 부른 거울 속 이미지의 나르시스적 포획captation이 가능할지도 모릅니다.

만일 이런 논리를 정치의 영역으로 옮겨 본다면, "우리는 과연 상상계 없이 살 수 있는가?" 혹은 좀 덜 경멸적으로 말해 "우리는 과연 이미지 없이 살아갈 수 있는가?"라는 문제가 제기되지 않을 수 없습니다. 예전에 제가 현실 사회주의에 관해 언급했던 것과 동일한 취지에서 역시 현실 민주주의도 과연 그런 것이냐는 뜻입니다.

---

3) Jacques Lacan, "Le stade du mirror comme formateur de la fonction du je", *Écrits*, Paris: Seuil, 1966.

도대체 민주주의에 있는 것은 무엇입니까? 여기엔 표상/이미지, 이미지 작용 또는 재현을 위한 여하한의 형식도 존재하지 않습니다. 이는 대타자의 빈자리, 순수한 상징적 원리를 마주하며 살고자 하는 민주주의자들의 영웅적 고결성 때문이 아니라, 단지 전면적인 통속화와 쇠퇴가 대세를 차지하기 때문입니다. 현재 자본주의는 경제적 측면에서 이미 전 세계적 현상이 되었으며, 교환은 그 보편적 형식이라 할 수 있습니다. 또한 그 형식의 중심에는 전면적인 상징화의 권리가 주어져 있으나, 그 권리는 사실 이미지화되지 않는 표상/재현 불가능성을 본질로 삼습니다. 다시 말해 그러한 권리에는 어떠한 근거도 제시되지 않는데, 이는 '인권'과 같은 심급조차도 본질적으로는 표상되지 않는 추상에 지나지 않는다는 뜻입니다.

표상/재현 불가능성을 통해 우리는 전체주의의 위험으로부터 어느 정도 거리를 두게 되었고, 민주주의는 맑스가 전적으로 확신했던 바대로 변전하게 되었습니다. 우리는 맑스의 결론이 전 지구적 차원에서 전면적인 승리를 거두는 시대에 살고 있는 것입니다.

리클린 그 승리라는 게 맑스의 사유 전체에 해당되기보다는 특정한 일부에 대해서만 해당하는 게 아닌가 싶습니다만…….

낭시 옳습니다. 맑스적 사유의 특정한 일부에 해당되는 일이죠. 특히 레닌과는 엄청나게 다른 맑스를 두고 하는 말입니다. 하지만 그 역시 맑스임을 부인할 수는 없겠죠. 다른 한편, 권리의 전보에 관해 고려해 볼 때, 우리 프랑스, 아니 유럽 전체의 정치 수준이 날로 쇠퇴해 가는 것을 부정할 수 없습니다. 통치성governmentality에 대한 담론이 점차 힘을 얻는 이유도 거기에 있겠죠.

리클린 실제로 통치성에 기반한 이념이 지금 곳곳으로 스며들어 가고 있으며, 가족이나 금융, 자유시간 등 모든 것이 '통치 가능한' 대상이 되어 가고 있습니다.

낭시 바로 그렇습니다. 지금 상황이 그래요. 하지만 기억해 보세요. 지금부터 근 20여 년 전만 해도 '자주 관리'라는 용어는 좌파 운동가들이나 사회주의자들에게 실질적 효과를 발휘하는 말이었지만, 이제는 그 '자주'라는 말, 주체의 자율적인 자기 정초가 더 이상 가능하지 않은 상황이 도래한 것 같습니다.

여하간 『나치의 신화』 서문에 나오는 이미지란 용어를 둘러싸고 당신이 던진 질문에 대해 대답하기란 무척 어렵다는 생각이 드는군요.

리클린 필립 라쿠-라바르트가 제안한 용어는 아닌가 보군요?

낭시 말하자면 그렇죠. 제가 제안한 용어지요. 제게 만약 오늘날의 상황을 종합해 보라면 이렇게 대답하겠습니다. 우리는 상상적 이미지가 도대체 무엇인지, 거기에 연관된 파시스트적이고 공산주의적인 총체적 동일시의 함정이 무엇인지 이미 너무나도 잘 알고 있다, 하지만 그로부터 여하한의 표상이라도 모두 거부해 버려야 한다고 결론짓는 것은 온당하지 않다, 상상적 현존과 관련되지 않는 그런 표상성의 새로운 형식을 탐구해야 한다, 라고 말입니다…….

리클린 말하자면 동일시와 기원을 함께하지 않는 신화적 형식을 찾아내야 한다는 말씀이겠죠. 그렇지 않으면 전체주의적 자기 동일성에 빠지게 될 테니까요.

낭시 그렇게 말할 수 있겠죠. 그런 새로운 표상성의 형식이 구체적으로 어떠할지 정확히는 예측할 수 없습니다만, 그로써 전반적인 표상/재현 불가능성으로 인해 생기는 문제들은 해소할 수 있으리라 봅니다. 어떤 의미에서 이는 칸트적 논제라 할 만한데, 왜냐하면 개념의 구체화가 다름 아닌 감각적 차원, 즉 표상의 차원에서 실현되는 문제이기 때문입니다.

그게 어떤 이미지냐 하는 질문이 뒤따르는 것도 그래서입니다. 당신도 이미 아시겠지만, 여기서 이미지는 어떤 기원이나 시원을 갖는 모방의 이미지가 아니라 제가 '공동적 존재성',[4] '함께'en-commun 라 부르는 것이 현전하는 이미지입니다.

리클린 나아가 당신들은 『나치의 신화』에서 우리는 뒤늦은dans le tardif 시대를 살고 있기에 신화를 통해 근원으로 되돌아가는 것은 이미 불가능하다고 말했는데, 사정이 그렇다면 "그 공백을 메워야 하지 않겠느냐?"라는 질문 역시 이해할 만할 것입니다.

저는 당신의 상황 기술에는 동의하는 편입니다만, 무한히 분절되고 세분화된 사회에서조차도 총체적인 신화란 역시 존재하는 게 아닌가 싶은 생각도 듭니다. 설령 그 신화가 아무리 조그맣게 축소되어 있다 해도 존재하는 것은 존재하는 것이니까요. 가령 맑스가 '상품 물신성'에 관해 이야기할 때, 기실 그는 상상계의 새로운 형식, 즉 기원과의 동일시를 전제하지 않으면서 동시에 끊임없이 유동하는 그런 형식을 발견한 것입니

---

4) 이 용어에 관해서는 라쿠-라바르트와의 대담에 나온 132쪽의 각주 10번을 참조하라.

다. 우리는 현재 그와 같은 상상계의 쇠퇴에 직면한 것 같습니다.

하지만 제 생각은, 클로드 르포르는 사태를 얼마간 단순화해 버렸고, 그로 인해 우리가 마치 메워야 할 공백 앞에 선 것처럼 보이는 게 아닌가 싶습니다. 그와 같은 공백은 실제로 존재하는 게 아닙니다. 왜냐하면 매스미디어 등의 확산이 우리로 하여금 마치 신화가 그 황혼녘에 도달한 듯 여기게 만든 탓이지요. 말하자면 이 상황 자체야말로 하나의 축소된 신화에 다름 아니며, 스탈린주의 혹은 파시즘의 신화와 비교할 수는 없겠지만 그래도 역시 하나의 '신화'라 부를 수 있는 것입니다. 아무리 잘게 쪼갠들 신화를 완전히 제거해 버릴 수는 없었고, 오히려 다른 방식으로 부활시켜 버렸다는 말이죠. 이에 대해서는 어떻게 생각하십니까?

낭시 당신이 말한 대로라면, 상품 물신성은 전체주의 신화를 성공적으로 대체했고, 르포르가 언급한 공백 따위는 생겨나지 않았다고 해야 할 것입니다. 포스트모더니즘의 지지자들이 그런 입장에 있습니다만, 만일 상징계에 방점을 찍고 루소를 읽는다면 르포르의 주장이 옳겠지요. 상상계에 방점을 찍으면 전체주의가 등장하듯 말입니다.

리클린 롤랑 바르트가 1950년대 초 부르주아 신화에 대해 쓴 자기의 책을 '신화학'[5]이라 부른 것은 정말 적절하지 않았습니까?

낭시 바르트가 포스트모더니즘의 선구자였노라고 말할 수는 있겠죠. 아,

---

5) Roland Barthes, *Mythologies*, Paris: Seuil, 1957〔롤랑 바르트, 『신화론』, 정현 옮김, 현대미학사, 1995; 롤랑 바르트, 『현대의 신화』, 이화여자대학교 기호학연구소 옮김, 동문선, 1997〕.

제가 포스트모더니즘에 관해 언급할 때는 무엇보다도 그 최고의 전성기에 나왔던 저작들, 그러니까 들뢰즈와 가타리의 『천의 고원』[6] 혹은 들뢰즈의 좀더 이른 저작들이나 리오타르의 『포스트모던의 조건』[7] 등이 나왔던 시기에 관해 이야기하는 것입니다.

리클린 보드리야르의 『상징적 교환과 죽음』[8]도 빼놓을 수 없겠죠.

낭시 물론입니다. 아마도 여기엔 두 가지 측면이 있겠죠. 제 자신이 인정해야 할 부분이 있는데, 그게 너무 커서 어떻게 접근하는 게 옳을지 감이 안 잡히는 상황입니다. '이미지의 왕국', '이미지 문명' 등으로 불리며 지배적인 이데올로기로서 집요하게 비판받던 것들과 시뮬라크르의 승리를 구가하던 것들, 그리고 (시뮬라크르를 즐길 수 있던 행복한 포스트모더니스트인) 보드리야르에게 얼마간 책임이 있는 것들이 이제 부메랑처럼 되돌아오고 있습니다. 보드리야르가 '불행한' 포스트모더니스트가 된 것도 그런 탓이죠. 최근까지 리비도 경제학을 즐기던 리오타르에게도 비슷하게 말할 수 있는데, 지금 그는 자신이 'donum'이라고 불렀던, 즉 '주어진 것/재능gift'에 대한 향수에 시달리는 형편입니다. 아, 물론 리오타르의 경우 보드리야르와는 좀 많이 다르겠습니다만…….

---

6) Gilles Deleuze et Félix Guattari, *Mille plateaux*, Paris: Minuit, 1980〔질 들뢰즈·펠릭스 가타리, 『천의 고원』, 이진경 외 옮김, 연구공간 수유+너머, 2000; 질 들뢰즈·펠릭스 가타리, 『천 개의 고원』, 김재인 옮김, 새물결, 2001〕.

7) Jean-François Lyotard, *La condition postmoderne*, Paris: Minuit, 1979〔장-프랑수아 리오타르, 『포스트모던적 조건』, 이현복 옮김, 서광사, 1992〕.

8) Jean Baudrillard, *L'échange symbolique et la mort*, Paris: Gallimard, 1976.

리클린 그거야말로 숭고의 불가피한 이면이겠죠.

낭시 그와 반대로, 이미지에 대한 가차 없는 비판이나 텔레비전 방송의 이데올로기적 내용에 대한 공포 따위는 기실 어떤 숨겨진 함정에 불과하다고 봅니다. 즉, 이미지들 뒤에 놓인 것은 공백(이 경우 르포르의 관점으로 되돌아가야겠죠) 혹은 세계와 현존이 지금 현재 존속하고 있는 방식이라는 말이죠. 세계, 현존은 이미지로부터 멀지 않은 곳에, 오히려 가까운 곳에 있는 셈입니다.

리클린 하지만 그 경우 우린 시뮬라크르의 문제로 되돌아가야 할 텐데요.

낭시 아니요, 이미지는 시뮬라크르가 아닙니다. 차라리 이미지는 세계의 본질이 실제로 드러나는 방식이라 하겠습니다. 물론 텔레비전 영상은 기만적이고 거짓된 것일 수 있습니다만, 어떤 의미에서는 거기에 기만당하는 사람은 없다고 해야 할 것입니다. 어떤 이들은 텔레비전을 보고서 이렇게 소리치겠지요. "끔찍하군! (독재자 차우셰스쿠Nicolae Ceauşescu 정권이 몰락했을 때) 루마니아에서 일어났다는 학살은 전부 텔레비전 방송이 조작한 게 아닌가?" 만일 그렇다 해도 뭐가 달라지겠습니까? 정치판에서 거짓말은 언제나 존재해 왔고, 언론 조작은 차고 넘치는 중입니다. 케사르나 나폴레옹 같은 위대한 정치가들도 거짓말을 의식적으로 꾸며 대길 서슴지 않았어요.

리클린 하지만 텔레비전의 경우, 문제는 그게 무엇보다도 무의식의 수준에서 작동하는 아주 그럴듯한 기만이라는 데 있습니다.

낭시 제가 보기에 다른 시대에는 거짓도 충분히 그럴듯한 것으로 받아들여졌노라고 말해도 전혀 문제될 게 없습니다. 왜냐하면 그렇다고 믿어졌으니까요. 그런 거짓이 대개 이미지의 형식을 빌리지 않았다는 건 좀 다른 문제입니다. 제 관심은 어째서 이미지에 대해 그토록 격렬한 거부 반응이 나타나는가를 탐구하는 데 있습니다. 어떤 의미에서 이미지란 '선사/주기'donation가 드러나는 최선의 진리 형식인 동시에, 어떤 결정적 해석도 허용되지 않는 사건적 공간에서 발생하는 사물의 표상일 수 있다는 것입니다. 상상계는 우리를 신화의 영역으로 끌어들이는 스탈린이나 히틀러 같은 이미지, 그 이상입니다. 그것은 스스로를 신화로 확증하는 동시에 의미가 충전되고 또 그 의미에 의해 현실화되는 것이지요. 아니, 어쩌면 이미지는 정확하게 의미적으로 충전된다기보다 무엇보다도 주체가 거주하는 공간적 표면이라고 해야 할 것입니다.

리클린 스탈린과 히틀러의 경우, 의미 구조는 위계화된 피라미드 형태로 나타나지만, 이때 그 위계는 마치 존재하지도 않는 양 불분명하게 드러납니다. 하지만 그런 이미지들의 수는 실로 무한히 많으며, 부단히 증식되는 형편이죠. 그러므로 집합적 이미지들의 집중성은 새로운 이미지들의 무한한 증가, 무한 증식 능력에 의해 계속 대체됩니다. 우리를 상상계로 잡아당기는 것은 실로 이미지의 무한 증식이라 할 수 있는 셈인데, 이에 대해서는 르포르도 반박할 수 없겠죠.

낭시 그래요. 르포르에 따르면 바로 그게 상상계의 형식이죠. 우리는 상상계를 비판적인 관점에서 과감하게 이해할 수 있어야 합니다. 상상계는 우리에게 표상의 형식이 필요함을 일깨워 주는데, 왜냐하면 제가 당신에게 동의하는 바, 위계 없는 표면 위에 펼쳐진 분할과 확산은 이미지가 모종의 기원이라든지 혹은 그에 대한 어떤 심원한 연관 따위를 갖지 않음을 보여 주기 때문입니다.

리클린 수많은 사례들을 열거할 수도 있겠지만, 한마디로 말해 표면이 마치 깊이처럼 기능하기 시작한다는 말이겠죠. 물론 표면으로서의 특성을 보존한 채 말입니다. 우리 앞에는 이제 전적으로 새로운, 이해 불가능한 상황이 펼쳐져 있습니다. 그건 우리의 일반적 예상보다 더욱 당혹스런 사태일 수도 있습니다.

낭시 문제는 이미지들의 양 자체가 아니라 이미지에 의해 촉발된 신체들의 양에 있습니다. 얼마 전 출간된 책[9]에서, 저는 '신체의 문제'라 부를 만한 주제를 다룬 바 있습니다. 당신께도 곧 한 권 드리도록 하죠. 아무튼 이 책은 600만의 신체, 수백만의 이미지들에 관한 책입니다. 이런 맥락에서야 비로소 르포르적 의미에서 실재의 공백과 이미지들의 무한성 사이로 비집고 들어가는 표상/재현의 형식이 비로소 문제적인 것으로 부각될 수 있습니다.

리클린 그러니까 당신은 이 개념을 전적으로 새로운 요구로서 도입하고 있는 셈이로군요.

낭시 바로 그렇습니다. 하지만 아직 말하지 않은 것이 남아 있습니다. 제

---

9) Jean-Luc Nancy, *Corpus*, Paris: Métailié, 1992.

가 확증하는 바로, 현대 유럽 정치에서, (아마도 프랑스 정치가 더 의고적인 탓으로) 특히 프랑스 정치에서 너무나 분명히 드러나는 것은 한편으로 '좋은' 민주주의적 의미에서 표상/대표의 부재라는 당금의 현실이 다른 한편으론 결국 민주주의의 해소로 이어지고 있다는 사실입니다.

우리는 지금 사회주의 종말의 시대에 전통적인 법 체계의 몰락의 시대를 살고 있습니다. 그럼 그 자리를 새로 메우고 있는 것들은 무엇입니까? 첫째로, 신화적 이미지들의 확산을 들 수 있겠죠. 잔 다르크에 대한 르펜Jean-Marie Le Pen의 숭배가 그 한 예에 해당되는데, 다분히 비시 정부[10]적 의미로 이해될 수 있는 그런 숭배는 외국인에 대한 인종주의적 혐오감으로 표출되고 있습니다. 그런 이미지들이 어떠한 강제력을 갖거나 현대적 반향도 울리지 못한다는 사실은 곧 파시즘과 포퓰리즘의 경계를 한 치도 벗어나지 못했다는 뜻입니다.

비록 최근 선거에서는 국민전선이 아닌 녹색당이, 생태주의자들이 기선을 잡았다 해도 사정은 다르지 않습니다. 여하간 제가 이미지figure라고 부르는, 표상의 형식이라 할 만한 게 성공적으로 창조된 것은 사실이라 해야 하는데, 왜냐하면 본질적으로 의미의 장, 곧 상징계의 장으로서 세계의 근거 기반인 지구는 상징계의 상상적 지주로 등장하고 있기 때문이죠. 생각해 보십시오, 지구의 이미지는 흔히 '녹색'으로 상정되지 않습니까?

리클린 하지만 지구의 이미지는 휴머니즘의 이데올로기에 의해 너무나도

---

10) 제2차 세계대전 중 1940~1944년간 나치 독일에 점령된 프랑스에 세워졌던 괴뢰 정권. 비시(Vichy)에 본거지를 두었기에 '비시 정부'라고 부른다.

오랫동안 악용되어 오지 않았습니까? 말 그대로 악용에 악용을 거듭한 나머지 끝장을 봐 버렸다고나 할까요…….

낭시 바로 그겁니다, 바로 그거에요. 한편으로 지구의 이미지는 이미 다 소진되어 버렸으나, 다른 한편으로는 생태주의자들이 그 이미지를 이용하는 방식대로 공동적 존재, 함께 있음 l'être-en-commun의 이미지로 다시금 등장하고 있는데, 저는 바로 여기에 그 이미지의 본질적 결손이 있다고 봅니다. 어떤 의미에서 이는 인간이 관계 맺고 있는 자연의 표상 형식이라 할 만한 것입니다.

리클린 더욱이 자연에 관한 담론은 오랫동안 다양한 관료 기구들 및 국제 조직들에 의해서만 전유되어 왔죠. 그런 조직들의 고위 관료들은 언제나 전 지구의 이름을 걸고 발언하고 싶어 합니다. 바로 그런 발언들, 성명들이 지구의 이미지를 악용해 온 사례라 볼 수 있습니다.

낭시 여기서 제게 정말 중요하게 다가오는 것은, 생태주의자들이 지구의 이미지를 도입하면서 이른바 현대의 표상/재현 형식이라 불리는 것에 그 이미지를 갖다 붙이고 있다는 사실입니다. 부정적이긴 해도 역시 이미지를 갖다 붙이고 있다는 사실이 중요하죠. 이런 이미지가 상상계의 장으로서 작동하지 않는다고는 말하기는 어렵습니다. 하지만 동시에 전체주의적이고 파시즘적 동일시를 제공한다고 보기도 어렵긴 하죠. 하지만 아무튼 녹색주의자들이 생각하는 지구를 공동적 존재성, '함께'l'en-commun의 한 고리라고 볼 수도 없는 노릇입니다.

리클린 제게 공동적 존재성('함께')의 주제는 당신 저작에서 가장 수수께끼 같은 부분이 아닌가 싶습니다.

이제 두번째 질문을 드려볼까요. 『나치의 신화』를 주의 깊게 읽어 본다면, 신화에 대한 두 가지 상이한 개념이 있음을, 그리고 그 사이에 어떤 균열이 있음을 감지하게 됩니다. 그 신화들 중 하나는 헬레니즘적 혹은 동일시적이라 부를 만합니다. 잘 아시다시피 독일은 스스로를 그리스와 동일시했고, 이는 맑스가 지적했듯 프랑스 대혁명이란 상징적 사건에 대한 상상적 반응의 하나였습니다. 주체가 되는 것, 곧 일반적인 정치적 단일성을 획득하지 못했던 독일은 정신적 영역에서나 겨우 '독야청청한' 주체로 우뚝 서 보고자 했던 것이죠. 독일어와 그리스어 사이의 친화력에 관해서는 이미 잘 알려져 있습니다. 그렇지만 책의 두번째 부분, 즉 나치의 신화에 대한 분석 부분에서 당신들은 헬레니즘적 개념이 생물학적이고 인종주의적 개념으로 뒤바뀌게 되었다고 썼는데, 문화와 언어의 동일성이 더 이상 아무런 본질적 역할도 하지 못하는 것은 바로 이 지점입니다. 가령 로젠베르크의 『20세기의 신화』[11]를 보면 잘 알 수 있죠.

『무지카 픽타』[12] 중 바그너에 대한 하이데거의 독해를 다룬 장에서 라쿠-라바르트는 바로 이 구멍을 메우려 시도했습니다. 그에 따르면 바그너는 신화의 두 개념을 잇는 연결 고리인 셈인데, 그가 헬레니즘적 신화의 유산을 이어받은 동시에 새로운 독일적 피의 신화를 형성하는 데 참여한 이유가 여기 있습니다.

---

11) Alfred Rosenberg, *Der Mythus des zwanzigsten Jahrhunderts*, München: Hoheneichen, 1930.

12) Philippe Lacoue-Labarthe. *Musica ficta: Figures de Wagner*, Paris: C. Bourgois, 1991. —지은이

뭐 하지만 여하간 이 개념들은 여전히 매우 복잡다단하게 남아 있지요. 첫번째 신화 개념은 다분히 엘리트주의적으로, 두번째 신화 개념과는 여하한의 관련도 맺지 않고 있습니다. 게다가 다수 민중에 대한 호소 따위는 전혀 고려하고 있지 않은 반면, 두번째 신화는 부단히 민중적 에너지를 자기편으로 끌어들여 이용하려고 애쓰는 형편입니다.

낭시 아마도 두 신화 개념 사이의 연관이 『나치의 신화』에서 그다지 명백히 규명되지 않았을지도 모르겠습니다. 하지만 그 연관 관계는 당신이 생각하는 것 이상으로 강력한 게 사실입니다. 사실 이 책의 모태는 어느 학술회의에서 발표했던 논문이었습니다. 발표용 글이라 그다지 길게 쓸 필요가 없었죠. 만약 애초에 책으로 낼 생각이었다면, 최소한 두 배 이상 두껍게 썼어야 했을 겁니다. 이 책에 다소 즉흥적인 부분들이 많은 것도 그런 탓입니다. 라쿠-라바르트가 바그너를 사실상의 연결 고리로 찾아냈다는 당신의 지적은 옳습니다.

하지만 『나치의 신화』에서 어떻게 논의가 진행되었든 간에 두 개의 단계 또는 두 가지 신화의 이미지가 있는 게 사실입니다. 그 하나는 낭만주의적이며 엘리트주의적인 반면, 다른 하나는 민중주의적인 동시에 힘에 대한 숭배 같은 관념을 포함하고 있습니다. 무엇이 그들 사이의 연속성과 더불어 역사적 유사성을 낳는 수수께끼 같은 비밀을 만들어 내고 있을까요?

제가 보기엔 이것이야말로 독일사에 대한 가장 커다란 의문점이라 하겠습니다. 어떻게 하나의 신화에서 다른 하나의 신화로 이행한 것일까 하는 질문에 대해 아직 수많은 의문 부호들이 남아 있습니다. 물론 인종주의는 낭만주의에 직접적으로 내포된 이념은 아닙니다. 그래야 할 역사적 불가피성, 그런 따위의 운명은 없지요. 하지만 동시에 이와 같은 현상들이 서로 간에 완전히 이질적인 것은 아닙니다. 그러한 이행이 발생하게 된 정확한 연유는 아직 분명치 않습니다만, 어떤 연속성이 이른바 신화 또는 신화에의 의지라 불릴 만한 것을 낳았다는 데는 의심의 여지가 없습니다. 낭만주의적 신화의 구성소가 로젠베르크가 이해했던 신화와는 판연히 달랐다는 점에는 동의하시겠지요. 하지만 낭만주의에도 이미 임박한 미래의 신화Mythologie der Zukunft에 대한 분명한 호소가 포함되어 있었음을 부정할 수 없습니다. 이를 위해서라도 과거를 되돌아보는 것, 과거로부터 신화를 끄집어내는 작업은 피할 수 없는 일이었겠죠.

리클린 신화란 극복해야 할 거리를 두고 이미 현존해 있었다는 말씀이시군요?

낭시 그렇습니다. 미래와 거리를 두면서 사유되는 거리가 바로 과거와의 거리입니다. 여기서 바그너는 사실상 중심적 이미지로 자리 잡게 됩니다. 게르만 신화 전체를 자기가 미래의 예술 작품이라 불렀던 것으로 송두리째 바꾸어 놓았던 것입니다. 로젠베르크의 경우에서 놀라웠던 점은 그가 바그너보다도 더욱 급진적인 방식으로 독일과 독일 민족의 신화적 과거를 지각하였고, 그것을 아리안족의 재생 수단으로 삼았다는 것입니다. 그에게 신화는 절대성과 순수성을 띠는 것으로서 아무 내용이 없었고, 일종의 태양 신화와 같은 것으로 변조되었으며, 결국 북유럽에서 유래한 낡은 지중해 신화의 한 판본에 지나지 않았음이 밝혀집니다…….

우리는 신화적인 것에 대한 의지가 전면적인 퇴행 과정에 있는 시대를 살고 있습니다. 다시 정신분석적 용어로 이야기해 본다면, 이 경우 상상계가 상징계로서 보다 열정적으로 희구된다고 하겠습니다. 다시 말해, 상상계가 상징계에 떠 얹어져 압박하는 게 아니라 차라리 상징계로서 기능하길 요구받는다고나 할까요.

그와 같은 용어들로 정식화해 보기는 아직 처음입니다만, 『나치의 신화』와 같은 맥락에서 작업을 계속해 본다면, 스탈린주의가 신화에 직접 연결된다고 보기엔 무리가 있지 않은가 의구심이 듭니다. 스탈린에게는 로젠베르크 같은 인물이 없었거든요.

리클린 실제로 로젠베르크는 없었어도, 즈다노프[13] 같은 이들이 있었는걸요.

낭시 제가 보기에 그건 좀 다른 문제입니다.

리클린 그게 그거 아닐까요?

낭시 그 두 경우를 결과론적 관점에서 보고 싶진 않습니다. 제 관심을 끄

13) 안드레이 즈다노프(Andrei Zhdanov, 1896~1948). 스탈린의 절친한 동료이자 참모로서 1939년 정치국원이 된 이래 소비에트 문화계의 정치 이데올로기적 정풍 운동을 주도했다. 1946년 즈다노프가 소비에트 공산당 중앙위원회 결의안을 발표함으로써 시작돼 악명을 떨친 즈다노프주의(ждановщина)는 애초에 문학 예술계의 이념적 쇄신 운동으로 비롯되었으나, 점차 철학·과학 등 지식 분야 전반에 걸쳐 대대적으로 확산되었으며, 여하한의 서구적인 경향이라도 소비에트 연방으로부터 분리시키는 데 총력을 다하였다. 미하일 조시첸코(Mikhail Zoshchenko, 1895~1958)나 안나 아흐마토바(Anna Akhmatova, 1889~1966) 등 저명 작가들을 숙청하기도 했던 즈다노프주의는 1948년 즈다노프 자신의 갑작스런 사망과 1956년 스탈린 사망 등으로 공식 종결되었으나, 그가 기반을 다진 검열 문화는 제정 러시아의 검열 전통과 맞물려 소비에트 연방이 해산될 때까지 지속되었다.

는 것은 오히려 그 메커니즘의 문제인데, 양자는 그 점에서 판이하거든요. 스탈린주의는 파괴의 광범위함이란 점에서 나치즘을 능가합니다만, 다른 점들에서는 정반대의 양상을 띤다고 말할 수 있습니다. 나치의 신화에서는 상상계가 공공연하게 상징계의 역할을 떠맡았지만, 스탈린주의의 경우에는 어떤 직접적인 대립성도 발생하지 않습니다. 즉 상징계가 상상계의 역할을 떠안았던 것입니다. 스탈린주의에서 상징계는 사회주의 이념 자체였고, 그래서 공동체는 '공동사회',[14] 인종, 대지 같은 것이 아닌 정반대의 어떤 것으로 나타났죠. 즉 사회적 관계, 공동성의 문법과 공동성의 생산, 집합적 소유 등등…….

리클린 아시다시피 이 두 체제를 비교하기란 대단히 어려운 일입니다. 무엇보다도 나치즘은 완전히 종결지어진 현상 아닙니까? 나치즘은 패전 직후 곧장 무너져 내렸고, 해체의 과정을 오랫동안 밟아야 했죠. 하지만 스탈린주의는 그렇지 않았습니다. 이른바 '현실 사회주의 체제'를 통해 더 오래 지속되었거든요. 게다가 스탈린주의에는 은밀하고 여전히 밝혀지지 않은, 숨겨진 비밀들이 엄청나게 많이 남아 있습니다. 여기서 무의식에 대한 지향은 많은 부분 의식적 입장을 취하고 있죠. 은밀한 지하실적 욕망에 사로잡힌 의지에 관해 말할 때는 모름지기 조심스러워야 하겠습니

14) 독일 사회학자 페르디난트 퇴니스(Ferdinand Tönnies)는 사회의 기본적 구성 형태를 '공동사회'(Gemeinschaft)와 '이익사회'(Gesellshaft)로 나누어 설명한 바 있다. 그에 따르면, 공동사회는 '자연적 의지'에 기초해 구성원들 간의 정서적 유대와 친밀감에 의존하는 사회로서 가족이나 친족 공동체를 예로 들 수 있는 반면, 이익사회는 일정한 목적의식, 곧 합리적 의지에 따라 구성원들이 결합한 사회로서 사적 기업이나 정치적 결사체 등을 대표적으로 들 수 있다. 이 두 사회 형태는 원칙적으로 결합 양상에 따라 구별될 수 있으나, 실제 사회 집단은 양자의 특성을 얼마간 모두 보유하고 있으며, 따라서 일의적으로 나누어 설명할 수 없다는 점에서 '협동사회'(Genossenschaft)의 개념을 추가하기도 한다.

다만, 아무튼 스탈린주의는 여전히 종결되지 않은 현상이라 말할 수 있습니다…….

언젠가 소비에트 시절의 문서고들이 활짝 열릴 때, 소비에트 연방의 역사뿐만 아니라 유럽의 역사에서 미처 밝혀지지 않은 채 묻혀 버렸던 장면들을 새로운 관점에서 조명할 수 있게 되겠죠.

낭시 비교한다는 게 쉬운 일은 아니겠습니다만, 이 두 체제를 대면케 하는 일은 꼭 필요한 작업일 겁니다…….

리클린 하지만 그런 비교는 너무 오랫동안 악용되어 왔기 때문에…….

낭시 악용하라지요. 하지만 상호 비교는 어쨌든 이루어져야 하고, 두 체제는 서로 맞대면할 필요가 있습니다. 실상 나치즘이란 결국 민족 '사회주의'였음을 잊어서는 안 됩니다.

리클린 저는 1933년부터 1945년까지 유지되었던 역사적 현상으로서의 나치즘에 관해 이야기하는 것이고, 이 점에서 그것은 이미 종결된 현상이라 할 수 있다는 말입니다. 비록 어떤 전이적 차원이 지금까지 지속되고 있긴 하지만요.

낭시 하지만 나치즘이 스탈린주의와 굉장히 상이했음은 여러 가지 사실들에서도 알 수 있습니다. 가령 전후 독일에서 마셜 플랜을 통해 실현된 것들 가운데는 군수 산업의 성장을 통해 근대화를 성취하려던 히틀러의 기획도 역시 포함되어 있었죠. 다시 말해 전후 독일의 발전은, 비스마르크의 시대 이래 독일이 자신의 정치적 문제들을 해결하는 동시에 강력한 근대적 자본주의를 성취하려던 시도의 세번째 판본이란 말입니다.

리클린 그럼 이제 당신들의 저작에 나타난 대중의 지위에 관한 질문을 드리도록 하겠습니다.

당신들이 개념화한 두 가지 신화들 가운데 하나인 대지적이고 인종주의적인, 피의 신화에 대한 판본은 대중의 문제에 직접적으로 연관되어 있으며, 대중의 에너지를 흡수해서 이용하고자 대중에게 직접 호소하려 했습니다. 『나치의 신화』에서 당신들은 이렇게 단언했죠. 나치즘은 비합리주의가 절대 아니며, 오히려 그 반대로 엄격한 논리 체계로서 주체의 형이상학을 구축하는 근대적 논리와 별반 다르지 않았다는 주장 말입니다. 제가 대중의 지위에 관해 묻는 까닭이 여기에 있습니다. 당신은 정말로 대중이 주체성에 기반한 형이상학이 세워졌던 그 논리와 동일한 논리를 따르고 있다고 생각하는 겁니까?

사실 나치즘과 스탈린주의의 시대에는 다양한 양상의 대중들이 실존하고 있었습니다. 유럽 농민들의 도시 이주는 흡사 '마녀사냥'과 같은 양상을 띠고 있었는데, 새로운 도회적 환경에 대한 농촌 주민들의 부적응성을 극단적으로 해결하려던 현상이 바로 마녀사냥이었기 때문입니다. 형이상학에 이 모든 과정들에 대한 책임을 지우는 게 과연 가능한 일일까요? 그 시대에 주체성의 양상이란 아마도 바타유가 말했듯 다분히 '이질적'이었던 것은 아닐는지…….

낭시 두 가지 측면에서 바라볼 수 있겠습니다. 먼저 한편으로 대중은 당신도 묘사했던 바, 부르주아 문명의 도시화된 삶에 적응하지 못하고 있던 게 어느 정도 사실이었습니다.

리클린 농민들의 대규모적 도시 이주와 함께 시골 주민들에게 내려진 강제적인 이주 금지 조치 등 집단화의 결과야말로 많은 점에서 스탈린주의의 본질을 보여 주는 게 아니었나 싶습니다. 즉, 인민의 대규모 이동이 발생했을 때, 국가적 수준에서의 테러는 실질적으로 불가피했다는 논리가 그것인데, 새롭게 등장한 대중의 무정부주의적 행동을 통제하고 (피상적이더라도) 질서라는 형식을 부여하기 위해서는 국가가 행사하는 폭력이 일종의 절망적인 시도로서 요청되었다는 것입니다.

현상으로서 스탈린주의는, 조금이나마 지도자의 주관적 의지와 다양한 의미에서 맑스주의의 '과학적' 여망에 부응하려 했음에도 불구하고, 본질적으로 집단화라는 거대 규모의 지각변동에 대한 일종의 반동이었다는 생각을 하게 됩니다. 아무튼 소수의 지도 집단이 자기들의 의지를 수천만 인민의 것으로 둔갑시켜 관철하고자 했다는 식의 설명은 아무래도 순진하게만 느껴지기 때문이죠.

물론 형이상학에 (계급투쟁이나 인종적 신화 따위의) 이데올로기적 측면을 포함한 이 모든 과정에 서로 연관되는 공모 관계가 전혀 없다고 말할 수는 없겠죠. 하지만 대중에 대한 테러와 형이상학 사이에는 항상 분절선이 있게 마련입니다.

낭시 반복되는 말이지만, 두 가지 상이한 경우를 나누어 볼 수 있을 겁니다. 지금 우리가 직면한 시대는 비단 대중의 시대일 뿐만 아니라 철학의 종말이라는 시대이기도 합니다. 하이데거와 정확히 같은 의미에서는 아니지만, 그래도 그가 연관되어 있기는 하죠.

아무튼 저는 어떤 하나의 이념이 다른 이념들의 상호작용을 촉발한다는 이데올로기에는 전연 동의하지 않습니다. 흥미로운 점은, 그 시대에는 하이데거나 비트겐슈타인, 프로이트, 바타유 등 사뭇 상이한 생각들을 지녔던 사상가들이 활동했으며, 막스 베버와 같은 사회학자들의 영향력도 증대하고 있었는데, 이 모두가 궁극적으로 확증해 준 것은 체계로서의 철학이 더 이상 가능하지 않다는 사실뿐이었습니다. 그런 체계란 귀족주의적이거나 부르주아적인 엘리트 문화에 대한 비전을 보여 주는 것이었는데 그게 불가능해졌다는 말이죠. 이 시점에서 발생했던 게 바로 맑스와 니체가 예감했던 바, 이데올로기로서의 철학이라는 것입니다. 세계는 더 이상 구체적인 이미지 속에 파악되지 않고, 힘의 고리, 실존의 고리들은 사라져 버렸습니다. 오직 남아 있는 것은 대중을 훈육시키는 가운데 고유한 자기 합리성을 획득해 가는, 그러면서 꾸준히 증식하고 있는 이데올로기뿐이라 이겁니다. 이로부터 대중 자체는 비합리적일 수도 있지만, 그들을 제어하고 이용하는 메커니즘은 얼마든지 합리적일 수 있다는 게 드러났습니다. 근대의 경제적 합리성은 이렇게 실현되었고, 이 점에서 독일도 예외는 아니었다는 말이죠. 그 모든 거대한 위기, 즉 상승과 추락은 경제적 합리성의 범주에서 발생한 것이었으며, 19세기 중엽 이래로 이해되어 온 합리성의 경계를 현저히 넘어서는 형태였지만, 그래도 역시 하나의 합리성으로서 등장할 수 있었습니다.

철학의 부패와 이데올로기로의 전환은 이와 같은 합리성이 등장한 결과라 하겠습니다. 즉 철학은 새로운 이데올로기적 형태로 전화함으로써 새롭게 등장한 합리성의 단순한 도구가 되어 버린 것이죠. 로젠베르크의 『20세기의 신화』나 혹은 즈다노프의 글 따위가 세상에 나올 수 있던 것도 이런 전화의 결과인 셈입니다. 그런 스타일로 유치찬란한 글도 쓰게 되었고, 혹은 저급한 이데올로기적 수준으로 치닫거나, 스타하노프주의[15)] 에 대한 찬가도 지을 수 있었을 겁니다. 바로 이것이 문학의 상징적 차원이 유실되고 문학이 상상계에 전적으로 일치하게 된 사정입니다.

리클린 굉장히 대답하기 어려운 질문이 되겠군요. 물론 문학은 이데올로기적 과정의 일부입니다. 하지만 스탈린 시대에 이데올로기의 핵심이 어디에 있었는가를 이해하는 게 더욱 중요하다고 생각합니다. 그 핵심은 아마도 체제의 선전 선동 기구뿐만 아니라 억압 기구 자체에도 있었을 텐데요. 이로써 스탈린은 생산 영역과 일상생활 전체를 거머쥘 수 있었기 때문입니다. 그 시대에 이념의 역할이란 상대적으로 미약했습니다. 그때 무슨 일이 일어났는지는 거의 전혀 알려지지 않았고, 그 중의 극히 일부만 소개되었을 따름입니다.

낭시 이념의 역할을 축소해서 이해하는 데는 어느 정도 오해의 소지가 있습니다. 이념이 물질적 힘을 얻었다는 데 핵심이 있는 게 아닙니다. 전혀 그렇지 않았지요. 이념이 그런 힘을 얻었던 적은 결코 없습니다. 역사의 매 순간마다 실효적인 힘들이 작용하고 있으며, 그 점을 고려할 줄 알아야 합니다. 가령 프랑스 국왕의 힘은 최고 권력으로서 프랑스 군주정이

---

15) 우크라이나 돈바스 광산의 광부였던 스타하노프(Alexey Stakhanov)의 이름을 따 실시된 노동 생산성 증대 운동. 1935년 8월 31일 그가 작업 기준시간 내 생산량의 14배에 달하는 102톤을 채굴하자, 그를 본받아 생산량을 획기적으로 증대하자는 운동이 대대적으로 시작되었다. 이후에도 스타하노프의 채굴량은 몇 차례에 걸쳐 신기록을 갱신하였고, 이는 '사회주의적 경쟁'의 모범 사례로 인정되어 '스타하노프 훈장'이 제정되기에 이른다. 그러나 사실 스타하노프의 기록은 다른 광부들과 연대 작업을 벌인 결과였으며, 노동 영웅의 업적을 실추시키지 않기 위해 고의적으로 허위 기재하거나 사실 관계를 누락시킨 부분들이 후일 밝혀지기도 했다.

표상됨으로써 작동할 수 있던 게 아닙니다. 그보다는 차라리, 그 권력은 프랑스 남부 지방을 장악하고 영국인들과 노르만인들, 부르고뉴인들에게서 영토를 빼앗았던 강력한 영주에게만 귀속되는 힘이었습니다. 이는 순전히 영토의 크기가 얼마만 한가라는 수의 문제이자, 그 영토는 얼마나 비옥한가, 국고에 돈은 얼마나 비축되어 있는가, 혹은 군사력은 어느 정도인가 등의 문제이기도 했죠. 대중 지배의 시대를 맞아 이 문제는 완전히 상이한 각도와 정도로 제기되겠습니다만, 여하간 이데올로기의 시대가 다른 어떤 시대보다도 이념에 더 큰 힘을 부여했다는 말은 잘못된 것입니다.

하나 더 지적하자면, 물질적 힘은, 그게 만일 상징적 관계를 통해 법적 형식을 부여받지 못한다면, 단 한순간도 결코 억제할 수 없는 폭발력을 지닌다는 사실입니다.

전체주의가 단지 소수의 권력자가 다수에게 자신의 의지를 강요하는 것이라고 생각하면 곤란하다는 당신의 의견에는 전적으로 동의하고 있습니다…….

리클린 일종의 음모론이라는 게죠…….

낭시 음모론 따위는 완전히 바보 같은 소리입니다. 크레믈린이 순진무구했던 러시아 민중에게 굴종을 강요했다는 주장에 저는 언제나 회의적이었답니다. 스탈린주의와 그 이후의 전 역사에 걸쳐, 마치 나치즘이 그러했듯, 스탈린에 대한 엄청난 수의 민중들의 지지가 있었음을 부정할 수 없는 것입니다.

그러므로 이념은 그 자체가 원동력으로 기능하는 게 아니라 일종의 법적 형식을 부여하는 힘으로서 기능하는 것이고, 원동력이 고갈되지 않도록 하기 위해 역사의 모터에 꾸준히 투여해야 하는 요소라 할 수 있습니다. 따라서 만약 이 역사의 모터가 고장 나 버리더라도, 주체의 형이상학이 거기에 책임져야 한다고 말할 수는 없는 일입니다. 그럴 수는 없겠죠. 형이상학이 역사의 탈구에 주요한 원인이 되지는 않습니다.

리클린 나치즘에 대해 다른 어느 것보다 더욱 적절해 보이는 문제 설정입니다.

낭시 그런데 주체의 형이상학은 다른 한편으로 생산자로서 주체의 형이상학이기도 합니다. 고대 그리스에서 폴리스의 기반을 다졌던 것은 플라톤이 아닙니다. 그 반대로 폴리스가 플라톤을 법적 형식을 무한히 탐구하는 자신의 일부로서 필연적으로 요구했던 것이지요. 바로 그래서 폴리스는 절대성 없는, 즉 신으로부터 부여받은 적법성 없는 공동체가 될 수 있었던 것입니다. 그리스의 신들은 육체적이고 현세적이었으며, 그래서 그리스의 신이란 곧 신화의 종말을 의미할 수 있었던 것이죠.

당신이 제기한 질문은 정확했습니다. 이 주제를 갖고 뭔가 써 볼 수 있다면 좋을 텐데요.

태초에 있던 것은 철학이 아니라 폴리스였습니다. 철학은 폴리스에 법적 형식을 무한히 부여할 수 있는 절대적으로 필요 불가결한 기관이 되었습니다. 마침 그때 폴리스는 법적 형식을 상실했던 참이었거든요. 물론 이때 법적 형식을 상실했다 함은 신화적인 신성한 기초를 상실했다는 뜻입니다. 이는 다른 의미에서 폴리스가 법 그 자체로서의 적법성의 장소가 되었음을 의미하기도 하지요.

리클린 적법성, 법적 형식의 문제는 폴리스와 더불어 발생하는 것이지요. 그전까지 공동체에는 강권으로서의 적법성만이 요구되었고, 따라서 적법성이란 자동적으로 실현되는 것이었습니다. 다시 말해 적법성이 전혀 문제적인 것으로 받아들여지지 않았다는 말이죠.

낭시 제가 말하고 싶은 게 그겁니다. 그리스 폴리스의 발생 이전에는 올바른 법적 형식, 즉 적법성이란 말 자체가 없었습니다. 그 대신 권위나 주권, 신권적 질서를 실현하는 절대 권력이 적법성의 자리에 있었지요. 즉 폴리스 이전의 적법성이란 우리 몸에 직접 와 닿는 권력으로서 성립했던 셈입니다.

리클린 군주의 신체를 통해 구현되었다는 말이겠죠.

낭시 폴리스에서 상징계는 상상계와 하나의 신체 속에 합류하지 않습니다. 하지만 다양한 신체들이 공존하는 공간은 발생할 수 있습니다. 민주주의에서 수數가 문제시되는 것도 그런 이유에서입니다.

오늘날 터져 나오고 있는 일련의 사태들, 특히 지금 현재 이념의 쇠퇴와 무기력성에 관한 의문들이 쏟아지고, 사상 그 자체가 종말을 맞은 게 아니냐는 질문이 대두되는 사태는 폴리스적 유대와의 급격한 분리, 단절에 기인한 게 아닌가 생각됩니다. 설사 그 과정이 몇 세기에 걸쳐 완만히 진행되어 온 것이라 해도 말이죠. 우리는 지금 올바른 법적 형식의 문제의식으로부터 벗어나는 중입니다만, 도대체 어디로 가고 있는 것인지, 어디에 귀착될 것인지는 아직 불투명합니다.

리클린 당신이 'l'etre-en-commun'이라고 부르는 '함께 있음', 곧 공동적 존재성에 관한 질문이 제기되는 것도 이 지점인 듯하군요. 당신의 가장 최근의 글에서도 이 문제는 핵심적 위치에 자리하고 있던데요. 예컨대 『철학의 망각』[16]에서 당신은 의미 표현 과정에서 의미작용의 봉쇄le bouclage에 관해 썼지요. 즉 의미작용이 일단락되었을 때조차 의미는 의미화의 경계를 넘어 계속 작동하고 있으며, 따라서 의미화란 다른 의미들과 일정한 간격을 두고 있는 어떤 의미, 모든 수많은 다양한 의미들 가운데 그저 하나에 지나지 않는다는 말이 됩니다. 당신의 말대로 '함께 있음', 공동적 존재성에 대한 절박한 요청은 이러한 사유 상황에 의해서도 충분히 언명되고 있다고 하겠습니다.

낭시 바로 그렇습니다. 공동으로 존재함 혹은 '함께'l'en-commun란 본질적으로 의미의 장소란 말이지요. 그래서 공동적 존재성이란 결코 단일한 의미가 아니며, 단일한 의미작용 그 이상입니다. 또한 공동체의 실체성substance 같은 게 요구되는 것도 아니지요. 다시 강조하건대, 이 의미의 장소는 의미작용에 내적인 본질 따위와는 아무런 상관도 없습니다. 언어학자들 중엔 철학을 기표화signifiance의 장으로 간주하는 이들이 있습니다. 기표들의 장을 통해 의미작용signification의 가능성도 생겨난다는 뜻입니다. 하이데거가 언어라고 부른 것도 같은 맥락에서 생각할 수 있으며, 벤야민 역시 자기 글에서 언어를 그렇게 규정지은 바 있습니다.

리클린 하지만 벤야민의 언어관은 하이데거와는 판이하게 다르다고 알고

---

16) Jean-Luc Nancy, *L'oubli de la philosophie*, Paris: Galilée, 1986. —지은이

있는데요.

낭시 하지만 이런 역사의 성좌 자체는 우연히 생기지 않았습니다. 그런 점에서 저는 하이데거와 견해를 같이합니다. 어쩌면 이는 새로운 에피스테메라 부를 법도 한데, 하이데거와 비트겐슈타인의 철학을 비롯하여 보들레르로부터, 특히 플로베르와 말라르메로부터 시작되는 위대한 문학의 전통이 거기에 합류하고 있습니다. 그 중 가장 강력한 자극은 시를 의미의 전달, 이데올로기와 동일시하는 흐름으로부터 분리해 낸 랭보로부터 나온 것입니다. 완고한 침묵을 고집함으로써 그는 결국 포스트모던한 삶의 이미지를 이끈 시인이 되었으니까요. 이 모든 게 무엇을 보여 주는 것이겠습니까?

공동적 존재성 역시 고유한 언어적 형식을 갖고 있습니다. 저는 하이데거의 철학에 나타나는 언어의 과잉 이념화, 언어의 인플레이션으로부터 거리를 두려고 노력하는 편입니다. 제가 공동적 존재성이 어떤 예외적인 문학적 현상이나 개념이 아니라는 것을 지속적으로 환기시키는 까닭이 여기에 있습니다. 공동적 존재성이란 여하한의 실천적 행위에서도 발견될 수 있기 때문이죠. 우리는 타자에 대해 개방된 존재이며, 타자들과의 관계 속으로 끊임없이 진입해 들어가고 있습니다. 바타유가 정확히 지적했듯, 그 어떤 사적인 의미나 개인적인 의미도 존재하지 않습니다. 홀로 의미를 발견하고 또 전유하는 '나' 역시 존재하지 않지요. '나'는 타자들과 함께 있다는 조건, 세계 전체와 관계를 맺고 있다는 조건에서만 어떤 의미를 지닌 채 머무를 수 있는 것입니다. 어쩌면 '의미'라는 용어 자체가 여기서는 별로 적절하지 않을지도 모르겠습니다. 제게 의미란, 그것이 이 세계의 관계적 실존인 한에서, 그리고 유아독존적으로 존립하지 않는 한에서만 의미화[17]와 동의어입니다. 유아독존적이란 표현이 좀 거칠게 들릴 수도 있겠으나, 그 누구도 홀로 존재할 수는 없다는 것, 태초부터 존재는 이미 복수적이었다는 것을 명확히 밝히는 게 중요하기에 쓴 말입니다. 복수성의 존재, 하나가 아닌 여럿이 존재한다는 것, 그러나 그들을 엮는 여하한의 통일성도, 그게 개인의 형식이든 대중의 형식이든 존재하지 않는다는 것을 이해해야 합니다.

리클린 어떤 미결정 지대가 있다는 말씀인가요?

낭시 어떤 의미에서는 그렇습니다.

인간은 순수하게 식물적으로 살아가는 게 아닙니다. 철학도 문학도 필요하지요. 자살이 쉽지 않은 이유는 우리가 비단 생물학적 재생산을 위해서만 사는 것도 아니요, 성 본능에 따라 살지도 않기 때문입니다. 하이데거가 '전前존재론적'vorontologisch이라 불렀던, 그런 유의 증거들은 많이 있습니다. 문제는 단순히 삶을 이어가는 데 있는 게 아니라 의미가 삶에 현전하도록 하기 위해 삶을 살아간다는 데 있는 것입니다.

후설이 말했던 바, 의미의 현전에 대한 기대야말로 근대성의 가장 큰 징후라 하겠습니다. 아, 물론 저는 어떤 의미에서도 후설주의자는 아닙니다. 주체성이나 지향성 등등에 관해 그가 작업했던 거의 모든 것들, 그의 연구들 중 99%가 제겐 별다른 관심의 대상이 아니거든요. 오히려 제 흥미를 끄는 것은 '사태 자체에로'zu den Sachen selbst라는 후설의 구호입니다.

---

17) 특정한 기호(sign)의 의미는 선험적으로 주어지는 게 아니라 기표들 사이의 변별 작용, 곧 차이화에 의해 발생한다. 다시 말해, 의미가 기표에 부여되는 게 아니라 기표들의 차이가 의미를 생산하는 것이다. 그러므로 의미(signification)란 곧 기표화인 동시에 의미화(signifiance)인 셈이다.

실상 후설에게 있어서 이 구호가 뜻하는 바는 의미Sinn 에로의 귀환에 다름 아닙니다. 사태란 후설적 의미에서 '날것' 자체로서의 의미가 아니며, 칸트가 사용했던 바의 초월적 의미에서의 '사물 자체'도 아닌 것이죠.

리클린 하지만 후설은 그가 의미의 현존을 주체성과 관련지었다는 점에서 칸트의 후예라고 부를 수 있을 텐데요.

낭시 거듭 말씀 드리지만, 후설 사상의 99%는 이미 다 이야기가 끝난 내용들입니다. 더 이상 왈가왈부할 만한 게 없어요. 하지만 그 나머지 1%에 대해 내일 스트라스부르 대학교에서 장-뤽 마리옹Jean-Luc Marion 이 발표를 할 예정이죠. 선물, 증여, '선사/주기'donation 가 그의 주제인데, 후설에 따르면 '줌'이란 주체에 선행하는 무엇으로서, 주체는 오직 사후적post factum 으로만 그것을 확증할 수 있으며, 오직 그 이후에만 증여, '선사/주기'는 주체성의 구조 속에 자리 잡을 수 있게 됩니다. 그러므로 시원적 증여, 곧 주체 없는 증여는 주체를 가능케 하는 근거이자, 노에시스와 노에마, 스키마타Schemata 등등 주체로부터 파생하는 모든 것을 근거 짓는 토대라 할 수 있습니다.

하지만 증여 자체는 그런 파생물들과는 다른 지위를 지닙니다. 내일 마리옹이 이야기하겠지만, 증여는 현상하기/나타나기apparaître 와 현상하는 것/나타나는 것apparaissant 사이의 근본 관계를 지칭하기 때문이죠. 실로 지금 주어지고 있는 것, 주어진 것, 즉 증여된 것을 현상 가운데 밝혀지게 만드는 것은 주체-객체의 관계가 아닙니다.

리클린 말하자면 본질로서도 현상으로서도 드러나지 않는 어떤 것을 고려해야 한다는 말이겠죠? 실상 그게 현상학의 근본 개념 아니겠습니까?

낭시 음, 후설에게 이 대립은 비록 증여의 개념이 거기에 아직 들어오진 않았더라도, 아직 완전히 효과를 상실하지 않았었습니다. 그에게는 또한 'Ding-Sinn', 즉 의미로서의 사물이란 개념이 있었는데, 이것이야말로 노에마적 의미 개념의 본체라 할 만한 것입니다(잘 알려져 있다시피, 노에마는 사물로 향해져 있죠). 비록 후설에게 의미가 애초에 이미 주체성의 영역에 포함되어 있는 것이라 해도, 사물이 나타나기 이전에 의미는 이미 본래적으로 '날것 자체'인 상태로 무매개적으로 존재하는 것입니다. 우주론적 빅뱅을 연상케 하는 장면이죠. 만일 매스미디어에서, 상상계에서 '빅뱅'이 큰 성공을 거두었다면, 그 이유는 현대 물리학이…….

리클린 환원되지 않는 유한성에 맞부딪혔기 때문이 아니란 말씀인가요?

낭시 그렇습니다. 하지만 그런 유한성은 동시에 세계가 존재한다는 사실 자체로부터 주어진 세계의 선물이기도 하겠지요.

리클린 즉 세계는 소여된 동시에 유한하고, 유한하기 때문에 소여되어 있다는 말이군요. 반면 증여, '줌'은 무한한 것이고…….

낭시 그런데 그 두 가지는 사실 동전의 양면이랍니다. '차연'différance이라는 신조어를 도입했던 책 『목소리와 현상』[18]에서 자크 데리다는 차이의 유한성은 (일반적인 차이difference와 구별되는) 차연으로서는 기실 무한하다는 것을 보여 준 바 있죠.

데리다는 언젠가 제게 "그런 문구가 별 의미를 지니지 않음을 경계해야 한다"라고 말한 적이 있지만, 그 문구는 하나의 실마리가 되어 제 머릿속에서 계속 맴돌고 있습니다. 제 생각에 의미와 관련된 모든 문제는 이 짧은 문구 속으로 귀결되는 것 같아요. 만일 차이가 유한하다면, 만일 차이가 유한성 자체라면, 차이는 실존들 사이의 지연, 어떤 환원 불가능한 간격écart 때문에 발생한다고 말할 수 있습니다. 그리고 바로 이것이 실존이 무한히 실현될 수 있는 방식이자, 실존을 잔여물 없이 그 자신일 수 있게끔 만들어 주는 가능성인 것입니다. 『정신현상학』의 말미에서 헤겔은 "이 정신적 왕국의 잔 밖에서, 정신의 무한성은 거품을 내고 있다"[19]라고 언급해 놀랄 만한 탁견을 보여 준 바 있죠. 바로 그렇습니다. 차이는 유한합니다. 하지만 무한성은 바로 그 유한함에 내속해 있는 것이며, 그로 인해 차이는 의미를 발생시키는 것이지요.

리클린 당신의 글 「사건에 관하여」[20]를 읽어 보니, 거기서 당신은 일정 정

---

18) Jacques Derrida, *La voix et le phénomène*, Paris: Presses universitaires de France, 1967〔자크 데리다, 『목소리와 현상』, 김상록 옮김, 인간사랑, 2006〕.

19) Georg Friedrich Wilhelm Hegel, *Phänomenologie des Geistes*, Werke Bd.3, Frankfurt a.M. 1996, S.591〔게오르크 프리드리히 빌헬름 헤겔, 『정신현상학』, 임석진 옮김, 지식산업사, 1988; 헤겔, 『정신현상학』 1·2, 임석진 옮김, 한길사, 2005〕. 아렌트에 따르면 헤겔의 이 문구는 실러의 시구로부터 잘못 인용한 것이다. 한나 아렌트, 『정신의 삶 1: 사유』, 홍원표 옮김, 푸른숲, 2004, 143쪽.

20) Jean-Luc Nancy, "De l'être-en-commun", *La communauté désœuvrée*, Paris: C. Bourgois, 1990. 러시아에서 이 논문은 리클린의 번역으로 다음 책에서 발표되었다. Ж.-Л. Нанси, "О событии", *Философия Хайдеггера и современность*, Москва: Академия НАУК, 1991. C.91~102〔장-뤽 낭시, 「사건에 관하여」, 『하이데거의 철학과 현대성』〕. 리클린은 이 번역문의 제목에서 사건(событие)을 분철해서 표기하였는데(со-бытие), 이 대담집 132쪽의 각주 10번에서 밝힌 대로 '사건'이란 단어가 러시아어로 '공동적'(со) '존재(성)'(бытие)을 뜻한다는 점에 착안하였음을 염두에 둘 필요가 있다.

도, 특히 어떤 구체적인 지점들에서는 데리다와 명확한 거리를 유지하려 했다는 느낌이 들더군요. 시간적 간격을 두고 무한하게 미결정인 상태로 보류하기 혹은 괄호 안에 묶어 두기Einklammern, Einklammerung 등은 데리다의 철학적 전략의 하나라 할 수 있습니다. 가령 '나'가 무언가에 관해 지금 곧장 어떤 결정을 내릴 수 있다 해도 그 결정의 결과를 통제하기가 결코 쉬운 일은 아니라는 말입니다. 그런 점에서 우리는 항상 늦게 태어나는 셈이죠. 매번의 결정 너머로는 셀 수 없이 엄청나게 많은 결과들이 이어지고 있으며, 그 결과들에 관해 우리는 통제는 고사하고 아무것도 예측할 수 없는 상태에 있기 때문입니다. 사태에 대해 늘 조심스럽게 접근해야 하는 까닭이 거기 있지요. 비단 데리다만이 이런 태도를 취하는 것은 아닙니다. 예컨대 카프카도 그와 멀지 않은 자리에 있었음은 쉽게 확인할 수 있는 일입니다.

「사건에 관하여」에서 당신이 도입했던 개념들은 기실 상황을 더욱 복잡하게 얽어 놓는 것들이었단 생각이 듭니다. 철학을 장기놀이에 비교할 수 있다면, 당신의 전술은 데리다에 비해 예측하기가 상대적으로 어렵지 않은 편이죠. 한편으로 당신은 과거의 철학적 전통이 공동적 존재성에 가까운 곳에서 존속해 왔노라고 썼습니다. 하지만 이 문제의식은 주의 깊게 성찰되지 않은 채 종종 간과되고 말았는데, 사실 그런 사태가 전적으로 우연의 소산이라고 말할 수만은 없다는 것이죠. 오히려 의도적인 부분이 없지 않았다고까지 말할 지경입니다. 공동체에 귀속된 이들은 우리가 결코 홀로 태어나는 게 아니란 것을 잘 알고 있습니다. 또한 그들은 철학에 종말을 선사할 일상어가 '자연화'된다는 주제를 부단히 이론화하고 있습니다. 개념을 통한, 개념 속에서 비롯되는 제2의 탄생이 이에 관련됩니다. 데카르트에 따르면 코기토는 부모에게서 태어나는 게 아닐뿐더러 오히려

'자연적'으로 존재하는 것도 아니며, 은밀한 방식으로 자기 자신으로부터 태어나는 것이라 합니다. 지각되지 않는 탄생이야말로 오히려 전적으로 의미를 지니는 셈이죠…….

낭시 그래요. 맞는 말입니다.

리클린 공동체의 문제는 너무나도 골치 아픈 문제입니다. 두말할 나위 없이 공동체는 태생적으로 철학에 선행하며, 고대 그리스의 폴리스와 동급이라 할 수 있죠. 하지만 법 형식을 부여하는 폭력의 선차성이란 관점에서 볼 때 공동체는 전적으로 이단적입니다. 그럼 어떻게 신성한 법을 정초할 수 있을까요? 공동체의 문제를 다루는 당신의 텍스트에는 양가적이면서도 조심스러운, 미묘한 진동이 느껴지더군요. 가령 당신의 공동체 이론은 어떤 의미를 통해 생산되고 있는데, 그 의미는 일견 횔덜린의 텍스트에 대한 하이데거의 독해에서 비롯된 것처럼 보이죠. 하지만 어쩌면 당신을 더욱 강렬하게 잡아끄는 것은 하이데거의 경계를 넘어서 철학에 선행하는 공동체에 도달하고자 하는 그런 유혹이 아닌가 싶습니다. 불가능한 것에 대한 거부할 수 없는 매혹이라고나 할까…….

낭시 그게 대단히 위험스러운 유혹이란 사실을 저도 잘 알고 있습니다. 너무나도 잘 알죠. 명민한 독자들이라면 제가 독일의 극좌파 지식인들을 염두에 두고 이야기하고 있음을 알아챘을 것입니다. 이에 대해서는 어제 이미 당신과 이야기 나눴었죠. 극좌파 지식인들은 공동체를 어떤 'Gemeinschaft', 이 단어의 지극히 독일적인 의미에서 근원적이고 신화적이며 나치적인 것으로 받아들이고 있습니다. 하지만 그렇게까지 멀리 나가지 않더라도, 알랭 바디우 같은 이는 『정치와 현대성』[21]에 발표한 어떤 글에서 우리는 지금 낭시의 '무위無爲의 공동체'와 블랑쇼의 '밝힐 수 없는 공동체', 그리고 아감벤의 '도래할 공동체'와 같은 개념들을 마주하고 있노라 언급한 적이 있습니다. 바디우는 이 새로운 공동체 개념들의 출현에 일단 환영을 표하는 한편으로 그에 거리를 두고 있는데, 말하자면 공동적 존재성이란 문제의식 자체에는 전적으로 동감하지만, 거기에 수반되는 '공동체'라는 단어는 그다지 받아들일 만하지 않다는…….

리클린 그다지 바람직하지 않은 개념이라 그건가요?

낭시 그 비슷한 뜻입니다. 아무튼 바디우는 계속해서 이 개념에 대한 자신의 의구심을 피력하고 있습니다. 저로서는 그의 이런 반응을 잘 이해하고 있고요, 그래서 『함께 나타나기』에서 바디우의 비판에 간접적으로 응답하려 하기도 했답니다. 가령 그 책에서 저는 '공동체'를 표현하기 위해 'comparution'이라는 단어를 사용했는데, 왜냐하면 후자는 전통적 의미에서의 공동체 개념이 보다 덜한 느낌을 주기 때문이었죠. 바디우에 관해 말하자면, 그는 '평등'이란 단어를 사용하길 제안하는데, 제가 보기에 이 단어는 좀 다른 개념들의 목록에 속한 게 아닌가 싶습니다. 왜냐하면 '평등'이란 지위에 관한 문제를 제기하는 반면, '공동체'는 존재 방식에 관련되어 있거든요. 공동체가 별반 도움이 안 되는 단어일지 모르겠지만, '평등'으로 그냥 바뀌칠 수 있는 개념은 아니라고 봅니다.

---

21) Alain Badiou, "L'outrepassement politique du philosophème de la communauté", *Politique et modernité*, Paris: Osiris, 1992, pp.55~67.

리클린 더욱이 '평등'이 '공동체'에 비해 덜 위험한 단어인 것도 아니고요.

낭시 제 생각에 평등이란 개념을 통해 바디우는 좀 다른 것을 의도하는 듯합니다. 물론 저는 당신네 나라 러시아에서 이 개념이 극단적으로 위험하게 사용되어 왔음을 잘 알고 있습니다. 반면 우리 프랑스에서는 불평등의 문제가 지속적으로 논쟁의 대상이 되고 있지요.

제 개인의 의지와는 별개로, 저는 여하간 '공동적 존재성'의 문제로 되돌아가는데, 왜냐하면 저로서는 이 개념을 통해 이야기하는 게 더 편할 뿐더러, 이 개념이야말로 "함께 있음이란 무엇인가?" 또는 "'공동적'coв, en이란 무엇인가?"라는 일련의 질문들과 진정 깊이 관련되어 있기 때문입니다.

바로 이런 맥락에서 이미지figure에 대한 제 문제의식도 싹트게 되었습니다. 지금 우리는 표상/재현 불가능한 것들로 둘러싸여 있습니다. 우리가 할 수 있는 것은 아무것도 없지요. 우리가 파라오나 스탈린의 시대로 되돌아가길 원하지 않는다면야…….

리클린 하지만 그건 우리 자신에게 달린 문제가 아닐까요? 우리의 운명은 오로지 우리 손에 달린 게 아니겠습니까?

낭시 뭐 하지만 운명은 우리 손에만 달린 게 아니라고 생각할 필요도 있는 겁니다. 우리는 정치가 우리 의지의 문제라고, 자신의 기획을 실현하는 힘과 능력의 문제라고 생각하는 데 익숙하기 때문에, 오히려 자기 자신에게 이렇게 물으려 애써야 할 것입니다. 즉, 만일 정치가 나의 의지와 직접적으로 무관한 사태라면 어떻게 할 것인가?

데리다와 저 사이에는 논의해 보아야 하는 불일치점이 있다는 데 동의합니다. 정말로 데리다는 비결정성이란 문제에, 어느 방향으로도 결정지을 수 없는 그 불가능성을 강조하는 경향이 있지요. 그는 다만 결과란 결코 예측 가능하지 않다는 점을 지적하고 싶어 할 뿐입니다. 이는 그 나름대로 옳은 판단이고, 사실 전적으로 맞는 말이라고 생각합니다. 하지만 동시에 우리가 어쨌든 여하한의 선택을 내리고 그 결과들에 개입하기 위해 요구되는 어떤 진중한 근거들이 요구되는 법입니다.

리클린 비결정성 또한 다분히 강력한 결정의 한 가지 형태로 간주될 수 있습니다. 우리 시대의 가장 위대한 철학적 전략가라 할 만한 데리다는 종종 이렇게 말하곤 했습니다. 그가 취하는 결정 불가능성의 정치학은 결정의 무한성을 결코 배제하지 않는다고요. 데리다는 자신의 글에서 그런 결정을 '선물'이라 부르기도 했죠.

낭시 두말할 필요도 없는 지적입니다. ■

7 Paul Virilio

거대한 자동 기계: 폴 비릴리오와의 대담

폴 비릴리오와의 대담

대담 일시: 1992년 4월 6일
대담 장소: 프랑스 파리 라쿠폴 레스토랑

리클린 제가 드리고 싶은 첫번째 질문은 총력전 혹은 '순수' 전쟁에 관한 것입니다. 이 개념은 실비아 로트링거Sylvère Lotringer와의 대담과 다른 일련의 저술들에서 발전되어 나온 것인데, 이에 대한 당신의 최근 입장은 어떤 것입니까?

비릴리오 제가 보기에 총력전은 군비 경쟁의 양상으로 남아 여전히 유효성을 상실하지 않고 있습니다. 군비 경쟁이 동반되지 않았다면 핵 억지 전략은 수년간 효과적으로 작동하지 않았을 것입니다. 달리 말해, 억지력이란 몇몇 사람들이 가정하듯 핵무기의 현존에 달린 문제가 아닙니다. 억지력은 군수 산업 및 군산 복합체의 성장뿐만 아니라 과학의 군사화에도 의존하는 것이지요. 동구와 서구를 양축으로 한 억지력의 종말과 함께 사태는 근본적으로 변했습니다. 지금 억지력은 통상적인 변화 이상을 의미하지 않게 된 것입니다. 동구와 서구, 양대 블록의 대립을 뜻하던 총력전은 상대방보다 더욱 강력한 핵무기를 최대한의 정밀도로 발사 준비할 수 있는 무장 시스템에 근거해 있었습니다. 폭력의 평형이 깨졌다는 것, 정확히 말해 그 일각을 담당하던 소비에트 연방이 종말을 맞은 것은 서구,

무엇보다도 유일한 초강대국이 된 미국으로 하여금 권력의 본성 자체를 재규정하도록 종용했습니다. 새로운 억지력의 선구적 형태는 미국의 전략적 주도권, 흔히 말하는 '스타워즈' 프로그램[1]입니다.

리클린 지금 하시는 말씀은 새로운 억지력이 정보 과학이라는 무기에 기반해 있다는 것인가요?

비릴리오 네. 제 이야기는 핵이나 다른 형태의 파괴 무기가 아니라 커뮤니케이션 무기에 의존하는 억지력에 관한 것입니다. 20년 전 미국과 러시아에 의해 우주로 쏘아 올려진 위성 시스템은 오늘날의 총력전이 더 이상 군산 복합체가 아닌 군사 정보 복합체에 의해 가동되게 만드는 초석을 쌓은 셈이지요. 지금 펜타곤이 부시George H. W. Bush 대통령에게 소비에트 연방의 우주 위성 시스템을 사들이도록 압박하고 있다는 사실은 꽤나 주목할 만한 일입니다.

여하간 총력전은 정보 통신의 통제에도 동원되고 있는데, 비단 과학 정보라는 차원만이 아니라 정보 일반, 그 자체를 통제하기 위해서도 동원되는 중입니다. 조지 오웰의 예측은 이제 전 세계적 수준에서 실현되었다고 말할 수 있습니다. 가령 사회는 슈타지[2] 같은 비밀경찰이 감시하는 일

---

1) 스타워즈(Star Wars). 1983년 미국의 레이건 대통령이 발표한 미국의 전략 방위 구상 계획(Strategic Defense Initiative, 통칭 SDI). 적이 발사한 대륙간탄도미사일을 추적하여 대기권 밖에서 요격하는 방어 시스템을 말한다. 조지 루카스의 영화 「스타워즈」와 동명으로 불린 이 계획은 천문학적 예산 낭비와 냉전의 심화를 부추겼다는 이유로 내외적으로 격렬한 비판의 대상이 되었다. 조지 부시(George W. Bush)가 추진했던 미사일방어체제(MD)는 SDI의 재판이라 말해도 과언이 아니며, 역시 유사한 이유로 비판의 도마 위에 올라 있다.

2) 구동독의 비밀경찰. 자세한 것은 93쪽의 각주 6번을 참조하라.

국적 수준이 아니라 전 지구적인 차원에서 작동하는 정보 시스템에 의해 통제되고 있어요. 걸프 전쟁은 이런 무기가 현장 배치되는 새로운 흐름의 시초라 할 만합니다.

리클린 『속도와 정치』[3]의 말미에서 당신은 대단히 의미심장한 문제를 제기했습니다. 만일 속도가 어떤 임계점을 넘어가 버리면, 정치적 의사 결정은 근본적으로 컴퓨터에 일임될 수밖에 없는데, 그것은 곧 정치의 파산이요 죽음을 의미하게 될 것이라는 주장이었죠. 이런 전망의 현실성에 관해 지금은 어떻게 평가하시는가요?

비릴리오 그런 문제의식은 그 유효성을 조금도 잃지 않았습니다.

리클린 최근 저서에서도 동일한 취지로 고르바초프를 인용하셨더군요.

비릴리오 고르바초프 및 레이건-부시 시대에 이루어진 군비 축소는 정치적 의사 결정의 자동화라는 위험성에 얽혀 있습니다. 그 위험이란 오로지 전자 장치에 의해서만 운영되는, 정치적 행위 능력이 전무한 상태로 작동하는 정찰 위성의 발사를 의미합니다. 제 생각에 이런 위험성은 계속 존속할 것입니다. 그것은 권력과 속도에 달린 문제인 것입니다.

리클린 하지만 그 임계점, 문턱을 넘어선 것은 아직 아니죠?

---

3) Paul Virilio, *Vitesse et politique*, Paris: Galilée, 1977〔폴 비릴리오, 『속도와 정치』, 이재원 옮김, 그린비, 2004〕.—지은이

비릴리오 아직은 아닙니다만, 그렇다고 이 문제가 해소되는 것도 아니겠습니다. 증권 거래소를 예로 들어 볼까요. 얼마 전 월스트리트와 런던, 파리, 도쿄에서 환율 변동을 프로그램할 수 있는 시스템이 등장했습니다. 이는 의사 결정의 자동화를 보여 주는 또 다른 현상이라 할 수 있죠. 1986년 증권시장의 붕괴 이후, 내파內波가 발생할 경우 마치 텔레비전을 꺼 버리듯 거래소 시스템을 중지시킬 수 있는 자동 차단 시스템이 작동하기 시작했습니다. 거듭 강조하자면, 이 문제는 여전히 유효성을 잃지 않고 있으며, 이는 속도가 권력의 근본 요소가 되어 버렸기 때문입니다.

그래요, 어원학적으로도 속도의 의미가 어디까지 거슬러 올라갈 수 있는지는 매우 흥미로운 질문입니다. 요새 '더욱 강력한 슈퍼컴퓨터'의 등장에 관해 이야기들 하는데, 그건 좀 바보 같은 조어법이에요. 왜냐하면 여기서 '강력한'이란 말의 뜻은 컴퓨터의 연산 속도 이외에 다른 것을 의미하는 게 아니거든요. 다시 말해 '더욱 강력한'이란 표현은 이 맥락에서 '더욱 빠른'을 의미할 뿐이라는 말입니다. 그렇다면 속도의 문제를 새로운 밀레니엄을 앞둔 상황에서 근본적인 정치적 문제로 제기할 수 없는 이유가 어디 있겠습니까?

이 사태야말로 군비 경쟁과 군부로의 권력 집중을 불러일으키는 근원에 다름 아닙니다. 여기엔 실시간으로 영토적 위험성을 판정할 능력이 있는 자동화 시스템이 버티고 있죠. 탄도미사일 방어 시스템 같은 것 말입니다. 제1차 솔트 협약[4]이 체결될 수 있던 것도 탄도미사일 방어 시스템이 충분히 개발된 덕분이었습니다. 신속한 보복 공격 시스템이 인간이

---

4) 전략무기제한협정(Strategic Arms Limitation Talks, SALT). 1969년 이래 미국과 소비에트 연방 사이에 진행된 핵무기 감축 협상.

책임질 부분을 지워 버렸고, 그 자리를 자동화된 기계가 차지해 버린 셈입니다. 속도와 관련된 모든 것이 그러하듯, 이 문제가 여전히 급박하게 제기되는 이유도 여기 있습니다.

리클린 최근의 책[5]에서 당신은 정보에 대한 접근 가능성을 군사적 잠재력의 일부로 간주하였습니다. 이런 관점은 당신과 보드리야르 사이의 차이를 부각시키는 듯 보이는군요. 그는 정보의 장악을 군사 정보 복합체의 관점이 아니라 정치의 종말이라는 관점에서 바라보고 있지 않습니까?

비릴리오 정보의 장악은 군사 정보 복합체의 일부분입니다. 그건 그렇습니다. 많은 이들이 이 점을 제대로 이해하고 있지 못하더군요. 하지만 제 변치 않는 분석 대상은 바로 속도입니다.

제 이야기의 초점은 광범위한 커뮤니케이션의 수단들에 있습니다. 영화, 말, 자동차 따위들이 그렇죠. 그렇지만 제가 늘 염두에 두고 있는 것은 그런 사물들 자체가 아니라 그것들의 속도입니다. 다양한 영역에서 속도 측정기를 사용해 보는 것—여기에 제가 몰두하는 작업의 의미가 있습니다. 제 관심사의 중심에는 언제나 동일한 한 가지 질문이 있습니다. 그것은 "정치의 상대속도는 무엇인가?"라는 질문입니다. 속도는 현상이 아니라 현상들 사이의 관계이며, 상대성의 구체화라는 사실을 상기시켜 드리고 싶군요.

리클린 당신은 권력 구조에 영향을 미치는 속도의 효과에 관해서도 지속

---

5) Paul Virilio, *L'écran du désert*, Paris : Galilée, 1991〔폴 비릴리오, 『사막의 스크린』〕.

적으로 연구하고 있으시죠. 당신이 분류한 바에 따르면, 무기는 방어, 파괴, 커뮤니케이션, 이렇게 세 가지 단계로 나뉩니다. 이들은 주위 환경, 도시 공간, 사회구조에 직접적인 영향을 미치는 것들이고요.

비릴리오 우선 방어라는 최초의 기본적인 무기 형태를 살펴봅시다. 성채, 방패, 투구, 갑옷 등등……. 도대체 벽과 같은 것이 없다면 정치의 발생 자체를 이해할 수가 없죠. 그것은 성채의 방벽이나 방어 무기의 우수성에 의해 구축되었던 것입니다. 방어 무기로서의 성벽이 15~20세기에 걸쳐 대포나, 혹은 그 후 공중 공격과 같은 대량 파괴 무기에 우선권을 내줌에 따라 사회 역시 변화를 겪어야 했습니다. 국가/폴리스는 국민국가로 바뀌었고, 국지적 전망은 범역적 차원으로 확장되었습니다. 국민국가는 포위전의 종말과 더불어 나치 독일의 전격전Blitzkrieg 같은 돌격전으로의 이행과 관련되어 있지요.

또한 새로운 유형의 정보 무기가 일반화되면서 도시와 국가의 기능도 바뀌었습니다. 정보 무기의 등장으로 국민국가는 더욱 광대한 범역적 총체성을 획득합니다. 오늘날 한 국가 내에서 벌어지는 갈등, 반환 분쟁, 내전 등이 그것으로 다 설명될 수 있죠. 도시의 지위 역시 문제시되는데, 현재의 도시는 이미 과거의 도시들보다 더욱 큰 것이기 때문입니다.

1993년부터 시작된 유럽 국경선의 개방 결과, 민족 개념은 그 힘의 상당 부분을 베를린, 파리, 런던 등과 같은 거대 도시-군도, 즉 메가폴리스 쪽으로 이양하게 되었습니다. 요컨대 위성통신 무기의 등장은 문명의 '전 지구화'를 동반하게 되었다는 말입니다. 우리는 도시들의 복합체로 구성된 세계 도시의 탄생에 즈음하여 살아가고 있습니다. 이 모든 것들은 이제 갓 생겨났음에도 불구하고 정치를, 아니 적어도 정치의 차원을 전복하려 위협하고 있어요. 속도와 권력을 통해 전쟁에 관련되는 모든 것들은 또한 폴리스에도 관련되며, 따라서 정치의 차원에도 관련이 있습니다. 우리는 소비에트 제국의 붕괴 및 위기에 처한 단일 초강대국〔미국〕이라는 현상의 목격자들만은 아닙니다. 우리는 정치 전반의 급진적 변화라는 시대를 살아가고 있는 것입니다. 시간 정치학에 자리를 내주며 소멸하고 있는 지정학의 위기가 목전에 닥쳤으며, 실시간[6]의 정치학이 실재 공간의 정치학을 지배하기 시작하고 있습니다.

리클린 당신의 개념들에 대한 열쇠어가 되고 있는 '실시간'이 무엇인지 더 자세하게 설명해 주시겠습니까?

비릴리오 지구가 둘레 4만 킬로미터의 작은 행성이라는 사실을 상기해 봅시다. 우리 이전 세대가 통신과 열차, 비행기 등이 낼 수 있는 상대속도에 기반해 있었음에 반해, 우리는 빛의 절대속도를 다룰 수 있게 된 첫번째 세대라 하겠습니다.

이전에는 이동 수단의 발전이 생산력을 배치하는 문제에서 결정적 요소로 작용했지요. 가령 철도, 공항 따위의 실재 공간을 구축하는 문제에서 그것은 결정적 의미를 지녔습니다. 하지만 즉각적인 메시지 전송을 가능하게 한 통신 혁명은 시간의 도시적 집중화, 즉 공간이 아닌 시간 사

6) '실재 공간'의 짝으로서 '실재 시간'으로도 번역될 수 있는 비릴리오의 '실시간'(le temps réel)은 시간의 극한적 압축이 공간적 연장성을 소멸/무화시킴으로써 나타난 탈/현대적 현상을 말한다. 무엇보다도 기술적 진보에 의해 충족된 실시간의 개념은 정치의 본질적 현상으로 제기됨으로써 의미를 얻게 되었고, 비릴리오 저작의 주요한 열쇠어로 대두되었다. 철학적 개념어로는 '실재 시간'이 더 적절할 듯 보이지만, 우리의 일상적 어감에 있어서뿐 아니라 이 개념이 의도하는 순간성과 즉발성 등을 고려하여 '실시간'으로 옮긴다.

용의 조직화를 요구하였습니다. 그럼 실시간이란 무엇일까요? 그것은 전자기적 파동의 절대속도를 실효화하는 것이며, 공간적 근접성을 교란하는 시간의 인접성을 창출하는 것입니다.

오늘날은 원거리에 있는 것이 근거리에 있는 것, 즉 이웃한 것을 지배하는 시대입니다. 예컨대 가까이 사는 사람이라도 전화·팩스·텔렉스 등을 통해 먼 곳에서 교우하는 사람보다 더 멀게 느껴지는 경우가 있지요. 올해부터 프랑스의 철도 이용객들은 요금을 원거리에 대해서는 덜 내고, 근거리에 대해서는 더 많이 내야 합니다. 이것이야말로 오늘날의 변화를 잘 보여 주는 예가 아니겠습니까?

리클린 거리의 극복이라는 말씀이군요?

비릴리오 말하자면 그렇습니다. 실시간 속에 존재한다는 것, 그것은 공간적 지평 너머에서 벌어지는 사건들을 살아간다는 뜻이며, 때로 세상 반대편에서 사건이 발생하는 바로 그 시간에 지금 참여하고 있다는 뜻이기도 합니다. 바로 그것이 실시간에 대한 정의라 하겠습니다.

리클린 그 경우 걸프 전쟁은 전적으로 실시간에서 전개되었다고 말할 수 있겠군요.

비릴리오 걸프 전쟁은 실시간에서 벌어진 최초의 전쟁이었습니다. 공방전 전체가 애틀랜타에 있는 통제 센터에서 제어되었기 때문이죠. 포탄의 궤적은 거기서 다 계산되어 나왔습니다.

리클린 요컨대 거리가 소멸된 총체적 투명성이 도래했다는 말씀이군요.

그렇다면 군부가 이 전쟁을 방송에서 생중계하는 데 본질적인 제약을 가했다는 사실은 어떻게 설명할 수 있겠습니까?

비릴리오 실시간의 전쟁에서 문제는 지연된 시간le temps differé으로는 더 이상 만족할 수 없다는 사실에 있습니다. 이제 여기 두 가지 시간이 있습니다. 실시간 그리고 지연된 시간이 그것들이죠. 이때 실시간이란 오직 실재적 흐름 속에서만 실존하는 시간입니다. 예전에는 과거, 현재, 미래라는 세 가지 시간이 존재했었죠. 현대 사회에는 과거, 즉 지연된 시간과 현재, 즉 실시간만이 있습니다. 미래로 말하자면 그것은 슈퍼컴퓨터에 의해 프로그램될 수 있는 시간일 따름입니다.

리클린 우리는 다만 실시간에서만 절대적 투명성에 도달하게 되고 그것이 불러일으킨 충격을 경험한다는 말씀이군요. 당신의 책 『영토의 불안정성』[7]에는 이런 구절이 있습니다. "투명성, 편재성, 총체적이고 즉각적인 인식—이 모든 것 없이 생존하기란 불가능한 일이다." 이로부터 총체적 간첩[8] 활동이라는 개념도 나오고 있습니다만, 당신은 그러한 투명성의 도래를 공간의 파산과 연관 지어 생각하는 것입니까?

---

7) Paul Virilio, *L'insécurité du territoire*, Paris: Stock, 1976.

8) 비릴리오에 따르면 국가와 사회, 대중의 흐름을 총체적으로 포획하고 통제하는 가장 확실한 방법은 그것들의 순환 속도를 장악하는 것이다. 흐름의 상대속도를 조절하고, 그 맺고 끊어짐의 결절점을 선점하는 것이 전일적인 통제의 성패를 좌우한다는 것. 간첩은 (가속/감속, 정지를 조절하는) 그런 속도의 결절점에서 활약하는 현대 사회와 국가의 통제 기구라 할 수 있다. 요컨대 간첩은 현대의 보편적이고 특이적인 현상이라 할 수 있다.

비릴리오 그렇습니다. 실시간의 투명성은 공간이란 더 이상 존재하지 않는다는 전제를 깔고 있죠. 다시 말씀 드립니다만, 이런 시간은 빛의 속도와 분리해서 생각할 수 없습니다. 뉴턴의 시대에 시간과 공간은 절대적인 것으로 인식되었지만, 아인슈타인의 시대에는 이미 속도만이 절대적이었고, 시간과 공간은 상대적이라 여겨졌죠. 우리는 초속 30만 킬로미터를 실효적인 속도로 받아들인 최초의 세대이며, 더욱이 이는 텔레비전 등의 여러 원격 기구들을 통해 다만 보고 듣는 차원에 그친 게 아니라 실제적인 작동의 차원에서 그렇게 받아들여진 것입니다.

지구라는 행성의 크기는 인간에게 그런 속도를 허락할 만한 충분한 연장성을 지니고 있지 않지요. 우주에서 초당 30만 킬로미터라는 것은 보잘것없는 속도입니다. 우주 자체가 너무나도 광활하기 때문이죠. 하지만 지구에서는 문제가 달라집니다. 여기엔 공간이란 것 자체가 없잖아요. 최초의 근접성은 우리의 신체적 신진대사와 관련된, 물리적이고 생체적인 것이었습니다. 두번째는 기차, 승강기, 비행기 등의 기계적 근접성이었지요. 전자기적 파동을 발생시키면서, 우리는 거리가 상실된 세번째 유형의 인접성으로 나아가고 있습니다. 즉, 그것은 절대적 투과성, 투명성을 전제하는 '비거리적 인접성'입니다. 수개월 전 저는 파리와 도쿄에서 열린 어느 원격 회의에 참석한 적이 있습니다. 제가 제기했던 문제들은 실시간으로 전달되었고 거기엔 어떤 시간적 간격도 벌어지지 않았어요. 개인적으로는 최초의 경험이었습니다.

이제 우리는 두 개의 관점과 마주하고 있습니다. 첫번째는 인력과 기하학적 상관성에 결부된 실재 공간의 관점입니다. 두번째는 거대한 전자기적 관점으로서, 이를 통해 우리는 원거리의 전혀 다른 장소에 있어도 실시간을 통해 직접 보고 들을 뿐 아니라 만질 수조차 있게 되었습니다.

요새 온도나 기타 다른 감각 신호들을 수신하는 데이터 장갑이 광고에 등장하던데, 이 장갑을 끼면 가령 몇천 킬로미터 떨어진 곳에 있는 여성의 손길을 느끼는 것도 가능해진다고 합니다.

<u>리클린</u> 홀로그램 사진이 얼핏 떠오르는군요.

<u>비릴리오</u> 네, 하지만 거리가 제거된 촉각성이 추가되었다는 게 중요합니다. 실시간은 실재 공간의 소멸, 전적인 투명성과 투과성을 전제하고 있으니까요. 공간 관념이 잔존할 수는 있겠지만, 아마 존재하지는 않을 것입니다.

<u>리클린</u> 걸프 전쟁은 이런 사태를 현시한 것이고요?

<u>비릴리오</u> 그것은 실시간의 편에 서서 실재 공간을 부정한 전면전이었습니다. 걸프 전쟁은 실시간에서의 전면전인 동시에 실재 공간에서의 국지전이었던 셈이죠.

<u>리클린</u> 그럼 걸프 전쟁에 대한 보드리야르의 관점에 대해 어떻게 생각하십니까? 그는 그 전쟁이 전혀 벌어지지도 않았다고 주장했는데 말이죠.

<u>비릴리오</u> 저는 보드리야르의 그 책에 관해 아주 비판적입니다. 왜냐하면 그의 책은 독일과 프랑스의 수정주의 역사학자들이 한 것과 똑같은 주장을 담고 있거든요. 이를테면 나치의 강제수용소 같은 것은 존재하지 않았다는 주장 말입니다. 같은 논리로 보드리야르는 걸프 전쟁은 없었다고 말

하고 있습니다. 제가 보기에 이건 심각한 실수이며, 더 나쁜 것은 그가 이런 사실을 받아들이려 하지 않는다는 사실이죠. 그는 어떻게든 자기 실수를 인정해야 해요. 그는 시뮬라시옹의 실수를 저지른 것입니다. 걸프 전쟁은 허구를 꾸며 댐으로써 가공된 사기와 협잡이 판을 치는 전쟁이었다는 말인데, 그것 자체가 틀린 말은 아니죠. 하지만 그렇다고 전쟁이 없었다고 결론짓는 것은 옳지 않습니다. 전쟁은 우리 앞에서 벌어지지 않았을 뿐이지 실제 전장에서는 벌어지고 있었거든요. 만일 그가 옳다면, 제2차 세계대전에 관해서도 그렇게 이야기할 수 있겠지요. 가령 제게 러시아에서는 전쟁이 벌어지지 않았습니다. 왜냐하면 저는 단지 스탈린그라드 공방전을 보여 준 독일군의 영상 기록만 보았을 뿐이니까요.

리클린 보드리야르는 언론 정보 매체에 대한 모종의 관념에 의지하는 편입니다. 저는 그런 관념을 보편적이라 부를 수 있을지 회의적입니다만, 여하간 그는 그 이미지들을 통해 발생한 유사 총체성 같은 것을 주장하는 형편입니다. 만일 그런 이미지들이 전적으로 날조된 것이라면 전쟁 따위는 없었다는 말도 성립하겠죠.

또한 잊어서는 안 될 사실은, 걸프 전쟁이 대타자로서 공산주의의 소멸과도 뗄 수 없는 관계에 있다는 점입니다. 대타자로서 공산주의를 이어 사담 후세인이 일시적으로나마 그것의 인격적 이미지를 보유했던 탓입니다. 공산주의의 종말에 대해서는 어떤 의견을 갖고 있습니까?

비릴리오 이 질문에 대답하기에 앞서, 보드리야르와 저의 입지점에 관해 해명하고 싶군요. 걸프 전쟁에 대한 우리들의 근본적인 상이점은 우리가 서로 완전히 상이하되 친구가 되는 것을 방해할 정도는 아닌, 서로 다른 문화적 자장에 속해 있다는 사실에서 연유합니다. 보드리야르는 정신분석적 배경 지식에 통달해 있는 반면, 저는 이 방면에 대해서는 완전히 무지하니까요. 그래요, 저는 정신분석에 관해서는 별반 흥미가 없답니다.

리클린 그럼 당신은 그런 부족분을 오히려 자신의 장점으로 간주하는 건가요?

비릴리오 아니요. 저는 "mea culpa"(내 잘못)라고 말한 것뿐입니다. 제겐 정신분석적 배경 지식이 거의 전무하죠. 대신 보드리야르에게는 전쟁에 대한 이해가 전혀 없습니다. 전~혀 말입니다. (웃으며) 그런데 그게 제겐 있거든요……. 바로 이게 대단히 본질적인 차이입니다. 보드리야르는 정신분석적 배경 지식이라는 프리즘을 통해 대중 커뮤니케이션의 여러 분야들을 고찰해 왔습니다.

리클린 하지만 그는 정신분석의 한계를 뛰어넘은 듯싶던데요. 가령 욕망의 한계 같은 것 말입니다.

비릴리오 당신도 아시다시피, 그래도 역시 그는 욕망에 뿌리를 두고 있어요. 마치 제가 저 자신만큼이나 오래된 전쟁에 관한 지식에 제 분석의 뿌리를 두고 있듯 말이죠. 저로 말하자면 전쟁 시대의 아이, 제2차 세계대전의 아이라 할 수 있습니다.

리클린 보드리야르에게 억압된 욕망이라는 문제의식이 부정적 현실의 예표로 나타난다는 점은 논란의 여지가 없습니다. 또 이는 그의 글쓰기 스타일에서도 드러나고 있죠. 그에 반해 당신의 스타일은 더욱 전략적인 것으로, 보드리야르에 비할 때 더욱 개인적인 것으로 보이더군요.

비릴리오 전적으로 동의합니다. 차이가 어마어마하죠.

리클린 그 차이는 예술에 대한 가치 평가에서도 드러납니다. 당신의 책 『전쟁과 영화』[9]가 제게 각별한 의미를 남긴 까닭은, 거기서 당신은 전혀 예기치 않았던 시각으로 예술의 문제를 다루었기 때문입니다. 가령 양차 세계대전 사이에 찍혔던 전쟁 연대기나 적진에서의 전략적 촬영에 대해 예술 영화를 앞서는 명확한 주도권을 부여했던 것 말입니다. 아마도 이런 접근 방식은 굉장히 심오한 퍼스펙티브를 갖는 듯싶은데요.

비릴리오 바로 그런 접근 방식이 제가 지금 작업하고 있는 실시간의 퍼스펙티브에 대한 책과 관련되어 있습니다.

리클린 그럼 현대 예술의 상황에 대한 당신의 일반적인 견해는 어떤 것입니까?

비릴리오 현대 예술에서 우선적으로 제 관심을 끄는 것은 두 가지입니다. 비디오아트와 춤이에요.

---

9) Paul Virilio, *Logistique de la perception: Guerre et cinéma I*, Paris: L'étoile, 1984〔폴 비릴리오, 『전쟁과 영화』, 권혜원 옮김, 한나래, 2004〕.

리클린 춤이요? 어떤 종류의 춤 말씀입니까?

비릴리오 실험적인 춤이라 말씀 드리고 싶군요. 제 생각에 우리 시대의 화두는 무엇보다도 춤을 통해 자신을 인식할 수 있게 해주는 신체로의 귀환이라 할 수 있습니다. 물론 이는 다른 예술 영역에서도 가능하겠지만요. 달리 말해, 어떤 의미에서는 신체가 다시 예술의 중심에 자리 잡게 되었다고 생각합니다.

리클린 구체적으로 어떤 신체를 말씀하시는 겁니까?

비릴리오 인간의 몸, 즉 인간의 고유한 신체를 말하는 겁니다. 그 이상 자세하게 표현할 수가 없군요. 생각해 보세요. 탈물질화와 개인주의에 대한 응답으로 대두된 게 무엇인지. 사회적 신체의 상실이 감지되고 있으며, '우리'가 '나'에게 자리를 내주고 있습니다. 동구의 사정에 관해서는 잘 모르겠습니다만, 서구에서는 그런 상실감이 너무나 커서 신체로 되돌아가고 싶은 욕망이 대두된 지 오래되었어요. 다시 신체를 획득하자 이겁니다. 헬스클럽, 보디빌딩이나 탐식貪食 따위로 충족될 수도 있겠지요(현대 미국인들이 현저히 비만화되는 상황은 단순히 그들의 식생활을 알려 주는 징후에 그치는 게 아니라 몸무게를, 중량감을 다시 갖고 싶다는 욕망에 관련되어 있습니다).

리클린 유일 초강대국의 시민들은 모름지기 비만해야 한다는 말씀인데…….

비릴리오 바로 그겁니다. 예술도 신체로 되돌아가야 합니다. 진정 예술이란 신체로부터 시작한다는 말은 너무도 자명한 사실이에요.

리클린 신체는 실시간의 확장에 대해 반발하는 거점이며, 잉여적인 저항 형식이 될 수도 있지 않나요? 왜냐하면 실시간은 여하한의 신체적 현존이라 할지라도 전부 다 삼켜 버리고 말테니까요. 아닙니까?

비릴리오 바로 그렇습니다. 현대를 지배하고 있는 전자기 파동, 곧 전자파는 절대속도의 화신이라 할 만하고, 그것의 궤도를 통해 진행되는 탈물질화로 인해 역으로 질량과 밀도를 확보하려는 의지가 생겨나는 것입니다. 이는 많은 점에서 무의식적인 노력이라 할 수 있습니다만, 여하간 저항의 중요한 일부를 구성하는 것입니다. 제가 보기에 신체는 마치 선사시대에 그랬던 것처럼 다시금 미학의 중심에 놓였습니다. 여러 유적들로 보건대 최초의 그림들은 여성의 신체에 대한 묘사와 관련되어 있지 않았습니까?

리클린 말하자면 기원으로의 회귀로군요?

비릴리오 신체적 기원에 대한 회귀는 선사시대가 아니라 차라리 역사 이후를 향한 것이라 불러야 더욱 합당하겠습니다. 물질적 밀도를 갖는 것으로서 신체가 전면에 부각된 것이죠.

리클린 푸코는 그가 '훈육 공간'이라 불렀던 18~19세기 유럽의 사회구조를 강조한 바 있습니다. 그것은 노동자들의 신체를 길들이는 공간을 말하는 것이었지요. 그런데 오늘날 우리는 그 강조점이 이동하는 것을 목격하고 있습니다. 즉 훈육의 상당 부분이 자기 자신에게로 향해지고 있다는 사실입니다. 이 경우 신체가 실재 공간의 소멸과 실시간의 승리를 잇는 연결 고리라는 것은 당신 입장에서는 필연적일 텐데요.

비릴리오 저는 그것을 전 지구화된 신체라 부르겠습니다. 말하자면 그것은 실재 공간과 영토적 연장성의 종말을 뜻합니다. 실시간에서의 전일적인 보편성, 상호 관련성은 어딘가 그런 신체가 존재할 것을 요구합니다. 이로부터 욕망이 전 지구적이 된다는 말입니다. 그것은 인간의 신체를 자기중심적으로 만드는 욕망이지요. 전통적인 자기중심주의는 세계의 중심과 맺는 관계에 따라 자아를 중심화했고, 중력의 작용에 의해 영토적인 신체와 동물적인 신체를 합치시켜 왔습니다. 이 사실은 물질로서의 대지에 의존해야만 했던 유목 사회와 농경 사회 양자에서 모두 동일하게 받아들여졌지요. 하지만 신체성의 소멸을 야기한 탈영토화, 탈국지화의 테크놀로지가 등장함에 따라 세계 전체와 동등한 고유한 자신의 신체를 만들어 낼 필요가 부각되었습니다. 자신의 신체를 세계적 차원에서 전유해야 하는 사태가 벌어진 것이지요. 아까 말한 보디빌딩이나 비만화의 경향 따위가 그 결과들입니다.

춤에 대한 관심의 배후에는 자기 신체를 새롭게 느껴 보고 싶다는 열망이 감춰져 있어요. 그것은 다만 튼튼하고 풍만한 체격을 갖는다거나 혹은 황소가 되고 싶은 개구리의 욕심 같은 게 아닙니다. 신체는 오직 움직임을 통해서만 존속한다는 바로 그 사실 때문에 신체의 움직임을 직접 느껴 보고자 하는 열망에 다름 아닙니다. 그것은 타성에 대한 투쟁입니다.

그런데 거리를 소멸시키는 기술의 진보가 가져온 커다란 위험이 무엇인지 아십니까? 그것은 더 이상 무언가를 얻기 위해 돌아다닐 필요가 없어졌다는 것, 노마드이길 중단했다는 것, 요컨대 운동성이 소멸해 버렸다는 사실입니다. 춤과 보디빌딩에는 세계의 상실 이후 대두된 신체를 감각하고 싶다는 열망이 놓여 있습니다.

리클린 아무튼 보디빌딩 따위에서 신체는 여전히 단순 기계적 수단을 통해 체급을 불리는, 마치 공장에서 대량 생산하는 사물처럼 다루어지고 있다는 점을 지적하고 싶습니다만…….

그럼 다른 질문을 드려야겠군요. 『순수 전쟁』[10]에서 당신은 동구/서구의 축이 남반구/북반구라는 더욱 근본적인 축으로 이전될 것이라 예견하셨습니다. 그 예견은 공산주의 체제의 몰락으로 적중한 것 같은데요.

비릴리오 완전히 적중해 버렸죠. 심지어 한 도시 내부에서조차 남/북의 축이 지배적인 경향을 띨 정도니까요. 이제는 자기 집에서도 '제3세계'가 등장할 지경입니다. 예전에는 제3세계가 저 멀리 아프리카의 어딘가에 있는 곳이었다면, 이제 그것은 바로 이 도시 내부에 존재하는 가까운 어딘가가 되었습니다. 이 현상은 파리, 마르세유 등의 대도시에서 벌어지는 도시와 근교 사이의 알력, 인종주의 같은 것을 설명해 줍니다.

제 예견은 다른 식으로도 확인할 수 있습니다. 걸프 전쟁이 북반구와 남반구 사이에서 벌어진 최초의 전쟁이었다는 사실을 떠올려 보십시오. 이라크가 배치했던 무기들이 서구와 동구로부터 수입한 것이었다 해도 사정은 마찬가지입니다. 지금 리비아에서 끓이고 있는 수프도 역시 같은

---

10) Paul Virilio, *Pure War*, Rev. Ed, New York: Semiotext(e), 1997.

종류라 할 수 있죠.[11]

리클린 지금까지 전혀 생각지도 못했던 가장 취약한 구조물 가운데 하나가 공산주의 체제의 몰락이었습니다. 그것은 일종의 도주, 탈영이나 탈주적 시뮬라크르라 할 만한 사건이었는데, 여기서 잠시나마 타자의 자리에서 있는 사담 후세인은 많은 점에서 멜로드라마의 주인공처럼 불쌍해 보이더군요. 그 자체가 완전히 내재적인 세계에서 살아간다는 것은 그 누구에게도 쉽지 않은 일이겠지요.

그러한 소멸 내지 탈영의 결과가 어찌될 것이라 내다보십니까?

비릴리오 10년 혹은 20년, 기간을 예측할 수는 없습니다만, 소비에트 제국의 분해는 머지않아 서구에서도 유사한 현상을 불러일으킬 것입니다. 물론 서구의 본성이야 그와 다른 것이지만, 소비에트 연방의 내파는 결국 서구의 내파를 자신의 결과물로 취하게 될 것입니다.

우리는 그러한 분해 혹은 정치적 삶의 이전 단계로의 퇴행이라는 위협에 직면해 있습니다. 그 중심에 있는 것은 역시 폴리스이고요. 지금 서구의 모든 행로는 도시 국가, 곧 도시화된 봉건주의로 향해 있습니다. 실로 우리는 도시/시골의 대립이 사라진 시대를 살아가는 첫번째 세대의 유럽인들인 셈입니다. 시골로부터의 이탈, 오래전부터 제3세계에서는 존속

11) 리비아는 레이건 정부 시절부터 테러 지원국으로 낙인찍혀 미국의 감시와 제재의 대상이 되었다. 특히 미국은 1988년 270명이 희생된 팬암기 격추 사건의 배후로 리비아를 지목하고, 사죄와 책임을 줄기차게 요구해 왔다. 결국 유엔을 통해 리비아에 대한 일련의 경제 제재가 취해졌는데, 이 사건의 실제 원인과 정황에 대해서는 아직도 아무런 구체적인 증거가 밝혀지지 않은 상태다.

해 왔으되 우리의 것은 아니었던 드라마틱한 현상이 시작될 것입니다. 프랑스의 시골이 공동화空洞化되어도 누군가는 경작을 계속해야겠지요. 이는 부분적으로 핵 억지력이 작동하던 시대의 산물이며, 지난 40년간 전쟁 없이 살아온 유럽의 결과입니다. 감히 예언을 해본다면, 저는 이로부터 동유럽에 들이닥친 붕괴와 같은 것이 서구에도 곧 일어날 징조라 말하고 싶군요.

리클린 지금 당장은 새로운 시대에 충분히 자리 매김하게 될 새로운 이념의 성격을 잘 파악하진 못하겠습니다. 동구로 전파된 자유주의는 그것을 전파한 당사자들 역시 신뢰하지 못하는 미약한 가치가 아닐까요…….

비릴리오 내일의 세계, 세계적인 도시, 문명—이 모두는 시장에 바탕을 두어서는 안 됩니다. 시장에는 그 어떤 세계 전망도 없어요. 시장은 시장일 뿐 그 이상은 아무것도 아닙니다.

리클린 하지만 오늘날 사람들은 시장을 하나의 세계관으로서 포교하고 다니지 않습니까?

비릴리오 뭐 그거야 광고 효과를 노린 센세이셔널리즘이나 상업화라 할 수 있죠……. 정치 철학의 황혼은 철학 일반의 황혼을 반영합니다. 기술의 발전과 총체전은 우리의 지성이 시스템으로 이관되도록 촉진할 것이고, 그 시스템은 궁극적으로 자동화됨으로써 정치 능력 및 과학 능력으로부터 퇴행하고 말 것입니다. 이로부터 철학적 사유의 단순 과학으로의 교체, 순수한 시스템으로의 역전이 일어나겠지요.

최악의 상황이 온다면 그런 시스템이란 곧 '거대한 자동 기계'를 의미하게 될 것입니다. 사유의 자동화가 발생하고, 컴퓨터는 그것의 상징이 됩니다. 에니악 같은 슈퍼컴퓨터의 죽었으면서 또 살아 있는 기억은 철학의 죽음에 바치는 기념비가 될 것입니다. 과거의 정부 관료들이 철학자와 음악가의 영감에 비할 만한 직관이나 통찰에 이끌렸다면, 오늘날 의사 결정의 기저에는 통계학적 연산을 수행하는 기계 장치들이 있습니다.

우리 시대에는 통찰, 인간의 천재성 따위가 정치적 실천에서 결정적 의미를 지닐 수가 없죠. 이에 대해 놀랄 만한 통찰의 깊이를 보여 주는 윈스턴 처칠의 한마디를 인용해 볼까요. "과거의 전쟁에서는 개개의 에피소드가 전체의 흐름보다 더욱 큰 의미가 있었다. 전투에서 이긴다면 전쟁에서도 이겼기 때문이다. 반면 오늘날에는 에피소드보다 경향이 의미가 있다. 수많은 각개 전투에서 이길 수는 있어도 전체 전쟁에서 지는 경우가 생긴 것이다." 대규모의 통계학적 현상이 지배하고 있습니다. 앙드레 말로Andre Malraux 역시 이를 훌륭하게 표현한 바 있지요. "그 힘에 있어서 맑스주의를 능가하는 철학이 하나 있다. 그것은 통계학이라는 철학이다."

리클린 나폴레옹의 전쟁을 고사시켜 버린 두 전선이 있었지요. 바로 러시아와 에스파냐입니다. 나폴레옹은 전쟁에 대한 고전적인 관념을 갖고 있었어요. 즉 각개전투가 모든 것을 결판낸다는 식의…….

비릴리오 그래서 모든 전투에서 이겼을지언정 궁극적인 전쟁에서는 패한 것입니다. 바로 그런 전투와 전쟁의 차이처럼 우리도 전 세계에서 몰락하고 있습니다. 기술은 모든 전장에서 승리하고 있지만, 세계적 차원에서 패배하고 있으며, 우리 역시 그에 포함되겠지요. 이로부터 재앙과도 같은 사회적·정치적인 패퇴를 겪게 되었고, 그것은 동구에서와 마찬가지로 서구에서도 다르지 않을 것입니다. 여하한의 강고한 권력일지라도 그 위협에 직면할 수밖에 없겠지요.

리클린 그러한 시스템에서도 역시 그 자신만의 한계랄까, 자기 외부의 잉여적 현상이란 게 있지 않겠습니까?

비릴리오 하지만 그것은 테러리스트들의 한계와 그다지 멀리 있지 않습니다. 테러리스트들이 하는 일이란 결국 경찰력을 강화하는 것으로 끝나게 마련이거든요. 이 문제에 관해 저는 이탈리아의 동지들과 자주 토론을 하곤 했습니다. 저는 이렇게 말해 줬죠. "당신들은 자기 편한 대로 이탈리아 정부에 대항하고 있습니다." 진정 조지 오웰적인 통제 시스템이 서구에서 등장하고 있습니다.

리클린 여기어 우리가 볼 수 있는 것은 '거대한 도전'이니 '위대한 거부' 따위에 대한 믿음으로 둘러싸인, 혁명적 낭만주의의 낡은 이미지인 듯하군요. 권력은 혁명가들이 생각하는 것보다 더욱 분산된 형태로 나타나며, 이로써 그들의 도전을 샅샅이 분쇄해 버리고 맙니다. 붉은 여단,[12] 바더-마인호프,[13] 로타 콘티누아[14]—이 모두는 거대한 유혈의 낭만주의가

---

12) 이탈리아의 극좌파 혁명조직으로서 자세한 것은 67쪽의 각주 23번을 참조하라.

13) 바더-마인호프(Baader-Meinhof). 1970년 결성된 독일 적군파. 폭력적 공산주의 혁명을 기치로 걸고 폭파와 방화, 납치·살인을 행동 강령으로 채택했다. 서독 주둔 미군에 대한 공격과 여객기 납치 등으로 세계의 주목을 끌었으나, 사회적 호응이 없는 폭력 행위로 스스로 입지를 좁혀 갔고, 몇 차례의 실패를 겪은 후 1998년 자진 해산을 선언했다.

아니겠습니까? 그들은 전체 시스템을 붕괴시킬 수 있는 '약한 고리'의 환상을 신봉하면서 그에 매달려 있었습니다. 여하간 시스템은 이미 오래전부터 미시적 차원에서 작동하고 있었으며, 그것의 각 지절枝節들은 서로 대체 가능한 것입니다. 유기적인 신체를 모방하는 일종의 기술 기계인 셈이죠.

비릴리오 실러의 『군도』에 나오는 낭만적 영웅들의 체현이군요. 바로 그래서 제가 제르진스키[15]에 대해 흥미를 갖는 것입니다. 사실 저는 그의 저작들을 읽어 보고 싶어 했답니다.

리클린 그는 진정한 금욕 수행자였다고 할 수 있죠.

비릴리오 굉장히 흥미로운 인물입니다만, 그의 텍스트를 찾는 게 거의 불가능한 일이더군요. 그의 신상에 관한 정보는 프랑스어로 번역된 영국 사료를 통해 읽을 수 있었습니다만, 그가 쓴 텍스트는 아직 읽지 못했습니

---

14) 로타 콘티누아(Lotta Continua). 1969년 이탈리아에서 결성된 노동자-학생의 연대 조직. '자율주의'를 내걸었으며, 급진적 사회 혁명을 추진했다. 다른 과격 혁명가들과 마찬가지로 테러의 직·간접적인 혐의를 받았으며, 국가 기구의 탄압 및 대중적 호응의 미비로 인해 차차 쇠퇴해 갔다. 1980년대에 대부분의 활동가들은 애초의 이데올로기적 신념을 포기하거나 수정했으며, 그 결과 혁명 운동에서 이탈하든지 혹은 공산당이라는 제도에 투신해 버렸다.

15) 펠릭스 제르진스키(Felix Dzerzhinsky, 1877~1926). 폴란드 출신의 혁명가. 귀족 집안에서 태어났지만 모든 특권을 버리고 사회 혁명에 매진했다. 투옥과 도주를 거듭하며 혁명가의 이력을 쌓아 가다가, 1917년 볼셰비키 당 중앙위원회에 투신하여 죽을 때까지 충성했다. 같은 해, 레닌에 의해 체카(Cheka, 반혁명 및 사보타주와의 투쟁을 위한 전체 러시아 비상 위원회로서 KGB의 전신)의 총수에 임명되었으며, 1918년부터 적색 테러를 지휘함으로써 악명을 떨쳤다. 레닌은 그의 공산주의적 열정을 높이 샀으나, 정치가로서의 역량에 대해서는 회의적이었다고 전해진다.

다. 이름은 어떻게든 전해졌는데, 책은 그렇지 못한 셈이죠.

리클린 러시아어로는 남아 있습니다만…….

비릴리오 그건 번역할 만한 가치가 있을 겁니다. ■

8 Richard Rorty
논증 없는 철학: 리처드 로티와의 대담

리처드 로티와의 대담

Ⅰ. 대담 일시: 1995년 5월 15일
대담 장소: 모스크바 러시아과학아카데미 철학연구소

Ⅱ. 대담 일시: 1995년 5월 16일
대담 장소: 모스크바 러시아과학아카데미 철학연구소

I.

리클린 당신의 책을 읽었을 때 곧잘 드는 소감은, 철학에 차고 넘치는 것은 오직 불필요한 잉여물들뿐이라서, 그것들을 버리기만 한다면 우리는 아무런 손해를 보지 않고도 금세 자유로워질 수 있다는 그런 경쾌함입니다. 과연 당신은 철학의 오랜 문제의식인 표현이나 내적 자기 관계의 문제 혹은 우연성의 놀이 속에 해소되지 않는 통일된 주체의 문제 따위를 대수롭지 않게 무화시켜 버리곤 했습니다. 주체의 실존이란 문제도 예외는 아니었죠. 하지만 이게 다가 아닙니다. 당신은 또한 표상의 차원으로부터도, 그리고 우리와는 독립적으로 존재하는 외적 현실, 즉 '세계'라는 가정으로부터도 벗어나 사유하고자 했습니다.

이런 문제들을 형이상학적으로 해석하는 데 반대했던 자크 데리다가 계속해서 다른 대안적 사유를 모색해 온 반면, 당신은 아예 그런 형이상학적 '대용품'을 기각해 버리자는 입장이죠. 당신의 방식을 따른다면 철학에 남는 것은 과연 무엇이겠습니까?

로티 아마도 해석의 형식이 남게 되겠지요. 철학은 이미 문화의 다양한 영역들 사이의 해석적 매체가 되어 있습니다. 가령 철학은 학자와 성직자, 정치가 사이에서 긴장과 갈등을 조율하기 위해 쓰이고 있으니까요.

철학자들에게 어떤 잘 완비된 답안을 기대할 필요는 없다고 봅니다. 그들은 사태의 표면을 그럴듯하게 꾸미는 이들이니까요. 말하자면 철학자들은 체제가 잘 돌아가도록 기름칠하는 일에 종사하는 사람들입니다.

리클린 우리가 우리의 외부에서 발견해 내는 것과, 반대로 우리의 내부에서 생산해 내는 것 사이의 이분법이 갖는 의미란 어떤 것일까요?

로티 아, 그건 그렇지 않습니다. 내일 제가 발표할 논문에서 저는 그와 같은 대립을 유지할 필요가 없다고 썼는데, 왜냐하면 그런 대립이란 인간과 자연환경 사이의 인위적인 분열에 지나지 않기 때문입니다.

리클린 하지만 기억하시다시피, 『우연성, 아이러니, 연대성』[1]에서 당신은 그런 대립을 유지하지 않았습니까?

로티 제가 그랬다면, 그건 제 실수입니다.

리클린 당신은 자기 자신을 도널드 데이빗슨[2]의 계승자로 소개하곤 합니

---

1) Richard Rorty, *Contingency, Irony and Solidarity*, Cambridge; New York: Cambridge University Press, 1989〔리처드 로티, 『우연성, 아이러니, 연대성』, 김동식·이유선 옮김, 민음사, 1996〕.

다. 데이빗슨의 작업을 계승한다는 게 당신에게 어떤 의미가 있습니까? 또 어떤 점이 그렇습니까? 제가 이런 질문을 드리는 이유는, 데이빗슨이 대개 소수의 전문가 그룹에서만 이름이 알려진 철학자이기 때문입니다.

로티 아마도 루트비히 비트겐슈타인이 데이빗슨보다 더 유명하겠죠?

리클린 당연히 그렇죠.

로티 후기 비트겐슈타인은 언어 속에 어떤 신비로운 실체 같은 게 존재한다는 관념을 논박하려 했었습니다. "보라, 이것이 바로 사람들이 환경에 적응하고 행동하며 욕망을 충족시키는 하나의 방식이다." 그의 후기 논고에 나오는 이 발언의 진의는 그런 것이죠. 언어에 관한 질문과 세계에 관한 질문 사이에 본질적인 차이란 없습니다. 이에 관해서라면 저는 비트겐슈타인에 완전히 동의합니다. 언어는 세계에 대해 거의 의미 없는 부가물로 존재할 따름이죠.

데이빗슨은 비트겐슈타인의 언어적 독트린을 새롭게 정식화하기 위해 많은 추가적인 연구를 했습니다. 그의 정식화는 비트겐슈타인의 것보다 더욱 명료하고 덜 아포리즘적이라고 할 수 있죠.

제 자신을 '데이빗슨주의자'가 아니라 '비트겐슈타인주의자'라 부를

---

2) 도널드 데이빗슨(Donald Davidson, 1917~2003). 미국의 분석철학자. 정신적인 것과 물질적인 것의 동일성은 긍정하면서도, 전자의 후자로의 환원주의에는 반대했다. 그의 유명한 '무법칙적 일원론'(anomalous monism)이란 심리적 사건과 물질적 사건이 다르지 않으면서도 물질적 사건이 심리적 언어로 기술될 때는 특정한 법칙에 따르지 않는다는 입장을 나타낸다. 「정신적 사건들」, 「철학으로서의 심리학」, 「물질적 마음」 등의 주요 논문이 『행위와 사건』에 실려 있다. Donald Davidson, *Essays on Actions and Events*, Oxford : Clarendon Press, 1981.

수 있는 이유가 여기 있습니다. 하지만 비트겐슈타인의 후예들 가운데도 상당히 다양한 색깔의 분파와 가지들이 있기 때문에, 제 자신을 소개하기에는 아마도 '데이빗슨주의자'가 더욱 적절하지 않나 싶습니다.

리클린 그렇다면 은유란 일종의 '언어학적 비실재'라고 주장하는 데이빗슨의 견해에 대해서는 어떻게 생각하십니까? 설명을 좀 해주실 수 있겠습니까?

로티 만일 어떤 단어가 논란의 여지없이 일상적이고 관습적인 맥락에서 사용되고 있다면, 당연히 특정한 의미를 지니고 있다고 말할 수 있습니다. 하지만 만일 어떤 단어가 비일상적이고 낯선 방식으로 사용되고 있다면, 그것은 은유적으로 사용되고 있는 것입니다. 이런 사정을 제대로 알지도 못하는 언어 철학자들이 깜짝 놀라서 "아! 이 단어는 그런 경우에 최소한 두 가지 의미, 즉 축자적이면서 또한 은유적인 의미를 갖는구나!"라고 외치는 게 바로 이때입니다.

하지만 데이빗슨에 따르면 사정은 정반대입니다. 단어는 축자적인 의미, 그 단 하나의 의미만을 갖습니다. 그 이상은 없어요. 그리고 일상적으로 사용되는 가운데 표현의 의미를 획득하는 것이죠.

리클린 달리 말해, 은유는 언어 속에서 아무런 중요성을 지니지 않는다는 말씀이군요. 은유는 언어의 소음 이상이 아니라는…….

로티 정확히 말해, 은유란 언어유희와는 다른 목적을 지닌 언어 사용이라는 말입니다. 사실 언어유희의 새로운 방식들은 은유를 통해 생겨나기도 하지만요.

리클린 하지만 그 경우 언어유희는 이미 은유로 볼 수 없을 텐데요.

로티 그렇습니다. 언어유희가 '죽은 은유'로 된다는 게 더 정확하겠죠. 반면 '죽은 은유'는 이미 은유가 아니라 아예 다른 언어가 되는 것이겠고.

리클린 하지만 동시에 문학에 관한 글을 쓸 때는 은유에 높은 가치를 매기더군요. 가령 프루스트나 나보코프Vladimir Nabokov에 관한 글을 쓸 때 당신은 은유의 옹호자가 되죠. 은유에 대한 이런 두 가지 상반된 입장은 어떻게 된 일입니까? 한편으로 은유는 존재하지도 않는다더니, 다른 한편으로는 어떤 지극히 높은 가치를 지니고 있다니요.

로티 데이빗슨의 주장을 빌리면, 은유적 의미가 없을 뿐이지 은유 자체라는 것은 존재하니까요. 만약 언어가 은유적으로 사용되지 못한다면 언어는 결코 변화할 수 없을 것이며, 문화의 발전 역시 불가능할 것입니다. 문화가 진보할 수 있는 유일한 이유는 사람들이 은유를 사용한다는 사실에 있습니다.

그렇지만 제 말은 은유에 의미를 부여해 주는 어떤 은유의 이론 같은 게 존재한다는 뜻은 아닙니다. 그런 이론 따위는 없습니다.

리클린 당신은 니체의 금언인 "진리는 유동적인 한 무리의 은유다"[3]라는 말을 가끔 인용하곤 합니다. 니체에 대한 당신의 입장은 이중적으로 보이는데요, 한편으로 당신은 그의 형이상학 비판을 대단히 높게 평가하는 반면, 다른 한편으로는 그가 '유사' 형이상학 같은 것을 만들어 내지 않았느냐고 힐난하는 듯하더군요…….

로티 저는 하이데거가 '힘에 대한 형이상학적 의지'라고 불렀던 그런 유혹을 니체가 느끼지 않았을까 싶습니다. 하이데거 입장에서 보자면 이런 말만 인용하는 게 그리 공정하다고 여겨지진 않을 겝니다. 결국 그에게 꼬리표 같은 걸 달아 주는 셈일 테니까요.

제 생각에 형이상학을 창조하려던 니체의 불운한 시도 따위는, 기독교나 민주주의에 대한 그의 대립과 마찬가지로 그냥 무시해도 좋지 않은가 싶습니다……. 그 외의 나머지 것들은 남겨 두고요.

리클린 '그 외의 나머지 것들'이란 무얼 지칭하는 말인가요?

로티 음, 실용주의가 남겠지요. 가령 칸트나 계몽주의적 합리성에 대한 비판, 다시 말해 그런 것들에 특징적인 고전적인 이원론에 대한 실용주의적 비판 같은 것 말입니다.

리클린 데리다에 관한 당신의 글을 읽어 보니, 당신은 그의 초기 저작들보다 후기 저작들에 더 높은 점수를 매기고 있더군요. 가령 당신은 루돌프 가셰Rudolphe Gasché가 당신과 반대되는 입장을 표했기 때문에, 즉 그가 작가로서의 데리다보다 형이상학자로서의 데리다에게 높은 점수를 줬다

3) 프리드리히 니체, 이진우 옮김, 「비도덕적 의미에서의 진리와 거짓에 관하여」(1873), 『비극적 사유의 탄생』, 문예출판사, 1997, 199쪽.

는 이유로 그를 비난한 바 있습니다. 지금도 여전히 그런 입장이십니까?

로티 제가 데리다에 관해 쓴 다른 글이 있는데, 그건 베닝턴과 데리다의 책[4]에 대한 일종의 응답이기도 했습니다. 아무튼 거기서 저는 초기와 후기의 데리다가 대체로 대립적이라던 제 예전 주장이 잘못된 것이었음을 시인한 바 있습니다. 비록 제게는 데리다가 베닝턴이나 가셰가 그에게 붙여 주고 싶어 했던 호칭인 '초월 철학자'가 되길 원했다는 데 심증은 있지만, 어쨌든 초기와 후기의 차이를 너무 과장했던 것도 사실이거든요.

데리다는 초월 철학자가 되길 원하긴 했지만, 결국 되진 못했습니다. 그가 '위대한' 철학자, '천재적' 철학자이긴 합니다만, '초월' 철학자는 아니란 말입니다. 왜냐하면 그 누구도 그렇게 될 수 없기 때문입니다. 강렬하게 욕망할 수는 있어도, 그렇게 될 수는 없는 것이죠.

리클린 철학의 죽음이라는 주제에 당신은 어떤 의미를 두고 있습니까?

로티 1993년 여기 모스크바에서 열렸던 세계 철학자 대회에서 이에 관한 논문을 쓴 적이 있습니다. 그 글은 『철학의 제 문제』[5]에 번역되어 실리기

---

4) Geoffrey Bennington et Jacques Derrida, *Jacques Derrida*, Paris: Seuil, 1991. 이 책에는 데리다의 자전적 에세이와 그에 대한 베닝턴의 주가 실려 있다. —지은이

5) 『철학의 제 문제』(*Вопросы философии*)는 1947년 창간되어 지금까지 발행되고 있는 철학 전문지이다. 냉전 시절, 공산주의 진영 내에서 철학과 관련된 모든 문제에 대해 최고의 권위를 자랑했으며, 소비에트 연방 소속의 저명 철학자들이 편집과 기고에 참여했었다. 체제 수호와 맑스-레닌주의의 이론적·실천적 합리화 등 보수적인 견해가 주종을 이루긴 했으나, 드물게 철학적 사유의 다양성이 시도되기도 했고, 소비에트 말기에는 서방 현대 철학의 흐름에 관해서도 기획 기사와 논문들을 자주 실곤 했다. 로티의 글은 「철학과 미래」("Philosophy and the Future")로서, 같은 제목으로 『철학의 제 문제』 제6호(1994)의 29~34쪽에 번역·게재되었다.

도 했죠. 거기서 제가 쓴 것은, 문화가 여전히 변화의 과정 속에 놓여 있는 한, 그리고 코페르니쿠스나 다윈, 프로이트, 맑스 등과 같은 사람들이 우리를 여전히 격동시키는 한, 철학은 결코 죽지 않는다는 내용이었습니다. 다윈과 프로이트의 낡은 표현 방식들을 새로운 어휘와 공유하기 위해, 즉 낡은 것과 새로운 것을 이어가기 위해서라도 철학자들 역시 필요할 것입니다.

만일 중개자이자 해석자로서의 철학자들에 대한 이런 입장에 공감하신다면, 그들 없이 앞으로 나아간다는 게 전혀 불가능하다는 사실도 잘 아실 겁니다.

리클린 2년 전 버지니아에서 당신과 나눴던 대화가 기억나는군요. 그때 당신은 유럽 대륙과 미국의 실용주의 전통 사이의 간극은 대단히 크며, 또 그것을 극복하기도 무척 어려운데, 그 이유는 미국의 철학자들이 유럽인들과는 전혀 다른 철학 텍스트들을 읽기 때문이라는 것이었습니다…….

로티 그때 이야기한 것은 실용주의가 아니라 분석철학에 관한 것이었는데요…….

리클린 그럼 당신은 분석철학과 대륙의 철학적 전통이 미래에는 확연히 갈라설 것이라 보십니까?

로티 만일 당신이 가르치는 학생들을 분석철학적 전통에 가두어 길러 낸다면, 그래서 그들이 특정한 철학 잡지들만 읽고 거기 실린 논문들만 연구한다면, 또 그들에게 철학사나 외국어에 대한 교육을 전혀 시키지 않는다면, 그래서 오직 상징 논리학만 공부하게 만든다면, 당신은 완전히 자족적인 아카데미의 성립을 목도하게 될 것입니다. 아마 유례를 찾아보기 힘든 집단이 나타나겠죠. 당신은 완전히 새로운 학제를 창립하게 되는 셈입니다! 이 새로운 학제를 철학이라 부르든 아니든 아무 상관이 없어요. 여하간 그것은 전적으로 새로운 아카데미라 할 수 있으며, 사실상 지난 50년간 영어권 세계에서 만들어졌던 학제가 바로 그런 것이었습니다. 이미 존속하고 있는 이런 학제를 전폐하기란 극히 어려운 노릇이겠죠.

리클린 결국 그건 소수만을 위한 언어라는 결론이 뒤따를 것입니다. 하지만 심지어 분석철학 내부에서도 그 구성원들조차 알아들을 수 없는 은어들이 나돌 정도라는데요. 하고 싶은 말씀이 그건가요?

로티 자기들끼리의 전문 용어를 알아들을 수 없다는 데 문제가 있는 것은 아닙니다. 이해할 수 없는 일은, 왜 그 알아들을 수 없는 말들을 배우고 익혀야 하느냐는 것이죠.

리클린 쓸데없는 언어라 이 말씀입니까?

로티 말하자면 그렇죠. 제가 보기에 현대 영미 철학은 자족적인 고립된 섬과 같아서, 외부 세계와의 연관을 지속할 만한 게 아무것도 없어요. 거기엔 물론 똑똑한 사람들도 여럿 있지만, 다른 세계와는 아무런 관계도 맺지 않고 살아간다고 할 수 있죠.

리클린 당신 의견대로라면, 실용주의는 그런 것과는 전적으로 다른 주의 주장이겠군요.

로티 실용주의는 분석철학이 나타나기 오래전에 존 듀이와 윌리엄 제임스에 의해 생겨났습니다만, 분석철학의 내부에서 존속해 왔죠. 그리고 마침내 실용주의의 유럽적 버전이 니체로부터 나타나…….

리클린 하지만 유럽의 철학자들은 그런 주장에 전혀 동의하지 않을 것입니다. 니체가 실용주의와 어떤 공통점을 갖는다는 당신의 주장에 대해 그들 중 아무도 공감하지 않을 테니까요.

로티 맞는 말입니다. 하지만 1911년 파리에서 『낭만적 공리성: 실용주의 운동 연구』라는 제목의 세 권짜리 책이 출간되었던 사실을 아시는지요. 그 중 한 권이 니체에 대한 것이고, 또 하나는 제임스에 관한 것이었습니다. 니체에 대한 책은 『니체와 푸앙카레의 실용주의』라는 제목을 달고 있었는데, 이는 당시에도 니체와 실용주의의 사상적 근접성이 다분히 명확하게 지각되고 있었음을 보여 주는 사례입니다.[6]

---

6) 이 부분은 로티의 진술에 착오가 있었는지 독어판 번역자가 연도나 책 제목 등을 러시아어본과 달리했고, 한국어판은 독어판을 따라 번역했음을 밝힌다. 독어판 번역자들이 바로 잡은 책 제목은 다음과 같다. René Berthelot, *Un romantisme utilitaire: étude sur le mouvement pragmatiste*, Paris: F.Alcan, 1911〔르네 베르틀로, 『낭만적 공리성: 실용주의 운동 연구』〕. 2권은 *Le pragmatisme chez Bergson*〔『베르그손의 실용주의』〕, 3권은 *Le pragmatisme religieux chez William James et chez les catholiques modernistes*〔『윌리엄 제임스와 가톨릭 모더니스트들의 실용주의』〕이다.

리클린 그럼 문학에 대한 당신의 입장은 어떻습니까? 당신의 책을 읽노라면 가끔 드는 생각이, 뭐랄까, 당신이 철학자 동료들에게보다 프루스트나 나보코프 같은 작가들에게 더 후한 점수를 매기고 있단 느낌이 들던데요.

이 질문은 제게 각별한 중요성을 지닙니다. 왜냐하면 여기 러시아에서는 거의 한 세기 반 이상 문학이 형이상학의 기능을 대신 수행해 왔고, 모든 경우에 있어 문학이 윤리적 문제들을 전적으로 도맡아 사유해 왔던 까닭이죠.

로티 러시아가 전 세계에 훌륭한 범례를 제공한 것 같군요. 흄과 칸트 이후, 도덕 철학의 과제는 소설가들과 정치가들에게 위임되어 왔습니다. 만약 당신이 자유주의보다 사회민주주의를, 기독교식 교육보다 세속 교육을, 톨스토이보다 도스토예프스키를 더 좋아한다면, 당신에겐 문학과 정치 이외에 다른 어떤 것도 더 필요 없을 것입니다. 철학 역시 전혀 불필요하겠죠.

리클린 러시아에서 문학은 공동체와 민중의 목소리를 대변해 달라는, 문학 외적인 지위를 요청받아 왔습니다. 달리 말해 러시아 문학은 당신이 여러 저작들에서 존재의 형이상학 따위를 비판해 왔을 때 기대었던, 바로 그런 의미의 보편성을 요구받아 온 것입니다.

로티 음, 거기엔 좀 오해의 소지가 있군요. 예를 들어 아무도 헤밍웨이가 미국 민중의 감정을 표현했다고 말하지 않습니다. 프랑스와 미국에는 많은 위대한 소설가들이 있습니다만, 그 누구도 가령 프루스트가 프랑스 최고의 소설가임을 입증하려 들진 않지요…….

리클린 데리다의 책은 여전히 읽고 계신 걸로 아는데요, 맑스에 관한 그의 최근 저작[7]도 읽으셨습니까? 어떻게 생각하십니까?

로티 제가 보기에 데리다는 맑스에 대해 지나치게 감상적인 태도를 취하는 듯하더군요. 데리다가 아직 젊을 때, 맑스가 그에게 굉장한 인상을 심어줬나 봅니다. 자신의 '오래된' 친구를 극복하기란 쉽지 않은 노릇이겠죠.

리클린 데리다의 최근 저작들 가운데 어떤 책이 당신에게 가장 큰 감흥을 주었나요?

로티 그가 제프리 베닝턴과 함께 쓴 그 책이 그렇더군요.

리클린 나보코프도 여전히 읽고 계십니까?

로티 아쉽게도 그가 쓴 책은 거의 모두 읽어 버려서, 이제 몇 권 안 남았답니다.

리클린 나보코프에 관한 글[8]에서 당신은 그가 추구하는 두 가지 유형의 불멸에 관해 쓴 적이 있습니다. 그 하나는 실현 가능한 문학적 불멸이요,

---

7) Jacques Derrida, *Spectres de Marx*, Paris: Galilée, 1993〔자크 데리다, 『마르크스의 유령들』, 진태원 옮김, 이제이북스, 2007〕. —지은이

8) Richard Rorty, "Barber of Kasbeam: Nabokov on cruelty", *Contingency, Irony and Solidarity*〔리처드 로티, 김동식·이유선 옮김, 「카스빔의 이발사: 잔인성에 관한 나보코프의 견해」, 『우연성, 아이러니, 연대성』, 257~306쪽〕.

다른 하나는 실현 불가능한 개인적 불멸이었죠. 또한 나보코프는 당신이 말하는 실용주의로부터 그리 멀리 있지 않다고 여러 곳에서 시사한 바 있습니다.

로티 글쎄요. 프로이트와 마찬가지로 나보코프도 철학에 특별한 관심을 표현한 적은 없거든요.

리클린 그만한 거장들이라면 철학에 별반 관심을 갖지 않을 수도 있다는 말인가요?

로티 그들이라고 왜 갖지 않겠습니까? 다른 모든 이들과 마찬가지로 위대한 작가들 역시 당대 최고의 사상에 노출될 수밖에 없었습니다.

리클린 프루스트를 두고 하는 말씀인가요?

로티 프루스트는 체계에 대한 굉장한 열망을 갖고 있었죠. 하지만 그의 시도는 단편적인 것들이었고, 그가 쓴 소설만큼 성공을 거두지 못했을 뿐입니다.

리클린 철학으로부터 멀어질수록 더 큰 성공을 거두게 된다는 말인가요?

로티 그건 또 왜요? 철학을 결코 놓지 않았던 사람들, 가령 비트겐슈타인이나 데리다 같은 이들이 오히려 제대로 철학을 할 줄 알지 않았습니까?

리클린 어떤 의미에서 그들은 철학과 멀어진 사람들이죠. 다른 이들이 철학을 형이상학과 결합하려 할 때, 그들은 도리어 그로부터 벗어나려 했으니…….

로티 그렇죠. 형이상학으로부터 탈피하려 했죠. 하지만 나보코프와 프로이트는 단지 형이상학으로부터만 벗어나고자 했던 게 아니라 여하한의 그 어떤 것으로부터도 벗어나고자 했던 사람들이었습니다.

리클린 하지만 그럼에도 불구하고 나보코프가 자신의 창작 방법론에 관해 쓴 글[9]에서는 그가 이야기하고 싶어 했던 철학적 의미 같은 게 아주 분명히 피력되어 있습니다. 가령 거기서 그는 문학을 "미학적으로 고양된 감정 혹은 축복"이라고 쓴 적이 있는데, 아마 데리다라면 그런 감정이야말로 형이상학의 역사에 오래전부터 귀속되어 있었던 것이며, '미학적으로 고양된 감정 혹은 축복'이란 기실 나보코프가 거기서 차용한 것임을 어렵잖게 입증해 냈을 것입니다.

로티 데리다라면 무엇이든 입증할 수 있겠죠. 하지만 나보코프에게 그런 건 별 의미가 없습니다.

리클린 러시아의 다른 작가들 중에서는 어떤 걸 읽으십니까?

---

9) Vladimir Nabokov, "On a book entitled Lolita", *Lolita*. Harmondsworth: Penguin, 1980, p.313.

로티 대개 읽는 것들은 다 읽습니다. 가령 『페테르부르크』[10]나 『거장과 마르가리타』[11] 같은 작품들이요. 즉, 모두가 읽는 클래식들을 저도 읽죠.

제가 실제로 친근함을 느끼는 유일한 작가는 도스토예프스키뿐입니다.

리클린 도스토예프스키와 나보코프라…… 화해하기 힘든 양극인데요. 나보코프는 병적일 정도로 도스토예프스키를 싫어했던 것으로 유명합니다. 러시아 문학에 대한 강의를 하며 도스토예프스키는 2류 작가에 불과하며 거짓 예언자라고 비난을 퍼붓기도 했죠.[12] 언젠가 이렇게도 말했답니다. 만일 도스토예프스키가 자기 학생이었다면 작문 시험에서 그에게 낙제점을 줬을 거라고…….

로티 그런 발언에 관해 저는 나보코프가 프로이트에게 내린 평가만큼이나 별로 대단하게 생각지 않습니다. 사실 나보코프는 프로이트의 학설을 전혀 참을 수 없어 했는데, 제가 보기에 그의 이런 거부감에는 별로 합리적인 근거가 없어요. 어쩌면 나보코프는 그들에게서 어떤 위협감이나 위험성을 느꼈는지도 모를 일입니다.

리클린 구체적으로 말씀해 주시죠?

---

10) 러시아 상징주의 작가이자 문화비평가인 안드레이 벨리(Andrei Belyi)의 1916년 작품〔안드레이 벨리, 『페테르부르크』, 이현숙 옮김, 문학과지성사, 2006〕.

11) 러시아 혁명기의 극작가이자 소설가인 미하일 불가코프(Mikhail Bulgakov)의 작품〔미하일 불가코프, 『거장과 마르가리따』, 홍대화 옮김, 열린책들, 2008〕.

12) Vladimir Nabokov, *Lectures on Russian Literature*, New York: Harcourt Brace Jovanovich/Bruccoli Clark, 1981.

로티 나보코프는 프로이트가 자기 자신만큼이나 지적이면서 동시에 아이러니컬한 면모를 지니고 있다는, 명확히 표현하기 어려운 감정을 품고 있었습니다만, 정작 본인은 그걸 인정하려 들지 않았죠. 또 도스토예프스키에 관해서는, 그가 수준 미달이라고 혹평하다가도 돌연 사실 도스토예프스키는 '위대한 희극 작가'였다는 식으로 선언해 버리곤 했습니다.[13] 제 생각에는 나보코프가 과거의 위대한 희극 작가들을 겁냈던 게 아닌가 싶어요. 왜냐하면 그 자신이 그런 작가들 중 한 사람이었기 때문이죠. 그는 도스토예프스키가 자기보다 더 훌륭한 작가일지도 모른다고 두려워했던 것입니다.

리클린 그렇죠. 도스토예프스키에 대한 나보코프의 태도는 유별나게 이중적이었습니다. 가령 『러시아 문학 강의』에서 그가 고백하길 『죄와 벌』을 최소한 두 번은 읽어 봤다고 하더군요. 근데 나보코프의 이 고백은 그 소설이 좋지도 않고 잘 쓴 것도 아니어서 심각하게 읽을 필요가 없다고 한 그 자신의 평가와 완전히 모순되는 것입니다.

로티 사실 니체에 대한 프로이트의 태도도 다르지 않았습니다. 그는 니체가 자신이 할 말을 이미 다 해버렸다고 생각하고 거북해했죠. 나보코프가 프로이트에 대해 지녔던 감정이 바로 그런 것이었습니다.

---

13) 다음은 나보코프의 『러시아 문학 강의』 러시아어판에 나온 내용이다. "도스토예프스키는 웃음에 관한 한 탁월한 감각을 갖고 있었다. 더 정확히 말해 그것은 희비극적인 감각이라 할 수 있으며, 그를 재능 있는 유머리스트라고 불러도 좋을 것이다. 하지만 도스토예프스키의 유머는 초시간적인 동시에 히스테리의 가장자리에 걸쳐 있다." Владимир Набоков, *Лекции по русской литературе*, Москва: Независимая газета, 1996. C.202〔블라디미르 나보코프, 『러시아 문학 강의』〕. —지은이

리클린 그렇다면 니체에 대한 하이데거의 태도 역시 비슷하게 가정해 볼 수 있지 않을까요? 그의 사유는 굉장히 니체적이었기 때문에, 니체를 유럽 형이상학의 완성자라고 선언해 버리는 한편으로, 사유의 문제에서는 역으로 최대한의 거리를 유지하려고 했다고 말입니다.

프로이트의 정신분석은 이런 양가성의 본질을 해명하려고 노력했던 것이고요…….

로티 키르케고르에 대한 하이데거의 태도 역시 굉장히 흥미롭다고 할 수 있겠습니다. 한편으로 하이데거는 키르케고르로부터 많은 것을 배웠으면서도, 다른 한편으로는 마치 도스토예프스키에 대한 나보코프의 평가와 마찬가지로 그에게 상당히 경멸적인 평가를 내리곤 했거든요.

리클린 당신의 철학에서 대단히 중요한 자리를 차지하는 사적인 것과 공적인 것 사이의 대립에 관해 질문하겠습니다. 당신은 정말로 철학이 전적으로 사적인 영역에 속한다고 생각하시나요?

로티 결코 아닙니다. 저는 두 가지 철학이 있다고 생각합니다. 존 롤즈와 듀이 같은 유類의 철학이 있는 한편으로, 비트겐슈타인과 하이데거 유의 철학도 있는 겁니다. 다시 말해 공적인 철학이 있는 한편, 사적인 철학이 있다는 말이죠.

리클린 그렇다면 당신이 보기에 이 두 가지 철학은 하나의 입장 속에 합쳐질 수 없다는 말인가요? 우리가 할 수 있는 일은 다만 '자기 완성'이거나 또는 '사회적 목적의 실현', 이 둘 중의 하나일 뿐, 동시에 그 두 가지를 이룰 수는 없다는 말이지요?

로티 그렇죠. 뭣 땜에 그 둘을 합쳐야 한다는 말입니까?

리클린 철학자들의 경우, 그들을 도무지 섞이지 않는 이 두 범주에 나눠 넣을 수 있다 쳐도, 작가들 대부분은 첫번째 범주에 속해서, 개인적 자기 완성에 매진하는 편이 아닙니까?

로티 아니지요. 가령 졸라는 사회적 공익을 실현하려고 글을 쓰던 작가였습니다. 반면 프루스트는 개인적 자기 완성에 매진했지만요.

리클린 결국, 문학의 내부에도 역시 철학 내부에서와 마찬가지의 분계선, 즉 사적인 것과 공적인 것을 가르는 구별이 존재한다는 말이겠죠. 그렇다면 당신은 분계선의 양쪽 편에서 아무런 차이도 못 느끼십니까?

로티 제가 보기에 사적/공적 대립은 문학에서와 마찬가지로 철학과 예술에서도 존재하며 작동하고 있습니다.

리클린 공동체에 관해서는 어떤 의견을 갖고 계십니까? 어떤 의미로든 대륙의 철학자들은 자기들이 사회적 과제를 수행하는 중이라고 생각하는데요. 바로 그래서, 만일 데리다에게 묻는다면, 그가 사적 영역에서 전적으로 자기 완성에만 매진하고 있다는 의견에는 절대 동의하지 않을 것입니다.

로티 초기 데리다와 후기 데리다 사이의 차이가 바로 여기 있습니다. 저는 후기 데리다가 예언자적 입장에 서서, 미래의 민주주의는 해체 불가능한 정의의 이상理想 같은 것을 제공할 것이라 선포하고 싶어 한 게 아니냐는 인상을 받았습니다. 저로서는 그런 것들이, 비록 언젠가 갑자기 나름대로 사회적으로 유용했다는 게 밝혀질 수는 있을지언정, 지금 당장은 그다지 큰 사회적 유용성을 제공할 것 같지 않더군요. 지금은 불분명하단 말입니다.

만일 지금 당장 어떤 정치적 문제들의 답안을 구해야 한다면, 대체로 데리다는 공부하기에 적당한 철학자가 아닙니다.

리클린 데리다는 여러 가지 사회적 문제들에 답하려고 무척 골몰하는데 말이죠. 가령 『철학에의 권리』[14]는 그가 다양한 사회에서 제도적으로 구축된 철학적 문제들을 분석하는 데 통째로 바쳐진 책입니다. 거기서 데리다는 비단 자신이 아이러니와 스타일의 대가임을 보여 주는 데 그치지 않고, 오히려 지금 가능한 윤리적 입지점이 무엇인가를 보여 주고자 했죠.

로티 그런 시도가 과연 얼마나 성공적이었는가에 대해서는 말씀 못 드리겠습니다. 제게 데리다는 사회적 공익을 실천한 철학자라기보다 철학자의 자기 완성에 도달한 좋은 사례일 뿐입니다.

리클린 다시 말해, 당신이 이해하는 데리다는 경직되어 있던 철학의 언어를 뒤흔들어 놓은 시인 같은 존재다, 그 말씀인가요?

---

14) Jacques Derrida, *Du droit à la philosophie*, Paris: Galilée, 1990.

로티 제 논점은 그게 아닌데……. 그런 의미에서라면 헤겔 역시 시인이라 부를 수 있겠죠.

리클린 저는 미국인들이 공동체에 느끼는 귀속감이란 게 유럽인들과는 사뭇 다르지 않느냐는 인상을 받았습니다. 장구한 역사를 지닌 유럽의 공동체들에 비교할 때 미국의 공동체는 짧은 역사를 가졌을 뿐 아니라 상당히 인공적인 분위기를 풍기죠. 안 그렇습니까?

로티 제 의견을 물으신다면, 건국 후 200년의 시간을 통해 미국은 그 힘에 있어 결코 유럽에 뒤지지 않는 공동체적 귀속감을 낳았다고 해야 옳습니다.

리클린 결국 당신은 아무런 차이를 느끼지 못한다는 말이군요. 하지만 여전히 유럽의 철학자들은 공동체에 대한 자신들의 태도는 미국인들과는 전혀 다른 것이라고 생각하고 있습니다만…….

로티 압니다. 하지만 문제는 그들이 자기 머릿속에 완전히 인위적인 미국의 이미지를 그리고 있다는 데 있죠. 보드리야르를 예로 들 수 있는데, 그는 미국에서 단 6주 정도만 지내고 나서는 미국인들은 이러저러하다 하는 식의 최종 결론을 내 버린 사람입니다.

리클린 유럽인들이 틀렸다는 말이군요. 그들은 미국적 공동체란 게 뭔지 전혀 이해하고 있지 못하고 있다는…….

로티 그렇습니다.

리클린 예전에 당신이 야생 난蘭에 몰두했던 일은 이제 어떻게 되었습니까? 「트로츠키와 야생 난」[15]이란 글에서 당신은 어린 시절, 야생 난 수집에 몰입한 적이 있었다고 쓰셨는데…….

로티 소싯적의 취미에 불과했습니다.

리클린 지금은 어떤 취미가 있으신가요?

로티 제 유일한 취미는 새 관찰입니다. 아마도 새가 난초의 자리를 대신한 듯하군요.

리클린 새소리 수집 같은 건가요, 아니면 어떤 다른?

로티 새를 관찰하길 즐겨 하는 사람들은 가급적 많은 종류의 새들을 만나고 싶어 합니다. 제가 브라질이나 오스트레일리아에서 열리는 강연에 나가는 이유는 거기 사는 새들을 보기 위해서랍니다.

리클린 저런, 아쉽지만 러시아 새들을 보기는 어려우시겠군요. 모스크바는 새 보기가 쉽지 않은 곳이라서…….

---

15) Richard Rorty, "Trotsky and the Wild Orchids", *Common Knowledge* 1:3, 1992, pp.140~153.

로티 시베리아에 산다는 학을 본 적이 있는데, 그게 시베리아에서 본 게 아니라 인도에 월동하러 온 것들이었거든요.

리클린 그럼 나보코프로 돌아가 볼까요. 그의 극단적인 반反소비에트주의에 대해서는 어떻게 생각하십니까? 질서와 미적 감수성이 실현된 이상적 장소로서 구舊러시아에 대한 그의 묘사는 반소비에트주의의 정서적 배경을 이루고 있는데요.

로티 나보코프는 자기 가족이 명예와 질서를 존중하는 유서 깊은 귀족 가문이었노라고 자랑하곤 했습니다. 구러시아에 관해서라면…… 그는 자기 아버지의 구러시아 비판에 대해 공감하는 편이었던 걸요.

리클린 하지만 나보코프는 구러시아의 교양 있는 사교계에서 속물스러움은 대단히 낯선 자질이었다고 했는데요.

로티 당시 '교양 있는 사교계'란 인구의 절반도 되지 않았고 나보코프도 이를 잘 알고 있었죠. 그 자신은 가난하게 살아 본 적이 없어도, 러시아에서 가난함이란 무엇을 뜻하는지 제대로 파악하고 있던 셈입니다.

리클린 그렇다면 당신 생각에 나보코프가 실상 자기 아버지의 정치적 견해에 동감하고 있었단 말입니까?

로티 틀림없습니다. 전혀 틀린 게 없다고 생각했을 걸요.

리클린 달리 말해 나보코프는 타고난 자유주의자였다는 말이군요.

로티 네, 그게 바로 그가 미국을 사랑했던 이유였고요.

리클린 그런데 자유주의는 어떤 철학적 입장의 하나라고 볼 수 있지 않습니까?

로티 철학은 자유스런 토대 위에서 구축된다고 말할 수는 있습니다. 하지만 자유주의에는 어떠한 철학적 근거도 없습니다.

리클린 당신의 말대로라면 문학과 철학의 언어는 똑같이 비옥한 토대를 지닌 셈이어서, 잘만 사용한다면 언제까지고 병행적으로 발전할 수 있겠군요.

로티 그렇습니다. 심지어 철학을 다양한 문학적 전통의 한 가지라고 생각할 수도 있을 겁니다. 시인이 있고 소설가가 있듯, 철학자도 있는 게 죠…….

리클린 하지만 당신이 철학을 택하든 문학을 택하든 어쨌거나 양자를 온전히 하나로 합친다는 것은 불가능한 일일 텐데요.

로티 그 둘이 합쳐지든 아니든 별 관심 없습니다. 시로 시작해서 산문으로 끝난들 무슨 상관입니까? 문학이라고 부를 수도 있고 또 철학이라고도 부를 수 있는, 경계선 위에 놓인 수많은 사례들이 있을 뿐입니다.

리클린 장르란 무의미하다는 말씀이군요?

로티 아뇨, 의미가 있죠. 다만 끊임없이 뒤섞일 수 있다는 게 장르가 좋은 이유라는 것입니다.

리클린 당신을 소설가라고 부를 수도 있다고 보십니까?

로티 아뇨.

리클린 에세이스트라면요?

로티 에세이스트라면 괜찮겠죠.

리클린 자신이 철학자 공동체에 속해 있지 않다고 말씀하시는데, 그럼 본인을 철학자라고 생각하지 않는다는 말입니까?

로티 어느 정도는 그렇습니다. 철학과 교수가 아니라면야 아무도 종사하지 않는 직업들이 있죠. 철학자 공동체 같은 데는 순수하게 기술적인 특성들이 있습니다. 가령 데이빗슨이나 존 롤즈의 이론 같은 게 바로 그런 예인데, 만일 그 공동체에 속한 사람이 아니라면 거기서 사용되는 언어들이 도대체 무엇을 뜻하는지 전혀 알 수가 없거든요.

리클린 하지만 당신이나 데리다의 책들은 철학자 공동체라는 영역 너머에서도 널리 읽히고 있지 않습니까?

로티 그저 제가 전문적인 철학의 영역에 속하지 않은 글들을 많이 써 온 거겠죠. 제 첫번째 책인 『철학 그리고 자연의 거울』[16]은 상당히 전문적인 내용을 담고 있었습니다……. 지나치다고는 할 수 없어도, 대체로 그렇게 말할 수 있죠. 그런데 철학과 교수들은 이 책을 좋아하지 않았어요. 반면 다른 분과 영역에서 오히려 환영받았었죠. 그런 일들이 종종 벌어집니다. 가령 토머스 쿤의 『과학혁명의 구조』[17]를 보십시오. 그 책 역시 전문적인 철학 이외의 영역에서 널리 읽혔습니다.

리클린 제겐 파울 파이어아벤트Paul Feyerabend의 인식론적 무정부주의가 상당히 인상적이었습니다. 그의 책들은 굉장히 잘 쓰여졌을 뿐 아니라 영미적 토양에서 자라난 최고의 니체주의 저작이 아닌가 싶던데요.

로티 최근에 나온 그의 자서전도 틀림없이 맘에 들 겁니다.

리클린 미국의 해체주의에 대해 당신은 별 호감이 없다는 생각이 드는데, 맞습니까?

로티 데리다에 대한 어설픈 흉내 내기라는 느낌이 들더군요. 데리다는 그저 따라해 보기에는 지나칠 정도로 성공적인 사례란 생각이 듭니다.

---

16) Richard Rorty, *Philosophy and the Mirror of Nature*, Princeton: Princeton University Press, 1979〔리처드 로티, 『철학 그리고 자연의 거울』, 박지수 옮김, 까치글방, 1998〕. —지은이

17) Thomas S. Kuhn, *The Structure of Scientific Revolutions*, Chicago: The University of Chicago Press, 1962〔토머스 쿤, 『과학혁명의 구조』, 김명자 옮김, 까치글방, 2002〕.

리클린 그렇다면 미국의 해체주의가 지닌 독창성 같은 것은 인정하지 않는다는 말씀입니까? 가령 폴 드 만Paul de Man은 데리다를 무작정 흉내 냈던 사람은 아니었는데요.

로티 맞아요. 그는 명민한 문학 비평가였죠. 제가 보기에 폴 드 만은 철학자로서 더 두각을 나타낸 듯싶지만요.

리클린 미국에 당신을 따르는 사람들이 많이 있습니까? '로티 학파'라고 부를 만한 게 있을까요?

로티 제 방식을 따라 연구하는 많은 학생들이 있습니다만, 학파라 부를 만한 건 없습니다.

리클린 하지만 당신 자신은 실용주의라고 불리는 이미 상당히 유서 깊은 학파에 속해 있지 않습니까?

로티 하지만 많은 이들이 제가 전혀 실용주의자가 아니라고 생각하고 있죠. 그저 제 자신이 스스로를 실용주의자라고 부를 뿐입니다. 듀이나 제임스를 좋아하는 많은 이들이 저를 그들과 무관하다고 여기고 있습니다.

리클린 즉, 당신을 참칭자로 간주한다는 말이죠.

로티 바로 그렇습니다.

리클린 아마도 대륙의 철학 전통을 미국이라는 나무에 접목하는 당신의 작업이 그들 맘에 들지 않았을지 모르겠습니다. 러시아에 한 식물을 다른 식물에 이종교배했던 미추린Ivan Michurin이란 식물학자가 있었는데, 그의 교배종들 전체가 살아남은 것은 아니랍니다……. 아마도 당신을 미국의 미추린이라 부를 수도 있겠지요. 하지만 미추린이 자기 나라에서만 인정받았던 데 비해, 당신은 국제적인 인정을 받았고 가장 유명한 현대 철학자들 가운데 한 사람이 되셨습니다.

로티 사실 제 책들이 여러 나라말로 번역되긴 했는데, 실제로 어떤 영향력을 끼쳤는지는 잘 모르겠습니다…….

리클린 자크 부브레스Jacques Bouveresse와 프랑스 분석철학 전통에 대해서는 어떻게 생각하십니까? 그들이 프랑스 내에서 당신의 명성을 드높이는 데 일조했다고 보십니까?[18]

로티 한마디로, 부브레스는 여기에 해당되지 않습니다. 그와 저 사이에는 일치하지 않는 부분들이 있어요. 철학자로서 부브레스 자신에 대해서는 제가 꽤 경탄하는 편입니다. 다만 그가 데리다에게 좀 덜 적대적으로 대하고 둘이서 친해지길 바랄 뿐입니다.

저와 부브레스는 비트겐슈타인주의자들이라 할 만한데, 기실 제가 보기에 데리다 역시 비트겐슈타인주의자라 하겠습니다. 그가 비트겐슈타

18) 부브레스와 로티의 논쟁에 관해서는 다음 책을 참조하라. Jean-Pierre Cometti éd., *Lire Rorty*, Paris: L'éclat, 1992. —지은이

인을 읽지 않은 게 사실이지만요.

리클린 프랑스에서는 아무도 데리다를 비트겐슈타인주의자라고 여기지 않습니다. 설명하시려면 꽤나 고역을 치러야 할 텐데요.

로티 아무튼 저로서는 부브레스가 데리다에 대해 입장 변화를 보이길 바랄 따름입니다. 데리다가 언어에 관해 쓴 것들 중 상당 부분에 저는 전적으로 동의하고 있으며, 이는 비트겐슈타인의 작업과도 정확히 일치하고 있습니다. 데리다 자신이 인정하지 않고 있을 뿐이지요.

리클린 들뢰즈에 대해서는 어떻게 생각하십니까?

로티 한마디로 전혀 이해 못하겠더군요. 『안티 오이디푸스』[19]와 니체, 푸코에 대해 그가 쓴 책들[20]을 읽어 보았는데, 아무것도 끄집어낼 만한 게 없었습니다.

---

19) Gilles Deleuze et Félix Guattari, *L'anti-Œdipe*, Paris: Minuit, 1972.

20) 들뢰즈가 니체에 관해서 쓴 책은 Gilles Deleuze, *Nietzsche et la philosophie*, Paris: Presses universitaires de France, 1962〔질 들뢰즈, 『니체와 철학』, 이경신 옮김, 민음사, 2001〕를 가리키고, 푸코에 관해서 쓴 책은 Gilles Deleuze, *Foucault*, Paris: Minuit, 1986〔질 들뢰즈, 『들뢰즈의 푸코』, 권영숙·조형근 옮김, 새길, 1995〕을 가리킨다.

II.

리클린 바흐친의 사상과 미국에서 그를 계승한 사람들에게서 어떤 영향을 받은 적이 있습니까?

로티 극히 미미합니다. 그의 논문집이나 대화론,[21] 라블레론[22] 등을 읽어 보았는데, 아마 그게 다일 겁니다.

그의 작업 중 많은 부분들이 2차 문헌을 통해서도 알 수 있는 것들이었고, 그래서 바흐친을 직접 읽는 것이 제게는 그다지 계발적이지 못했습니다.

리클린 사적인 것과 공적인 것의 경계 문제가 당신의 철학에서 굉장히 중요하다는 생각이 듭니다. 그런 경계가 흐릿하고 불분명하며 대체로 잘 보이지도 않는 사회에 대해서는 어떤 의견을 갖고 있습니까? 그런 사회의 구조에 대해서는 어떻게 생각하시지요?

로티 만일 양자 간의 경계가 잘 들여다보이지 않는 사회가 존재한다면, 그 사회는 미개 사회 혹은 전체주의 사회가 틀림없습니다. 기타 나머지

---

21) 바흐친의 『도스토예프스키 창작/시학의 제문제』(1929/1963)를 말한다. М.М. Бахтин, *Поэтика творчества/поэтики Достоевского*, Киев: Next, 1994〔미하일 바흐친, 『도스토예프스키 시학』, 김근식 옮김, 정음사, 1989〕.

22) 바흐친의 『프랑수아 라블레의 작품과 중세 및 르네상스의 민중 문화』(1965)를 말한다. М.М. Бахтин, *Творчество Франсуа Рабле и народная культура средневековья и Ренессанса*, Москва: Художественная литература, 1991〔미하일 바흐친, 『프랑수아 라블레의 작품과 중세 및 르네상스의 민중 문화』, 이덕형·최건형 옮김, 아카넷, 2001〕.

사회에서 경계가 불분명한지 아닌지에 관해서는 별 관심이 없습니다. 어떻게 해도 항상 불분명할 테니까요.

리클린 사적인 것과 사회적인 것의 명확한 경계 구분이야말로 당신 철학의 본질적 요소라 생각되는군요. 그 경계가 지워진다면 당신 철학의 많은 부분들 역시 지워져 버리고 말겠죠.

로티 그건 어떤 하나의 관점에 섞여 있는 여러 가지 모순점들에 불과하다고 생각됩니다. 어떤 것들을 사적이라거나 공적이라고 부를 수 있겠죠. 하지만 세상의 많은 부분은 사적인 것과 공적인 것 사이에, 그 중간에 놓여 있는 법입니다. 경계가 꼭 명확해야 할 필요는 없습니다.

리클린 그렇지만 꼭 전체주의 사회는 아니더라도 많은 사회에서 개인은 공동체의 유기적 일부로 나타납니다. 그와 같은 유대는 너무나도 강력하기 때문에 그런 유대 없이 존재하는 개인을 상상하기란 불가능하죠. 때문에 강력한 공동체적 유대로 조직된 사회에서 '사적 휴식'과 '공적 활동' 사이의 경계선을 긋는 일이 불가능하다는 말입니다.

하지만 당신에게는 사적인 것과 공적인 것의 차이가 본질적이기 때문에, 여하한의 사회도 그 존립 목적을 양자 간의 명확한 대비, 분계선의 설정에 두어야 한다고 생각하는 게 아닙니까?

로티 질서 있고 품위 있는 어떤 사회라도 그런 경계 구분을 존중할 것입니다. 개인의 사적인 삶을 위한 충분한 공간도 배려할 것이고요.

리클린 그렇다면 당신 생각에 많은 사회가 아직 그렇게 품위 있는 상태에 이르지는 못했다는 말이군요?

로티 물론입니다.

리클린 알겠습니다. 제 다음 질문은 철학적 민족주의에 관한 것입니다. 데리다식 패러다임에서, 그는 이 주제를 자꾸만 피히테와 독일 전통에 연관시키고 있는데, 철학적 민족주의의 문제는 민족어의 차원에서 제기되는 것입니다. 피히테의 경우, 이 독일 철학자는 철학적 진리의 대부분이 전적으로 독일어를 통해서만 표현될 수 있다는 식으로 주장했었죠. 철학적 민족주의에 대한 당신의 입장은 어떻습니까?

로티 피히테의 언명이 옳다고 생각합니다. 이런 문제에서 철학은 시와 마찬가지의 입장을 취하죠. 어떤 언어로 말하는가는 중요합니다. 하지만 그게 코스모폴리타니즘에 대립한다는 뜻은 아닙니다.

리클린 어떻게 충돌하지 않을 수 있죠?

로티 만일 언어가 민족 상호 간에 전적으로 대체 가능한 것이라면, 독일 문학과 철학의 역사가 피히테나 하이데거의 언어 속에 온전히 녹아 있는 게 아니라면, 그렇다면 독일의 문학과 철학이 과연 누구를 감동시킬 수 있겠습니까? 그 누구도 불가능하겠죠. 오직 독일인들만이 독일 문학과 철학에 진정 감동할 수 있는 것입니다! 물론 번역이야 할 수 있겠죠. 하지만 그 이상은 아닐 겁니다.

리클린 당신을 철학적 민족주의자로 볼 수 있습니까?

로티 아니요. 저는 미국의 애국자입니다. 하지만 정치적으로 그렇다는 게지, 철학적으로는 아닙니다.

리클린 하지만 당신의 담론 역시 내적으로는 영어의 구조에 연관되어 있다고 생각지는 않나요?

로티 글쓰기 스타일에서 남다른 특이성을 드러내는 작가들은 정말 예측 불가능한 언어로 작업을 하곤 합니다. 그의 스타일이 특이하면 할수록 그의 언어를 번역하기도 어렵죠.

리클린 대륙의 철학자들 가운데 누가 당신에게 가장 가깝습니까?

로티 하버마스와 데리다가 가장 흥미롭고도 독창적인 인물들이죠.

리클린 어떤 의미에서 그들은 대척적인 철학자들인 데다가, 제가 알기로 적대적인 관계에 있는 걸로 아는데요. 특히 위르겐 하버마스는 현대 프랑스 철학에 대한 부정적 태도로 잘 알려져 있지 않습니까?

로티 그들을 비교하는 글[23]을 쓴 적이 있습니다. 그들은 겉보기만큼 대척

23) Richard Rorty, "Habermas, Derrida and the Functions of Philosophy", *Revue Internationale de Philosophie* 49/194, 1995, pp.437~460.

적이지 않아요.

리클린 당신이 보기에 그들 사이의 차이란 지나치게 과장되었다는 말씀인가요?

로티 그렇습니다.

리클린 연대의 문제에 관해 좀더 상세하게 설명해 주시겠습니까? 『우연성, 아이러니, 연대성』에서 당신은 우리가 잔혹함으로부터 반드시 벗어나야 한다고 썼으며, '인류', '휴머니티'와 같은 오래된 실체적 개념들을 대신해 연대성을 제안한 바 있습니다. 연대가 그렇게 높은 가치를 지닐 수 있는 근거는 어디에 있습니까?

로티 이 문제를 거론한 애초의 텍스트는 「연대인가 객관성인가?」[24]라는 논문이었습니다. 거기서 저는, 우리는 신이나 진리와 같은, 무엇이건 인간 없이 고려되는 일체의 비인간적인 것에 대한 관계를 통해 자기 동일성의 감정을 만들어 내든가, 혹은 타자들과의 관계를 통해 삶의 의미와 윤리적 정체성을 얻든가, 그 둘 중 하나를 택해야 한다고 썼습니다. 첫번째 입장이 객관성이란 것이고, 두번째가 연대라는 것입니다.

리클린 특정한 문학, 가령 나보코프의 소설과 같은 것이 잔혹함과의 투쟁

---

24) Richard Rorty, "Solidarity or Objectivity?", *Nanzan Review of American Studies* 6, 1984, pp.1~19.

에서 일정한 의미를 지닌다고 생각하는 이유가 무엇입니까?

로티 그런 문제에서 나보코프가 특별히 중요한 위치를 차지한다고 생각지는 않습니다. 그가 다루었던 윤리적 상황의 문제 설정을 일반화할 위험도 있으니까요. 차라리 디킨즈Charles Dickens나 비처 스토[25]야말로 인간이 잔혹하지 않다는 것을 잘 보여 준 작가들입니다.

리클린 작가를 두 부류로 나눠 생각한다는 말이군요. 개인적 완성을 추구하는 부류와 사회적으로 유의미한 목표를 추구하는 공익적 부류, 이렇게 말이죠?

로티 네, 철학 역시 그와 동일한 분류를 따를 수 있겠습니다. 데리다는 제 기준에 사적 철학자이지만, 하버마스는 그와 반대로 사회적 공익을 추구하는 철학자라 이거죠.

리클린 그러니까 데리다와 하버마스 대척성이란 애초에 그들이 속한 장르를 잘못 설정했기 때문에 생긴 결과란 말이군요?

로티 애초부터 영역 구별을 확실히 해야 하지 않았나 싶습니다.

리클린 당신의 글 「잔인성에 관한 나보코프의 견해」 마지막 부분에 이런

---

25) 해리엇 비처 스토(Harriet Beecher Stowe, 1811~1896). 미국의 여성 작가. 노예제에 반대하고 소설 『톰 아저씨의 오두막』을 통해 노예제의 비참함과 잔혹함을 고발했다.

말이 나오더군요. "나보코프가 쓴 최고의 소설들은 그가 자기 신념에 충실하지 못함을 보여 준다." 이런 진술의 의미는 작가로서의 나보코프가 이데올로그들이 자기 신념에 맹목하는 것과 같은 태도로 일관하지 못했다는 말입니까? 문학의 유일한 임무는 '미학적으로 고양된 감정 혹은 축복'을 환기하는 것이며 작가의 유일한 미덕은 그의 스타일에 있다는 나보코프의 언급을 당신은 반복하곤 했는데요. 어떻게 생각하십니까? 그가 이런 명제를 자기 삶에서 구현하지 못했다고 보십니까?

로티 실로 그런 언급들에 관해서라면 딱 절반만 받아들일 수 있다고 해야겠습니다. 여러 자리에서 나보코프는 그에 반대되는 말들을 하곤 했거든요. 가령 언젠가 그는, 어느 날 누군가 자기를 찾아와 자기야말로 진실한 도덕주의자라고 했다는 둥 말하기도 했죠.[26)]

리클린 미셸 푸코의 텍스트들 역시 사적/공적 기준에 따라 나눌 수 있다고 보십니까? 그가 탐구했던 권력의 미시물리학은 도덕적 판단의 불가능성을 인정하는 데 기반해 있었는데요.

로티 그건 그가 그렇게 생각하고 싶어 했던 것이죠. 실상 푸코가 했던 유일한 작업은 도덕적 판단을 내리는 것이었습니다.

리클린 푸코는 도덕적 판단으로부터 벗어날 수 있다고 생각했는데요.

---

26) Vladimir Nabokov, *Strong Opinions*, New York: McGraw-Hill, 1973.

로티 그렇게 말한 거죠. 저는 안 믿습니다.

리클린 왜요?

로티 제가 보기에 그건 프랑스 문학의 전형적인 제스처입니다. 아무것도 의미하지 않지만, 폼은 나는 거죠.

리클린 그렇다면 미국 문학의 전형적인 제스처는 무엇입니까?

로티 무슨 수를 써서든 성공하는 것입니다.

리클린 미국 최고의 작가는 누구라 할 수 있을까요? 대개 월터 휘트먼Walter Whitman을 꼽는데…….

로티 바로 그렇습니다. 월터 휘트먼이죠. 여기엔 제 개인적인 이유도 있습니다. 제 아버지도 시인이셨는데, 항상 휘트먼의 스타일에 관해 쓰곤 하셨죠.

리클린 헨리 밀러Henry Miller와 같은 작가에 대해선 어떻게 생각하십니까?

로티 별 가치가 없는 작가입니다.

리클린 하지만 많은 그의 독자들이 있는데요.

로티 대개 프랑스인들이죠.

리클린 아이고, 다 그렇지는 않습니다. 제가 아는 미국인들도 그를 좋아하는 걸요.

그럼 다음 질문으로 넘어가겠습니다. 어떤 기준에서 철학을 문학과 나누십니까?

로티 그러고 싶지 않다고 말해야겠는걸요. 사실 경계선상에 있는 경우가 얼마나 많습니까! 키르케고르 같은 이들을 보십시오…….

리클린 그렇지만 여하간 누군가는 철학자라 부르실 것이고, 또 누군가는 작가라고 부르시지 않습니까? 즉, 어찌되었건 모종의 차이가 있다는 뜻 아니겠습니까?

로티 만약 당신이 오랫동안 한 분야의 책만 읽는다면, 가령 플라톤이나 아리스토텔레스, 칸트 등등, 그렇다면 당신을 철학자라고 불러도 되겠지요. 다른 누구에게 또 그런 책들이 필요하겠습니까?

리클린 하지만 또 다른 맥락에서는 플라톤을 작가라고 부를 수도 있잖습니까?

로티 무언가를 최초로 발명해 낸 사람을 단 하나의 범주에 귀속시키기란 불가능한 노릇입니다. 플라톤 이전에는 철학이니 문학이니 하고 불리던 대상 자체가 아예 없던 것이고요.

리클린 당신에게 그런 구별이 필수적이란 말은 아니군요. 하지만 한편으론 실용주의적 입장에서도 그런 구별이 필요하지 않습니까? 만일 그런 구별을 죄다 지워내 버린다면, 결국 듀이는 작가로, 나보코프는 철학자로도 불릴 수 있을 텐데요.

로티 그런 말씀에는 무어라 답해야 할지 모르겠군요. 철학과 문학의 구별이 필요한 사람은 다만 도서관 사서, 즉 교양 있는 공무원뿐입니다. 그들 외에 누구에게 또 필요할까요?

리클린 하지만 당신 자신이 종종 말하길, 문학은 전통 철학이 고수하는 실체론을 깨버리는 데 도움을 준다고 하지 않으셨습니까?

로티 이른바 철학자라는 사람들이 제기한, 과거로부터 전해 내려온 문제들을 해결하는 데 필요한 책은 문학적일 수 있다고 생각합니다. 하지만 그게 문화의 특정 영역이 다른 영역에 문제 해결의 바통을 넘기는 것을 뜻하는 건 아닙니다.

리클린 하지만 여하간 상이한 두 가지 도구들이 있다는 말씀이지요?

로티 무수한 중간적 사례들이 있는 한에서 그렇습니다. 저로서는 키르케고르를 어떤 특정한 범주에 밀어 넣을 수가 없군요.

리클린 당신은 가끔 '최종 어휘'final vocabulary라는 표현을 쓰시더군요. 자기 자신의 '최종 어휘'는 어떤 것입니까? 지금 만들고 있는 중이신가요, 아니면 이미 만드셨습니까?

로티 사람마다 매년 '최종 어휘'가 바뀌는 것 같습니다.

리클린 어휘는 어떤 의미에서 '최종적'이 됩니까?

로티 만일 사람들이 어떤 단어들을 사용할 수 없게 되었는데, 그것들 없이는 삶이 그저 혼란스럽기만 하고 당최 불가능하단 말입니다. 그렇다면 이때 그 단어는 가히 '최종적'이라 말할 수 있는 것이죠. 하지만 그게 반드시 단 하나의 동일한 단어들일 필요는 없습니다.

이는 단지 사람들이 그런 어휘들 없이 자기 생각을 표현할 수 없기 때문입니다. 심리적으로 자기들이 원하는 것을 표현할 수가 없는 게죠. 가령 예수 그리스도를 입에 올리지 않고는 아무것도 말할 수 없는 사람들이 있습니다. 바로 이런 경우 '예수 그리스도'는 그들의 '최종 어휘'가 되는 거죠. 그런데 한 해가 지나고 다시, 이번에는 부처나 기타 다른 것들을 입에 올리지 않고는 자기가 원하는 건 아무것도 말할 수 없는 상태가 되는 거예요.

리클린 바로 그래서 실용주의는 당신의 '최종 어휘'가 되는 것 아닙니까? 왜냐하면 당신에게 실용주의는 필수적이니까요. 또한 당신이 계보학적 작업을 하는 데 필요한 얼마간의 고유명사들도 있고요.

로티 그렇군요.

리클린 그래서 진화론적 용어로 인간의 삶을 다른 것들과 구분 짓는 유일한 차이가 바로 언어에 있다고 생각하는 거로군요. 즉 언어는 인간과 동물을 구분 짓는 본질적인 차이란 말씀이시죠.

로티 언어는 가장 명확한 차이를 보여 줍니다. 하지만 다른 것들도 없진 않죠.

리클린 바로 그래서 당신이 실체론을 거부하는 것이고요. 언어 내부에서 대개 실용주의적 차원들이 작동하고 있습니다만, 사람들은 자꾸만 그 차원들을 '진리' 따위와 뒤섞어 버린다는 것이죠.

그럼 자신을 다원주의자라고 부르는 이유는 무엇입니까?

로티 모든 의미에서죠. 게놈의 문화적 등가물들은 살아남기 위해 투쟁하고, 최선의 것이 승리하게 마련입니다. 게놈과 마찬가지로 문화적 등가물들 역시 환경에 적응하는 게죠…….

리클린 문화의 정글 같은 것이군요……. 온갖 희생을 치르고 살아남는 가장 강한 자가 지배한다는.

로티 '가장 강한 자', 즉 '적자'라는 말이 무엇을 뜻하느냐는 언제나 대답하기 어려운 질문입니다. 가령 셰익스피어는 문화적 기억의 한 부분으로 남아 있습니다만, 벤 존슨[27]은 그렇지 않습니다. 이 경우 셰익스피어가 적자라 할 수 있겠죠. 하지만 무엇 때문에, 어떤 목적으로 그렇습니까?

---

27) 벤 존슨(Ben Johnson, 1572~1637). 영국 신고전주의 극작가이자 문필가.

힘과 습관을 동일시함으로써 다윈에 관해 잘못된 해석을 내리는 일이 종종 벌어지곤 합니다. 어떤 종이 출현한 다음 몇백만 년이 지나고 나서야 그게 적자인지 아닌지, 환경에 적응했는지 아닌지 말할 수 있는 법입니다. 지금 당장 할 수 있는 일이 아니에요.

수 세기 전에 셰익스피어는 많은 다른 드라마 작가들 중의 하나였을 뿐입니다. 시간을 되새겨 보며 이렇게 말할 수도 있겠죠. 셰익스피어는 하나의 새로운 시작이었노라고.

리클린 그건 셰익스피어에 대한 실체론적 관점처럼 들리는데요?

로티 아니요, 다윈주의적 관점입니다.

리클린 하지만 존 던[28] 역시 우리 시대까지 전해져 오지 않았습니까?

로티 셰익스피어처럼 위명을 날리는 건 아니죠. 그리고 T.S. 엘리엇[29] 역시 망각으로부터 구해 내야 합니다.

리클린 시인으로서 존 던은 셰익스피어보다 못하지 않다는 생각입니다만.

로티 목록을 굉장히 좁혀 본다면 그럴 수 있겠죠.

---

28) 존 던(John Donne, 1572~1631). 영국 국교회의 성직자이자 시인. 신앙과 사랑, 삶에 대한 비애의 감정을 노래한 시로 유명하다.

29) 토머스 스턴스 엘리엇(Thomas Stearns Eliot, 1888~1965). 미국 태생 영국의 시인이자 극작가.

리클린 다시 본래의 질문으로 돌아가 볼까요. 이전에는 아무도 실용주의의 계보에 넣을 생각을 안 했던 유럽의 철학자들에게 당신이 '실용주의자'라는 표찰을 붙여 주고 미국으로 불러들였던 사실에 대해 미국에서는 어떤 반응이 있었습니까?

로티 끔찍하게도 싫어했죠. 제가 젊은이들을 망쳐 놓았다고들 하더군요.

리클린 당신을 따르는 후학들이 있습니까? 당신이 가르치는 비교문학부가 아니라, 다양한 텍스트들을 다루는 데 있어 아직 등가의 자유를 누리지 못하는 철학부에서 말입니다.[30] 미국에서 문학은 비교 연구가 가능한 학제로 인정받고 있는 반면, 철학은 아직 그렇지 못합니다. 그래서 당신은 미래에는 철학 역시 문학과 마찬가지로 비교 가능한 학제로 공인되어야만 한다고 주장하기도 했는데요.

로티 최소한 그렇게 되기를 바라고 있습니다. 그렇게만 된다면 얼마나 좋겠습니까. 하지만 과연 그럴 수 있을는지는 알 수 없군요.

리클린 철학에 관련해서 이 문제를 다룰 때는 상당히 조심스럽게 접근해야겠지요. 데리다도 대서양을 건너 미국으로 갔을 때, 철학자가 아니라 비교문학 전문가로 소개되었습니다. 제가 알기로 미국의 철학부들 가운

---

30) 분석철학이 대세를 이루는 미국 철학계에서 진리의 상대성을 옹호하고 문학과 철학의 경계선을 지우려는 로티의 시도는 거센 반발을 불러일으켰다. 이로 인해 로티는 1982년에는 21년간 근무하던 프린스턴대 철학과를 떠나 버지니아대 인문학 교수로 자리를 옮겨야 했다. 이 대담이 있은 후 2년 뒤인 1997년부터는 스탠포드대 비교문학부 교수가 되었다.

데 데리다와 진지하게 접촉하려는 곳은 별로 없다고 하던데요.

로티 데리다의 작업을 제대로 이해하기 위해서는 먼저 헤겔이나 하이데거 같은 이들의 책을 읽어야만 합니다. 그런데 미국 철학자들은 안 그렇거든요. 그래서 데리다가 하는 말은 이해하지 못하는 것이고요.

리클린 미국 철학자들이 외국어 배우기에 힘을 쏟지 않는다는 말씀을 하고 싶은 건가요? 미국 대학의 박사 학위 규정에는 한두 가지 외국어를 반드시 할 줄 알아야 한다고 하던데.

로티 그런 규정 따위는 쉽게 건너뛰곤 합니다. 1980년 제가 일하던 철학과에서 외국어 의무 규정의 존속에 대해 투표를 했었는데, 단 두 사람을 빼고 나머지 스무 명의 교수들이 반대표를 던졌습니다. 그 두 명 중 하나가 바로 저였고요.

리클린 자유주의에 대한 질문으로 돌아가 보죠. 당신이 설명하기로, 통상적인 자유주의자들과 당신을 구별 짓는 유일한 기준은, 그들이 자신들의 자유주의적 입장에 어떤 논거를 대려고 하며 거기에 어떤 보편적 가치를 부여하고자 하는 반면, 당신은 그 어떤 논증도 필요로 하지 않는다는 점에 있습니다. 그 외에 또 어떤 다른 차이점이 있을까요?

이런 논증 없는 자유주의에 대해 미국에서도 당신에 대한 비판이 만만찮죠. 전에 들은 적이 있는데, 어느 텔레비전 해설가가 당신에 대해 비난하기를, 당신의 철학은 어린 학생들에게서 종교가 부여하는 것과 같은 그런 삶의 진정한 지향점을 빼앗는 것이나 마찬가지라고 했다더군요. 지금 미국인들에게 가장 중요한 삶의 가치는 종교적인 게 아닌가 싶습니다만…….

로티 존 듀이가 살아 있을 때도 그런 말들을 하곤 했답니다.

리클린 하지만 제가 틀리지 않았다면, 듀이는 미국의 교육 체계 개혁에도 호출되곤 했다던데요.

로티 아니요, 아무도 그를 호출하지 않았습니다. 그는 반대자들을 물리치고 자기 입장의 주도권을 잡았을 뿐이지요.

리클린 공적 철학자이자 교육 개혁가였던 듀이와 달리, 당신은 사적인 아이러니스트로 남아 계시지 않습니까? 그게 아니면, 마지못해서라도 여하한의 공익을 위한 활동도 맡고 계십니까?

로티 필요해서 불러 준다면 저 역시 공적인 인물이 될 것입니다. 그게 다만 제게 달린 문제가 아니라는 말이지요. 저로서는 그런 일에 힘을 쏟을 이유가 없습니다.

리클린 그래서 자의 반 타의 반으로 당신을 공적으로 불러내는 것이겠죠. 그에 반대하는 건 아니시죠?

로티 반대한들 뭐가 달라지겠습니까.

리클린 데리다의 경우, 자신이 정치적으로 이용되는 것에 오랫동안 반대해 왔기 때문입니다. 그런 저항의 한 가지 형태가 바로 자기 사진을 출판하지 말아 달라는 주문이었습니다. 이 금지는 그가 국제철학학교Collège International de Philosophie를 설립함으로써 사회적인 저명인사가 될 때까지 계속되었죠. 지금 그는, 과장을 전혀 섞지 않고 말해서, 세계에서 사진이 가장 잘 팔리는 철학자 가운데 하나가 되었습니다.

로티 좀 여윈 것 같더군요. 저도 살이 좀 빠진다면 사진에 보기 좋게 나올 텐데요.

리클린 그게 유일한 이유라는 식으로 말씀하시네요…….

로티 물론 유일한 이유는 아닙니다만 중요한 이유 가운데 하나죠.

리클린 저는 1990년 이래로 데리다와 알고 지냈는데, 그 기간 중 그는 줄곧 변함없었습니다.

로티 저는 근 20년간 친분을 쌓아 왔습니다. 20년 전에 비해 지금은 훨씬 더 낭만적이 된 것 같더군요.

리클린 지지하는 정당이 있다면 어떤 당입니까?

로티 민주당입니다. 사실 미국의 모든 지성인들은 민주당 지지자들이죠. 공화당 지지하는 사람은 하나도 못 봤습니다.

리클린 당신 텍스트에 대해 한 가지 질문이 있습니다. 어떤 사례를 들어 설명할 때, 당신은 '그' 대신 '그녀'를 사용하시던데, 그건 왜 그렇습니까? 페미니즘에 대한 양보인가요?

로티 그건 현대의 미국 철학자들이라면 누구나 취하는 페미니즘에 대한 양보입니다. 미국인이 쓴 철학 텍스트들을 보신다면 도처에서 '그' 대신 '그녀'를 찾아낼 수 있을 겁니다.

리클린 '우연성'이라는 단어의 사용에 대해 또 다른 질문을 드리고 싶군요. 이 단어는 아마도 당신 사유의 열쇠어가 아닌가 싶은데, 과연 당신의 다른 주요 개념어들인 '공동체'나 '자기 관계성', '외부 세계' 등 역시 지극히 '우연적'으로만 상호 연관되는 듯 보이기 때문입니다. 우연성에 대해 어떤 중심적 가치를 부여하고 있는 건가요? 아니면 이 모든 게 그냥 우연히 그렇게 된 것일 뿐입니까?

로티 그건 어느 정도 그렇다고 해야겠군요.

리클린 문학 작품 같은 것도 써 보려 하는 편입니까?

로티 때때로 시도는 해보는데, 아무 성과가 없습니다. 문학 작품을 쓰려면 인물 묘사를 잘해야 하는데, 제게 그런 재능이 있다는 생각은 안 들더군요. ■

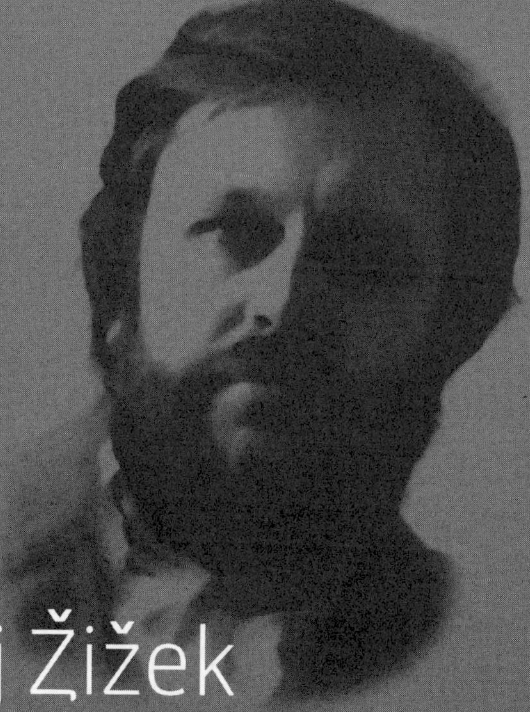

9 Slavoj Žižek

외설적 보충물: 슬라보예 지젝과의 대담

슬라보예 지젝과의 대담

대담 일시: 1997년 9월 27일
대담 장소: 독일 바이마르 힐튼 호텔

리클린 첫번째 질문의 요점은 당신이 해체에 대해 동의하지 않는다는 사실, 그리고 동일성의 문제와 관련되어 있습니다. 특히 동일성의 문제는 실상 해체에 대한 당신의 거부와도 연관되는데요, 제가 이해하는 한 당신의 입장은 다음과 같습니다. 오랜 노력 끝에 얻은 해체의 성과가 사실 당신에게는 동일성의 고유한 특성에 지나지 않는다는 것이죠. 이에 관한 당신의 논점은 헤겔에, 특하 자크 데리다의 헤겔 독해에 방점을 찍고 있습니다. 이 논리에 따른다면, 데리다가 오랜 시간 동안 정련해 도달한 '해체'라는 방법이야말로 기실 헤겔의 동일성 개념에 이미 집중된 형태로 내재해 있었다는 결론이 나오게 되죠. 대단히 흥미로운 관점이 아닐 수 없습니다.

지젝 그건 아마 상당히 복합적인 문제이기도 할 겁니다. 헤겔에 대한 데리다의 독해를 절대 과소평가해서는 안 된다는 게 제 근본 입장인 까닭이죠. 데리다는 헤겔의 절대적 동일성을 다룰 수 있는 가장 단순화된 판본을 제시한 사람이거든요.

헤겔은 모든 것이 전부 절대 이념에 의해 집어삼켜지는 듯 서술하고 있습니다만, 바로 여기서 개념의 매개에 대립하는 어떤 과잉이 존재한다는 것을 밝혀낸 게 해체론이지요. 이는 데리다의 직접적인 입장은 아닙니다. 헤겔에 대한 데리다의 관계는 한층 더 이중적이죠. 예컨대 『조종』弔鐘[1]을 주의 깊게 읽어 본다면, 거기서 데리다가 헤겔의 지양Aufhebung 개념이 그 자신의 차연différance과 어떻게 다른지 이야기하는 대목을 찾을 수 있을 겁니다. 즉, 차연이란 가시적으로는 거의 드러나지 않는, 따라서 관찰 불가능한 차이를 말하는 것이죠.

데리다 읽기의 복잡성을 주제로 이야기를 시작해 봅시다. 가령 "문자에 대립하는, 로고스 중심주의적인 목소리의 지위는 어떤 것인가?"와 같은 질문은 어떨까요? 비록 데리다 자신이 그가 쓰는 개념들에 약간의 변경이 있을 수 있다고 암시한 게 사실이지만, 저는 그런 개념적 변위는 항상 체계적이어야 한다고 생각합니다.

예를 들어 유럽 음악사를 일별해 보면, 데리다의 주장과는 정반대의 사실, 즉 목소리가 문자의 보충물로 기능하는 것을 목격할 수 있습니다. 이런 트라우마는 서구 음악사 전체를 통해 지속되었죠. 물론 어떤 악보들은 정확한 발성을 유도하기 위해 시가詩歌에 선행하기도 했습니다. 콜로라투라[2] 창법의 아리아에서처럼 목소리의 과잉이라는 문제가 대두되는 것도 같은 이유에서였죠. 그건 자연스런 목소리에 대한 일종의 강박관념인데, 가령 목소리를 그냥 그대로 남겨 둔다면, 즉 목소리를 문자적 분절 방식에 따라 분절화하지 않거나 또는 올바르게 통제하지 않고 내버려 둔

---

1) Jacques Derrida, *Glas*, Paris: Galilée, 1974. —지은이

2) 콜로라투라(coloratura)는 성악곡, 특히 오페라에서 화려한 표현을 하기 위해 기교적으로 장식된 선율을 말한다.

다면, 그로부터 만족의 치명적인 과잉이 발생할 것이고, 이는 곧 사회 제도의 붕괴로 이어지리란 망상 말입니다. 저는 여기서 플라톤으로부터 스탈린에 이르는 일련의 계보를 작성할 수도 있다고 봅니다. 제가 어떤 뜻에서 이런 말을 하는지 아시겠지요?

아마 『국가』에서 플라톤이 시가에 대해 어떤 평가를 내렸는지 기억하실 겁니다. 거기서 그는, 시가(노래, 음악)는 우리에게 모종의 감흥을 불러일으킬 수 있는 최고의 기술이라고 말했는데, 왜냐하면 우리를 감흥에 젖게 하는 또 다른 방식인 문학은 시가와는 달리 먼저 언어에 대한 지식을 요구하기 때문입니다. 플라톤에 따르면, 시가는 모종의 작용을 통해 직접적으로 신체의 평형 상태를 깨뜨린다고 합니다. 그래서 일단 시가의 영향력에 노출된다면, 그때부턴 이성이 더 이상 그 힘을 통제할 수 없으며, 사회구조의 통합력이 붕괴될 때까지 그 과정이 계속되리라고 플라톤은 덧붙였죠. 통합력의 붕괴는 비단 국가적 차원에서만이 아니라 가족 구조에서도 나타날 것입니다. 통제에서 벗어난 목소리의 힘이란 바로 그런 것입니다.

아시는지 모르겠지만, 중국 황제가 했던 가장 오래된 입법 행위 중의 하나가 바로 목소리에 대한 통제였다고 합니다. 통치의 주요 과제를 백성들이 노래하는 것을 통제하는 데 두었던 것이죠. 그 결과 중세에 이르러, 즉 7~8세기 어두웠던 '암흑시대'가 도래하면서 얼마나 많은 승려들이 노래하는 방법을 찾는 문제에 말 그대로 사로잡혔었는지 모르실 겁니다. 문자에 대한 목소리의 종속이 당대의 가장 중요한 이념이었기 때문이죠.

리클린 문자에 의한 목소리의 억압은 기실 고대 그리스 시대 이래로 계속되었다는 게 데리다의 주장인데요, 『그라마톨로지』[3]에서 그가 그렇게 밝히지 않았습니까?

지젝 네, 압니다. 문제는 왜 데리다가 문자를 보충물이라고 주장했느냐에 있습니다. 문자의 대립물, 즉 목소리야말로 위험스런 보충물이었다는 게 제 생각입니다. 만일 우리가 데리다에 대립하는 이 관점을 따른다면, 그 반대편에 형성된 다른 관점, 즉 목소리는 라캉이 대상 a objet a라고 불렀던 바로 그것이라는 사실에 도달하게 됩니다. 아, 데리다 역시 이 점을 부정하진 않으리라고 보시는군요? 그럼 다른 방식으로 이야기해 보는 게 더 낫겠군요.

서구 형이상학에서 말이 우리 의식에 직접적으로 들리도록 만드는 '환영적' 매체가 목소리라는 사실은 데리다의 사유에서 상당한 비중을 차지하고 있습니다. 나아가 데리다는 삶이 죽음에 대립하듯, 목소리도 문자에 대립한다는 식의 대립쌍을 설정했죠. 저로서는 가장 나이브한 현상학적 분석의 수준에서조차도 목소리는 본래적으로 굉장히 끔찍스러운 어떤 것, 말하자면 '섬뜩한 것'Unheimliche으로 나타난다는 점을 말해 두고 싶습니다. 목소리의 본원적인 지위는, 만일 좀 나이브하게 표현해 본다면 어떤 유령적인 비非죽음spectral undeath과 같다는 말이죠.

아마 아시겠지만, '비죽음'은 공포 문학에서 사용되는 용어입니다. 마치 드라큘라처럼 죽지도 살지도 않은 그런 상태를 뜻하는 말이지요. 바로 그것이 목소리의 사는 법입니다. 목소리의 기원이고요. 그러므로 목소리

---

3) Jacques Derrida, *De la grammatologie*, Paris: Minuit, 1966〔자크 데리다, 『그라마톨로지』, 김성도 옮김, 민음사, 1996; 자크 데리다, 『그라마톨로지에 대하여』, 김웅권 옮김, 동문선, 2004〕.

는 끔찍스런 유령적 통일체입니다. 데리다가 유령성 내지 환영성의 문제를 제기했을 때, 아마 저라면 그것들의 선차적인 형식은 문자적인 게 아니라 목소리적인 것이라고 답했을 겁니다.

리클린 말하자면 당신은 데리다의 입장을 뒤집으시려는 겁니까?

지젝 아니요, 이건 단순히 문제를 대칭적으로 뒤집는 일이 아닙니다. 다시 한번 철학적 세부로 들어가 본다면, 논의의 두번째 국면은 물론 주체에 관한 것, 곧 주체성의 지위에 관한 것입니다. 데리다에게 주체는 어떤 경우에라도 자기 동일성의 최소 형식으로 남아 있는 것입니다. 하지만 라캉에게 주체는 본래적으로…….

리클린 상징적 장에 속해 있다, 이 말씀 아닙니까?

지젝 그렇습니다. 하지만 그건 근본적인 문제가 아닙니다. 문제가 보다 복잡하게 얽히는 때가 있습니다. 그러니까…….

리클린 데리다는 오히려 주체를 상상계에 위치시키지 않았나요?

지젝 그렇게 말할 수 있죠.

리클린 어떤 의미에서 데리다는 주체를 상상적 구조라고 간주하여 추방하려고 했습니다만, 다른 한편으로 주체는 파괴되지 않으며, 다만 그와 일정한 거리와 간격만을 유지할 수 있으리라고 믿었죠.

지젝 저는 데리다가 주체의 가장 근본적인 차원으로 가정했던 것은 최소한의 자기 동일성 같은 게 아니었느냐고 말하고 싶습니다. 여하간 주체라는 용어는 그에게 변함없이 남아 있죠. 칸트에서 헤겔에 이르는 주체 개념의 급진적 해석사에서 흥미로운 점은, 주체란 기실 분열 그 자체를 의미한다는 사실입니다. 말하자면 주체는 실체의 자기-차이화 과정에서 나타나는 바로 그 분열을 가리키는 이름이란 말이죠.

리클린 그럼 다음 질문으로 넘어가죠. 그것은 실재에 대립하는 현실의 지위에 관한 것입니다. 제가 이해하는 한 당신은 이 문제를 상당히 중요하게 다루고 있습니다. 가령 실재는 현실보다 훨씬 중요하다, 왜냐하면 실재는 불가능한 욕망이기 때문이다, 라고 말할 때 더욱 그런 듯합니다.

당신은 『이데올로기라는 숭고한 대상』[4]에서 프로이트의 『꿈의 해석』[5]에 나타난 아버지의 꿈에 관해 언급한 적이 있습니다. 아버지가 자기 꿈에서 옆방의 관에 뉘어진 죽은 자식을 본다는 내용이었는데, 그에 대해 당신은 아버지가 깨어난 것은 현실이 그를 유혹했기 때문이 아니라, 그가 자신의 욕망의 실재를 감당할 수 없었기 때문이라고 해석했었죠. 다시 말해, 꿈의 실재는 그가 꿈을 깬 외적 현실보다 더 불가능했다는 말입니다. 이 꿈의 사례는 당신에게 대단히 중요한 계기가 되지 않았습니까?

지젝 단지 그 때문에 중요하다고만은 할 수 없습니다. 라캉의 문제의식을

---

4) Slavoj Žižek, *The Sublime Object of Ideology*, London: Verso, 1989〔슬라보예 지젝, 『이데올로기라는 숭고한 대상』, 이수련 옮김, 인간사랑, 2002〕.

5) Sigmund Freud, *Die Traumdeutung*, Frankfurt a.M.: Fischer, 1989〔지크문트 프로이트, 『꿈의 해석』, 2004년 개정판, 김인순 옮김, 열린책들, 2004〕.

이해하기 위해서뿐만 아니라, 그의 이론 전부가 상징계에 관한 것이 아님을 확인하기 위해서도 중요하지요. 다시 말해, 모든 것이 환영적인 자기동일성의 영역이라 할 수 있는 상상계에 있을 뿐만 아니라, 총체적 지배구조로서 상징계에도 있다는 점에 라캉의 이론적 탄력이 있습니다. 이 점을 면밀히 고려해야겠죠. 특히 제 관심사는 주로 이러한 라캉적 용어들을 정치와 이데올로기적 현상들에 어떻게 적용할 것인가에 있습니다. 현실과 관련된 라캉의 또 다른 용어로 향락jouissance이 있는데, 향락은 쾌락이라는 의미와 더불어…….

리클린 무엇보다도 고통이라는 의미도 수반한다는 말씀이겠죠.

지젝 그렇습니다. 그래서 한편으로 어떠한 이데올로기적 체제라도 영향력을 보존하기 위해서는 향락을 다룰 줄 알아야 한다는 점이 더더욱 제 관심을 끌고 있습니다. 진정 향락 없는 이데올로기는 온전히 제 기능을 다할 수 없기 때문입니다. 저는 갈수록 이 주제에 매료되고 있으며, 제 작업의 핵심이 들어 있는 다른 주제들에도 연관시켜 보려는 중입니다. 하여튼 이 주제는 제가 '법에 달라붙은 외설적 보충물'이라고 부르는 것인데, 자꾸만 제 관심을 끄는군요.

여하간 제 관심사는 이렇습니다. 전체주의적 사회 체제의 명시적 법규들이 제대로 기능하도록 보장하는 것은 어째서 일련의 명문화되지 않은 외설적인 법들인가? 이러한 도착perversion의 논리는 흥미롭기 그지없습니다. 그 중 하나만 예를 들어 봅시다.

제 친구들 중의 하나는 상류 계급 출신자들을 위한 대학에 다녔는데, 그 학교의 모토는 적어도 공식적으로는 대단히 자유주의적이라 할 수 있었습니다. 무엇이건 원하는 것을 해도 좋다는 식이었죠. 하지만 이런 모토에 덧붙여졌던 것은 일련의 명문화되지 않은 규율들, 즉 공개적으로 명문화되진 않았지만 학생들 사이에서는 명백히 통제적 기능을 맡고 있던 그런 보충물들이었습니다. 다시 말해, 사회적으로 명시적인 법들이 존재하고 있다 해도, 그것들이 정상적으로 기능하기 위해서는 일련의 쓰여지지 않은 법들이 그것들을 뒷받침해야 한다는 말입니다. 물론 이런 쓰여지지 않은 법들이 존재한다는 사실이 절대 공개적으로 발설되어서는 안 됩니다.

러시아사에서 유사한 예를 끄집어내 봅시다. 스탈린주의의 가장 어두운 시절이기도 했던 1930년대 중반의 공산당 전당대회를 예로 들어 볼까요. 우리 모두가 알고 있듯, 당시 스탈린을 직접 비판하는 것은 당연히 금지되어 있었습니다. 하지만 제가 더욱 강조하고 싶은 사실은, 당시 실제로 금지되어 있던 것은 비단 스탈린을 비판하는 것뿐만이 아니라, 그러한 금지에 대해 공개적으로 말하는 행위 자체도 금지되어 있었다는 것입니다. 절대적으로 금지되었던 것은 다만 스탈린 동지를 비판하는 행위만이 아니었다는 말이죠. 만일 당시 누군가가 스탈린을 비판하는 게 금지되어 있다고 공개적으로 발언했더라면, 이유 여하를 막론하고 그 역시 체포되지 않을 수 없었을 것입니다. 한마디로 말해, 어떠한 근본적인 금지가 존재하며, 그것은 그 자체로 금지의 대상일 뿐 아니라 암묵적인 형식으로 보존되어 있어야만 합니다. 스탈린 동지를 비판할 수도 있는 사회에 살고 있지만 단지 그러지 않을 뿐인, 그런 사회에 살고 있는 척해야 했다는 것입니다.

리클린 최근에 당신은 다른 예를 들기도 했습니다. 그건 동성애자들의 군 입대를 허용할 것인가에 대해서였죠. 제가 알기로, 당신의 입장은 동성애자들을 입대시키지 않는 까닭은 군 수뇌부가 군의 도덕적 질서를 유지하려 하기 때문이 아니라, 도덕적 질서란 것 자체가 이미 군대 내부적으로 붕괴해 있기 때문이라는 것이었습니다. 요컨대 여기서 동성애자란 군대의 도덕성에 대한 위험 요소가 아니라, 오히려 동성애자가 없는 집단으로 알려져 있으나 실제로는 군대 내부에 만연한 동성애의 은폐를 폭로할 수도 있는 위협 요소라는 말입니다.

지젝 바로 그렇습니다. 우리 모두가 잘 알고 있듯, 또 아마 당신 역시 군 복무를 해봤다면 알겠지만, 군 생활이라고 하는 것은 대단히 훌륭한 사례가 될 수 있습니다. 군대에는 법적 구조가 존재하고, 거기에 부속하는 암묵적인 외설적 규율들이 있으며, 후자야말로 진정한 동일성의 차원을 구성하는 것이기 때문이죠. 전문화된 직업 장교들이라면 이런 명문화되지 않은 법적 체계가 파괴되는 동시에 반란이 발생할 수 있음을 잘 알 것입니다.

이런 관점에서 다양한 정치 체제에 시선을 돌려본다면, 대단히 흥미로운 결과를 발견하게 됩니다. 저는 공산주의의 청산이란 문제가 그 이데올로기가 단지 전체주의적이었다는 사실을 만천하에 공포하는 데서 끝나진 않으리라 봅니다. 정작 문제가 되는 부분은 이런 명시적인 이데올로기 체제가 일련의 명문화되지 않은 법들의 보조를 받으며 어떻게 지탱될 수 있었느냐에 있기 때문입니다.

전체주의 사회의 이단자가 되는 가장 쉬운 방법은 그 암묵적인 법들을 전혀 고려하지 않으면서 오로지 명문화된 법적 체계만을 맹종할 때입니다. 사실 이것이야말로 가장 효과적으로 그 사회를 붕괴 위험에 빠뜨릴 수 있는 전략이라 할 수 있죠. 가령 슬로베니아에서 우리는 직접적으로 통치 이데올로기에 도전하지 않았습니다. 다만 그것을 너무나도 진지하게 받아들였을 뿐입니다. 그 암묵적 법들을 깡그리 무시하면서 말이죠.

리클린 아마도 그 역시 어떤 붕괴의 전략이었던가 보죠?

지젝 이데올로기를 직접적이고 축자적으로 받아들였다는 점에서는 붕괴의 전략이었다고 할 수 있죠.

리클린 당신의 책 어딘가에서 군주정과 민주주의라는 제도가 맺는 관계에 대해 질문했던 적이 있으시죠.[6] 거기서 당신은 민주주의란 군주의 서명 없이는 완전할 수 없다고 썼습니다. 당신 주장의 핵심은 군주는 민주주의적으로 선출되는 자가 아니라 전적으로 다른 존재, 곧 비민주주의적인 구조에 속한 존재이기 때문에 역으로 민주주의에 절대적으로 필요 불가결한 요소라는 데 있습니다. 그럼 군주라는 보충물이 없다면 민주주의는 완전하다고 볼 수 없다는 말인가요?

지젝 어딘지 오해의 소지가 있는 것 같군요. 저는 어떤 경우에라도 군주정의 가치를 강변한 적이 없습니다.

리클린 알고 있습니다.

지젝 하지만 이 문제의 철학적 뿌리는 여전히 수수께끼처럼 남겨진 게 사실입니다. 왜 통치의 민주주의적 형식은 대개 실제 권력의 집행 기구와 통치자의 상징적 기능 사이의 최소한의 차이에 의해 지탱되는가? 제 주요

---

6) Slavoj Žižek, *For they know not what they do*, London: Verso, 1991〔슬라보예 지젝, 『그들은 자기가 하는 일을 알지 못하나이다』, 박정수 옮김, 인간사랑, 2004〕.

관심사가 바로 여기 있습니다. 그 어떤 대가를 치러서라도 이 최소한의 차이를 보존해야만 할 것처럼 보이죠. 더욱이 헤겔에 따른다면, 어떤 바보라도 군주의 자리에 오를 수 있음을 잊어서는 안 될 일입니다.

리클린 그건 『법철학』에 나오는 말이죠?

지젝 네. 이 말은 헤겔 생전에 출간된 『법철학』의 초판본에는 나오지 않고, 사후에 나온 판본의 주註에만 실려 있습니다. 거기서 헤겔은 이어 말하길, 군주의 기능은 기껏해야 올바르게 처신하고 똑바로 서명하는 데 있을 따름이라고 했죠. 이 진술의 핵심은 어떤 일을 입안하여 내놓는 자가 따로 있고 거기에 서명하는 자가 따로 있다는, 그들 사이의 차이가 필연적이라는 데 있습니다. 즉, 이 두 기능들 사이의 간격이 존재함은 피할 수 없다는 말이죠. 이 간격은 왜 유지되고 있는가에 전 늘 흥미를 가져 왔었습니다.

리클린 당신은 대통령제를 과거의 유물처럼 취급하고 있습니다. 정말 대통령을 어떤 군주제의 잔여적 기능으로 간주할 수 있습니까?

지젝 그렇습니다. 하지만 전 과거의 유물이라는 말은 쓰지 않았는데, 왜냐하면 그런 용어는 마치 진정한 급진 민주주의 체제에서는 우리가 군주의 기능에 더 이상 의존하지 않을 수도 있다는 식으로 들릴 수 있기 때문입니다. 당연히 그렇지 않습니다. 권력을 집행하는 것과 상징적 권력 사이의 간격과 파열 사이에는 결정적인 차이가 있습니다. 만일 이 두 기능이 일치하게 된다면, 그래서 권력의 집행 기능이 상징적 역할마저 떠안게 된다면, 우리는 그때 전체주의에 가장 가까이 도달하게 될 것입니다.

리클린 만약 권력의 집행 기구, 즉 행정부와 의회 그리고 사법부 사이에 아무런 구분이 없다면 그것이야말로 본질적으로 전체주의라고 할 수 있겠죠.

지젝 바로 그겁니다. 제 생각은 이렇습니다. 제가 군주정이라고 부르는 것, 곧 군주의 기능이 대통령이든 누구든 여하간 어떤 상징적 대변인에 의해 수행되고 있는 정치체는, 그것이 낡고 쇠퇴하는 기능을 억지로 떠받치고 있는 한 부정적으로 기능한다고 말할 수밖에 없습니다. 바꿔 말해, 제 입장은 군주정으로 되돌아가자는 게 아니라 권력이 어떻게 기능하는지를 보여 주자는 데 있습니다.

리클린 지금부터 당신의 최근의 작업들 중 사이버 공간에 대해 논하며 끌어들인 개념인 상호 수동성interpassivity에 관해 이야기해 주시겠습니까?

지젝 네, 네, 기억하고 있습니다. 먼저 이게 전적으로 제가 고안한 개념이 아니란 사실에서 시작하죠. 이 개념은 오스트리아의 철학자 친구인 로베르트 팔러Robert Pfaller에게 빌려온 것입니다.[7)] 물론 제가 거기서 생산적인 부분들을 상당히 발견한 게 사실이지요.

상호 수동성의 근본 관점은 이렇습니다. 대중매체를 비판하는 통상적인 좌파 이데올로기 혹은 민주주의 이데올로기는 낡고 중앙 집중적인 대중매체가 우리들을 단순한 정보의 소비자, 즉 수동적인 관찰자로 전락

---

7) Robert Pfaller, *Interpassivität: Studien über delegiertes Genießen*, Wien ; New York : Springer, 2000.

시킨다고 성토하곤 하죠. 예컨대 우리는 멍청이들마냥 텔레비전을 보고 있을 뿐이며, 우리가 할 수 있는 적극적인 행동이래야 채널을 이리저리 돌려 대는 것뿐이라는 겁니다. 반면 사이버 공간에서는 정반대로 상호 능동적인interactive 행동을 할 수 있다고 합니다. 우리는 더 이상 단순한 수동적 소비자가 아니며, 반응할 수 있는 존재가 된다는 말이죠. 제가 영어로 출판한 첫번째 책 『이데올로기라는 숭고한 대상』에서 적었듯, 문제는 디지털 매체와 함께 자라난 새로운 세대는 기실 가장 낡은 현상을 마치 새로운 것인 양 환영하고 공고화하고 있다는 데 있습니다. 상호 수동성의 기본적인 밑그림은 여기서 출발하죠. 그런 의미에서 상호 능동성에 직접 대립한다는 뜻으로 바로 상호 수동성을 규정할 수도 있겠고요. 상호 능동성이란 어떤 누군가가 나를 대신해서 능동성을 발휘하는 것, 즉 내 일을 대신 떠맡아서 하고 있는 상황입니다.

하지만 상호 수동성은 반대의 상황을 가정합니다. 가령, 만일 누군가가 나를 대신해서 수동적인 일을 맡아 한다면, 즉 누군가 내 대신 능동성을 발휘하는 동안 나는 그저 물끄러미 그를 바라만 보는 상황이 아니라, 누군가 다른 이가 나의 진정한 수동성의 체험을 자기 것으로 떠맡는다면 어떻겠습니까? 원시 사회의 망자에 대한 애도 의식에서 또 다른 예를 찾아볼 수 있습니다. 그런 곳에서는 우리를 대신해서 죽은 이를 위해 울어주는 특별한 여자들[哭婢]이 고용되곤 하죠. 이를테면 그럴 때 우리의 진정한 수동성의 체험이 타자에 의해 전유된다고 할 수 있는 것입니다.

이런 현상은 서구 좌파 인텔리들에게서 전형적으로 나타나기도 합니다. 그들은 누군가 다른 이들이 자기 대신 고통을 감수하도록 하기 위해 자신들의 진정성을 보존하고자 합니다. 더 단순히 예를 들까요? 당신도 물론 그런 일을 겪어 봤겠지만, 누군가 재미없는 농담을 했다고 칩시다.

그런데 아무도 웃지 않고 그 이야기를 한 사람이 마구 웃어 대는 겁니다. 마치 당신을 대신해서 그가 웃는 것처럼 말이죠.[8]

급진적인 정신분석적 차원으로 더 나아가 본다면, 정신분석에서 원환상Urphantasie으로 규정짓는 것 또한 상호 수동성의 형식이라 할 수 있습니다. 우리는 자신을 능동적 주체라고 확인하기 위해 우리가 고통받는 대상으로 등장하는 환상의 무대를 가공하는 까닭이죠. 제 생각에 원환상의 기능이란 그런 것입니다. 예를 들어 전도유망한 매니저가 무슨 이유로 시간 나는 대로 매춘부를 찾아가겠습니까? 이런 관점에서 철학사를 훑어보면 대단히 흥미로운 사실들을 발견하게 됩니다. 주체성의 철학에는 항상 악몽 같은 몽상이 따라붙어 있다는 사실이 그 하나인데, 거기선 신이나 자동 기계 같은 존재가 우리를 꼭두각시마냥 조종하고 주시하고 있는 듯한 장면이 연출되곤 했죠. 하지만 여기엔 상당히 전복적인 측면이 없지 않습니다. 우리의 체험이 얼마나 수동적인가(좀 나이브하지만 이를 '진정성'이라고 부르기로 합시다), 우리를 대신한 누군가 우리의 감정적 체험을 떠안을 때 상호 수동성이란 무엇을 의미하는가. 이런 질문들이 그에 해당되죠.

라캉이 중심화된 주체에 관해 논의했을 때, 이 문제의 관건은 중심화가 무엇을 의미하느냐라든지, 주체가 사랑에 빠졌다거나 그런 감정을 느끼고 있다든지, 혹은 이 모두는 다만 뇌 신경계의 특정하게 조건화된 상태에 불과하다는 데에만 국한되지 않습니다. 그가 실상 문제시했던 바는

---

8) 상호 수동성에 대한 지젝의 좀더 자세한 논의가 2005년 러시아에서 출판되었다. С. Жижек, *Интерпассивность, Желание, Влечение, Мультикультурализм*, Санкт-Петербург: Алетейя, 2005〔슬라보예 지젝. 『상호 수동성. 욕망. 충동. 다문화주의』〕.

이런 것이지요. 즉, 문제는 사물들이 주체 앞에 현상하는 방식도 아니고, 사물의 참된 모습을 주체가 알 수 없다는 사실도 아닙니다. 그렇습니다. 문제는 사물들이 '어떻게' 현상하는지에 관해 주체는 전혀 알 수가 없다는 사실에 있습니다. 다시 말해, 사물의 외관Erscheinung 자체는 우리에게 속한 게 아니라는 말이죠. 그리고 바로 이것이 프로이트가 원환상이라고 불렀던 것입니다.

외관 그 자체는 전적으로 무의식적인 것입니다. 우리는 사물들이 현상하는 방식을 전혀 알 수가 없지요. 따라서 우리 앞에 하나의 역설이 던져집니다. 대니얼 데닛[9]이 명명했던 바, '객관적인 외관'이 바로 그것입니다. 정신분석의 비판이 성립하는 지점은 사물이 우리들에게 특정한 양상을 띠고 드러난다는 데 있지 않고, 오히려 현실적으로 사물은 그렇게 드러나지 않는다는 데 있습니다. 우리는 사물이 우리에게 특정한 방식으로 현상한다고 생각할 수는 있으나, 사실 '어떻게' 그렇게 현상하는지에 관해서는 알 수 없습니다.

리클린 대타자를 상정하는 모든 환상은 필연적으로 실패할 것이기 때문에 대타자의 자리를 차지한다는 것은 불가능하다는 말씀인가요?

지젝 환상은 실패할 뿐만 아니라 가능하지도 않습니다. 라캉의 가장 중요

---

9) 대니얼 데닛(Daniel Dennett, 1942~). 인간의 의식 현상을 신경생리학으로 설명 및 환원 가능하다고 주장하는 미국의 심리철학자. 반형이상학과 반결정론의 입장에서 생물학과 신경과학, 인공지능 등에 대한 해박한 지식을 통해 인간의 '마음'이 갖는 고유한 의식 영역을 줄기차게 논박해 왔다. 주저로 『설명된 의식』(1991), 『다윈의 위험한 생각』(1995)이 있으며 한국어로는 『마음의 진화』(이희재 옮김, 사이언스북스, 2006)가 번역되어 있다.

한 사상은 이렇습니다. 정신분석에 있어서 원환상이라 불리는 것은 어떠한 상황에서도 결코 주체화되지 않는다는 것입니다. 라캉에게 환상과 증상 사이의 차이는 바로 여기에 있습니다. 예컨대 우리가 어떤 증상적 행위나 말실수 혹은 실수를 범했을 때, 그런데 누군가 그것을 당신에게 유리하게 해석해 준다면야 기쁜 일이겠지만, 결코 증상 속에서 자기 자신을 인식할 수는 없을 것입니다. 다시 말해 이것이 의미하는 바는, 가령 우리가 아버지를 죽이고 싶든 또는 다른 무언가 비스무레한 것을 하고 싶든 우리는 결코 원환상을 주체화할 수 없다는 말입니다.

리클린 즉 그것이 억압과 금지foreclosure, 폐제의 차이라 할 수 있다는 말씀이십니까?

지젝 그렇게 말할 수도 있겠죠. 하지만 원환상은 언제나 금지되어 있습니다. 더구나 당신은 그것을 자기 것으로 만들 수도 없거니와 거기서 자기 자신을 인식하는 것조차 불가능합니다. 프로이트 역시 근본적으로 이렇게 말했습니다. 이와 같은 환상의 간접적 차원은 다만 결과론적으로만 재구성될 수 있을 뿐이며, 그것은 결코 주체에 의해 직접 체험될 수는 없노라고 말입니다. 이는 매우 흥미로운 개념인데, 정치적 문제의 분석에서도 유용하게 쓰일 수 있기 때문이죠.

리클린 최근 논문들 가운데 어딘가에서 이 문제를 다루신 듯합니다. 거기서 당신은 데이비드 린치David Lynch의 영화 「광란의 사랑」Wild at Heart 중 몇 장면을 인용했죠. 로라 던Laura Dern과 윌렘 데포Willem Dafoe가 나오는 에피소드가 그 하나였는데, 이 장면은 상당히 폭력적이었고 심지어 과잉 폭력적이었다고 부를 만했으며, 그런 점에서 영화의 상징적 폭력성을 띠었던 듯합니다. 당신 주장에 따르면, 이 장면이 보여 준 것은 그저 단순한 폭력 이상이었는데, 왜냐하면 바비〔윌렘 데포〕가 실제로 원했던 것은 룰라〔로라 던〕에 대한 폭력 행사가 아니라, 기실 그녀가 그에게 "날 짓밟아 주세요!" Fuck me! 라고 말하는 데 있었기 때문입니다. 마침내 그녀가 이 말을 내뱉었을 때, 그는 혐오스런 표정으로 웃으며 대답합니다. "뭐 다음번에 그러지. 지금 내가 좀 바빠서 말이야."

지젝 그렇습니다. 저는 이 장면이 왜 그처럼 끔찍스럽고도 병적인가에 관해 오랫동안 숙고해 왔습니다. 제 분석의 근본 관점은, 이런 행동이야말로 폭력 행위 이상으로 여주인공을 더 극렬하게 파멸시킨다는 데 있습니다. 본질적으로 모든 주체는 이미 쪼개진 주체입니다. 각각의 주체에게는 그가 결코 공개적으로 인정하지 못하는 어떤 환상과 욕망이 있게 마련이죠. 무슨 얘기냐면, 가령 누군가에 의해 우리 깊숙한 내면의 욕망을 꺼내 놓으라고 강요당하는 것이야말로 우리가 하기 싫은 일을 하라고 강요당하는 것보다 훨씬 더 끔찍한 일이라는 말입니다. 실상 폭력성의 최고 형식은 타자로부터 우리 자신이 욕망하는 것을 되돌려받을 때 나타납니다. 비록 우리 스스로는 그 욕망을 자기 것이라고 인정하지 않을지라도 말입니다.

리클린 당신 말씀은, 그러니까 폭력성에 대한 환상을 가진 여자가 폭력에 노출된다면, 이는 그런 환상을 갖지 않은 여자보다 더욱 파멸적인 결과를 빚게 된다는 말입니까? 폭력에 대해 환상을 가진 여자는 그 환상의 파괴라는 부차적인 파멸이 뒤따를 테니 말입니다. 그건 어쩌면 폭력 자체보다도 더욱 커다란 트라우마라 할 만하겠군요.

이제 다른 질문을 해보겠습니다. 당신은 얼마 전 알랭 바디우와의 대담에서 그가 파시즘과 스탈린주의의 차이를 강조하고 있음을 지적했습니다. 바디우에 따르면, 파시즘과 달리 스탈린주의는 다만 실현되지 않은 진리의 하나였을 뿐인데, 왜냐하면 파시즘에는 진리 같은 게 전혀 존재하지 않기 때문입니다. 양자 간의 가장 큰 차이가 거기 있다는 말이죠. 하지만 당신의 경우는 바디우와 좀 달라서, 파시즘은 편집증으로, 스탈린주의는 어떤 도착증 같은 것으로 분석하고 있지 않습니까?

지젝 역사 자료들로 작업할 때는 가끔 비디오 화면들을 참고 삼아 보기도 합니다. 그러다 제가 놀란 경우 중 하나는 히틀러가 연설하는 장면들을 볼 때였습니다. 히틀러가 연설을 마칠 즈음 좌중이 박수를 치자 그는 연단에 서서 주위를 물끄러미 둘러보더군요. 스탈린 스타일의 지도자들이 대개 좌중과 함께 박수를 치는 데 반해 말입니다. 이런 차이는 제게 참으로 놀라웠습니다.

다른 차이를 더 지적해 볼까요? 가령 스탈린의 전시 재판[10)]에 나타난 희생 논리가 그렇습니다. 거기서 희생자들은 자기 자신에 대한 처벌을 강

10) 1924년 레닌 사후 권좌를 이어받은 스탈린은 강력한 집단화·공업화 정책을 추진하여 일정 정도 성과를 올리기도 했으나, 그에 따른 부작용으로 엄청난 실패와 손실 역시 피할 수 없었다. 이에 1934년부터 자신의 권력을 위협하는 국내 정적들을 본격적으로 축출하기 시작했는데, 이를 '대숙청' 또는 '대테러'라고 부른다. 1934년 12월 측근이었던 키로프(Sergei Kirov)의 암살을 계기로 시작되어 짧게는 1938년까지, 길게는 사망 전까지 계속된 숙청 작업은 아직도 정확한 동기와 규모, 논리적 전말이 알려져 있지 않으나 비공식적 통계에 의하면 약 1,000만 명에 이르는 희생자를 낳았다. 스탈린주의 숙청 방식은 죄를 무조건 전가하는 게 아니라 고문과 증거 조작, 회유 등을 통해 피고인이 스스로 자기 죄를 대중 앞에 인정하도록 강요하고 이를 만천하에 보여 주는 데 있었다. 역사상 이를 전시 재판(show trial)이라 부른다.

력히 요구하는데, 이는 참 놀라운 사실입니다. 제가 최근에 스탈린 시대에 벌어진 공개 재판의 녹취록을 들을 기회가 있었습니다. 부하린[11]에 대한 재판도 포함되어 있었죠. 희생자가 도리어 자기 죄를 인정한다는 이 논리가 어떤 식으로 작동하는 것일까요? 교조적이고 종교적인 광신도 같은 이들에게서 일어난 일이니 그럴 만도 하다는 식으로 설명하기도 합니다만, 제게 그건 충분한 설명이 못 됩니다. 너무 단순하니까요.

제가 보기에 여기엔 본질적으로 상이한 상징적 경제가 작동하고 있는 것 같습니다. 그게 제가 전체주의라는 개념 자체에 대해 갖는 의구심의 이유이고요. 파시즘과 스탈린주의의 차이를 설명할 때, 스탈린주의가 어떤 면에서 파시즘보다 낫다는 식으로 말하고 싶진 않습니다. 저는 다만 그 체제는 상이한 상징적 경제를 통해 운용된다고 말하고 싶습니다. 비록 반공산주의적 성향의 제 친구들은 그렇지 않다고 할 테지만…….

리클린 바디우는 『모호한 파탄에 대하여』[12]라고 좀 번역하기 어려운 제목으로 책을 한 권 냈습니다. 대단히 흥미로운 책입니다만, 파시즘과 공산주의의 차이, 이 체제들과 진리의 관계에 대한 그의 견해는 솔직히 말해 명확하지 않다고 생각합니다. 저는 동의하지 못하는 부분이고요.

---

11) 니콜라이 부하린(Nikolai Bukharin, 1888~1938). 혁명 1세대에 속하는 러시아 맑스주의 정치가, 경제이론가. 레닌 사후 스탈린과 협력해 트로츠키를 숙청하는 데 일조하였으나, 1928년부터 스탈린의 표적이 되어 점차 당 내외의 권력을 상실해 갔다. 그가 즉각 숙청당하지 않은 이유로는 스탈린에게 '구차하게' 목숨을 구걸하는 편지를 썼고, 신랄한 공개적 자아비판을 했기 때문이라고 전해진다. 1937년 트로츠키주의자란 죄명으로 비밀리에 체포되었고, 1938년 전시 재판에 모습을 드러내 자신에게 씌워진 모든 죄목을 대부분 시인하여 처형당했다. 1988년 공식 복권되었다.

12) Alain Badiou, *D'un désastre obscur: Sur la fin de la vérité de l'état*, La Tour d'Aigues: L'aube, 1991.—지은이

지젝 레닌은 선량했으나 스탈린이 사악했다 하는 식으로는 문제가 안 풀린다는 말이지요.

리클린 그렇습니다. 기실 중요한 건 무엇이 좋았고 무엇이 나빴느냐가 아닙니다. 실상 문제적이랄 수 있는 건 상징적 경제라 하겠습니다. 부하린은 충분히 교육받은 지식인이었고 상대적으로 계몽된 인사였으니까요.

지젝 '상대적'으로 말이죠.

리클린 그가 재판 과정에서 무슨 말을 했는지 곰곰 따져 본다면, 그가 여하한의 구체적인 범죄 행위도 인정하지 않았음을 알 수 있습니다. 그는 단지 상징적 책임만을 자신의 죄과로 받아들였을 뿐입니다. 실제로 그가 여하한의 범죄를 저질렀느냐고 추궁당했을 때, 그는 시종일관 부정했거든요.

그와 동일한 전략에 매달렸던 이가 뉘른베르크 전범 재판[13] 당시의 알베르트 슈페어[14]였습니다. 그때는 이 전략이 먹혀들었죠. 거기서 그는

13) 제2차 세계대전 종전 후 추축국의 침략 전쟁에 대한 공모와 참여, 전쟁 범죄 및 비인도적 살상 행위 등을 처리하기 위해 연합국 측이 열었던 국제 군사재판.

14) 알베르트 슈페어(Albert Speer, 1905~1981). 나치 독일의 군수 장관이자 건축가. 히틀러의 친구이자 심복으로서 건축을 통해 제3제국의 정치적 야망을 문화적 욕망으로 옮겨 놓고자 했다. 총통 관저, 제국 의사당 등이 그의 설계물로서 유럽 제패 후 건설될 베를린 계획안에 장대한 신고전주의적 양식을 채용하여 나치즘의 신화화를 물질적으로 구현하려 했으나, 패전 후 포로들에 대한 강제 노동 징발 등의 혐의로 뉘른베르크 재판에 기소되었다. 나치즘에 대한 자신의 상징적 죄과를 전부 시인함으로써 오히려 '개전의 정'을 이유로 금고 20년형에 처해졌고, 만기 복역 후 출소하여 여생을 마쳤다. 자서전 『기억』(김기영 옮김, 마티, 2007)이 한국어로 번역되었다.

나치 체제의 모든 범죄 행각에 대해 자신이 상징적으로 책임이 있다고 인정했습니다. 히틀러는 이미 자살했고, 누군가는 그에 대해 책임을 져야 했거든요. 괴링Hermann Göring을 비롯한 다른 나치 수뇌부 인사들이 그가 그런 진술을 했으리라곤 믿지 않았을 겁니다. 어쨌든 그는 인정했고, 그 인정이 그의 목숨을 구했죠.

하지만 부하린의 재판 과정에서는 전혀 다른 상징적 경제가 작동했습니다. 글 없이 말로만 판결이 이루어지는 상황에서 상징적 죄과를 뒤집어쓴다는 것은 극히 위험한 행동이었거든요. 설령 재판 과정 자체에 부하린의 죄과가 공식 기록되지 않았다고 해도, 당시 말로만 모든 일이 진행되던 농민 문화가 지배적이었던 소비에트 연방에서 부하린의 전략은 전혀 먹혀들지 않았을 것이며, 실제로도 전혀 쓸모가 없었습니다. 그런 문화적 분위기에서 시인된 상징적 범죄 행위는 실제로 벌어진 그 어떤 범죄 행위와도 비교할 수 없이 무서운 것으로 받아들여졌으며, 감당할 수 없는 결과를 초래할 수밖에 없었던 일이지요.

지젝 스탈린주의와 나치즘의 놀랄 만한 차이가 또 있습니다. 나치 독일에서는 누구든 체제의 이단자로 나설 생각만 하지 않는다면, 즉 정치적으로 적극적인 반대 행위를 하지 않는다면, 굳이 망명길에 나서지 않더라도 그가 살아남기는 어려운 일이 아니었습니다. 하지만 스탈린 치하에서는 모든 것이 보다 더 극단적이었죠.

리클린 물론입니다. 비교의 여지가 없죠. 소련이 히틀러를 거대 자본의 하수인 내지 부르주아로 간주했던 것도 이유가 없는 것은 아니었습니다. 스탈린은 명실상부 '제2의 혁명'을 일으키려고 했는데, 히틀러의 돌격대가 스탈린의 혁명 세력을 '긴 칼의 밤'[15] 때 진압하고 박멸해 버렸거든요.

더욱이 세계사가 아니라 러시아사의 관점에서 보자면 '제2의 혁명', 또는 '스탈린 혁명'으로 알려진 집단화가 10월 혁명보다 더욱 중요하게 자리 매김됩니다. 오직 총체적인 수탈이 있고서야 비로소 계획경제와 '발전된 사회주의'의 다른 요건들이 갖춰질 수 있었거든요. 나치즘은 시민사회에 테러를 가했지만, 스탈린주의는 시민사회를 아예 말살시켜 버렸다고 할 수 있습니다. 독일에서 룀[16]의 추종자들이 권력을 잡았다고 가정해도, 그들이 원했던 것은 장기간의 수탈이었다는 점에서 나치즘과 스탈린주의의 체제적 공통점이 발견될 수 있겠습니다만, 그것은 다만 순수한 이론적 차원에서의 공통점에 불과하다 하겠습니다.

지젝 하지만 제게 문제는 좀 다르게 남아 있습니다. 스탈린이 살아 있을 적에, 노멘클라투라[17]는 아직 안정적 기반을 얻지 못한 상태였습니다. 그가 왜 노멘클라투라에 대해 적대적 태도를 보였는지가 늘 예민한 질문거리로 남아 있다고 할까요. 흐루시초프 시대가 와서야, 혹은 아예 브레즈

15) 1934년 6월 30일 히틀러가 자신의 통치에 방해가 되는 세력을 공격해 살해한 사건. 이로써 150~200여 명 정도의 정적이 한꺼번에 제거되었으며, 같은 해 8월 힌덴부르크(Paul von Hindenburg) 대통령이 사망하자 히틀러는 대통령제를 폐지하고 별다른 저항 없이 총통 및 총서기 자리에 오를 수 있었다.

16) 에른스트 룀(Ernst Röhm, 1887~1934). 나치의 돌격대장. 히틀러의 집권을 도왔으나 나치의 사병(私兵) 격인 돌격대의 지위를 정규군급으로 올리는 문제에서 히틀러와 반목했다. 룀을 위협적인 경쟁자로 생각한 히틀러는 '긴 칼의 밤'을 일으켜 그에게 반역죄를 씌웠고 재판 없이 총살해 버렸다.

17) 노멘클라투라(nomenklatura, Номенклатура)는 소비에트 공산당에 의해 지명되어 간부직에 오를 수 있는 인원의 명단 혹은 간부들 자체를 가리키는 용어이다. 구체제를 전복하고 새로운 사회를 건설하는 것이 혁명 1세대의 목표였다면, 노멘클라투라는 이미 구축된 사회 질서의 유지 및 재생산에 종사하는 엘리트 직업 관료들이었다.

네프의 시대가 도래하고서야 어떻게든 가능한 답변들이 나올 수 있었죠.

그렇지만 제가 당신께 드리고 싶은 질문은 이렇습니다. 우선 저는 농민층을 분쇄해 버린 스탈린의 논리가 어떤 것이었는지 알 만합니다. '진정한 혁명'이 두번째 단계에 이르려면 토지와의, 부르주아지와의 연계를 확실히 절멸시켜 버리는 게 필요했겠죠. 뭐 그럴 수 있다고 봅니다. 하지만 위계가 다소간 안정적으로 남아 있던 히틀러와는 달리, 스탈린의 경우는 어떻게 설명할 수 있을 것인지…….

리클린 그걸 안정적이었다고 부를 수 있을까요?

지젝 네, 그렇습니다만, 히틀러 체제의 안정성을 스탈린 치하에서 나타났던 극단적인 불안정성과 비교할 수도 없는 일이지요. 왜 지도부였던 노멘클라투라를 계속 숙청해야만 했을까요? 단지 스탈린이 편집증에 시달렸다는 심리학적 설명들이 있긴 한데, 그런 건 제게 너무나 나이브하게 느껴지고요.

리클린 그건 분명 주요한 이유가 되지 않을 겁니다. 더욱 중요한 점은, 1930년대의 소련 도시들은 말 그대로 농민들로 넘쳐 났다는 사실입니다. 그들은 농촌에서 쫓겨난 사람들이었죠. 거기서 스탈린은 노멘클라투라의 결원을 보충할 훌륭한 원천을 찾아냈을 겁니다. 그들에게서 어느 때고 쓸 만한 간부급 인사들을 뽑아 갈아 치울 수 있었단 말이죠. 마치 히틀러가 그 자신의 노멘클라투라를 '엘리트'라 불린 집단에게서 종종 충원했듯이 말입니다.

지젝 네, 물론 그런 사건이 소비에트 연방의 특수한 조건들을 창출해 냈던 것이겠죠. 하지만 정말로 스탈린 자신은 더욱 효과적으로 일할 수 있는 안정적인 노멘클라투라를 양성하는 데 전혀 관심을 두지 않았던 것일까요?

리클린 어쩌면 스탈린은 그런 노멘클라투라가 자기를 밟고 올라서려 할지도 모른다고 두려워했던 것 같습니다. 제2차 세계대전이 끝나면서 그는 점점 더 편집증적이 되어 갔는데, 당시 그가 계획했던 여러 기획안들이 전혀 성과를 보지 못한 상태였거든요. 1930년대에는 스탈린이 기획했던 일들이 대개 성공을 거두어 현실화될 수 있었으나, 1940년대 말과 1950년대 초에 이르면 그는 마치 기상천외한 사악함으로 가득 차 결코 실현될 수 없는 시나리오에 집착하는 극작가 같은 꼴이 되었다고 합니다. 가령 붉은 광장에서 '해충 같은' 유태인 의사들을 공개 처형한다는 계획 따위가 그랬습니다.

지젝 그가 유태인들을 시베리아로 유형시켜 버리고자 했다는 증거가 남아 있습니까?

리클린 네, 실제로 스탈린이 그러려고 했으며, 유태인들을 가둘 수용소도 지어 놨었죠. 어처구니없지만, 그 일을 끝낸 후엔 역으로 반유대주의자들을 체포해서 잡아 가둘 계획까지 세워 놨답니다. 또한 동시에 미코얀Anastas Mikoyan, 카가노비치Lazar Kaganovich, 보로실로프Kliment Voroshilov와 같은 구세대 노멘클라투라 역시 체포하려 했는데, 말하자면 그 자신의 옛 동지들을 죄다 박멸하려고 했던 것이죠.

지젝 그렇다면 정말 미치광이 극작가나 다름없었겠군요! 그 당시 모종의 기이한 사건이 하나 벌어졌었다고 들었는데, 스탈린 생전에 열렸던 마지막 전당대회가 언제였습니까? 아마도 1951년이나 1952년이 아니었나요?

리클린 1952년에 열렸던 제19차 전당대회였습니다.

지젝 제가 보기에 그때 무언가 굉장히 비밀스런 사태가 진행되고 있었던 것 같습니다. 스탈린은 몰로토프Vyacheslav Molotov인가 미코얀인가를, 혹은 둘 다였던가를 공격하기 시작했는데, 그들이 보인 반응이라고는 그저 단상에 일어나서 그런 탄핵은 인정할 수 없으며 자신들은 선량한 공산주의자들이라고 말한 것밖에 없었거든요. 그러고는 아무 일도 일어나지 않았습니다! 스탈린은 이미 자신의 지위에 어떤 변동이 생겼다는 사실을 알아챘던 게 아닐까요?

리클린 당시 스탈린은 표면적으로 이미 대단한 추앙의 대상이었고, '전 세계 프롤레타리아트의 지도자'라 불리고 있었습니다. 하지만 다른 정치 지도자들 역시 무언가 심상찮은 일이 벌어지고 있다는 것을 알고 있었고, 그들 역시 발언권을 갖고 있음을 입증하고 싶어 했지요.

지젝 전에 읽은 적이 있는데, 그와 같은 이상 징후는 전쟁 기간 내내 지속되었다는 것입니다. 즉 스탈린은 절대 권력을 지속적으로 상실해 가고 있었으며, 전쟁이 끝나자 그에겐 이미 이전과 같은 권력이 남아 있지 않았다는 말입니다. 그리고 마침내 그는 권력을 다시 손에 쥐고자 절망적인 시도를 감행했다는 것이지요.

리클린 원래의 주제로 되돌아가 볼까요. 다른 중요한 질문을 드리고 싶습니다. 분열분석에 대한 당신의 입장은 어떤 것입니까?

지젝 분열분석에 대해 제 입장은 전반적으로 회의적이라 할 수 있습니다. 무엇보다도 사회 정치적 이유에서 그렇지요. 정신분석에 관해 이야기하자면, 오늘날의 사회화 과정에서 오이디푸스 형식은 예전과는 달리 더 이상 적합하지 않다고 말씀 드리겠습니다. 때문에 저는 들뢰즈의 관점에 동의하지 않아요.

제가 보기에 분열분석에는 별반 해방적이라거나 진보적인 요소가 없더군요. 스탈린주의나 나치즘 또는 소위 후기 자본주의처럼 서로 전혀 다른 현상들을 놓고 생각해 보더라도, 이 사회 체제들은 전혀 오이디푸스적이지 않습니다. 뭐 십분 양보해서 그 사회 체제들이 오이디푸스적이라 쳐도, 과연 분열분석이 어떤 대안이 될 수 있겠습니까?

리클린 제가 알기로, 당신은 욕망을 어떤 근본적으로 이해 불가능한 것으로, 타자에 속한 것으로 간주하고 있습니다. 그에 반해 분열분석은 사회적 지성과 외연을 같이하는 분열자라는 문화적 이상을 창조해서 제시하고 있지요. 물론 들뢰즈와 가타리가 분열자라는 용어를 임상적 차원에서 사용되는 그런 의미에서 쓰고 있지는 않습니다. 분열자란 차라리 어떤 문화적 영웅과 같은 것으로서, 작가나 철학자에 비견할 만한 것입니다. 그런 까닭에 위반이 낭만화되는 경향도 없지 않고요. 아마도 여기에는 바타유가 영향을 끼쳤는지도 모르겠습니다.

지젝 라캉의 입장은 보다 복합적이라고 말씀 드리고 싶군요. 오이디푸스가 구조적 차원에서 상징적 거세, 상징적 금지, 법 등과 외연을 함께 나누는지는 라캉에게도 대단히 커다란 문제입니다. 어떤 의미에서든 '정상적인 주체'로 기능하기 위해 우리는 근친상간을 거부하고 상징적인 거세의 장으로 진입해야 한다는 게 라캉의 최종 결론일까요? 아니요, 그렇지 않다는 게 제 생각입니다.

라캉적 문제 설정의 탁월성은 일반적으로 생각하는 것처럼 그렇게 단순하지 않습니다. 즉, 라캉에게 욕망은 금지에 종속되지 않는, 어떤 불가능한 것이라는 식의 결론은 적절하지 않습니다. 모든 것은 보다 복합적입니다. 이해를 돕고자 간략하게 설명하겠습니다. 라캉 이론의 근본적 비밀은, 상징적 금지는 그 자체가 애초부터 이미 불가능한 것을 금지하고 있다는 데 있습니다. 그러므로 문제는 일반의 생각과는 아주 다릅니다. 그렇게 불가능한 것이 도대체 왜 금지되어 있는가? 라캉의 이론에서 금지의 기능은 우리가 현실 속에서 얻을 수 없는 것을 금지하는 데 있지 않습니다. 그것은 차라리 금지를 극복할 수 있다는, 우리가 금지된 것을 얻을 수 있다는 환상을 창조하는 데 있는 것입니다. 따라서 금지는 도달 불가능한 것으로서 대상을 제시하는 게 아니라 정확히 그 반대로, 허용된 것, 도달 가능한 대상을 제시합니다. 이리하여 우리가 대상을 손에 넣을 수 없는 이유는 그것이 다만 금지되어 있기 때문이라는 환상이 생겨납니다. 바로 여기가 라캉에겐 결정적입니다. 프로이트의 오이디푸스적 단계는 두 가지 방식으로 보충되기 때문입니다. 토템과 터부가 바로 그것들이죠.[18] 토템과 터부가 오이디푸스에 전적으로 대립한다는 사실을 이해하는

18) Sigmund Freud, *Totem und Tabu*, Gesammelte Werke Bd.9. Frankfurt a.M.: S. Fischer, 1986〔지크문트 프로이트, 『종교의 기원』, 이윤기 옮김, 열린책들, 2004〕.

사람은 많지 않습니다. 오이디푸스적 상황에서 아버지는 엄마를 쟁취하는 데 방해가 되지요. 반면 토템과 터부에서 오이디푸스적 욕망은 의식되고 아버지를 살해하는데, 금지는 바로 거기서부터 시작됩니다. 여기에 역설이 놓여 있습니다.

리클린 당신 말씀은, 위반의 결과를 이용하는 것은 금지되어 있는데, 왜냐하면 아버지를 죽이고 엄마를 독점할 수 있게 된 아들은 어쨌거나 엄마에게 더 이상 가까이 도달할 수 없기 때문이란 말인가요?

지젝 바로 거기에 요점이 있습니다. 아버지를 살해한 후 금지는 더욱 강화될 수밖에 없는 것입니다.

리클린 들뢰즈와 가타리는 라캉의 남근 개념을 근본적으로 비판했습니다. 펠릭스 가타리가 원래 라캉의 제자였다는 걸 잘 아시지 않습니까?

지젝 네, 물론입니다. 정말 문제는 대단히 복합적입니다. 분열분석적 비판에 관해 이야기하자면, 아무튼 대개 『안티 오이디푸스』[19]로 되돌아가야 합니다. 그런데 제가 보기에 들뢰즈의 최고의 저작이라 할 수 있는 『의미의 논리』[20]를 좀더 면밀하게 읽어 본다면, 필시 거기서 들뢰즈가 라캉적 남근 개념과 대단히 가깝게 느껴지는 흥미진진한 남근의 이론을 제시했

19) Gilles Deleuze et Félix Guattari, *L'anti-Œdipe*, Paris: Minuit, 1972〔질 들뢰즈·펠릭스 가타리, 『앙띠 오이디푸스』, 최명관 옮김, 민음사, 2000〕.

20) Gilles Deleuze, *Logique du sens*, Paris: Minuit, 1969〔질 들뢰즈, 『의미의 논리』, 이정우 옮김, 한길사, 1999〕.

음을 명확히 깨닫게 될 것입니다.

라캉에게 있어서 남근이란, 가령 중심화된 초월적 기표라는 식으로 그의 비판자들이 떠올리는 그런 관념이 아니란 사실을 잊어서는 안 됩니다. 남근은 다만 순수한 유사물입니다. 라캉이 "남근이란 거세의 기표이다"라고 말했을 때, 이 말은 글자 그대로 이해되어야 합니다. 라캉의 관점에서 상징적 거세란 무엇이며, 권력의 본질적 구조란 어떤 것일까요? 예컨대 당신이 권력을 쥐고 있다고 가정해 봅시다. 그런데 이 사실은 당신이 그 권력의 원천이란 것을 의미하진 않습니다. 오히려 권력의 특정한 상징적 형태가 당신에게 투여되었다고 말해야 옳은 것이지요. 그러므로 권력은 언제나 탈중심화되어 있습니다. 당신 자신이 권력과 등치되는 게 아니란 말입니다.

다른 예를 들어, 가령 내가 재판관이라 가정해 봅시다. 하지만 당신은 내가 쓸모없는 바보 멍청이란 사실을 잘 알고 있습니다. 하지만 내가 권력의 기호를 통해 내 자신을 치장할 때 당신은 법이 나를 통해 말하고 있음을 알게 될 겁니다. 라캉의 남근이란 바로 그런 기호와 같은 것이죠. 남근은 기관이 아닙니다. 이런 입장에 선다면, 더욱 중요한 사유의 이미지가 눈앞에 떠오르게 되는데, 그것은 세간에서 평가하는 것과는 달리, 라캉이 들뢰즈적 사유의 길에서 그다지 멀지 않은 곳에 있다는 사실입니다. ■

10

Susan Buck-Morss

유토피아를 위한 장소는 언제나 존재한다: 수잔 벅-모스와의 대담

수잔 벅-모스와의 대담

대담 일시: 1998년 5월 26일
대담 장소: 모스크바 10월 거리

리클린 수잔, 당신은 근 3세대에 걸쳐 오랜 시간 동안 소비에트 연방의 울타리 안에 굳게 닫혀 있던 러시아 철학을 서구에 소개하는 일을 하고 있습니다. 최소한 저나 제 동료들이 속해 있는 철학적 흐름에 대해서는 그렇다고 말할 수 있겠지요.

얼마 전 출간된 『꿈의 세계와 파국』[1]은 최근 10년 간 당신이 임했던 작업의 총결산이라 할 만합니다. 이 책을 읽다 보니, 이제는 우리 기억에서 차차 사라져 가고 있으나 1990~1993년간 러시아에서 벌어졌던 정치적 사건들에 대해 당신이 어떻게 기억하고 있는지 궁금해지더군요. 이 책 덕택에 저 역시 그때 그 사건들을 다시금 되새겨 볼 수 있었답니다. 비록 더 자세하게 기억하고 있는 이는 어쩌면 바로 당신일 수도 있겠지만요.

아무튼 당신의 책을 읽으며 저 또한 그 후 러시아가 어떤 변화를 겪었는지, 얼마나 다른 나라가 되어 버렸는지 절감할 수 있었던 게 사실입니다.

---

1) Susan Buck-Morss, *Dreamworld and Catastrophe*, Cambridge-London: The MIT Press, 2000〔수잔 벅-모스, 『꿈의 세계와 파국』, 윤일성·김주영 옮김, 경성대학교 출판부, 2008〕—지은이.

벅-모스 제 자신의 기억에만 의지해서 그 책을 쓰지는 않았어요. 그 당시의 기록물들을 상당량 읽기도 했고, 그때 삶의 풍경을 담은 다양한 자료들도 꽤 모아들이곤 했어요.

리클린 현재적 관점에서 본다면 그 시대는 어떻게 비춰질 수 있을까요?

벅-모스 제가 보기에 그때는 대체로 세기말적 특징이라 할 만한 환멸감이 널리 확산되어 있었고, 그런 감정에 전혀 근거가 없던 것은 아니었습니다. 슬라보예 지젝도 비슷한 느낌을 품었노라고 밝히더군요. 실상 그때 벌어졌던 일들은, 이전과는 전적으로 다른 새로운 희망을 불어넣어 주는, 뭐랄까, 본질적인 전환점이라 부를 만한 매우 짧은 순간의 사건들이었습니다. 여기저기서 활기가 넘쳐흘렀고, 개인들이 맺었던 우의와 유대의 힘은 당대의 사회제도들을 변혁하기에 이미 충분하다는 느낌도 들었거든요. 마치 금방이라도 우리 손에 권력을 움켜쥘 수 있을 듯한 느낌으로 살았어요. 지금은 그 느낌이 많이 퇴색해 버렸지만……. 아마 제 러시아 동료들도 지금은 예전 같은 힘을 느끼지 못할 겁니다. 제겐 그때 그 상황 자체가 굉장히 유쾌한 것이었고, 지식인들이던 우리 눈앞에도 무한한 가능성들이 펼쳐져 있는 듯 보였던 것이지요.

리클린 이젠 어떤 환멸감 같은 것을 느끼시는 건가요?

벅-모스 환멸 그 자체죠. 아마도 그건 나이 탓이기도 하겠지만.

리클린 어쩌면 자기 나이에 걸맞은 감정일지도 모르죠…….

당신 작업에서 상당히 큰 중요성을 지닌 유토피아의 문제에 대해 지금은 어떤 입장에 서 있습니까?

벅-모스 현재의 권력 구조는 대단히 열악하고 거의 최저 수준이라고 단언할 수 있기에 여하한의 유토피아적 잠재력도 거기에 남아 있지 않다고 생각합니다. 게다가 구조적 수준에서 급격한 변화가 너무 자주 발생하고 있어요.

저는 주로 정보의 흐름을 바꿔 놓는 대중매체의 전 지구화globalization에 방점을 찍고 말씀 드리는 것인데, 여하간 기술적 측면에서 모든 것이 너무나도 빠른 속도로 진행된다는 게 문제입니다. 사람들은 이 속도에 맞춰 살아남는 데 급급한 형편이에요. "어이쿠!" 하며 당황해서 외치는 순간은 이미 뒤늦은 순간입니다. 어떤 변환이든 규정할 수 있게 되는 순간, 그것은 지금 적용되는 것과는 전혀 다른 목적과 방식에 따라 새로운 변환 과정을 이미 밟고 있는 것입니다.

시간의 흐름에 맞춰 유토피아의 가능성에도 역시 변화가 발생하였음은 당연한 노릇입니다. 가령 지금 세계는 인터넷을 통해 서로 연결되고 있는데, 여기엔 대단히 중요한 의미가 있지요. 왜냐하면 인터넷과 같은 새로운 흐름은 권력에 복종하는 것만이 우리의 유일한 선택지가 될 수 없음을 확실히 보여 주고 있거든요. 문제는 그와 같은 소통적 연대가 얼마나 실효를 거두느냐에 달려 있습니다. 저로서는 충분한 가능성이 있다고 여겨지는데요, 러시아 동료들보다는 제가 좀더 낙관적인 편이라서 그럴까요?

리클린 저도 늘 낙관적으로 살려고 노력하는 편이랍니다.

그럼 지금 당신은 맑스주의에 대해 어떤 입장에 있습니까? 현재의 지적 상황에서 서구의, 특히 미국의 지식인들에게 맑스주의는 어떤 위상을 차지하고 있을까요?

벅-모스 맑스주의가 예전의 전통을 폐기처분하지 않았더라면, 즉 고전적 맑스주의 및 네오맑스주의의 결실을 보존·유지하고자 더 애썼더라면, 지금보다 훨씬 더 탄탄한 구조를 유지할 수 있었을 것입니다. 하지만 현재 맑스주의자들은 그토록 중요한 전통을 이미 망각 속에 내던진 지 오래고, 자본주의 질서에 복속되어 있는 라캉과 같은 이들의 사상에 매료되어 있습니다. 그 결과 현재적으로 진행 중인 상황을 기술하는 데 필요한 정확성을 잃어버렸어요. 저 자신만은 맑스주의자로 계속 남아 있으려는 이유 중의 하나가 거기 있습니다.

물론, 맑스주의가 이전에 설정했던 전제들 전부에 반드시 동의하는 것은 아니에요. 가령 역사 발전의 단계적 설정이라든지, 잉여가치설, 생산력과 생산수단의 모순 등등……. 그 모두에 제가 완전히 동의하지는 않습니다. 차라리 그것들을 포기하는 게 낫다고 생각하는 편이죠. 하지만 단 한 가지, 자본주의 체제의 결정적 심급은 역시 경제에 있다는 점과 경제적 모순이 자본주의의 불안정성을 가속화시킨다는 입장은 여전히 고수하고 싶습니다.

이런 관점에서 저는, 지식인이란 단지 공장에서 생산되는 물건들뿐 아니라 그 생산수단 자체에도 관심을 기울여야 한다고 주장했던 벤야민과 의견을 함께합니다. 여기서 강조점은 이미지의 생산에 있지요. 우리는 비디오 등의 새로운 기술 혁신이 어떤 맥락을 구성하는지 늘 염두에 두면서 작업할 수 있어야 합니다. 그런 문화적 기획은 당연히 맑스주의에 의해 큰 자극을 받을 수 있고요.

리클린 당신은 맑스주의를 꽤 넓은 의미에서 규정하는 셈이군요.

벅-모스 말하자면 그렇습니다. 제가 상상하는 맑스주의는 꽤 넓은 범위를 아우르고 있지요. 하지만 분파적이거나 이데올로기적인, 도그마적 의미를 더해 제멋대로 상상하고 싶지는 않습니다. 혁명에 대한 입장도 마찬가지에요. 가령 혁명에 대한 트로츠키적 해석을 이어가야 한다고 말하는 동료들도 없진 않습니다만, 그건 어리석은 주장에 불과합니다. 트로츠키의 입장을 다시 반복하든 안 하든, 중요한 건 그게 아니에요. 만일 트로츠키가 옳았다면 마땅히 그의 관점을 다시 곱씹어 봐야겠죠. 하지만 그렇지 않다면 그런 노력은 쓸데없는 짓에 다름없습니다. 어떤 의미에서는 애덤 스미스야말로 자본주의에 대한 가장 통찰력 있는 비판가였다고 주장하는 것과 동일한 맥락이지요.

리클린 두브로브니크에서의 세미나[2]를 되돌아본다면, 그때 누가 다가올 미래에 대해 가장 정확한 예견을 내렸다고 말할 수 있을까요? 제 기억에 그때 지젝은 이미 "당신의 징후를 즐겨라!"라는 자신의 슬로건을 내세웠

---

2) 수잔 벅-모스가 주관해서 1990년 10월 크로아티아(당시 유고슬라비아 연방)의 두브로브니크에서 열렸던 국제 학술 세미나. 이 세미나에 관해서는 『꿈의 세계와 파국』의 282~307쪽에 자세히 나와 있다. 이 세미나에 대한 최근의 회고와 전망에 관해서는 프레드릭 제임슨과 발레리 포도로가(Valeri Podoroga), 엘레나 페트로프스카야(Elena Petrovskaya), 블라디미르 아론손(Vladimir Aronson) 등이 참여한 다음의 대담록을 참조하라. "Утопия и диалектика", *Синий Диван*, № 9, 2006, С. 43~72[「유토피아와 변증법」, 『푸른소파』, 제9집].

었고, 볼프강 하우크[3]는 자신만의 독특한 맑스주의적 사고방식을 선보였으며, 마마르다슈빌리[4]는 반성적 사유의 불가피성을 다시 한번 환기시켜 주었습니다. 그리고 또 누가 있었죠?

벅 - 모스 당시 벌어지던 사태에 관해 우리들 중 그 누구도 정확한 판단을 내리진 못했죠. 아무도 제대로 맞추지 못한 겁니다. 두브로브니크의 세미나를 회고해 보건대, 그때 우리들은 너무나도 부정확한 개념들을 갖고 작업했었고, 그래서 당대적 사건의 독특성을 제대로 파악하지 못했던 것 같습니다. 아마 그때 세미나에 참석했던 유고슬라비아 학생들 중에는 자기 나라에서 곧 전쟁이 터질 것을 예감한 친구들도 있었을 거예요. 반면 우리들은 전쟁의 위협을 그다지 심각하게 고려하지 못했죠.[5]

---

3) 볼프강 하우크(Wolfgang Haug, 1936~). 독일의 예술철학자, 미학자. 『상품 미학 비판』(김문환 옮김, 이론과실천, 1994) 등이 한국어로 번역되어 있다. 하우크는 미(美) 인식의 전통적 범주인 자연미와 예술미의 구분에 자본주의의 등장과 확산으로 발생한 상품미를 끼워 넣음으로써 미에 대한 유물론적 인식의 틀을 정립하였다. 그에 따르면 상품미는 사물의 교환가치와 사용가치의 모순에 의해 파생된 미적 욕망이며, 상품의 생산과 소비 조건에 따라 미적 가치에 대한 인식도 변화를 겪는다. 상품미는 주로 이미지의 충격성과 신선함에 좌우되는 경향이 있으며, 따라서 상품미의 주된 기능적 담지자는 디자인과 광고라는 (자본주의적) 매체가 된다.

4) 메랍 마마르다슈빌리(Merab Mamardashvili, 1930~1990). 그루지야 출신의 구소련 최고의 철학자들 중 한 사람. 유럽 근대 철학사를 전공했으며, 많은 저작을 남기진 않았으나 문학과 철학을 아우르는 폭넓은 식견과 통찰로 포스트 소비에트 철학의 물꼬를 튼 것으로 평가된다. 주요 저서로 『맑스 저작의 의식 분석』(1968), 『상징과 의식』(퍄티고르스키Gregor Piatigorsky와 공저, 1982), 『합리성의 고전적·비고전적 이상』(1984), 『나는 철학을 어떻게 이해하는가』(1990) 등이 있으며, 사후 제자들에 의해 강의록 『프루스트론: 심리학적 위상학의 길들』(1995), 『데카르트적 성찰』(1997), 『칸트적 변주』(1997), 『사유의 미학』(2000) 등이 출간되었고, 현재 총 19권을 목표로 『전집』이 발간 기획 중이다.

5) 유고슬라비아 내전(1991.6~1995.12). 1945년 건국 후 티토(Josip Broz Tito)의 막강한 지배로 통합을 유지해 오던 유고슬라비아 연방에서 티토 사후 불거진 민족 및 종교 분열로 인해 벌어진 전쟁. 슬로베니아·크로아티아·보스니아·코소보 등지로 확대되면서 민족·종교 간 보복전의 성격을 띠게 되었고, 수많은 사상자와 난민을 낳은 채 1995년 파리 협약으로 부분 종식되었으나 코소보에서의 전쟁은 1999년까지 계속되었다.

리클린 네, 정말 전쟁이 벌어지리라고는 조금도 예감하지 못했어요.

벅-모스 그 가능성을 완전히 무시했었죠. 심지어 다른 이들보다는 더 예민하게 직감했어야 할 슬라보예 지젝도 전혀 눈치 채지 못했거든요.

그때 메랍 마마르다슈빌리가 했던 언급들 가운데 몇 가지도 기억에 남는군요. 포스트모더니즘에 대한 그의 비판이 그때는 너무 고루하고 지나치게 전통적인 관점이란 생각이 들었는데, 이제는 오히려 커다란 관심과 주의를 기울이며 되돌아보게 됩니다. 지금 생각해 보니 마마르다슈빌리의 지적에는 당시 우리에겐 부족했던 어떤 지혜로움 같은 게 포함되어 있지 않았나 싶어요. 그때는 전혀 동의할 수 없었던 게 사실이지만…….

리클린 아, 그때 일이 떠오르는군요…….

벅-모스 마마르다슈빌리는 언제나 시류에 거슬러서 사유하던 사람이고, 바로 그래서 더욱 통찰력 있는 의견을 내놓았던 게 아닌가 싶어요.

리클린 그러니까 그 한 사람을 빼곤 우리 모두가 틀렸었다는 말인가요?

벅-모스 그래요, 다른 모두가 마찬가지였죠.

리클린 수잔, 당신은 최근 거의 5년간 모스크바를 들르지 못했죠. 당신이 오지 못한 사이에 생긴 가장 본질적인 변화는 무엇이라고 생각합니까? 1993년 가을 마지막으로 들렀을 때, 모스크바는 완전한 무질서 상태였는데 말이죠.

벅 - 모스 꽤 무서운 광경들이 벌어지곤 했죠. 거리에서 서로 총을 쏴 대기도 하고……. 한마디로 카오스가 지배하던 상황이었습니다. 그때와 비교해 보면 지금은 모든 것이 안정을 찾은 듯하고, 거리는 제법 안전해진 것 같습니다. 하지만 다른 한편으로 매우 위태롭게 느껴지는 부분은 은밀하게 감춰진 경제적 불안정성입니다.

예컨대 이른바 '새로운 러시아인들'[6]은 이 사회에서 완전히 절연된 집단이 아닌가 하는 느낌이 들더군요. 그들은 몇몇 소수의 부유층만을 위한 노동 여건을 조성하고 있을 뿐만 아니라, 견고한 경제적 기초 위에서 나라의 생산을 부양하는 것도 아니란 생각이 듭니다. 오히려 자원을 헐값에 내다 팔아 버림으로써 이 나라를 착취하는 게 그들의 생존 방식이라는 인상을 지울 수 없더군요. 평범한 러시아인들의 삶은 안중에도 없어요. 부자는 돈이 차고 넘치지만, 가난한 서민들은 가난해도 너무 가난합니다. 이 두 집단 사이에 거대한 심연이 입을 벌리고 있다고나 할까요. 이런 상황이 앞으로도 오랫동안 계속된다면, 대단히 심각한 사회적 박탈감을 낳을 수도 있습니다. 모스크바는 엄청난 에너지가 넘치는 도시지만, 그 거주민들은 이 과정을 자기 자신들과는 무관한 국외자적 관점에서 바라보고 있을 뿐이죠.

다른 한편, 러시아의 과거에 대해 왜곡된 숭배심 같은 것도 엿보이던데, 사실 민중의 절대 다수는 어떤 '위대했던' 역사에도 참여한 적이 없습

6) '새로운 러시아인들'(Новый русски)은 소비에트 연방 붕괴 이후 러시아 사회·경제 분야에 등장한 신흥 부유층에 대한 통칭이다. 이들은 사회주의 산업 시스템이 자본주의 시장경제로 이전하는 가운데 사회의 법적 공백을 틈타 부동산과 국영기업, 산업 자원 및 시설들을 헐값에 독차지해 막대한 부를 축적했다. 옐친 시절 마피아 세력과 손을 잡는 한편, 정치가들과 결탁함으로써 정책 결정을 좌지우지하기도 했으나, 푸틴이 집권한 후 강력한 통제 정책을 폄으로써 정권에 순응하게 되었다.

니다. 그렇게 왜곡되어 표상된 러시아의 이미지는 민중들이 살아온 러시아가 아니란 말이죠!

사람들도 상당히 변했더군요. 일상생활에서 보다 개방적이 되었고, 이는 상당히 훌륭한 변화라고 봅니다. 하지만 거의 모든 부富가, 그게 사적 소유든 국가 소유든 혹은 기업 소유든, 그들에겐 굳게 닫힌 채 접근할 수 없는 상황에 있죠.

리클린 러시아에는 그 자물쇠들의 일부라도 깨뜨릴 만한 그런 시민사회가 없다고 보십니까?

벅-모스 극히 드문 경우였습니다만 소비에트 연방의 마지막 시기에는 시민사회의 활력 같은 게 여러 가지 형태로 잔존해 있었던 것 같습니다. 대의원으로부터 예술가, 지식인들에 이르기까지 그 싹이 남아 있었죠. 어떤 커다란 잠재력 같은 걸 보유하고 있다는 느낌이 들었거든요…….

하지만 지금은 그 대부분이 사라져 버렸습니다.

리클린 만약 발터 벤야민이 1980년대 말과 지금[1998년] 이곳 모스크바를 방문했다고 가정한다면 말입니다, 둘 중 어느 때가 그에게 보다 더 큰 호기好機라고 여겨졌을까요?

벅-모스 그건 아마도 1989년에서 1991년 사이가 아닐까요? 벤야민은 파리의 상점들에서는 물건 사길 특별히 즐겨 하지 않았지만, 모스크바에서는 엄청나게 많은 물건들을 사 댔습니다. 또 그는 그때 모스크바의 극장들에서 열리던 수많은 예술적 실험들에 대해서도 높은 평가를 내렸었죠. 지금 모스크바에서 진행 중인 소위 '예술적 실험들'이란 상당 부분 서구적 판본들의 복사물에 불과해 보입니다만, 10여 년 전만 해도 여기엔 아직 개혁의 의지가 살아 있었고, 이상적이라 부를 수 있을 만큼 소비에트-러시아적인 창조 정신이 흘러넘치고 있었거든요. 그건 전 지구적 차원에서 벌어지는 창작 과정 일반에의 단순한 '참여'를 훨씬 웃도는 수준이었습니다.

일상적 수준에서 모든 것은 그저 그런 상태로 돌아가는 듯 보입니다. 딱히 큰 재난에 맞부딪힌 것은 아니지만, 여하간 모두들 근근이 살아가고 있다는 게 확연히 들여다보이거든요. 물론 최악의 상황보다는 이런 게 더 낫겠지요. 세계대전이 터진 것도 아니잖아요.

리클린 달리 말해, 지금은 예전보다 영감을 덜 받는 그런 상황이란 말이군요.

벅-모스 그렇죠. 변화란 모름지기, 가령 모더니즘과 포스트모더니즘이 바로 '여기'의 맥락에 도입될 때 발생하는 것이라고 생각합니다. 하지만 지금 여기엔 어떤 새로운 것도, 혁신의 기운도 전혀 눈에 띄지 않네요.

리클린 대체로 '새로움'에 큰 가치를 부여하시는 편이군요. 하지만 20세기 러시아사에서도 전에 없던 수많은 '새로움'들을 찾아볼 수 있답니다. 하다못해 1930년대에 벌어졌던 대살육 같은 것들도 예를 들 수 있겠죠. 전시도 아닌 평시에 수백만 명이 살해당한 것은 유례를 찾아보기 힘든 일이었죠.

어쩌면 이 땅에서 러시아인들은 너무나도 많은 새로운 것, 예기치 않던 것들에 이미 지쳐 버려서 이젠 그저 평범한 것, 정상적인 것들만을 추구하고 있는지도 모르겠습니다. 그런 추구가 미국인들에게는 재미도 없고 따분해서 아무런 영감을 불러일으키지 않을지 몰라도 말입니다. 미국은 사실 그런 대규모의 격변을 겪어 본 역사가 없죠. 평범하고 정상적인 삶에 대한 러시아인들의 갈망에는 그런 사연이 있는 것입니다. 러시아인들은 '인류사의 아방가르드'라 불릴 만한, 그런 의심스러운 권리를 얻는 데 지나친 대가를 치러 왔고, 이제 그만 기진맥진해 버렸다고나 할까요.

벅-모스 하지만 당신이 '정상적'이라 부른 것들은 서구 자본주의적 맥락에서 본다면 실로 야만스럽기 짝이 없는 것들이죠. 어떤 점에서 '정상적'이란, 그게 익명적으로 들리는 만큼 기실 더욱 잔혹스럽기 이를 데 없는 것입니다.

개혁이란 전통적 모델의 고수나 일상화된 역경 속의 경쟁에서가 아니라 효율성이나 생산성 따위에 대한 끝없는 집착을 포기하는 데서 나오는 게 아닌가 싶습니다. 그것이야말로 20세기의 종점에서 찾아낸 가장 혁명적인 발견이라고 생각하고요. 또 그것은 시간에 대한 완전히 새로운 개념을 제시하고 있기도 하죠. 해볼 만한 일이에요.

리클린 그렇다면 진보의 종언이라는 테제에서 본질적으로 맑스적이라 할 만한 것은 무엇이겠습니까?

벅-모스 없어요.

리클린 상당히 이단적인 사고로 들리는데요.

벅 - 모스 언젠가 벤야민은 상당히 흥미로운 사유를 전개한 적이 있습니다. 맑스는 혁명을 역사의 견인차라고 불렀는데, 벤야민에 따르면 실은 그게 아닐 수도 있다는 말이죠. 더 본질적인 문제는 차라리 역사라는 열차에 탄 사람들이 긴급 제동장치를 작동시킬 수 있도록, 그래서 열차를 멈춰 세울 수 있을 때까지 그들을 독려하는 데 있지 않느냐는 것입니다. 어쩌면 시간의 혁명성이란 바로 그것, 즉 격렬한 정지의 순간에 있지 않겠느냐는 게 벤야민의 생각이었습니다.

괜찮으시다면 진보의 문제와 관련된 질문 하나를 제기해 볼까 합니다. 지금까지 존재했던 다양한 맑스주의 이론들의 근본적인 문제점 가운데 하나는, 진보에 대한 단 하나의 표상만을 고집해 왔으며, 그 또한 서구적 발전 모델에 정확히 대응하는 것이었다는 데 있습니다. 예를 들면 소비에트 연방 시절 통용되던 유일한 진보의 모델은, 진보에 가속도를 붙임으로써 서구를 '따라잡고', 그 다음 '앞지르자'는 것이었죠.[7]

미샤, 이제 제 질문을 던져 보겠습니다. 만일 1917년 러시아에서 지금과는 완전히 상이한 형태의 기술관, 즉 자연에 대해 현재와는 전혀 다른 태도로 접근하며 진정한 문제의식으로 충만한, 전적으로 새로운 입장에 기반한 기술을 발전시켰더라면, 지금쯤 어떤 결과가 나왔을까요? 만일 당시 그런 사고를 지닌 혁명가들이 모종의 결단을 내리고 그에 따라 행동할 수 있었더라면, 지금 1990년에 이르러 그들 가운데 누가 가장 각광받는 인물로 남았을까요?

---

7) "(서구를) 따라잡고 앞지르자"(догнать и перегнать)는 레닌의 유명한 사회주의 발전 슬로건이었다.

리클린 저는 오히려 그런 종류의 상상을 머릿속에서 떨쳐 내려고 애쓰는 편입니다. 왜냐하면 그런 식으로 질문하기 시작하면, 곧 또 다른 물음, 가령 혁명이 만약 페트로그라드[8]가 아니라 워싱턴에서 일어났다면 세계가 어떻게 바뀌었을 것인가, 최소한 미국은 어떻게 변모했을 것인가 등등의 밑도 끝도 없는 질문들이 이어질 것이기 때문입니다.

벅 - 모스 아니요, 제 질문의 요지는 그런 게 아닙니다. 당신의 질문이 역사 과정 전체의 변이에 관한 것이라면, 저는 다만 우리가 지닌 진보에 대한 그릇된 표상에 대해 지적하고 싶은 겁니다. 만일 지금부터라도 구태의연한 기술 중심적 집착을 중단시킬 수 있는 혁명이 일어난다면, 그래서 생태학적 안전성이 보장된 새로운 기술관을 추구할 수 있다면, 자본주의는 지구상 그 어디에서도 자기의 자리를 발견할 수 없을 것입니다. 왜냐하면 새로운 혁명적 상황에서 자본주의는 여하한의 자기 발전의 동기도 찾아낼 수 없을 것이기 때문입니다. 달리 말해, 자본주의에는 사회적 상상력이라는 것이 도무지 존재하지 않는 까닭입니다…….

리클린 하지만 기술적 진보라는 말 자체가 자본주의와 동일한 외연을 지니는 게 아니겠습니까? 여하한의 다른 형식의 기술적 진보라는 게 존재할 수는 있는 것인지…….

---

8) 1914～1924년에 사용되었던 상트페테르부르크의 옛 명칭. 제1차 세계대전 당시 러시아 제국의 수도가 독일식 이름으로 불리는 데 대중적 반감이 생기자 1914년 러시아식 이름인 '페트로그라드'로 바뀌었으나, 혁명이 일어나고 1924년 레닌이 사망하자 그의 업적을 기려 '레닌그라드'로 개명되었다. 소비에트 연방이 붕괴하기 직전인 1991년 '상트페테르부르크'라는 원래 이름을 되찾았다.

벅-모스 아니죠, 분명 존재합니다.

리클린 만약 이윤 수취가 더 이상 가능하지 않다면, 동시에 기술적 진보도 중단되고 말 텐데요.

벅-모스 아닙니다. 분명히 말하건대 그렇지 않습니다. 우리는 이제부터라도 진보를 전혀 다른 방식으로 이해할 수 있어야 합니다. 기술이라는 것에 대해서도 새롭게 사유해야 하고요. 기술에 대한 현재적 몰이해의 밑바닥에는 사회적 상상력과 정치적 의지의 결여가 놓여 있을 뿐입니다…….

리클린 하지만 그 역시 불가피한 결여라고 할 수 있지 않을까요?

벅-모스 꼭 불가피하다고는 말할 수 없습니다. 당신 말씀을 듣노라면 어쩐지 러시아적 운명론 같은 게 느껴지기도 하는군요. (웃음)

제 사고실험의 목적은 기술 발전의 현재적 경향이 지속되는 한 여하한의 탈출구도 찾을 수 없는 반면, 우리를 둘러싼 모든 사태는 지금과는 완전히 상이한 방식으로도 얼마든지 진행될 수 있음을 일깨우는 데 있습니다. 전 세계의 모든 도시가 전부 뉴욕이나 파리 또는 런던처럼 될 수 없음은 당연한 노릇입니다. 다만 모두가 이를 당연하다고만 생각하고 받아들이기 때문에, 중심 권역 이외의 지역에서 나타나는 현상들에 대해서는 그게 후진적이라는 둥 정체되어 있다는 둥 업신여기며 진보에 대한 단 하나의 표상을 맴돌고 있는 것이지요. 세계를 동일성의 기준에서 바라보는 것은 그와 같은 표상의 당연한 귀결입니다. 하지만 모스크바의 경우, 상

상력이 풍부한 시장市長 덕분인지 다른 대도시들과는 상당히 달라 보이더군요.[9]

리클린 구세주 그리스도 사원[10]이 마치 포스트모던의 시원적 기념비라도 되는 듯 모스크바에 중건된다는 사실에 대해서는 어떻게 생각하십니까?

벅-모스 마치 디즈니랜드를 세우겠다는 말처럼 들리더군요. 별로 새롭다는 생각은 안 들던데요.

리클린 구약에 나오는 유명한 말, "저 태양 아래 새로운 것은 없노라"라는 구절을 기억하시겠죠? 이 오래된 성서적 지혜가 말해 주듯, 무엇이 진정 새로운 것인지 그렇지 않은지에 대해서는 얼마든지 논쟁을 벌일 수 있을 것입니다. 실상 모든 사물은 그것이 절대적으로 새롭다고는 말할 수 없는 자신의 수많은 선행자들을 갖고 있는 탓입니다. 하지만 '새로움'이란 언제나 사라지지 않으며, 오히려 '반복'이란 문제를 첨예하게 제기하는 것이기도 합니다. 즉, '새로운 것'이란 언제나 '반복되는 것'의 원형으로서 등장한다는 말이죠.

제 나이 이제 쉰입니다. 낯선 사람이라도 만나면 혹시 그가 예전에 알

---

9) 소비에트 연방 붕괴 후, 1992년부터 2009년 7월 현재까지 유리 루시코프(Yury Luzhkov)가 모스크바 시장직을 맡아 왔다. 정권의 충실한 협조자이자 막강한 실세로서 모스크바를 지배하는 루시코프는 대중 영합적인 정책을 통해 높은 대중적 인기를 누려 왔다.

10) 1812년 나폴레옹군이 모스크바에서 퇴각한 후, 알렉산드르 1세가 애국 정신을 기릴 수 있는 사원을 짓도록 명령하여 많은 우여곡절 끝에 1883년 완공한 러시아 정교회 사원. 혁명 후 스탈린의 명령에 의해 완전 폭파되어 야외 수영장으로 사용되었으나, 소비에트 연방이 해체된 후 1994년 루시코프 시장이 '러시아 과거의 부활'을 기치로 재건을 시작, 1998년 중건되었다.

던 누군가와 비슷한지 아닌지 저절로 떠올리게 됩니다. 새로운 얼굴을 지각할 줄 아는 능력은 이미 쇠퇴해 버렸고, 다만 유비적으로만 인지할 수 있게 된 것이죠.

벅 - 모스 푸리에는 사람의 얼굴형에는 632가지가 있다고 주장했다죠…….

리클린 쉰 이전에는 모든 사람들의 얼굴을 각각 구별할 수 있었는데 말입니다. 이제 불과 몇 년이 지난 사이, 새로운 얼굴을 구별하느라 무진장 애쓰고 있지만 잘 안 되고 있습니다.

벅 - 모스 아마도 우리네 삶은 영원한 전진 또는 절대적인 반복일 뿐이라고 말씀하시고 싶어 하는 듯 보이네요. 하지만 제 경험은 그와는 사뭇 다르답니다. 저는 차라리 언제나 하나 이상의 선택지가 우리에게 주어져 있다고 말하고 싶어요. 우리가 특정한 자리에 머물러 있을 때조차도 우리는 거기서 동시에 행할 수 없다고 믿어지는 어떤 다른 것을 바로 그 순간 행할 수 있는 것입니다. 그 특정한 자리가 우리로 하여금 다른 것을 할 수 있게끔 추동한다고나 할까요.

미샤, 당신은 아마도 스스로를 이미 많이 늙어 버렸다고 생각하는가 보죠?

리클린 늙는다는 게 뭘 뜻하는지 아직 정확히는 모르겠습니다. 제가 서른일 때부터 벌써 아주 많이 늙었다는 생각을 했던 듯하거든요. 사십 줄에 접어들었을 땐 그다지 늙었다는 생각을 안 했습니다만, 오십을 넘어서니

나이 따위는 다 잊어버렸고, 그런 질문 자체가 무의미해져 버렸습니다.

삶이 특정한 강도에 도달하게 될 때, 시간은 두번째 차원으로 옮겨 가게 됩니다. 행복한 삶을 살고 있으되 시체나 다름없는 무기력함을 느끼는 순간이 바로 그 두번째 시간의 차원이겠죠. 10~15년 전의 우리는 사뭇 다른 삶의 템포에, 더 느린 삶의 박자에 맞춰 살았습니다. 그땐 정말 소진되지 않는 자유의 시간 같은 게 있었죠.

벅-모스 1988년 모스크바를 처음 방문했던 때가 기억나는군요. 그때는 자유롭게 쓸 수 있는 시간이 아주 많았죠. 심지어 물건을 사러 나가 가게 앞에 줄을 서 있을 때조차도 이 시간은 자유롭구나 하는 생각을 했습니다. 소비에트 시절에는 시간의 대부분을 무용하게 흘려보내곤 했다죠. 그야말로 진정한 사치라 부를 만한 게 아니었나 싶네요.

리클린 기억하는지 모르겠습니다만, 『모스크바 일기』에 보면 벤야민이 호텔 종업원과 '셰익스피어적' 대화를 나누는 부분이 있습니다. "내일 아침 7시에 절 좀 깨워주실 수 있습니까?"라고 벤야민이 묻자 이렇게 답변이 되돌아옵니다. "물론이죠, 제가 잊지만 않는다면 말입니다. 대개 그런 일은 안 잊어버리는데, 당신 요청을 적어 놓은 쪽지를 잃어버리는 경우가 생기면 그땐 못 깨워 드리죠. 여하간 깨워 드리겠습니다만, 쪽지를 잃어버리는 경우도 있고, 그럼 도무지 찾을 도리가 없어서요. 아무튼 우리가 당신을 깨워 드릴 의무는 없지 않습니까?"[11)]

---

11) 이 에피소드는 『모스크바 일기』의 한국어 번역본 90~91쪽에 실려 있다. 발터 벤야민, 『발터 벤야민의 모스크바 일기』, 김남시 옮김, 그린비, 2005.

"시간은 금이다"가 서유럽에는 벌써 식상해져 버린 관용구였지만, 이 '상식'으로부터 너무나도 동떨어진 러시아인들의 시간 감각에 벤야민은 깜짝 놀라고 말았습니다. 레닌의 권위가 곧 삶의 가장 중요한 지표였던 볼셰비키의 나라에서 서구적 시간 감각이 들어설 여지는 전혀 없었던 탓이지요.

시간의 의미를 따져 물었을 때, 소비에트 시대의 러시아인들은 자본주의 국가에서보다도 더욱 풍요로운 시간 관념을 가졌습니다. 가령 제 경우 책 한 권을 읽는 데 보통 두 주일 정도가 걸렸고, 혹은 필요하다면 한 달을 통째로 그 한 권을 읽는 데 사용할 수도 있었지요. 하지만 지금 그런 것은 꿈도 못 꿀 노릇입니다. 우리는 지금 '흘러가 버린 모든 것들', 다시 말해 느리게 지나가 버린 그 시간들을 벌충하느라 안간힘을 다 쓰고 있는데, 기실 이건 시간의 상이한 체제 속에서 사는 법을 익히는 것이며, 시간을 하나의 상품으로 대하는 법을 배우는 과정이기도 합니다. 우리 러시아인들에게는 시간의 상품성에 대한 감각이 서구인들에 비해 상당히 미약한 까닭이지요…….

<u>**벅 - 모스**</u> 글쎄요, 당신들이 무언가를 벌충하고 있다기보다는, 차라리 무자비하게 착취당하고 있는 게 아니냐는 생각이 드는데요. 이미 당신들은 시간을 마음대로 사용할 수 없게 되지 않았습니까? 물론 그 덕에 사물에 대한 전유 가능성을 확장했다고 말할 수도 있겠죠. 하지만 그 사물의 대부분은 오직 광고라는 수단을 통해서만 당신들의 것이 될 수 있으며, 시간의 경제학에 송두리째 종속되어 버린 게 사실입니다. 악몽과도 같은 현실이 실현된 것이지요.

미국의 상황은 더 나쁩니다. 미국인들은 점점 더 가속화되기만 하는

광기 어린 시간의 리듬에 맞춰 살아야 한답니다. 진정 자신에게 필요한 시간과 장소에 어울려서 살고 있는지는 아무도 몰라요. 이 모든 게 자본주의에 본성적인 것이며, 시간의 광기는 자본주의 체제의 내적 본성에서 비롯된 것이지 결코 다른 외부로부터 도입된 게 아니란 점을 솔직히 인정할 필요가 있어요. 유행의 본질은 짧은 시간 동안 책이나 화장 스타일, 신상품 따위를 바꿔 사용하는 데 있지 않습니다. 모든 것은 바뀌게 마련이죠. 중요한 점은 이 모든 과정이 당신의 시간을 잠식해 간다는 데 있습니다. 제 미국 동료들이 늘상 애원하는 소리가 바로 제발 시간을 달라는 말입니다! 조금이라도 시간이 날라 치면 사방팔방에서 그것을 빼앗으려 달려드는 형편이랄까요…….

리클린 제가 서유럽에 남을 수 있었음에도 다시금 러시아로 되돌아왔던 이유가 바로 그 때문이 아니었나 싶군요. 이 나라에서의 삶이 무척이나 피곤하고 어려운 것임에도, 여기엔 제가 사색에 잠기고 글을 쓸 수 있을 만한 느린 시간의 흐름 같은 게 남아 있습니다. 또 여기선 언제나 흥분된 무방비 상태 같은 게 느껴지는 데다, 이 상태는 기묘한 방식으로 창작욕을 불러일으키곤 하죠. 비록 서구에서 창작의 시간은 완전히 다른 방식으로 계산되어 금전적인 보상으로 되돌아오곤 하지만요.

여하간 모스크바에서는 생산 시간의 착취에 관한 분명한 관념이 이제야 막 싹트기 시작했다고 하겠습니다. 왜냐하면 아직도 여기서 시간은 종종 생산성에 역행하곤 하는 인간의 변덕과 사욕에 과중하게 종속돼 있기 때문입니다. 종종 개인의 영달에 치중하는 이들에 의해 악용되기도 하지만, 러시아는 아직도 사교적인 소통이 생산의 경쟁력보다 더 중요하다고 여겨지는 나라랍니다. 요컨대 러시아에서 시간의 구조는 낭비적이고

과시적인 형태로 남아 있는 셈이지요.

제가 직접 그런 시간의 포틀래치에 참여하지는 않습니다만(서유럽에서 몇 년 일하고 나니 '러시아식' 경쟁력이 많이 쇠퇴해 버렸더군요), 일종의 영감의 원천으로서 간접적으로나마 거기에 의존하는 것도 사실입니다.

지금은 브레멘 대학교에서 일주일에 네 강좌를 맡고 있습니다. 겸하여 학생들과도 소통하려고 애쓰고 있지요. 일이 적다고는 할 수 없지만 모스크바에서 일하는 것보다는 체계적이고 더 적절한 임금을 받습니다. 비록 글 쓸 시간은 얼마 없습니다만…….

그래서 제겐 두 가지 시간 관념이 모두 필요합니다. 서유럽식 시간은 생존에 필요하고, 러시아식 시간은 글쓰기에 필요한 것이지요.

<u>**벅 - 모스**</u> 시간에 대한 흥미로운 태도는 미국의 대학에서도 쉽게 찾아볼 수 있어요. 가령 제가 가르치는 학생들은 저보다도 더 나이 든 것마냥 행동한답니다. 세기말의 전형적인 태도로 볼 수 있는데, 시니컬한 데다가 포스트모던하기까지 해서 도무지 이상理想 같은 것은 찾아보려야 볼 수가 없어요. 그런 탓에 자기 나이를 꽤나 연로하다고 여기는가 싶고요.

미국 대학생들의 또 다른 특징은 자신에 대한 엄청난 중압감입니다. 남들에 비해 자기가 엄청 뒤처져 있다고 느끼고 자신을 닦달해 대는데 정작 필요한 시간은 없다, 이 말입니다. 결국 서로 도와야 한다는 생각은 안 나는 거죠. 모두 자기가 뒤처져 있다고 생각하니 말입니다……. 제가 아방가르드 예술 운동에 연관시키곤 하는 파열rupture이라든가 지연, 정지와 같은 개념들이 유의미한 이유도 거기 있습니다. 비록 이 개념들을 전부 하나로 연관시키는 데 전혀 문제가 없다고는 볼 수 없겠지만 말이죠.

삶의 일차적 요구를 벗어난 여유를 찾으려는 노력, 곧 이 현존의 경계 너머로 뛰쳐나가려 했던 아방가르드의 지향을 헤르베르트 마르쿠제는 '위대한 거부'라고 불렀습니다. 지금 대세에 거슬러 홀로 나아갈 수 있는 사람이 몇이나 됩니까? 모두가 다만 서로 눈치나 보며 앞만 보고 뛰어야 할 형편이며, 그게 바로 경악스런 현재의 사실입니다. 역사적으로 볼 때, 지식인들은 위험한 존재였지요. 하지만 지금 그들은 그저 방만한 삶을 영위하는 존재입니다. 먹고살 만해졌으니까요. 지식인은 더 이상 위험한 존재가 아니란 말이죠.

리클린 그건 아마도 지적 생산물이야말로 다른 어떤 생산물들보다 더 큰 삶의 흐름을 만들 수 있기 때문이 아닐까요?

벅-모스 물론입니다.

리클린 지금은 가장 현대적이고 유흥적인 상품을 생산하는 데 최고의 노력이 기울여지는 시대입니다. 이 분야에서의 경쟁이야말로 혹독하기 그지없지요. 여기서 현대적 사유의 '명품'들이 빚어내는 '파열' 혹은 매스미디어의 폭발적 반응 따위는 그리 오래 지속되지 못하는 형편입니다. 곧이어 또 다른 '파열들'로 이내 교체되게 마련이거든요.

얼마 전 대니얼 골드하겐Daniel Goldhagen의 충격적인 책 『히틀러의 자발적인 공범들』[12]이 출간되었는데, 거기서 골드하겐은 독일의 반유대주의가 19세기 이래 유대인 말살을 획책하고 있었으며 나치즘은 다만 그와 같은 오랜 망상을 실현시킨 도구에 불과했음을 입증하려 했습니다. 전문

12) Daniel Goldhagen, *Hitler's Willing Executioners*, New York: Knopf, 1996.

역사가들은 골드하겐의 그런 주장에 전혀 동의하지 않았지만, 이 책의 목표는 기실 전문사가들의 논평이 아니라 매스미디어의 반향에 있었거든요. 즉, 열렬한 사회적 논쟁 자체를 유도하는 게 목적이었죠. 지식인들은 이미 오래전부터 지적 생산물의 상품성에 대해 통제를 포기해 왔습니다. 그건 오직 시장만이 통제할 수 있다는 거죠.

벡 - 모스 여기서 '명성'과 '지성'을 확실히 구분할 필요가 있습니다. 미국의 '스타급' 지식인들 중에는 어딘지 록스타를 방불케 하는 면이 있는 사람들이 있어요. 그들은 미 전역을 돌아다니며 대중 앞에서 강연을 하고 갈채를 받습니다. 그들이 더 많은 초대를 받을수록, 그들에 대한 수요가 더 많아질수록, 그들은 더 많은 문화적 자본을 축적해 나가는 것이지요. 스스로를 자본주의 논리에 충실하게 기입하는 이 과정 전체를 통해 아카데미의 학자들도 자본주의 체제에 통합되고 있으며, 일종의 공모자로서 각인되고 있는 것입니다.

리클린 그 점에 있어서는 미국인들이 단연 세계 최고라 할 수 있죠.

벡 - 모스 세계인들이 모두 서구로 몰려들기 때문이죠. 당신도 다른 어디보다도 서구에서 물질적 보상을 받고 있지 않습니까?

대학을 지성인들의 지적 활동의 무대로만 바라보지 않는다면, 독일의 대학들은 미국의 대학들만큼이나 '위험스럽게' 여겨지지 않는군요. 독일의 대학 환경은 전적으로 보수적이지요. 거기선 이미 오래전에 낡아 빠져 버린 것들만 가르치고 있으니까요.

사람들이 자신들의 지적인 비판 능력을 기존 현실을 변화시키기보다는 정당화하는 데만 사용한다는 상황이 안타까울 따름입니다. 당신 생각은 어떻습니까?

리클린 제 생각에 유럽과 미국의 대학들은 서로 다른 기초 위에 세워져 있는 것 같습니다. 가령 유럽의 대학들은 기본적으로 국립대학이고 대학교수들은 국가가 봉급을 지불하는 공무원 자격으로 일하고 있지요. 학생이나 학부모들이 그들의 월급을 주는 게 아닙니다.

벅-모스 그런데 교수들이 사용하는 교재의 상당수가 미국에서 만든 것이라는 사실을 아십니까?

리클린 그야 그럴 수도 있겠죠. 하지만 지금 논의하고 있는 것은 구조적 차원에서의 문제입니다. 기본적으로 미국의 대학은 비싼 수업료를 납부해야만 들어갈 수 있는 사설 지식 공장이라 할 수 있습니다. 비록 대학 운영비 전부를 수업료에서 충당하는 것은 아니지만 수업료 명목으로 미국 가정이 매년 납부해야 하는 돈은 엄청나거든요. 미국인들의 상당수가 대학 교육을 빠른 시일 안에 다시 회수해야 하는 투자 개념에서 바라보는 것도 그런 까닭입니다.

벅-모스 미국의 대학교수들은 '테뉴어'tenure 계약을 맺는 일이 있습니다. 너무 과장할 필요는 없겠지만, 어떤 의미에서 정년 보장은 그들을 좀 더 자유롭게 해주는 조치로 풀이할 수도 있죠.

리클린 앞으로 굉장히 흥미롭고 새로운 기획들이 세워질 것 같습니다. 지금 현재의 지식 시장은 너무 많은 것들을 한꺼번에 배제하고 있죠. 거기서는 이미 오래전부터 세간의 주목을 요하는 수많은 이름들이 부침을 거듭해 왔습니다. 그들의 주가는 하늘을 찌르고 수요도 많아서, 여타의 흥미로운 작업들에 매진하고 있는 다른 연구자들에게는 시선을 돌릴 겨를조차 없는 형편입니다. 제 경우, 아직 제대로 알려지지 않았지만 굉장히 유망한 철학자 친구들이 프랑스에 많이 있답니다.

벅 - 모스 그런 사람들이라면 못미더운 심사 제도가 남아 있는 전통적 교육 환경에 자신을 내맡기기보다 인터넷 같은 매체를 이용해 자기 자신을 소개하고 알리는 데 주력하는 편이 더 낫다는 생각은 안 하나요?

리클린 진짜 문제는 우리의 독서 능력이 실제적으로 쇠퇴해 버렸다는 데 있지 않나 싶습니다. 인터넷이나 이메일, 팩스 따위가 우리의 독서 행위에 더 큰 가능성을 부여하긴 했지만, 그게 다 좋다고만은 볼 수 없거든요.

가령 저는 장문의 글을 컴퓨터 모니터로 읽는 데 아직도 어려움을 겪고 있답니다. 눈이 너무 아파요. 대개 제가 앞으로 읽을 책의 80%는 아직 제 서가에 꽂혀 있거나 이미 예전에 읽은 것들입니다. 사실 앞으로 다시 읽게 될는지도 잘 모르겠고요. 그렇기 때문에 인터넷이 수억 페이지의 신규 정보를 제공해 줄 수 있다 해도, 저로서는 얻을 수 있는 이득이 그리 많지 않다고 할 수 있습니다. 거기다 읽은 것을 제대로 소화하는 데 필요한 시간까지 고려한다면 도무지 그런 것을 사용할 이유가 없는 거죠.

벅 - 모스 시장의 과포화라고 부를 만한 일이군요.

리클린 지식의 과포화라고도 말할 수 있겠죠.

벅 - 모스 자본주의적 시장의 확대가 마주치는 한계가 그런 것입니다. 그 많은 것들을 한꺼번에 소비하고 소화시킬 수는 없는 노릇이니까요.

일종의 부정적 유토피아에 대한 전망, 또는 그에 대한 상상을 해보곤 합니다. 예컨대 텔레비전을 켰을 때 우리가 보는 것은 비단 브라운관 표면에 실린 화면만이 아니라 화면이 보이게끔 만들지만 그 자체는 보이지 않는 브라운관의 반사경이기도 합니다. 우리가 텔레비전을 본다고 말하는 것은 기실 이 브라운관의 내부 반사경을 보는 것이기도 하지요. 우리의 지성은 그 두 개의 면을 동시에 읽는 능력을 지니고 있으며, 그에 따라 우리의 가능성도 이중화될 수 있는 것입니다.

리클린 근본적으로, 독서 기술의 발전은 우리로 하여금 세 배, 네 배 혹은 그 이상의 속도로도 책을 읽을 수 있게 해주겠지요. 하지만 제가 지금보다 더 빠른 속도로 책을 읽게 된다면, 뭘 읽었는지 제대로 소화할 수 없을 겁니다.

벅 - 모스 인터넷에 대해서라면 무슨 말을 하고 싶어 하시는지 알겠습니다. 정보를 소화할 수 있는 우리의 능력이 제한되어 있다는 점에는 전적으로 동의합니다. 모든 정보를 다 읽을 필요도 없겠죠. 소수 학파들이 독점하는 사유의 블록화를 벗어나기 위해서라도, 이전과는 다른 방식으로 사유의 지평을 개척해 갈 필요가 있습니다. 상당히 유토피아적 전망처럼 들릴 수도 있겠으나, 젊은 학생들과 예술가들이 종종 그런 가능성을 현실화하는 것을 볼 수 있거든요. 어쩌면 인터넷을 통해서도 당신의 작업에 관심을 갖는 청중들을 끌어모을 수도 있겠지요. 아마도 그것이 우리가 희망을 잃어서는 안 되는 이유 중 하나일 것입니다.

1930년대 중반에 쓰여진 영화와 사진에 대한 벤야민의 낙관적 견해를 읽으며, 어떤 이미지들은 텍스트보다도 더 큰 감흥을 줄 수 있음을 깨달았습니다. 이미지가 우리 영감의 더 큰 원천이 될 수 있다는 말이죠. 실제로 이미지에 관해 설명하는 텍스트보다 이미지 자체가 더 큰 힘을 발휘할 때가 있지 않습니까? 이미지를 통해 심화된 의사소통을 경험할 수도 있고요. 두브로브니크나 러시아에서 함께했던 공동 연구들을 회고해 보면 그때도 이미 우리는 가시적 이미지의 차원에 각별한 관심을 기울이고 있었는데, 사실 그건 이론적인 문제들에 천착하는 사람들에게는 다소 낯선 태도가 아니었나 싶습니다. 가령 발레리 포도로가가 '신체'라고 부르고 또 당신이 '집합적 신체'라고 명명했던 사물의 감각성, 비주얼리티 또는 기술적 차원에 대한 특별한 관심 같은 것 말입니다.

1990년대 초반, 모스크바를 방문했던 우리들에게 당신이 지하철역들을 보여 주었던 일이 있는데, 기억하는가요? 그때 당신은 각 역마다 새겨진 도상圖像들에 대해 굉장히 재미있는 이야기들을 들려주었는데요, 그 도상들은 유토피아적 비전을 표현하고 있음에도 불구하고 궁극적으로는 옭죄어진 신체의 악몽 같은 것을 체현하고 있다는 말씀을 했더랬죠. 사실 제가 읽었던 소설 수십 권보다도 당신의 한마디에서 더 많은 것들을 배울 수 있었답니다. 20세기의 기술력이 이룩한 역사의 일부랄까……. 아무튼 제게는 새롭고 긍정적인 것에 대한 여하한의 향수도 없습니다…….

리클린 저는 지난 15년간 러시아에서 벌어졌던 일들이 곧 유럽 땅에서 재현될 것이며, 이제 러시아의 경험을 배워야 할 것이란 사실을 믿어 의심치 않습니다. 새로 벌어지게 될 사태는 우리의 지적 전망을 어느 정도 바꾸어 놓겠지요. 이런 제 낙관주의의 근거는, 유럽에는 1980년대 말 이래 러시아에서 빠져나온 수많은 수준 높은 지식인 망명자들이 활동 중이라는 사실과 현재의 지식 시장은 그들로부터 새로운 지적 수혈을 받아야 한다는 사실에 있습니다.

예전에 당신은 소비에트의 경험이란, 여러 유사한 기획들에 비추어 볼 때 결국 실패한 현대화가 아니겠느냐고 발언한 적이 있지요. 소비에트의 기획만이 갖는 특수성이 있었고, 그에 대한 재평가가 현재 이루어지고 있습니다만, 정작 다른 유사 기획들에 내재한 소비에트적 기획의 단초랄까, 그 뿌리 같은 것에 대해서는 아직도 제대로 된 평가가 없습니다.

소비에트적 기획, 그 경험의 특이성은 그것이 차이를 전제하고 또 차이들의 이종교배를 촉발하는 한 여타의 기획들과 일정한 유사성을 공유할 수 있는 가능성을 배제하지 않습니다. 우리가 독불장군식으로 자기 경험의 특수성만을 내세우지 않으면서, 세계 지식인 공동체에서 상호 이해 가능한 언어로 대화할 수 있는 근거가 여기에 있습니다.

『꿈의 세계와 파국』에선 또한 현재 유럽에 설정된 국가별 경계에 관해 논하면서 우리가 그것을 너무 안일하게 당연시하는 것은 아니냐고 애석해했지요. 만일 그 경계가 지워져 버린다면, 전 지구화라는 이데올로기에 귀속되지 않는 다양한 차이들이 수면 위로 드러날 텐데요. 그런 점에서 두브로브니크는 하나의 분수령 역할을 하지 않았나 싶기도 합니다. 왜냐하면 우리의 공통성이 우리를 서로 구별 지어주는 어떤 '경계'에 기반해 있는 한, 경계의 해체는 대단히 역설적인 방식으로, 즉 유사성은 지워내는 반면 차이는 강화해 주는 방향으로 진행되었기 때문입니다. 모쪼록 경계의 해체로 인해 야기되는 환멸감이 경계가 존속했을 때 주어졌던 만족감보다도 더 생산적으로 작용하기를 바랄 따름입니다. 두브로브니크가 베를린 장벽이 무너졌을 때와 동일한 효과를 낳은 분수령 역할을 했다는 제 말뜻은 그런 것입니다. 명확히 식별되지 않는 순수한 차이를 안고 사는 것은, 아무리 전 지구적 현상이라고 떠들어도 다분히 의심스럽기만 한 유사성들을 갖고 사는 것보다 더 어려운 일입니다.

벅 - 모스 미샤, 그런데 당신은 설마 우리 서구인들이 당신네 러시아인들을 지식 시장에서 자기 몫을 찾기엔 너무도 서툰 사람들로 여긴다고 생각지는 않겠죠? 뭐 어떻게든 러시아인들도 자기들의 타자성을 상품화하고 있지 않나요?

리클린 아, 저는 러시아가 자신의 이질성 덕택에 시장에서 먹고산다는 식으로 말하고 싶진 않습니다. 그저 이 나라는 비극적으로 평가절하된 경험을 했다는 것뿐입니다. 그 경험 자체는 낯설다고 할 만한 게 별로 없어요. 그것은 자본주의와 매한가지로 전 세계적이고 역사적인 경험이었을뿐더러 계보학적으로도 자본주의에 긴밀하게 관련되었던 경험이라 할 수 있습니다. 서구는 거기에 전체주의라는 캡슐을 덧씌웠는데, 소비에트의 경험을 그 캡슐에서 온전히 벗겨 내기란 아마 간단치 않은 문제가 될 것입니다.

아무튼 최근에는 소비에트의 경험을 이해하는 데 있어 모종의 변화가 일어나고 있으며, 특히 그것은 러시아와 역사적으로 긴밀하게 연관된 독일에서 두드러진 듯 보입니다.

벅 - 모스 소비에트 연방의 마지막 시기 동안 이루어진 연구들은 그때 서방 세계에서 진행 중이던 연구들보다 훨씬 더 흥미롭다는 생각이 들어요. 냉전이 끝났을 때 러시아에 대한 서구의 관심은 격렬하게 감소했지만—그땐 루블화의 안정화 문제가 동서방 투자자들에게 초미의 관심사였죠—20세기의 경험에 대한 재평가라면 지금이 오히려 더 시기적절하다고 할 수 있습니다.

제 책은 바로 그 경험에 관한 것입니다. 프랜시스 후쿠야마 같은 자아도취적 선언가들의 오진誤診이 절 불쾌하게 만들었거든요. 하지만 그런 이들이 없었더라면 서구가 겪은 20세기의 경험도 이해할 수 없는 상태로 남겨졌겠죠. 서구의 경험 역시 동구와 함께 겪은 공동적 경험의 일부겠지만 말입니다.

동서 양 진영은 어떻든 상호 보충적인 관계에 있었습니다. 때론 대립하기도 했고 때론 협동하기도 했던. 역사적으로 볼 때 양자는 서로 그다지 다를 바가 없었으며, 상대편 없이는 존재할 수조차 없었습니다. 비록 우리는 지금 사회주의와 자본주의를 각각 따로 다루고 있지만, 기실 양자는 공통적 기획의 서로 다른 부분들에 지나지 않았으며, 서로 간의 공통점이 무엇이었던가를 밝혀내야 할 일입니다. 바로 그것이 제가 『꿈의 세계와 파국』을 쓸 때 가장 염두에 두고 있던 점입니다.

10월 혁명 75주년 기념일에 코넬 대학교에서 에이젠시테인Sergei Eizenshtein의 영화 「10월」을 봤던 일을 기억하나요? 10월 혁명 10주기를 기념하기 위해 촬영된 영화였는데……. 아마 그때 그곳이 혁명 기념일을 챙겼던 세계에서 유일한 장소였을 겁니다. 여하간 그때 영화를 다 보고 난 후 우리는 현대화라는 기획의 두 가지 판본이 서로 얼마나 많은 공통점을 갖고 있는지에 관해 이야기했었죠. 냉전 시대 유행하던 소비에트학의 강령과는 달리 모든 것을 단지 선과 악의 대립 구도로 환원시킬 수 없다는 데 논의의 중심이 두어졌었습니다.

두브로브니크에서의 논의도 마찬가지였지요. 그것은 이미 하나의 사건이었습니다. 다양성 가운데 공통성을 사유하려던 시도, 대중 사회의 상이한 형식들, 영화, 의사소통의 다양한 형식들 등이 의제화되었죠. 세미나 자체는 그다지 성공적이지 못했다고 평가할 수도 있겠지만요…….

리클린 저는 대단히 성공적이었다고 생각하는데요. 제가 참가해 봤던, 그와 유사한 수많은 사건들 가운데 두브로브니크는 가장 알찬 세미나였다고 단언할 수 있습니다.

벅 - 모스 네, 아마 당신 말이 맞을 수도 있겠죠. 아무튼 두브로브니크의 세미나에는 참가자들 각자의 개인사로부터 시작해 그것들이 흘러들어 만들어진 더 큰 역사적 맥락에 이르기까지 모든 것이 뒤얽혀 있었으니까요.

리클린 물론 거기엔 참가자들 개인들뿐만 아니라 당시의 공통된 분위기, 열렬히 추구되었으되 결국 실현되지는 못했던 열망 같은 것들도 고려해야겠죠. 세미나가 끝난 후 참가자들이 여러 차례 다시 모이기는 했으나 '두브로브니크에서의 사건'과 같은 것은 두 번 다시 반복되지 못했습니다. 그 뒤로 지적 상황 자체가 변화해 버렸으니까요.

그 세미나에 메랍 마마르다슈빌리가 참가했었다는 사실 역시 대단히 중요합니다. 그가 없었더라면 토론의 수준이 그다지 높지 못했을 수도 있고, 혹은 거기 참가자들이 공통적 인식에 도달하기가 꽤 어려울 수도 있었습니다. 당시 참가자들 거의 모두를 어떤 식으로든 촉발하고 있던 포스트모더니즘이란 문제에 있어 마마르다슈빌리는 타자의 입장을 견실히 지켜 주었거든요.

벅-모스 만일 그때 발표한 논문들을 묶어서 책을 냈더라면 그 책이 그곳을 지배하던 특별했던 분위기를 제대로 전달할 수 있었을까, 이런 의구심이 듭니다. 당신 말대로 그때 그곳의 분위기는 정말 각별했지요. 산책, 달빛 어린 강가에서의 수영, 다양한 사람들이 한 방에 모여 앉아 토론하던 무게감이랄까……. 모든 것이 저마다의 의미를 지니고 있었습니다.

리클린 만약 제가 거기에 어떤 의미를 부여해도 좋다면, 두브로브니크는 타자와의 첫 만남이 아니었느냐고 말하고 싶습니다. 진정 강렬한 유혹과 파열의 효과를 동반한 만남이 아니었습니까?

벅-모스 제가 받은 인상 중의 하나는, 동유럽인들, 특히 소비에트 측의 참가자들은 그들이 겪은 트라우마적 체험을 서구의 이론가들이 개념적 언어를 통해 전유함으로써 마치 그들 체험의 고유성을 빼앗겨 버린 듯한 모욕감을 어느 정도 느끼지 않았나 싶은 것이었습니다. 덧붙여 세대 간의 긴장감 같은 것도 좀 느껴졌는데, 그런 세대 간의 이질감은 특히 대학생들에게서 분명하게 감지되던 걸요.

리클린 당신의 미국 내 동료들은 『꿈의 세계와 파국』에 대해 어떤 반응을 보이던가요? 리뷰 같은 게 나왔습니까?

벅-모스 좀 놀란 듯 보이더군요. 책에 등장하는 인물들이 이미 어느 정도 잘 알려진, 그래서 그들도 잘 알고 있는 사람들이었기 때문에요. 이 책의 주제에 대한 시장의 반응도 영 탐탁지 않은 것이었습니다. "소비에트 연방에 대한 책이 또 한 권 나왔구먼!" 이런 정도였죠. 하지만 이 책은 사실 소비에트 연방에 대한 책이 아닐뿐더러 페미니즘이나 소수 문화 등처럼 소위 요새 '잘 팔리는' 주제를 다룬 책도 아닙니다. 그보다는 차라리 20세기가 어떻게 비추어질 수 있는지를 되묻는, 20세기에 대한 회고적 시선을 담은 책이라 할 수 있죠.

최근 『예술의 종말 이후의 미학』[13]이라는 제목으로 제 인터뷰집이 나왔습니다. 보다 보편적인 이론적 기획을 완수하기 위해 예술가들이 절차탁마한 예술 개념을 전유하려는 게 이 인터뷰의 주제죠. 어떤 의미에서는 이 주제야말로 당신과 당신 친구들의 작업에 직접적인 관련이 있을 겁니다. 제가 알기로 발레리 포도로가[14]와 당신, 그리고 옐레나 페트로프스카야[15]는 신체적 차원의 독서, 곧 신체의 철학, 신체적 현존의 문제 등에 매진하고 있지 않은가요? 비록 이 책에서는 단 하나의 텍스트만 소비에트 연방과 직접 관련되어 서술되지만, 여하간 그러한 문제의식이야말로 우리 작업에서 적합한 의미를 지니리라 생각되는데요.

사회주의든 자본주의든 저는 미학의 프리즘을 통해 그 문화를 이해하려고 노력하며, 그게 가장 적절한 접근 태도라고 믿습니다.

리클린 1980년대 말부터 러시아에서는 두 가지 서로 다른 모색 과정이 진행되고 있었습니다. 한편으로 외부 세계와 소통할 수 있는 언어에 대한

---

13) Grant H. Kester, "Aesthetics after the end of art: An interview with Susan Buck-Morss", *Art Journal* 56, no. 1, 1997.

14) 발레리 포도로가(Valeri Podoroga, 1946~). 현대 러시아의 대표적 철학자의 한 사람. 저서로 『신체의 현상학』(1995), 『표현과 의미』(1995), 『미메시스1』(2006) 등이 있다.

15) 옐레나 페트로프스카야(Elena Petrovskaya, 1962~). 철학자이자 문화학자. 러시아 인간학연구소의 일원. 『푸른소파』의 편집장이며, 저서로 『현현하지 않는 것: 사진의 철학』(2002), 『반(反)사진』(2003) 등이 있다.

탐색이 존재했죠. 자족적으로 존속하며 비밀스럽게 통용되는 은어가 아닌 보편적 소통의 언어 말입니다. 예를 들어 제가 글을 쓸 때마다 언제나 빠뜨리지 않고 고려하는 것은 내 진술이 어떻게 읽힐 것인가 하는 점, 곧 내 진술의 내부에 있는 외부자의 관점이 그것입니다. 예전처럼 독자에게만 이해의 부담을 안기고 싶지는 않다는 말이지요. 두브로브니크에서도 분명히 깨닫고 있었지만, 제가 갈수록 분명하게 인식하게 되는 사실은 타자는 본질적으로 나와 다른 존재가 아니라는 점, 그러니까 어떤 고양된 진리 혹은 이해 불가능한 무엇의 담지자가 아니며, 따라서 그와 공통된 이해의 장이 마련되어야 한다는 점입니다.

하지만 다른 한편으로 '철의 장막'이라 불리던 경계선이 사라지기 이전에도 경계를 마주하던 양측은 이미 서로 비슷해지고 뒤섞여서 마침내는 서로 식별 불가능하게 되었음을 알아야 합니다. 경계선의 소멸은 모든 것을 변화시켰지요. 예측 불가능한 차이야말로 가장 본질적인 것이 되었습니다. 두브로브니크의 세미나에서 처음부터 날카롭게 지각되었던 충격은 바로 그런 것이었습니다. 예를 들면 나중에 프레드릭 제임슨도 말했는데, 소비에트 측 참가자들이 이야기했던 '고통의 역사' 같은 것은 어쩐지 냉전 시대의 클리셰처럼 들렸다고 합니다.[16] 그런데 사실 제임슨이 언급했던 후기 산업사회에 대한 맑스주의적 비판 역시 동유럽 지식인들에게는 또한 마찬가지로 냉전 시대의 클리셰에 정확히 대응했다는 것이죠. 이미 수십 년간 지겹도록 듣고 말해 오던 맑스주의적 테제의 반복이었다고

16) Fredric Jameson, "Conversations on the New World Order", *After the Fall*, London: Verso, 1991〔프레드릭 제임슨, 「새로운 세계 질서에 관한 이야기」, 로빈 블랙번 편저, 『몰락 이후』, 김영희 외 옮김, 창작과비평사, 1994〕.

나 할까요. 물론 보다 세심하게 따져 봐야 할 문제겠지만, 그 당시는 지금은 상상할 수도 없이 정신없이 휘몰아치던 시대의 파토스 앞에 모든 것을 뒤로 잠시 제껴 두어야 했던 게 사실입니다.

그 후 점차 명확하게 인지되기 시작한 상황의 변화는 우리 기대와 전혀 달랐습니다. 우리는 베를린 장벽이 무너지기 전에 꿈꾸던 것과는 사뭇 다른 현실을 맞이해야 했고, 그것은 이미 어떻게 해도 되돌릴 수 없는 변화였지요.

벅 - 모스 상황의 변화는 우리에게 더 큰 대화의 가능성을 부여해 주기도 하죠.

리클린 그렇습니다. 새로이 전개된 상황은 아마도 상상계의 영향력에 강하게 노출되어 있던 과거보다는 '정상적'이라 할 만한 상황일 겁니다. 완전한 일치와 완벽한 차이가 공존하는, 거대한 동일자의 양 측면으로 일상의 차이들이 몰아닥친 것이며, 우리는 이런 사태를 분석할 수 있어야 할 것입니다.

러시아의 지식 시장에도 어마어마한 변화가 휩쓸고 지나갔습니다. 현대 철학과 사회학, 심리학, 인류학 분야의 필독서들이 번역되어 쏟아져 나왔고, 실천적 글쓰기의 한 장르이자 우리의 삶에 총체적 전망을 부여하던 러시아 문학의 지배적 지위가 종말을 고하기도 했죠. 그 결과 10여 년 전에 비해 서구적 삶의 방식이 러시아인들에게 보다 익숙해지고 본받을 만한 것이 되어 버렸습니다.

벅 - 모스 맞는 말입니다. 서로를 이해하는 데는 시간이 걸린다는 사실을 저도 그때 이미 깨닫고 있었습니다. 10년 전에는 서로가 지닌 차이들의 환원 불가능성에 역점을 두곤 했죠. 그 어떤 투사라도 자기 나라에서 지속되던 힘의 균형을 굳이 깨뜨리려고 하지 않는 경향이 있습니다. 하지만 지금 우리는 과거로부터 내려온 거대한 유산을 처음부터 다시 살펴봐야 할 순간에 도달한 것입니다.

<u>**리클린**</u> 두브로브니크는 비유하자면 마치 어떤 장례식의 절정과도 같은 순간이 아니었나 싶습니다. 망자의 존재감이 아직 강력하게 남아 있기에 다른 이와의 여하한의 비교도 실상 망자에 대한 모독처럼 여겨지는 순간 말입니다. 때문에 망자는 대단히 생산적인 영향을 미치기도 하는 동시에 억압적인 힘으로도 작용합니다. 지금 장례식 참석자들 모두는 절망적으로 망자(즉, 대타자)를 희구하지만, 어느 순간 그는 더 이상 돌아올 수 없다는 사실을 깨닫게 됩니다. 망자의 죽음에 대한 인정과 그에 대한 애증의 에너지가 결산되는 시점이 바로 그때인 셈입니다.

<u>**벅-모스**</u> 제 낙관주의는 바로 그런 사태의 변환에 깊이 연관되어 있지요. 되돌릴 수 없이 파괴된 역사의 단편들을 함께 배치함으로써 새롭고 다양한 역사의 성좌가 구축될 수 있으며, 그로부터 다시금 혁명의 기획들에 대해 발언할 수 있을 것입니다. 제가 의사소통의 가능성을 확장하는 기술적 쇄신에 대해 이야기할 때, 제 논의의 초점은 과거로의 회귀에 있지 않습니다. 방점은 오히려 현재 우리 앞에 놓인 정치 전략을 다른 방식으로 사유할 수 있는 가능성에 찍혀 있죠. 그리고 여기서 저는 러시아 지식인들의 전형적인 태도로서의 '패배주의', 즉 가시적인 현실에 그저 안주하는 자세는 결국 어떻게든 유토피아에 대한 열망을 회피하고자 하는 냉소주

의에 뿌리를 두고 있음을 재차 강조해 두고 싶습니다.

제겐 우리 공동의 과거를 함께 바라볼 수 있는 가능성이 무한하다는 사실이 가장 중요합니다. 개인적으로 이 작업을 산업화의 사례, 곧 미시건 주의 디트로이트 시에 대한 분석을 통해 구체화했지만, 기실 그 모두는 이론의 정치적 적용 가능성을 열어젖히기 위한 과정에 다름 아니었습니다. 바로 이런 의미에서 저는 우선적으로 맑스주의적 기획의 지지자로 남아 있습니다. 물론 바로 이 지점에서 당신과 제가 갈라지는 것인지도 모르겠지만요.

리클린 아마도 '갈라진다'는 말은 그다지 적합한 표현이 아닐 성싶습니다. 예전에 비해 지금 드러나 보이는 차이는 그다지 크지도 않을뿐더러, 서로 수렴되거나 환원되지도 않는 것들이죠. 그런 이유로 우리가 전적으로 합치하지 않음에도 불구하고, 완전히 어긋나지도 않는 것입니다.

벅-모스 지금 현 상황의 정치적 잠재력에 대해서는 어떻게 생각하나요?

리클린 양립하지 못하는 작은 차이들이 분명 존재하지만, 예전처럼 거대한 이념의 산맥을 이루지는 않고 있다고 봅니다. 다시 말해 지금 현재 뚫려 있는 '구멍'은 이미 무너져 버린 예전의 그 구멍들과는 사뭇 다른 양상을 보인다는 말입니다. 왜냐하면 그것은 한편으로 굉장히 작기 때문이며, 다른 한편으로 대체로 메울 수 있을 만하기 때문인데, 물론 그렇다고 그게 순식간에 금방 해치울 수 있는 일은 아닐 겁니다. 이미 아주 오래전부터 존재해 왔던 그런 '구멍'인 까닭이죠.

상호 환원 불가능할 정도로 다양했던 소비에트의 경험들을 분석할 수 있는, 그런 적합한 언어는 아직 발견되지 않았습니다. 하지만 우리는 이미 그게 어떠어떠한 것이었노라고 단순히 회고만 할 수는 없는 자리까지 와 버린 듯싶습니다……. ■

11

Boris Groys

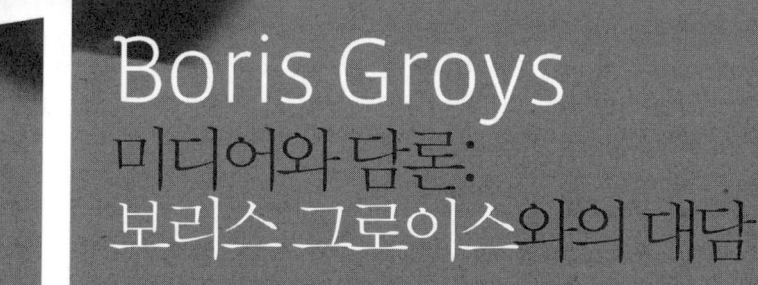

미디어와 담론: 보리스 그로이스와의 대담

보리스 그로이스와의 대담

대담 일시: 2000년 11월 27일
대담 장소: 독일 쾰른 슈발바허 거리

리클린 보리스, 저는 먼저 당신 작업의 근본적 대립항이라 할 수 있는 '범속한 것'profane과 '문화적인 것'cultural의 구분에 대해 묻고 싶습니다.[1] 아마도 제 질문은, 당신이 명명했던 바, 범속한 것으로부터 '문화적으로 가치 부여된 영역'으로의 이행에 관련되어 있겠지요. 제가 알기로 이 대립은 또한 당신과 후기 구조주의자들 사이의 논쟁과도 일정 정도 관련되어 있는데요……. 1992년 『새로움에 관하여』[2]를 쓴 이후, 이 대립적 구분에 어

1) 보리스 그로이스의 이 구분에서 '범속한 것'이란 아직 형식적 완결성을 획득하지 못한 것, '가치 있는' 것으로 사회적 공인에 도달하지 못한 것, '비속'하거나 '통속적인', 또는 '대중적'이고 '아마추어적'인 것 등을 통칭하는 용어다. 이에 반해, '문화적인 것'이란 형식적 완결성과 미적 세련성을 갖추었다고 사회적으로 승인받은 것으로서 보다 좁은 의미에서 정의되고 있다. '가치 있는 것'에 대한 사회적 승인이 역사적으로 변천한다는 사실을 고려해 볼 때, '범속한 것'이란 결국 '문화적으로 유표화되지 않은(unmarked) 것'으로 생각할 수 있겠다. 여기서 문화적으로 유표적인 것과 무표적인 것이 어떻게 구별되는지에 관해서는 논란이 있을 수 있겠으나, 여하간 문화의 정의와 무관하게 가치에 대한 우리의 (무/의식적) 판단에는 이러한 이항성이 항상 작동하고 있다는 게 그로이스의 입장이며, 따라서 이 대립은 이념적 차원에서 의미를 갖는다. 본문을 통해 알 수 있겠지만, 양자는 일반적으로 각각 '범속한 문화'와 '가치 부여된 문화'라고 통칭됨으로써, 공통적으로 '문화'라는 범주 속에서 사유되기도 한다. 'profane'의 한국어 번역으로 '비속한 것'이나 '세속적인 것' 혹은 '평범한 것' 등을 고려해 보았으나, 문맥이나 뉘앙스를 따져 볼 때 일단 무난하게 들리는 '범속한 것'으로 옮겼다.

2) Boris Groys, *Über das Neue*, München: C. Hanser, 1992.

떤 변화가 생겨났습니까?

그로이스 대립 자체에 대해서라면 변한 게 없고, 차라리 그 대립이 얼마간 확장되었다고 이야기하는 게 옳겠습니다. 당신 말씀대로 그 대립 구분은 실제로 후기 구조주의, 해체론과의 논쟁에 관련되어 있습니다. 20세기 초반부터 문화적으로 가치 부여된 영역, 곧 넓은 의미에서의 예술과 문화, 그리고 윤리와 사유의 영역이라 불리던 곳에서 이전에는 가치를 지니지 않는다고 간주되었던 것들이 나타나기 시작했습니다.

이 점은 가령 레디메이드readymade의 미학을 예로 든다면 더 명확히 이해할 수 있습니다. 즉, 일상적인 사물들로부터 소변기에 이르기까지 모든 것이 박물관과 같은 특권적 장소에 배치되기 시작한 상황을 말하는 겁니다. 순수한 공격성 자체, 엑스터시 등등 이전에는 사유될 수 없다고 간주되던 사태가 사유 자체에 대단히 중요한 의미를 갖게 된 것이죠. 다시 말해, 특권화된 철학적 성찰의 영역에 비非사유가 포함되기 시작한 것입니다.

이와 같은 일련의 변화는 니체로부터 바타유에게로 이어지며, 또한 사유의 파열, 그러니까 하이데거의 '존재'나 푸코의 '에피스테메'에 나타난 바로서의 사유의 불가능성이라는 사태와도 일정 정도 연관되어 있습니다. 철학에서도 예술에서와 동일한 과정이 진행되고 있었단 말이죠. 달리 말해, 철학적 성찰의 영역에 비철학적인 것을, 사유의 영역에 비사유를 포함시키려는 노력이 등장한 것입니다. 이 현상은 일상의 구어 속에서 예술과 비예술, 사유와 비사유, 도덕과 비도덕 사이의 구별의 해체라는 방식으로 오래전부터 드러나고 있었습니다. 사실 이런 이항성 자체는 동일한 대상의 양면, 즉 사유적인 측면과 반反사유적인 측면의 출현으로도 이해할 수 있을 겁니다.

이 문제는 데리다의 저작에서도 언급된 바 있습니다. 해체론의 세련미에도 불구하고, 데리다의 이론과 레디메이드에 대한 일상인의 의식 사이엔 묘한 친연성이 있다는 말이죠. 데리다는 동일한 대상의 이미지라도 가치를 나누는 경계선 양편에서 동시에 출현할 수 있음을 지적하며, 차라리 경계선 그 자체를 의심해 봐야 한다고 결론지었습니다. 이미지의 출현 자체가 이미 저자의 의도와는 무관한 현상이며, 저자로 하여금 가치 경계의 양편을 따라 이미지가 출현하는 방식 그대로 사유하고 묘사하도록 추동하는 것은 텍스트의 운동 그 자체라는 말이죠.

하지만 20세기 예술사를 일별하면서 데리다를 읽노라면 실제 사정은 좀 다르다는 사실을 금세 알 수 있습니다. 무엇보다도 먼저, 레디메이드는 전적으로 의식적으로 가치 경계선의 양편을 따라 구축되는 것이지, 예술가의 의지와 무관하게 그저 '출현하는' 게 아니라는 사실입니다. 지금 제가 하는 말은, 데리다가 보들레르의 「위조 화폐」La fausse monnaie를 문학 텍스트로서도 또 실제로 일어난 사건으로서도 읽을 수 있노라고 주장한 글[3]에 대한 논평으로 생각하셔도 좋습니다. 요컨대 레디메이드는 다분히 의도적인 전략이라는 말입니다.

제 작업의 요지는, 가치를 구별 짓는 경계의 해체 현상으로서 가치 경계의 양편에 동일한 이미지가 출현하는 데 대해 일상인의 의식은 어떤 반응을 보이는가를 탐구하는 데 있습니다. 『새로움에 관하여』에서 전개했던 논증이 여전히 중요한 의미를 지니는 것도 그런 이유에서지요. 저는 지금껏 이야기 나눈 '가치 경계의 양편에 동일한 이미지의 출현'이 가치의 경

---

3) Jacques Derrida, *Donner le temps 1: La fausse monnaie*, Paris: Galilée, 1991. —지은이

계를 지우는 게 아니라, 오히려 그와 반대로 그 경계를 강화한다고 생각합니다. 만일 우리가 박물관 안의 전시물들과 박물관 바깥의 일상적 사물들을 구별 짓는 구체적인 차이, 곧 물질적이고 가시적이어서 만질 수 있고 말로 표현할 수도 있고 기술할 수도 있는 그런 차이를 찾아낸다면, 박물관 따위는 더 이상 우리에게 필요하지 않을 겁니다. 실제 삶 그 자체에서 이미 그런 차이를 설정할 수 있을 테니까요.

리클린 아시다시피 당신과 프랑스 철학자들 사이에는 본질적인 입장 차가 있습니다. 가령 당신은 범속한 것과 문화적인 것을 나누는 경계란 무의미하다는 현대 철학의 근본 전제에 동의하지 않으며, 그에 부단히 딴지를 걸고 있지요. 즉, 당신이 명명했던 바 '가치 부여된 문화'에 그런 경계선을 설정하자는 게 당신의 입장입니다. 반면, 프랑스 철학자들은 그런 경계선 따위는 존재하지 않는다고 주장하지요. 그들 관점에서 본다면, 박물관이란 공중변소나 혹은 일상의 잡다한 사물들과 별반 다를 게 없는, 하나의 제도에 불과한 것입니다. 그들은 '가치 부여된 문화'가 지닌 여하한의 인식론적인 우월성도 인정하지 않으려 들죠. 요컨대 아카이브[4]에 들어가지 못한 것은 바로 그 아카이브 자체라는 것입니다. 그에 반해 당신은 여하간 이 경계가 여전히 가치를 지니고 있다는 입장입니다. 그렇지 않습니까?

그로이스 꼭 반드시 그렇다고만은 말할 수 없습니다. 프랑스 철학자들 이야기로 돌아가 봅시다. 실제로 그들의 주장은 당신 말씀대로입니다. 하지만 더 중요한 것은 그들이 왜 그렇게 주장하느냐 하는 이유입니다. 그들 주장의 근거라는 것은 현대의 범속화된 의식과 하나도 다를 게 없어요.

혹시 아프리카에는 하나, 둘, 셋, 그리고 그 이상 셀 줄 모르는 종족이 있다는 사실을 아십니까? 데리다는 마치 자신이 그런 종족에라도 속하는 양 하나, 둘, 셋……, 여섯, 일곱……, 차차 열다섯 개까지도 불어나는, 제가 말한 그런 대상, 즉 아카이브의 내부에서도 아카이브의 경계 너머에서도 출현하는 대상들의 사례를 열거합니다. 그리고 이렇게 결론짓죠. 모든 것은 이미 범속한 것이며, 벌써 아카이브에 들어 있는 것이다……. 다시 말해, 그는 특정하게 한정된 사례들을 열거하다가 갑자기 경계 전체에 대한 일반화로 비약해 버린 것입니다! 이걸 옳다고는 할 수 없죠. 만일 제가 그 경계의 이쪽으로든 저쪽으로든 무엇인가를 옮겨 놓는다면, 경계의 양편을 따라 서로 구별 가능한 대상들이 하나, 둘, 셋, 넷, 열다섯, 열여섯, 백, 천 등등 수없이 출현할 것인데, 여기서 느닷없이 경계선 자체가 사라

---

4) 아카이브(archive)는 말뜻 그대로는 문서고(文書庫), 자료의 집성과 그 보관소를 뜻한다. 미셸 푸코는 이 단어에 인식론적·기능적 의미를 부여함으로써 지성사 전반을 새로이 검토한 바 있다. 그에 따르면 지성사를 따라 부침하는 모든 담론은 유래없이 새로이 등장하거나 혹은 완전히 소멸해 버리는 게 아니라, 가능한 모든 언표의 총체로서 아카이브에 이미-항상(무표적으로, unmarked) 내장되어 있다가 특정한 계기에 이르러 '꺼내어지는/유표화되는'(marked) 것이다. 이런 의미에서 모든 것은 이미 '말해진 것'이라 할 수 있다. 따라서 우리에게 '가치 있다'고 지시되는 대상은 기실 아카이브에 보존되어 있다가 어느 순간 (인식론적으로/기호적으로) 유표화되는 것일 뿐이며, 반대로 '가치 없다'고 간주되는 대상은 아직 무표적인 상태에 머물러 있음으로써 지각되지 않는 것일 뿐이다. 이는 가치에 대한 전형적인 기호학적 설명이기도 하다(물론 푸코와 데리다가 기호학에 거리를 두고 있음을 유념해야 한다).
하지만 그로이스가 데리다에 대립하여 내세우는 '범속한 것/문화적인 것'의 대립은 훨씬 복잡한 양상을 띠는데, 그의 대립이 '무표적/유표적'의 기호학적 구별로 완전히 환원될 수 없기 때문이다. 오히려 그로이스는 이런 기호학적 구별을 거부하는데, 왜냐하면 '무표적/유표적' 유형화란 어떤 사물도 가치와 절대적으로 결부되지 못함으로써 결국 가치 허무주의로 귀결될 위험이 있는 탓이다. 가령 벤야민적 의미에서 '아우라'는 예술 작품이 예술로서 존립하기 위해 필연적으로 요구되며, 그 작품에 분리 불가능하게 부착된 의미인데, '유표적/무표적' 유형화에 따른다면 그 예술 작품의 가치는 한낱 우연적이고 임시적인 성질에 불과할 터이기 때문이다. 그로이스는 각 문화에는 보다 '본질적'이라 상정되는 특정한 가치가 있으며('문화적으로 가치 부여된 사물'), 그러므로 '범속한 것/문화적인 것'의 가치 경계는 (절대적이지는 않더라도) 대단히 공고한 의미론적 구별의 산물이란 입장이다.

져 버렸다든가, 모든 것은 아카이브에 이미 들어 있다든가, 혹은 모든 것이 이미 범속하다고 말하는 게 과연 유의미한 결론이겠습니까?

프랑스 철학자들과 제가 다른 점은, 그들이 자기 사유의 기반으로 삼고 있는 무한화 작업, 즉 많은 대상들이 기호이기 때문에 모든 것이 기호라는 무한화 작업에 제가 반대한다는 점입니다. 그들 주장대로 사물이란 결국 기호이며, 모든 것이 오직 기호로서만 존립한다면, 기호의 장場은 현실을 폐쇄해 버릴 것이며, 결국 모든 것은 시뮬라크르로 화化하게 될 것입니다.

말씀 드렸듯, 몇 가지 사례를 갖고 쉽게 일반화하는 것 자체가 어불성설이며, 제 작업은 그에 저항합니다. 제가 만약 스무 개 혹은 서른 개의 레디메이드를 박물관에 설치한다면, 그건 다만 서른 개의 특수한 사례들일 따름입니다. 과연 서른한번째의 레디메이드가 설치될 것인지는 아무도 알 수 없죠. 아마 그렇지 못하기가 십상일 테지만요……. 예술가나 작가가 철학사에 기입되고자 할 때마다 그는 철학의 장 내부에 자기 작품이 등재되길 원합니다. 한편으로는 특권화된 철학의 장에서 자리를 차지하고, 다른 한편으로는 그런 특권적 장과 일상 사이에 아무런 경계도 존재하지 않는다고 주장하는 것은 대단히 나이브한 태도겠죠. 바로 그런 걸 '수행적 모순'이라고 부르는 겁니다.

리클린 다음 질문은, 당신이 소비에트 연방에서 서구로 이주한 사실과 관련되는 것입니다. 당신 자신에게는 어쩐지 망명객의 전통 같은 게 있다는 생각이 안 드는지요?[5] 우리가 언급했던 프랑스 철학자들의 경우, '망명'이라는 현상은 꽤나 보편적으로까지 보입니다. 하지만 경계 이월이라는 구체적이며 다분히 병적인 체험이라고도 말할 수 있는 '망명'에 그들이 큰 의미를 부여하지 않는 이유는, 망명이란 누구에게든 일어날 수 있는 일이고 어떤 의미에서는 누구든 이미 망명자일 수 있는 까닭입니다.

아직 러시아는 망명이 가능할 뿐만 아니라, 실제로도 망명이 종종 벌어지고 있는 마지막 유럽 국가라 하겠습니다. 사실 굉장히 본질적인 차원에서 경계의 이동 같은 것이 발생했다는 생각도 드는군요.[6] 당신의 체험에서 해체될 수 없는 것은 무엇일까요? 혹은 모든 체험이 해체 가능하다고 생각하나요?

그로이스 망명자로서 저의 입장은 별로 중요하지 않은 듯하군요. 그 대신 학창 시절에 제가 받은 교육과 관련된 다른 사실이 더 중요하지 않나 싶습니다.

저는 레닌그라드 대학교의 수리논리학과를 다녔습니다. 샤닌Nikolai Shanin 교수가 제 지도 교수였는데, 제가 틀리지 않는다면 그는 직관주의자이자 구성주의자로서 잠재적 무한성이 현실화될 수 있다는 이론에 반대하던 이였습니다. 이 논쟁은 1910~1920년대에 독일에서 처음 시작되었고, 비트겐슈타인 등에게 상당히 깊은 인상을 남겨 주었죠. 과연 우리

---

5) '망명의 전통'이란 19세기 이래 러시아 인텔리겐치아들의 숙명적 자기의식 같은 것이었다. 유례없는 전제주의적 억압으로 (개혁적인) 사회 활동을 일체 제한당했던 19세기 지식인들은 문학 비평이나 문필 활동과 같은 비교적 '눈에 띄지 않는' 영역으로 '내부적 망명'을 감행하거나, 알렉산드르 게르첸(Alexander Herzen)의 예와 같이 아예 유럽으로 떠나 버리는 '외부적 망명'의 길을 택해야 했던 것이다. 이런 망명의 전통은 인텔리겐치아가 민중과 유리될 수밖에 없던 조건을 구성했지만, 역으로 내부로든 외부로든 '망명의 길'을 통해 현실과 타협하지 않는 혁명에의 의지를 불태울 수 있었다는 견해도 있다. E.H. 카, 『낭만의 망명객』, 박순식·신동란 옮김, 까치, 1980.

6) 유럽연합(EU)의 경제적·정치적 통합으로 인해 개별 민족국가들의 경계가 흐릿해진 반면, 유럽의 타자로서 러시아는 유럽과 분리되는 뚜렷한 경계를 마주하고 있음을 말한다.

가 경험적으로, 한정된 수의 사례들을 열거하거나 유사한 사례를 무한하게 동원할 수 있다손 치더라도, 그로부터 무한이 실제로 존재한다는 일반적 결론에 도달할 수 있을까요? 세상엔 그렇게 할 수 있다고 믿어 의심치 않던 수학자들이 있었습니다. 반면 절대 아니라고 생각했던 이들도 있었죠. 구성주의에 관계했던 교수들은 모두 그런 일은 벌어질 수 없다고 단언했습니다. 제 학창 시절은 후자의 전통에 강하게 노출되어 있었으며, 어떤 측면에서 저는 이 전통을 계승하고 있죠.

하지만 레비-스트로스에 따르면, 기호학 혁명, 즉 모든 사물을 기호로 변환시키는 혁명적 전환은 매우 짧은 어떤 한순간에 발생하는 일회적 행위에서 기원하며, 그 순간은 바로 언어가 발생하는 순간이기도 하다는 겁니다. 다시 말해, 언어가 발생하는 순간 모든 사물은 기호가 된다는 말이지요. 이것이 바로 기호학의 전체주의로서, 제가 지적 성장을 해야 했던 분위기이기도 하며, 모스크바-타르투 구조주의[7] 역시 그로부터 떼려야 뗄 수 없는 연관을 맺고 있지요. 제 친구들 모두는 대개 기호학적 전체주의자들이자 레비-스트로스의 제자들인 셈입니다. 저는 여기에 늘 반감을 갖고 있었는데, 여하한의 전체주의적 공정도 본질적으로 의심스러웠던 까닭입니다. 전체주의에 대한 혐오야말로 제겐 망명의 경험보다 더 본질적인 감정입니다. 데리다나 다른 프랑스인들의 글과 같은 식으로 씌어진 소비에트의 교과서들이 얼마나 절 놀라게 했는지 당신은 아마 모를 겁

7) 에스토니아의 타르투 대학에서 문예학자로 일하던 유리 로트만(Yuri Lotman)이 창설한 소비에트 기호학파. 1960년대 타르투 대학의 여름 세미나를 통해 이론적 세공을 했기에 보통 '타르투 학파'라고 불린다. 인문학 전반의 다양한 구성원들이 참여하여 문화기호학적 방법론을 개척했고, 오늘날 러시아 문화학의 주요한 한 축을 이루고 있다. 20세기 초 러시아 형식주의와 일정 정도 지적 연관을 맺고 있으나 서구 구조주의와는 직접적인 연계 없이 독자적으로 구조주의적 사유의 길을 열었던 것으로 평가된다.

니다. 가령 "물을 100도로 가열하면 공기로 기화된다"라든지 "소비에트의 노동 계급은 사회주의를 통해 새로운 사회로 전화한다"와 같은 예문들에서 엄연히 깨달을 수 있는 것은 어디서든 전체주의의 망령인 변증법이 기승을 부리고 있다는 사실이죠.

리클린 그러니까 당신은 그저 무한화라는 공정에 반대한다는 말씀이십니까?

그로이스 그렇습니다. 무한화에 반대할 뿐 아니라 추정에 근거한 외삽外揷에도 반대합니다. 여하한의 비약에도 도무지 찬성할 수가 없어요. 왜냐하면 비약이란 결국 정치적 전체주의이거나 또는 논리적 무근거를 드러낼 뿐이기 때문입니다. 하지만 레비-스트로스부터 시작한 프랑스 철학 전부는 대개 그런 비약에 기반해 있죠. 모든 사물이 한순간 기호가 된다는 기호학 혁명의 이념이 레비-스트로스의 머릿속에 떠올랐을 때, 기실 그는 현대 프랑스 구조주의의 문제의식 전체를 설정했던 것입니다. 그런데 만일 그의 생각이 옳다면 어떤 일이 벌어질까요? 현실은 어디로 사라질까요? 모든 것이 기호가 되는 한, 현실 그 자체도 결국 기호에 불과하다는 논법이 성립합니다.

리클린 제가 알기로 레비-스트로스도 야콥슨Roman Jakobson이나 트루베츠코이Nikolai Trubetskoi의 사상에 기대고 있었는데요.

그로이스 맞습니다. 하지만 그들은 레비-스트로스에 비해 중용을 지킬 줄 알았죠. 레비-스트로스에게는 프랑스 혁명이나 전체주의의 이념이 너무나 선명해요. 군주정을 공화정으로 뒤집어엎고, 사물의 질서를 기호의 질서로 대체해 버리는 그런 전체주의적 이념 말입니다. 그와 같은 총체적 혁명의 과정은 그가 남긴 구조주의의 결과 모두에서 빠짐없이 확인해 볼 수 있습니다. 레비-스트로스 자신이 행하진 않았어도, 데리다나 다른 이들이 대신 그렇게 했던 것이죠. 제 질문은 바로 그 비약 자체, 그들이 어떻게 그런 확신에 도달할 수 있었는가에 대해 던져진 것입니다. 제가 보기엔 거기에 아무런 근거도 없으니까요.

리클린 프랑스 철학자들과 논쟁을 벌이던 어느 글에서 당신은 "개인으로서 인간은 자신이 문화로부터 쟁취한 영토에 뿌리내릴 권리가 있다"라고 쓰신 적이 있지요. 그럼 제가 망명자의 경험에 관해 질문한 이유를 이해하시겠습니까? 왜냐하면 당신의 주장은 창조적인 개인이 사회에 대립해 있으며, 개인과 사회를 화해할 수 없는 적대의 형식을 통해 이해하도록 종용하기 때문입니다. 카바코프[8] 역시 이 주제에 관해 오랫동안 고민해 왔지요.

개인이 사회로부터 자신만의 공간을 쟁취하고 거기에 뿌리내리게끔 해주는 전쟁 따위는 없다는 생각은 서구적 멘털리티에서 봤을 때 대단히 낯선 것입니다. 그런 관념은 서구인들에겐 그저 아나키스트적으로 들리

---

8) 일리야 카바코프 (Ilya Kabakov, 1933~). 부인 에밀리아 카바코프와 함께 1970년대부터 서구에 알려지기 시작한 전위주의 예술가로 러시아 포스트모더니즘 예술의 새로운 지평을 연 것으로 평가된다. 소비에트 사회의 경험은 그의 작품 활동에서 주요한 주제를 구성하며, 이상과 현실이 충돌·파열하는 현대성(modernity)의 첨점으로 묘사되곤 했다. 지금은 이미 러시아 현대 예술의 '클래식'으로 자리를 잡았으며, 2008년 가을 러시아 문화부가 후원하는 대대적인 회고전이 개최되었다. 1999년 카바코프와 그로이스가 나눈 대담이 출판되기도 했다. Илья Кабаков и Борис Горйс, *Диалоги*, Москва: Ad Marginem, 1999〔일리야 카바코프·보리스 그로이스, 『대화』〕.

거나 태곳적 환상 정도로나 비칠 테지요. 데리다가 당신의 글을 읽었더라면, 그는 필시 당신의 글을 마치 아무런 자유의 관념도 없고 완전히 다른 발생적 기원을 갖는다고 여기며 분석하고 비판했을 겁니다.

그로이스 데리다라면 그런 일을 수백 번도 더 하겠지요. 문제는 데리다 자신의 작업이 저와 별반 다르지 않을뿐더러 그 결과가 저보다 훨씬 눈에 띈다는 데 있습니다.

리클린 그런 예를 단 하나라도 들어 보시죠! 프랑스인들의 글에 정확히 부합하는 진술을 하고 있단 생각은 들지 않는데요. 예컨대 당신은 그들이 저자성에 대해 위선적인 태도를 취하고 있다며 비난하면서, 어떤 작품이든 저자명이 기입되기 전까지는 "나는 저자가 아니오!"라고 얼마든지 주장할 수 있다고 생각하지요. 당신 관점에서 코제브Alexandre Kojève를 평가한다면, 그는 꼭 마치 자기 창작이 일정 단계에 이르자 즉각적으로 자신의 저자성을 내던져 버렸던 랭보마냥 가장 급진적인 일보를 내딛었다고 말할 수 있을 겁니다. 하지만 여기서 당신은 알게 모르게 어떤 근본적인 경계선을 넘어서 버린 셈이며, 텍스트의 바깥으로 나갈 수 없다는 데리다적 금지를 어긴 셈입니다.

그로이스 데리다는 모든 것은 기호라는 레비-스트로스의 전제에서 출발했죠. 아마 이 말은 "모든 것은 텍스트다"라는 식으로 바꿔 표현할 수도 있을 겁니다. 제게 진정 흥미로운 사실은 그들이 무슨 말을 했느냐가 아니라 그들이 무엇을 했느냐는 데 있습니다. 아, 물론 그들은 책을 썼지요. 진짜 문제는 그들이 무엇을 썼느냐 같은 문제에 있다기보다 차라리 사람들이 자기 재능을 내다팔고 자기의 상품성, 브랜드 가치를 각인시키기 위해 선택하는 시장적이고 정치적이며 제도적인 전략에 있습니다. 데리다는 이런 점에서 가수 마돈나나 다임러벤츠 사 등과 하등 차이가 없어요. 최근 저는 벤츠 사의 전략에 대해 상당히 긴 글을 쓰기도 했습니다만…….

리클린 데리다나 다른 철학자들이 그들의 은밀한 나르시시즘 때문에 비난받아 마땅하다는 말씀인가요?

그로이스 그들을 비난하자는 게 아닙니다.

리클린 그러니까 당신 말씀의 요지는, 그들의 철학 텍스트 배후에는 의식적으로 나르시시즘을 조장하는 어떤 암묵적 형식 같은 게 있다는 건가요?

그로이스 아니요, 그런 말씀이 전혀 아닙니다. 저는 다만 그들의 사유가 특정한 단계에 고착되어 버렸음을 지적하고 싶을 뿐입니다. 그들이 무언가를 감추고 있다는 말이 아니고요. 다만 그들 역시 특정한 시대, 곧 제국주의나 전체주의와 같은 시대에 귀속되어 있다고 말씀 드리고 싶군요. 그러나 그들이 실제로 활동했던 1970년대 말에서 1980년대 초는 이미 자유시장의 시대였습니다. 그 결과 그들의 정치 철학과 시장 활동 사이에서 균열이 발생했더랬죠. 시장에서는 사실상 성공을 거두었지만, 그걸 텍스트를 통해 반성할 능력은 없었던 겁니다. 그건 마치 1960년대에 제 예술가 친구가 "이봐, 오늘 다이아몬드처럼 반짝거리는 하늘을 봤더니 꼭 신의 계시라도 내려진 듯싶더군" 하며 그림을 그리던 것과 다를 바 없이 보이더군요. 그 예술가 친구가 신의 계시를 발견했다는 상황 자체는 그림 속에 담겨 있습니다만, 그가 저녁나절에 그 작품을 몇 달러 푼돈에 팔아치우는 건 거기 나타나 있지 않죠.

카바코프와 다른 예술가 친구들이, 자신들의 창작 조건에서 예술이 예술로서 정위定位되는 순간, 곧 그 전략의 순간을 성찰하고 있다는 사실은 굉장히 긍정적입니다. 자기 시대의 굴레에 갇혀서만 살아가는 프랑스인들에겐 그런 성찰이 결여되어 있죠.

리클린 부르디외라면 그런 성찰을 한다고 할 만한데요.

그로이스 그건 그렇습니다만, 그다지 잘하고 있다고 볼 순 없죠.

리클린 데리다의 책 『철학에 대한 권리』[9]를 읽어 보셨는지 모르겠습니다. 거기서 그는 철학적 사유의 다양한 형식들을 산출하는 장치로서 철학 제도와 인프라를 분석하고 있죠. 데리다에게 있어 '텍스트적'이라는 것은 단지 텍스트라고 불리는 것들보다 본질적으로 더 넓은 의미를 지니고 있습니다. 그는 언제나 보다 큰 의미에서 작동하는 제도적 맥락을 고려하며 작업하는 편이죠.

그로이스 맞는 말씀입니다. 그도 그럴 수밖에 없는 게, 데리다는 알튀세르의 제자가 아니었습니까? 본래 그는 알튀세르와 푸코의 제자였는데, 나중엔 그들에 대한 대단히 격렬한 비판자로 나서게 됐죠. 하지만 근본적으로

---

9) Jacques Derrida, *Du droit à la philosophie*, Paris: Galilée, 1990. —지은이

그들에게서 취한 바가 아주 많을 겁니다. 데리다가 제도라는 문제에 대해 굉장히 신경을 많이 쓴다는 언급에는 달리 그렇게밖에 설명할 도리가 없는 거겠죠.

제가 프랑스인들이 아무런 성찰도 없이 몰두했다고 지적한 것은 제도에 대한 문제가 아니라 시장에 대한 문제입니다. 그들 자신은 자기들이 1960~1970년대의 문제들, 곧 제도라는 문제에 대해 고민해 왔다고 생각하고 있습니다만, 그 작업이 프랑스의 제도적 범위 내에서 수행된 게 아니라 실상 국제 시장, 정확히 말해 본질적으로 미국이라는 자유시장의 범위에서 진행되었던 것임을 제대로 파악하지 못하는 겁니다. 그럼에도 그들은 굉장히 효율적이며, 합리적인 시장 정책을 개진하는 것입니다. 단지 실용적 차원에서만 훌륭하게 상황을 파악하고 있어요. 데리다는 세계 도처에 자기 제자들을 거느리고 있고, 분파를 형성하며 자기 브랜드를 효율적으로 판매하기 위해 감독권을 행사합니다.

리클린 그건 프로이트도 잘하던 일인데요.

그로이스 맞습니다. 하지만 프로이트 역시 이에 관해 성찰한 사람은 아니었죠. 이제 시장의 시대가 도래했습니다. 시장이라는 조건에서는 제도적 맥락이나 정치적 전체주의 같은 것과는 다른 방식으로 경계의 문제가 제기됩니다.

가령 한 국가의 주권이 끝나고 다른 국가의 주권이 시작되는 경계가 여전히 존재하는 것일까요, 아니면 그런 경계 자체가 아예 존재하지 않거나 혹은 주권의 개념과 더불어 싹 지워 버려야만 하는 것일까요? 국제 시장을 염두에 둔다면 국가 간 경계는 아직 유효하게 남아 있으며, 누가 지우려 들거나 파기하려 해도 억지로 그렇게 될 수는 없는 것입니다. 새로운 세계 제국은 아직 등장하지 않았습니다. 교역은 경계를 통해서만 가능한 것이고요. 다시 말해 경계의 특징이랄까, 그 본성은 근본적으로 상업적이라는 말이죠. 제 말씀의 요지가 바로 여기 있습니다.

교환 같은 걸로 설명을 부연해 볼까요. 문제는 박물관과 외부 세계의 경계가 지워지지 않았으며, 모든 것이 범속화된 것도 아닐뿐더러 아카이브에 등재된 것도 아니라는 데 있습니다. 그 대신 경계는 항상 그 경계를 통해서만 실현되는 교역과 교환 행위에 의해 항상 새롭게 규정되는 법이죠. 바로 이 과정이 프랑스인들이 자신들의 상품 가치를 미국과 홍콩, 칠레 등지에 내다팔 때 동원하는 최첨단의 경제학적 모델입니다만, 정작 그들의 작업에서는 아무런 논의도 이루어지지 않는 것이지요.

하지만 그래도 누군가는 거기에 대해 성찰해 봐야 하지 않겠습니까? 제가 하는 일이 바로 그겁니다.

리클린 수없이 많은 전략들의 효과는 전략 자체의 무의식성에 달려 있다는 생각은 안 하십니까? 전략이란 대개 의식되자마자 효과를 상실하게 마련이죠.

그로이스 물론입니다. 제가 그런 전략들에 대해 성찰하는 작업을 하고 있습니다만, 데리다만 한 결과는 못 보고 있다는 생각이 드는군요……. 뭐 그래도 전 큰 성공을 거두는 것보단 이대로 성찰적 사유를 진행하는 편이 더 좋습니다.

리클린 '성공'의 이론적 토대를 캐내려 애쓰는 현대 사상가들 중 당신처럼 특이한 사람도 드물 겁니다. '가치 부여된 문화'와 '범속한 문화' 사이의 대립은 사실상 '성공'의 이론과 관련되어 있죠. 당신 빼고 이런 주제를 즐겨 다루는 이는 지젝뿐인 걸로 알고 있습니다만……. 서구에서는 대개 성공에 대해 논의하길 터부시하는 경향이 있지 않습니까?

그로이스 세상은 변하게 마련입니다. 당신 말씀은 1970~1980년대에나 해당되는 듯하군요. 지금은 이런 주제에 관해 페터 슬로터다이크Peter Sloterdijk 같은 사람이 꽤 열심히 쓰고 있습니다. 미국인들도 점점 더 많이 쓰는 편이고요. 우리는 자신이 활동하는 철학의 장이 어떻게 기능하는지에 대해 예전과는 달리 볼 줄 알아야 합니다. 제 경우, 데리다가 떠드는 것보다 차라리 마돈나가 자기 성공의 비결 따위를 이야기할 때 더욱 흥미를 느끼는데, 왜냐하면 마돈나야말로 오히려 자신의 성공에 대해 더 성찰적인 분석을 내리고 또 정확하게 기술할 줄 알기 때문이죠.

이제 철학이라는 장도 1970년대와는 다른 방식으로 정의되어야 할 때가 아닌가 싶습니다. 가령 1970년대에 데리다가 관심을 가졌던 주제는 모리스 블랑쇼Maurice Blanchot가 죽음이란 한계 조건에서 글쓰기를 논하거나 혹은 그 반대로 글쓰기라는 조건에서 죽음을 논했던 데 있었습니다. 하지만 지금 제게 더욱 중요하다고 생각되는 철학의 주제는 마돈나가 자신의 성공에 관해 어떤 이야기를 하는가입니다. 저는 철학의 장은 자기 정위定位와 생산 및 분배의 전략에 관해 다양한 유형의 성찰을 포함해야 한다고 믿습니다. 생산과 분배의 산물이 실제로 무엇인지는—그게 『그라마톨로지』든 맥도날드든—제게 그다지 본질적인 문제가 아니랍니다.

리클린 그렇게 본다면 당신은 보드리야르와 지젝이 제기한 문제의식을 충실히 따르고 있군요. 지젝은 우리 시대의 모든 사상은 엔터테인먼트적임을 지적했고 그에 관한 성찰을 계속하고 있죠. 그가 아예 내놓고 주장한 바에 따르면, 팝문화pop-culture야말로 언젠가는 '고급 문화'가 과연 무엇인지 가릴 수 있는 최종적 중재자가 되리라는 것입니다.

그로이스 거기에 대해서는 전혀 동의할 수 없군요.

엔터테인먼트라는 발상 따위는 어디에도 도움이 되지 않습니다. 엔터테인먼트나 대중문화에 관한 발언은 꿈속에서 사는 사람들이나 할 만한 거죠. 그들은 각각의 개별화된 문화 영역 같은 게 실제로 존재한다고 생각합니다. 그리고 그들은 제도란 게 존재한다고, 박물관이란 게 존재한다고 믿는 겁니다. 저보다도 1,000배는 더 말입니다. 그런 믿음이야말로 개별화된 문화 현상 같은 게 존재한다고 생각하는 이유지요. 그들 자신의 작업이 바로 그런 개별화된 문화입니다. 이와 나란히 그들의 애증이 동시에 서린 엔터테인먼트와 같은 익명적인 대중문화의 영역이 있다고 그들은 믿습니다. 한편으로 그들은 이 영역을 힘껏 휘어잡고 싶어 하지만, 다른 한편으로는 그 황홀경에 그만 사로잡혀 그 영역 속에 용해되길 바라지요. 도대체 대중문화 같은 것은 실제로는 존재하지 않는다는 사실을 이해하지 못하는 겁니다. 그건 모두 1980년대의 환상에 불과해요. 실제로 존재하는 건 그들 자신과 같은 사람들뿐입니다. 그들과 마돈나 사이에는 아무런 차이가 없어요. 마돈나도 대중문화 현상이 아닙니다. 그녀는 다만 자신의 이미지를 창조하고 자신의 영역을 강화하는 개별자의 하나일 따름이죠.

리클린 다시 말해 '문화로부터 쟁취한 개인의 공간' 같은 것 말씀인가요?

그로이스 사람은 저마다 제각각이지 않습니까? 가령 마돈나를 좋아한다 해도 콘서트장에 찾아다니기는 싫어하는 사람들이 있기 때문에, 그 모두를 '음악'이니 '엔터테인먼트'니 하는 항목들에다가 통합시켜 말하는 데는 문제가 있습니다. 모든 문화의 기능은 한 가지로 동일합니다. 모든 문화는 항상 개별적이며 전부 상업화되어 있다는 거죠. 문화가 제대로 상업화되어 있을수록 개별적일 수밖에 없습니다. 여기엔 어떠한 제도도 존재하지 않습니다. 제도는 오래전부터 자금을 대지 않았고, 그 누구도 제도에 돈을 대지 않습니다.

제 말씀의 요지는 각 개인의 낯설고 복잡한 게임이 진행되는 프로젝트만이 있다는 것입니다. 이런 맥락에서 데리다의 작업은 흥미로울 수도 있지만 아닐 수도 있겠죠. 데리다의 작업에서는, 좀 거칠게 말해서 실재와 인물 사이에 복잡한 게임 같은 게 전개되고 있다는 말이죠. 카바코프가 하는 일이 바로 그런 겁니다. '데리다'라는 상표, '마돈나'라는 상표, '메르세데스'라는 상표, '맥도날드'라는 상표 사이에는 원칙적으로 어떤 차이도 없다는 말이죠.

리클린 그런 식으로 서로 붙여 놓는 건 지나치게 추상적이지 않을까요?

그로이스 제겐 그렇게 보이는 걸 어떻게 하겠습니까? 대중문화니 엔터테인먼트니 하는 것은 존재하지 않습니다. 그런 말들은 죄다 잊어야 해요. 고유명사로 유표화되는 개별적 프로젝트들만이 있으며, 저자들은 그 프로젝트들을 상호 교환하고 매매하고 있을 따름입니다. 그것들은 본질적으로 상표로서 존립하는 것이기 때문에, 전체적으로 유표적marked 공간이라 할 만합니다. 그렇게 상표로서 유표적인 공간은 무표적unmarked 공간과는 완전히 다른 것이죠.

리클린 그 무표적인 공간을 어떻게 규정하면 좋을까요? 당신의 논리에서 '범속한 것'이란 참으로 처치 곤란한 문제가 아닙니까? 당신 작업의 상당 부분은 '가치 부여된 문화'에만 집중되어 있는데요, 범속한 것에 대해서는 별반 관심을 두지 않는 것 같더군요…….

그로이스 그야 범속한 것에 대해서는 그다지 성찰할 만한 게 없으니까 그렇죠.

리클린 '가치 부여된 문화의 영역'이란 것도 실상 범속한 것들로 가득 채워져 있는 게 아닙니까? 이에 대해서는 간접적으로만 언급하더군요. 그런데 당신은, 가령 범속한 것도 어떤 최고의 수준에 이르면 경계 이월의 순간에 도달하게 되며, 그래서 심지어 '가치 부여된 문화'의 영역으로 넘어갈 수조차 있다고 쓰지 않았습니까? 뒤샹Marcel Duchamp의 「샘」 등을 그런 경계 파괴의 생생한 실례로 제시한 것도 결코 우연은 아닐 텐데요……. 당신 의견에 따른다면, 뒤샹 이후 모든 예술가들은 어떻게 하면 범속한 것을 경계 이월이 가능한 경지로 이끌어 갈까, 어떻게 하면 그런 것을 만들 수 있을까 하고 고심해 왔습니다.

그로이스 바로 그거죠. 제가 왜 범속한 문화에 관해 성찰하지 않겠습니까? 가치 부여된 문화에 대한 성찰이야말로 바로 범속한 문화에 대한 성찰과 다르지 않기 때문입니다. 달리 말해, 우리가 가장 성공적으로 여기는 예술 작품이란 우리들에게 범속한 영역을 가장 정확히 재현하고 있다는 환상을 불어넣어 주는 것에 다름 아닙니다. 예를 들어 뒤샹은 소변기를 통해 우리가 가치를 부여하는 세계의 건너편을 보는 듯한 효과를 창출했죠. 딱 5분만 지나면 우리는 그게 다른 많은 사물들 중 하나에 불과하다는 사실을 알아차리게 됩니다. 그리곤 다른 누군가가 비슷한 환상의 효과를 또 만들어 낼 수 있게 되는 거죠. 바로 이게 '새로운 것'의 이론이란 겁니다.

이 논리에 따르면, 우리는 금방이라도 우리를 집어삼킬 듯 위협하는 범속한 것에 대한 공포와 불확실성에 늘 사로잡힌 채 살아가고 있습니다. 그래서 우리는 항상 다양한 수준에서 그 범속한 영역을 상징화할 수 있는 사물들을 고안하는 것이죠. 가령 우리 모두가 언제나 먹는 햄버거('맥도날드')라든지, 혹은 유행가 같은 게 그렇습니다. 범속한 영역을 재현하도록 고안된 사물들은 본래 '가치 부여된 문화'의 산물인 것입니다. 근본적 차원에서 '가치 부여된 문화'가 작동하고 있기에, 제가 범속한 영역에 관해 굳이 성찰하지 않아도 되는 거지요…….

리클린 그러니까 범속한 것의 영역 내부에서 가치 부여된 것과 범속한 것의 경계에 해당하는 상황들이 생겨난 셈이로군요. 범속한 영역을 주의 깊게 관찰해 보면, 거기서 범속한 것으로부터 가치 부여된 것으로의 이행 과정이 발생하고 있음을 알 수 있단 말이겠죠. 범속한 영역 내부를 관통하는 이 과정은 전적으로 박물관이란 공간 외부에서 진행되는 것이죠. 범속한 영역은 내적으로 부단히 가치화되고 있으니까요.

그로이스 문제는 박물관과 비非-박물관이 동시에 존재한다는 데 있습니다. 범속한 영역이 따로 있고, 또 가치 부여된 영역이 따로 있는 게 아니란 말씀이죠. 저는 구조들에 관해 말씀 드리고 있는 겁니다. 이 구조들은 기술적 가능성이 뒷받침되는 곳이라면 어디서든지 구축될 수 있지요.

가령 지금 우리는 영화의 아카이브를 만들 수 있습니다. 결코 상영된 적이 없는 영화라 하더라도 죄다 이미 그 아카이브에 포함되어 있는 겁니다. 영화의 공간이 얼마나 가치 부여받는지에 따라, 그리고 이 공간이 얼마나 아카이브화되었는지에 따라 영화의 장 전체에 변동이 발생하게 마련이지요…….

이와 같은 과정은 그 어떤 영역에서도 발생할 수 있지만, 그에 상당하는 경계는 유지되게 마련인데, 왜냐하면 여기서 경계는 공간적이라기보다 시간적 특성을 지니는 까닭입니다. 경계란 내가 보존하고자 하는 것 또는 내가 소거하고자 하는 것에 따라 규정되는 법이니까요.

리클린 누가 그걸 결정하는 겁니까?

그로이스 결정 과정에는 많은 사람들이 포함될 수 있겠죠. 그들의 작업은 어느 정도 보존될 수도 있고 혹은 폐기될 수도 있겠지만, 영구히 보존되지는 않으며 다만 일정 기간 동안만 유지될 수 있을 뿐입니다.

박물관 역시 영원히 존재하는 게 아닙니다. 어떤 사람이라도 무언가를 사게 될지, 안 사게 될지, 보존해 둘지 혹은 폐기해야 할지, 각별히 남겨 두어야 할지 또는 그냥 내버려 둘지, 여하간 선택이라는 행동을 취해야 하고, 그 선택은 시간적 과정 속에서 발생하는 것이죠. 즉 우리는 언제나 무언가를 보존하고 싶어 하거나 내버려 두고 싶어 합니다. 푸코가 지정학에 대한 강의에서 대단히 재치 있게 지적한 사실인데, 그에 따르면 과거의 통치 권력은 "죽게 만들거나 살게 내버려 두는" 징벌적 체제에 의존해 있었다면, 근대 국가의 통치성은 "살게 만들거나 죽게 내버려 두는" 주권 권력에 의지한다는 것입니다.[10] 저 역시 그에 완전히 동의합니다. 다시 말해, 문화의 기능은 어떤 대상에 대해서는 삶을 부여하고 다른 것에 대해서는 죽음을 부여하는 데 있다는 말입니다. 제도는 더 이상 과거와 같은 징벌적 기능을 수행하지 않습니다. 그것은 무엇인가에 삶을 부여하고 다른 것들은 죽도록 내버려 두죠. 그리고 전 지구적 차원에서의 상업화 과정이 바로 그것이라 할 수 있겠습니다.

리클린 당신은 본의 아니게 계속 종교적 문제들을 건드리는 듯 보입니다. 예컨대 아카이브라든지 불멸이라는 문제의식 등은 굉장히 종교적 문제로서 부각되고 있지요. 카바코프는 당신과의 대화에서, 누가 아카이브에 영구히 남음으로써 불멸에 도달하는지가 문제라고 언급했습니다.[11] 이는 아마도 단순히 어떤 작품이 수용되고 배제되는지의 문제만은 아닐 텐데요. 왜냐하면 결국 그건 개인의 불멸과 영혼의 구원 문제가 될 것이기 때문입니다.

당신이 비난하는 현대 철학의 특징 중 하나는, 현대 철학이 고대의 종교적 문제들을 깡그리 무시할뿐더러 개인적 불멸이란 문제는 아예 존재하지도 않는 듯 취급하기 때문입니다. 사실 당신에겐 그런 문제들이야말로 진정 근본적인 문제로 성립하는데 말이죠. 당신에게 아카이브란 망자가 영원히 잠든 채 누워 있는 고대의 석관石棺과 마찬가지입니다. 하지만

10) Michel Foucault, *Il faut défendre la société*, Paris: Seuil, 1997〔미셸 푸코, 『사회를 보호해야 한다』, 박정자 옮김, 동문선, 1998〕을 참조하라.

11) Ilya Kabakow und Boris Groys, *Die Kunst des Fliehens*, München; Wien: Hanser, 1991.

1,000년쯤 지나 누군가 그 관을 열어 본다면, 아마 조금은 늙어 보일지 몰라도 여하간 망자의 썩었던 살갗에는 새살이 돋아 있을 것이며, 전반적으로 마치 죽었던 적도 없던 양 보일 것입니다. 바로 이런 총체성이 '불멸적'이라는 말이죠. 카바코프는 이렇게 단언했습니다. "내 작품은 나 자신보다도 더 실재적이다. 나는 소멸하고 말 운명이지만, 내 작품은 영구히 보존될 것이기 때문이다."[12)]

그로이스 맞습니다. 하지만 여기엔 뉘앙스의 차이가 있음을 지적해야겠군요. 아, 물론 세대차란 걸 무시할 순 없겠지만, 제가 역사적 불멸이란 관념에 대해서는 상당히 회의적인 입장임을 밝혀 둬야겠군요.

그 첫번째 이유는 다른 무엇보다도 제 직업이 교수라는 점에 있습니다. 수년간 저는 늘 젊은이들과 지내 왔어요. 여러 가지 이유로 젊은 세대는 과거지사에 관심을 두지 않으며, 앞으로도 관심을 갖지 않을 것입니다. 그네들은 자기들이 사는 세계가 본질적으로 기술 발전의 성패에 좌우된다고 믿고 있습니다. 기술이 모든 것을 결정한다는 말이죠. 새로운 세대는 구세대가 누리지 못했던 기술적 가능성을 획득하면서, 과거의 경험은 자기 세대에 해당하지 않는다고 생각하게 되었습니다.

두번째 이유는 아버지와 아들 세대 간 충돌을 유일한 갈등으로 규정짓던 프로이트주의의 영향력에 있습니다. 여기서 인종주의나 범성애주의 등 여타의 다른 갈등들은 차단되어 있고, 오직 세대 간의 갈등, 즉 오이디푸스 콤플렉스만이 문화의 근본 토대로 간주됩니다. 당금의 문화는, 그게 실제로 어떻게 기능하는지를 봐서도, 또 성찰적으로 판단해 봐서도 전반

12) Ilya Kabakow und Boris Groys, *Die Kunst des Fliehens*, S.122.

적으로 청년 세대의 문화라고 규정할 수 있습니다. 이런 상황에서 역사적 선험성을 산정해 보기란 전혀 불가능한데, 왜냐하면 정체성 형성의 기능 방식이 전혀 다르기 때문이죠. 이 점에서 제 입장은 보드리야르보다는 차라리 1920년대의 경제학자들, 이를테면 슘페터Joseph Schumpeter처럼 정체성이란 자본주의적이며 시장경제적인 개념이라고 정확히 지적했던 이들에 더 가깝습니다.

정체성이란 고유명사로서 지칭될 수 있는 사태가 가능하기 때문에 기능하는 것입니다. 다시 말해, 정체성은 특정한 사물들이 실제로 존재하는 한에서만 사실상 기능한다는 말이죠. 가령 '카바코프 펀드'를 설립하려 했던 카바코프는, 그 자신이 펀드 설립에 직접 나서지 않는다면 결국 아무것도 할 수 없다는 사실을 정확히 이해했던 것입니다. 달리 말하자면 문화의 영역, 즉 가치 부여된 영역은 '데리다', '카바코프' 또는 '메르세데스'처럼 위험스럽고 문제적인 세계에서 기능하는 회사나 상표의 영역이란 말입니다.

뒤샹의 소변기와 같은 예술적 대상들은 원시인들이 동굴에 그린 벽화 같은 것을 생각나게 합니다. 그들이 만약 호랑이를 그렸다면, 호랑이는 이미 그렇게 위험한 동물이 되지 못한다고 생각한 것이겠죠. 모든 현대 문화는 범속함의 페티시즘, 시장의 페티시즘이라 할 만합니다. 맑스가 공정하게 말했듯이, 우리가 행하는 모든 것은 위험과 몰락, 금전적 손해나 죽음 등을 물리치기 위해 기원하는 상품 공간의 페티시죠. 하지만 프랑스 철학자들에게는 이런 문제의식이 없습니다. 그들은 삶과 전적으로 유리되어 있을 뿐 아니라 그들이 실제로 활동하고 있는 세계가 어떤 것인지도 제대로 알지 못하고 있습니다.

리클린 목소리의 문제에 대해서는 어떤 입장이십니까? 당신 작업의 상당 부분들이 바로 여기에 초점을 맞추고 있죠. 당신은 텍스트의 디테일한 부분들에 대해서는 거의 아무런 분석도 하지 않는 편입니다. 가령 당신은 데리다를 끊임없이 비판하거나 그의 글을 언급하고 있는데, 사실 해체론의 관점에서 볼 때 당신의 작업은 텍스트 분석이라는 가장 중요한 과정을 빠뜨리고 있습니다. 아주 드물게만 텍스트를 인용하고 있지 않습니까? 당신 사유의 본질적인 부분은 오직 목소리를 통해서만 드러난다는 인상을 지울 수가 없더군요. 그런 사유 스타일이 성공적인 반향을 이끌어 내려면 텍스트를 통한 실천보다는 매스미디어적 공간이 더욱 적합할지도 모르겠습니다. 당신의 몇몇 텍스트들을 주의 깊게 읽다 보면, 거기엔 항상 단순한 소리의 차원을 훨씬 넘어서는 질료적 울림이 공명한다는 느낌이 들더군요.

데리다에게 있어서 질료적 울림이란 텍스트 속에 용해된 것입니다. 그런 의미에서 그의 어떠한 발언도 의식적이고 의도적으로 텍스트화되어 있다고 할 수 있죠. 데리다는 1933~1934년간 나치즘에 대한 하이데거의 투신도 많은 부분 그의 목소리에 대한 태도, 즉 학생과 민중, 정신적 지도자들에게 파급되는 목소리의 카리스마적 영향력에 관련된다고 생각하고 있습니다. 어느 순간부터 하이데거는 자신이 설파하던 텍스트의 경계 내에만 더 이상 머무를 수 없었고, 결국 나치즘에 대한 그의 연루는 목소리를 통해 숭고한 것에 참여하고자 하였던 그의 태도에 깊이 연관된다는 말이죠. 데리다는 목소리의 그와 같은 총체적인 위험성이 반복되는 것을 피해 보고자 전력을 다하고 있는 셈입니다. 하지만 제가 보기에 당신은 문자와 함께 목소리를 대단히 본질적인 도구로 삼는 듯싶은데요.

그로이스 제 텍스트에 대한 그런 언급은, 제 예술인 친구들의 작품에 조형적 가치가 결여되어 있다며 던져졌던 비난을 연상케 하는군요. 철학에서 텍스트 분석이란 예술에서 조형적 가치에 비견될 수 있을 것입니다. 즉, 예술 작품에서와 마찬가지로 철학 논문을 텍스트라는 질료를 통해 구조적으로 직조할 수 있는 능력 말입니다. 사실 제겐 그런 능력이 없다고 해야겠는데, 왜냐하면 저는 그런 식으로 경쟁하고 싶지는 않은 까닭입니다.

리클린 당신은 어떤 주제에 관해서든 항상 더 이야기하고 싶어 하는 사람이란 인상을 줍니다. 당신의 어떤 텍스트건 아직 모든 것을 말하진 않았다는 느낌이 들거든요. 아마도 '양양한 인토네이션'이라 부를 만한 게 있다는 생각도 들고요. 그래서 당신의 독자들은 당신이 많은 것을 떠들었으나 아직 전부 말한 것은 아니라는 확신에 이르게 되죠. 거의 노래에 가까운, 목소리의 지배라는 효과적 수단을 통해 당신은 문자라는 질료를 극복하고 있습니다.

그로이스 그건 맞는 말입니다. 문제는 제가 텍스트로 작업하는 사람이 아니란 데 있죠. 텍스트 작업이야 이미 다른 사람들이 잘하고 있는데 구태여 저까지 낄 이유가 없지 않습니까? 텍스트라는 거대한 전통에 껴서 경쟁할 마음은 추호도 없습니다. 텍스트 외부의 현실이야말로 제 진정한 관심사입니다. 텍스트란 제게 수많은 대상들 중의 하나일 뿐이며, 샌드위치와 하등 차이도 없답니다.

어떤 의미에서 저는 팝-포지션pop-position에 있다고 할 수 있겠죠. 앤디 워홀Andy Warhol은 이렇게 말했습니다. "나는 당신들이 신봉하는 조형적 가치에 매달리지 않겠소. 내가 마릴린 먼로를 인쇄해 드릴 테니, 거기에 대해 이야기해 봅시다." 텍스트로부터의 해방, 책이 그렇듯 텍스트를 특정한 가격이 매겨진 생산물로 간주하는 것, 텍스트 너머의 (조작적인) 공백의 발생은 해방감을 전해 줍니다. 앤디 워홀이 그랬던 것처럼 제게도, 또 카바코프에게도 그런 면이 있습니다. 그것은 특정한 방식의 접근법이죠. 당신의 글이 샌드위치와 다를 바 없다는 점에 관해서는 이해하는 데 어려움이 없으리라 믿습니다. 별로 분석할 필요도 없는 일이에요. 그저 먹어 치우거나 내다 버리면 되니까요. 또 다른 샌드위치를 만들면 되지 않겠습니까? 위대한 예술 작품들이 희귀한 것과는 달리(『그라마톨로지』와 같은 작품은 흔하게 나오는 게 아닙니다!), 샌드위치란 언제나 만들 수 있으니까요. 언젠가 앤디 워홀은 자신이 작업하는 데 4분 이상을 소비하게 만드는 작품이라면 이미 좋은 게 아니란 식으로 말한 적이 있습니다. 저는 제가 쓰는 글이든 남이 쓰는 글이든 그다지 진지한 태도로 대해 본 적이 없어요. 아마도 텍스트에 대한 책임으로부터 해방된 느낌이 텍스트 자체에서 전달될 수 있다면, 그건 더할 나위 없이 좋은 일이 될 것입니다. 근본적으로 저는 텍스트로부터 벗어나고 싶을 뿐입니다.

리클린 그럼 대체 어떤 미디어(매체)를 원하는 겁니까?

그로이스 말씀 드리기 어렵군요. 비디오와 인터넷의 조합이라든지, 혹은 토크쇼 같은 것을 생각해 볼 수 있겠죠. 가령 리오타르가 만든 완전히 천재적인 영화를 보고서는 그런 생각을 처음으로 해봤습니다. 또한 데리다가 자기 자신에 관해 만든 영화도 상당히 맘에 들었습니다. 제 생각에 비디오와 인터넷의 조합은 집에 앉아 인간에 관해 보고 들을 수 있는 대단히 중요한 가능성을 제공해 줄 것 같습니다. 제가 대담이라는 형식을 꽤 즐기는 편인데, 글로 기록해 두면 느낌이 사라지지만 영상으로 담아 두면 그렇지 않아요.

리클린 당신과 카바코프의 대담은 잘 기록돼 있지 않습니까?

그로이스 비밀 하나를 말씀 드려야겠군요. 그 대담은 제가 쓴 것입니다. 그래서 거기엔 글쓰기의 법칙에 충실히 따른, 하나의 문학 작품과도 같은 점들이 곳곳에 남아 있죠.

리클린 이제 이미지[13]와 담론discourse의 상관관계에 대한 다른 질문을 드려 보겠습니다. 언젠가 카바코프를 비롯해 모스크바 개념주의[14]의 예술가들 및 이론가들은 러시아 최초의 아방가르드가 서구에서는 그 이미지적 특성만 받아들여짐으로써 마치 석관에 봉인된 듯 일면적으로만 수용되었음을 파악한 바 있습니다. 다시 말해 서구에서는 러시아 아방가르드의 이미지 배후에 있는, 전면의 조형적 창조성을 성립시키는 담론적 층위를 전

13) 러시아어로는 '도상적인 것'(иконическое, icon)으로 표기되어 있으나, 담론과 대비되는 시각적/감각적 대상이란 뜻에서 '이미지'로 옮겼다. 독어본의 번역자들 역시 이 단어를 'Bild'로 옮겼는데, 러시아 문화 전통에서 '도상'(икона)은 러시아 정교에서 종교적이고 정신적인 이미지를 나타내기 위해 특별히 사용되는 용어이기도 하다.

14) 1970년대 중반 소비에트 당국의 공식적 체제 바깥에 머물던 화가들과 작가들에 의해 시작된 대안적 예술 운동. 예술의 본질은 기술되는 대상이 아니라 예술에 대한 예술가들의 개념에 있으며, 이로써 예술적 창조 행위의 본령은 개념의 창조에 있다고 주장했다. 개념주의자들은 단순히 공식 문화의 대안으로서 자신들의 예술을 내세운 게 아니라, 오히려 공식 문화(권력)와 비공식 문화(예술)의 공통된 본질을 찾아내고 그 구조를 기술하는 데 역점을 두고자 했다. 흔히 '모스크바 개념주의'로 지칭되는 이 집단에는 일리야 카바코프를 비롯해 사샤 소콜로프(Sasha Sokolov), 블라디미르 소로킨(Vladimir Sorokin), 드미트리 프리고프(Dmitri Prigov) 등이 포함되었으며, 소비에트 연방의 붕괴 즈음에는 '러시아 포스트모더니즘'의 큰 물결에 합류되어 들어갔다.

혀 지각하지 못했다는 말이죠. 이 석관 속에는 다만 이미지 자체만 묻혀 있다고 생각했던 것입니다.

만일 박물관의 한쪽 벽에는 몬드리안Piet Mondrian을, 그 반대편에는 말레비치Kazimir Malevich를 걸어 둔다면, 서구의 관람객들은 양자가 동종적이란 느낌을 받을 것입니다. 하지만 러시아의 예술가들이라면, 말레비치의 작품 배후에는 진정한 우주적 광기가 넘치고 있으며, 그로 인해 말레비치는 텍스트적 영감으로 가득 찬 시적 천재로 불릴 수 있음을 금세 알 수 있을 테죠. 하지만 이미지는 담론보다도 더 쉽게 아카이브에 등재될 수 있어요. 담론의 아카이브는 대단히 엄격해서, 어떻게 해도 정형화할 수 없는 수많은 익명적인 규칙들에 따라 운용되는 탓입니다.

예를 들어 카바코프는 이미 전 세계적인 박물관의 아카이브에 입성했습니다만, 그의 담론은 폭력적인 이미지화를 감수하지 않을 수 없었습니다. '석관'에는 어떻게든 들어간 셈이지만, 그의 텍스트들은 이미지가 되었고, 이제 과연 독해될 수 있을지 심히 의심스러워졌죠. 담론의 아카이브는 매우 오랜 시간에 걸쳐 형성되는 것으로서, 가령 모스크바 개념주의가 국제적인 차원에서 담론의 아카이브에 편입될 때에야 비로소 그것이 어떤 역할을 했는지 알 수 있게 될 것입니다.

여하간 카바코프가 이미지의 아카이브에 진입하게 된 것은 지나치게 우연적일뿐더러, 소비에트 연방의 예기치 않은 붕괴로 인해 서구인들을 사로잡은 정치적 승리의 도취감에 상당 부분 기댔던 것입니다. 1992년 서구는 러시아로부터 이미지라는 선물을 받았고, 카바코프는 그 선물들 가운데 하나였던 셈이죠. 하지만 아직 담론이란 문턱은 남아 있습니다. 과연 이 문턱이 넘어설 수 있는 것인가요?

그로이스 우리는 방금 문자에 대해 이야기를 나눴는데, 사실 담론은 그 문자와 연관되어 있죠. 저는 문자란 어떤 괴물스러운 것이며, 우리를 그릇된 방향으로 이끌어 가는 것이란 생각을 합니다. 대체로 두 가지 문제가 문자와 연관되어 있으며, 그 첫번째는 19세기 수手노동의 형식이라 하겠습니다.

리클린 담론은 문자보다 훨씬 넓은 범위를 아우르는 것인데요.

그로이스 그래요. 하지만 미디어를 고려하지 않고선 얘기할 수가 없습니다. 어쩌면 프랑스인들은 이해하는지도 모르겠지만 저는 이해할 수 없습니다. 말, 사유, 담론—이런 것들에 관해서 저는 아무것도 말할 수 없거든요. 제가 말할 수 있는 것은 오직 미디어적 실천에 관해서일 뿐입니다.

담론의 가능성에 대한 우리의 관념 전체는 기호 혹은 말[言語]과 같은 것들이 실재한다는 이념적 전제에 기반해 있습니다. 사실 그 모두는 1970~1980년대에 싹튼 어떤 신비주의적 키메라에 불과한 것이죠. 그런 것들에 관해서라면 저는 별로 아는 바가 없답니다.

키메라적 신비주의와는 전혀 달리, 제게 있어 존재한다고 말할 수 있는 것은 오로지 상업적인 미디어적 실천일 따름입니다. 문자적 실천은 그중 하나일 뿐이지요. 손으로 글을 쓰면 허리가 아프고 몸 전체가 쑤시고 머리도 아픕니다. 갑갑한 방에 틀어 앉아 오랜 시간 괴롭고 피곤한 중노동을 손으로 하는 것이죠. 그 다음엔 이 노동을 무가치하다고 느끼게 만드는 발행부수를 얻을 뿐입니다. 당신이 공들여 개별적인 가치를 지니는 개별적인 대상을 만들었지만, 손에 쥔 발행부수는 그런 측면에서 0의 가치를 지닌 것이죠. 19세기의 매뉴팩처 제화공들과 다를 바가 없는 일입니다. 물리적으로는 엄청 많은 힘을 들여 일을 했지만, 똑같은 생산품 나부랭이만을 얻는 거죠. 책이란 우리를 저임금으로 혹사시키는 나쁜 물건입니다. 경제적으로도 비생산적이고……. 아무튼 책은 제게 대단한 혐오감을 불러일으킵니다.

랑그와 파롤은 수고본手稿本이라는 독특함을 유지할 때에만, 즉 복제나 리프린트 따위의 개념이 제거된 연후에만 실효적이 될 수 있습니다. 여기서 '실효적'이란 우리가 개인들끼리 거래하는 시장에 내다팔 수 있는 그런 독특한 개인적인 생산물을 만든다는 말이죠. 그런 예로는, 아마도 유료화된 웹사이트 혹은 큰돈을 줘야 살 수 있고 박물관에 보존될 만한 그런 특이한 비디오 작업 등이 해당될 겁니다. 지금 현재로선 경제적·사회적·정치적으로 파롤을 뒷받침해 줄 만한 적합한 미디어적 실천이 존재하지 않습니다. 가령 지금 여기 슈타이너[15]가 쓰던 칠판이 있다 칩시다. 그가 이야기했던 것은 전부 칠판에 남겨졌고, 그대로 보존되어 있습니다. 이제 텍스트가 담긴 그 칠판은 카바코프의 작품과 마찬가지로 전시될 수 있게 되는 거죠. 그런 종류의 수많은 칠판들을 박물관이 구매합니다. 예전에는 생각지도 않았던 요제프 보이스[16]의 텍스트들도 접수되겠죠. 서구에서나 러시아에서나 마찬가지로 아카이브에는 추정할 수 없을 정도로 엄청난 수의 표, 음성 녹취물, 텍스트들이 보존되어 있음을 잊어서는 안 됩니다.

우리의 실천을 재현하는 시스템 전반에 관해 재고해 봐야 한다는 생

15) 루돌프 슈타이너(Rudolf Steiner, 1861~1925). 오스트리아의 철학자, 교육학자.

16) 요제프 보이스(Joseph Beuys, 1921~1986). 독일의 미술가, 전위적 예술가. 자신의 작품 활동을 정치·사회적 실천으로 끌어가고자 애썼다. 예술적 실천에서 다양한 변형과 변주를 포함하는 '플럭서스'(fluxus)라는 국제적인 실험적 미술 운동을 주도했다.

각이 듭니다. 그리고 텍스트를 산업적으로 생산하는 데 있어 최소의 비용을 통해 최대의 효율성을 올리며 경제적인 독특성을 산출할 수 있는 미디어적 실천으로 이동할 때라는 생각도 들고요. 그런 후에야 담론에 관해 이야기할 수 있는 것이지, 지금은 아닙니다.

리클린 담론을 문자에, 나아가 텍스트의 생산에 지나치게 강박적으로 결부시켜 생각하는 게 아닐까요? 담론은 보다 상투적이고 대중적으로 쉽게 복제되는 것일 텐데요……. 담론의 장은 인간이 기록할 수 있는 것 그 이상을 포함하고 있습니다. 예컨대 앤디 워홀이 아카이브에 입성했다고 칩시다. 그의 각각의 제스처 뒤에는 수백만의 평범한 미국인들의 제스처, 일종의 미국식 '에브리데이 라이프'everyday life의 아카이브가 세워져 있습니다. 이 아카이브 안에서 워홀은 단지 몇 가지의 제스처만 취할 뿐이지만, 그 각각의 제스처 뒤에는 무한한 변주가 포함되어 있습니다.

일리야 카바코프처럼 거대한 담론의 아카이브를 배경으로 삼는 예술가도 있습니다. 하지만 카바코프 자신이 고백하듯, 그가 서구의 박물관에 입성할 때는 담론의 아카이브, 곧 '문화라는 공기空氣'는 제외된 상태로 등재되곤 했지요. 하지만 담론은 특정한 인물에 의해 만들어진 게 아닙니다. 담론은 익명적으로 만들어집니다. 프랑스와 미국에서는 각각 다른 담론이 발생하지요. 미국은 담론의 나라라 자부할 만한데, 왜냐하면 미국은 할리우드나 다른 각종 미디어들을 통해 전 세계에 자신의 팝문화를 널리 전파하기 때문입니다. 이런 의미에서 미국은 최근 10여 년간 주요한 담론의 생산자라 할 만합니다.

그로이스 미샤, 당신이 담론이라고 부르는 것은 말의 범속한 영역입니다.

당신이 그 영역을 담론이라고 부른다면, 그 영역 속의 모든 것은 사멸해야만 할 것입니다. 게다가 그것은 존재하지도 않는 것인데요. 문제는 미국의 대중문화가 앤디 워홀의 영향을 받아 발생했다는 데 있습니다. 워홀 없이 미국의 대중문화 같은 것은 생각도 할 수 없을 것입니다.

리클린 하지만 그 반대로도 말할 수 있겠죠.

그로이스 아니요, 반대로는 안 됩니다. 만일 그렇게 생각한다면 그건 잘못 생각하는 겁니다. 워홀은 우리의 의식에 일상생활의 이미지를 환기시키는 상像을 창조한 사람입니다. 하지만 그 상은 실재하지 않습니다. 다양한 미국인들이 다양한 취향과 다양한 관념들을 지니며 존재할 따름이죠.

카바코프도 별반 다르지 않습니다. 그는 실제로는 존재하지 않는 소비에트 문화란 환상을 창조해 냈습니다. 가령 저는 제 지인들과 마찬가지로 코무날카[17]에 한번도 살아본 적이 없답니다……. 당신이 이야기했던 게 바로 제가 범속한 문화라고 부른 것들입니다. 그 배후에는 당신이 말한 것뿐만 아니라 다른 많은 것들에 대한 표상들이 버티고 있죠. 하지만 그 '다른 많은 것들'이란 실제로는 존재하지 않습니다. 그런 것들이 존재하고 있다고 믿는 우리의 표상만이 있을 뿐이지요.

우리가 직접 보는 것으로부터 상상하는 것으로의 도약은 우리 의식

17) 코무날카(коммуналка)는 공동주택(коммунальная квартира)의 줄임말로서 소비에트 시대의 전형적인 공동주택을 말한다. 혁명 후 구귀족들의 저택을 빼앗은 노동자들이 각 방마다 세대별로 살림을 차리고 주거 생활을 꾸렸다. 소비에트 초기 도시 주택난 해소를 위한 고육지책이었으나, 공동 주방과 공동 화장실의 위생과 편이 문제 등이 큰 골칫거리로 떠올랐으며, 소비에트 말기에는 전형적인 도시 하층민의 삶을 대변하는 생활양식으로 간주되었다.

과정의 극히 문제적인 부분입니다. 여기에 그 어떤 현실성을 부여하는 것은 데리다나 보드리야르처럼 어떤 무한한 차이화의 과정, 또는 우리의 기술 능력을 압도하는 무한한 기호들의 놀이가 존재한다고 생각하는 이들의 허무주의적 신화에 굴복하는 것입니다. '파리의 몽상'이라고나 할까요.

리클린 당신은 앤디 워홀의 아카이브와 카바코프의 아카이브가 어떻게 다른지, 그 차이에 관해 잘 알고 있습니다. 예컨대 왜 카바코프는 박물관 내부에 '총체적 장치'[18]라 이름 붙인 거대한 동굴을 만들어 보여 주었을까요? 또 그는 동구와 서구는 사물과 공간에 대한 근본적인 차이를 설정하고 있다는 테마를 이론화하기도 했습니다.

그로이스 그렇죠. 하지만 그 차이는 오직 그의 작품에서만 나타나는 것입니다. 실제로는 어떤 차이도 없지요. 예를 들어 러시아의 가옥들에는 소비에트 양식이나 기타 다른 양식들에 따라 지어진 것들만큼이나 소부르주아적 양식으로 지어진 것들도 많이 있습니다.

그와 마찬가지로 앤디 워홀도 미국 박물관의 프랑스식 내부 공간에다가 미국적 문화의 환상을 창조한 것이죠. 그가 자신의 활동을 시작할 즈음부터 이미, 파리식으로 지어진 박물관과 그가 창조했던 미국 문화 사이의 거대한 균열이 존재했던 것입니다. 미국적 문화라는 것은 실제로 존재하지 않는 것이에요. 그 모든 신화는 일종의 고안된 산물이며, 몽상적

18) Ilya Kabakov, *Über die "totale" Installation*, Ostfildern: Cantz, 1995; И. Кабаков, *Три инсталляция*, Москва: Ad Marginem, 2002; И. Кабаков, *О тоталной инсталляции*, Kerber, 2008.

으로 정향된 관객들에게 무한한 환상을 제공하는 구체적 작업의 결과라 할 수 있습니다. 다른 예를 들자면, 데리다의 책은 존재하지만 차이의 놀이 같은 것은 존재하지 않아요. 마찬가지로 보드리야르의 책은 존재하지만 기호의 놀이, 시뮬라크르 따위는 존재하지 않는 것입니다.

그런 몽상적 이미지들은 『캔터베리 이야기』나 유령담 따위와 하등 다를 바 없습니다. 그 이미지들은 꿈꾸기 좋아하는 어린 아가씨들의 공포심을 야기하는, 문화 내부적이고 문학 내부적인 서사에 불과한 거죠. 모스크바와 페테르부르크의 구조주의적 몽상가들이 마치 자기들이 무한한 차이의 운동을 보았다든가, 시뮬라크르의 무한한 놀이를 목격했다고 진술하는 것도 그와 별로 다르지 않아요.

리클린 당신은 그런 상상을 전혀 안 하십니까?

그로이스 한 적이 없습니다. 외부의 현실 세계와 맺은 제 첫번째 인연은 병원이었기 때문이죠. 전 거기서 사회생활이 뭔지 배웠으며, 그 무엇도 결코 일반화할 수 없다는 사실을 깨달았습니다. 두번째 인연은 제가 받은 교육이었습니다. 교육을 통해 저는, 이미 말씀 드린 대로, 일반화에 대해 회의하도록 배웠습니다. 문학적 기교와 장치들에 대해 굉장한 관심을 기울이기도 했으나, 그 배후에 어떤 현실이 존재한다고 생각하지는 않았습니다. 보드리야르가 스타일리스트라는 점에는 감복해 마지않으나 그의 독특성singularity 개념과 같은 것들이 현실적이란 생각은 들지 않더군요.

리클린 아직은 그게 현실적이라고는 말 안 했습니다. 우리는 그저 담론의 장이라는 게 실제로 존재하는지 해명하는 와중에 있지 않습니까?

그로이스 물론 존재하지 않습니다. 담론의 장은 상상력의 산물로서만 존재하는 것입니다.

리클린 그러니까 워홀이 그린 미국 따위는 존재하지 않는다, 워홀은 미국의 이미지를 만들어 낸 '이디오진크라시'[19]적 주체다, 이런 말씀인가요?

그로이스 그런 셈이죠.

리클린 고안된 다음엔 이미 미국이라는 것으로 인정받는다……. 하지만 가령 스타인벡의 『러시아 일기』[20]나 샐린저의 『호밀밭의 파수꾼』, 또는 워홀의 텍스트 등을 읽어 보면 그건 오로지 미국인들만이 쓸 수 있는 글이란 인상을 지울 수가 없는데요. 그들 사이엔 아무런 공통점도 없음에도 불구하고, 결국 확연히 드러나는 사실은 '미국적 담론'이라는 게 존재한다는 것입니다. 사르트르와 프랑스의 이념을 옹호하는 제임슨Fredric Jameson의 글을 읽을 때 그가 미국인임을 금세 알 수 있는 것도 동일한 맥락에서죠. 제임슨 자신은 미국인으로 보이고 싶어 하지 않습니다만, 오히려 그야말로 미국 문화의 정수가 아닌가 싶습니다.

그로이스 미국 문화의 정수라 할 만하죠. 미국이라는 특정한 조건, 특정한 환경에서 작업하고 있지 않습니까?

---

19) 이디오진크라시(idiosynkratisch). 원하지 않았으나 본성적으로 발현되는 성질, 혹은 순치되지 않는 특이한 성질을 일컫는다.

20) John Steinbeck, *A Russian Journal: With Pictures by Robert Capa*, New York: The Viking Press, 1948.

리클린 우리는 담론이라는 거대한 공간의 작은 거품과도 같은 존재겠죠. 우리의 글, 그러니까 우리가 아카이브에 들여다 놓는 것들은 무시해도 좋을 만큼 작습니다. 워홀이 정확히 깨달았던 사실은, 그 아카이브에서 자신이 취할 만한 게 별로 없다는 것과 자기 자신을 제대로 측정할 줄 알아야 한다는 것이었죠. 스스로를 최대한 평범하고 별 매력 없이 만듦으로써 숭고하다는 식의 인상을 남기지 않는다면, 오히려 컬트적인 이미지가 구현된다는 사실 말입니다.

그로이스 그런 말씀은 낭만주의적 이미지상과 별반 다르지 않군요. 기표들의 무한한 유희 같은 게 있고, 개인은 거기에 용해되어 버린다는 논리 말입니다. 자연과 영원한 생명, 무한한 삶의 흐름 등 그게 어떤 것이든 거대한 존재 속에 녹아 버리고 싶어 하는 욕망만큼 엘리트주의적인 관념은 없습니다. 그거야말로 낭만주의적이고 엘리트주의적인 입장이란 것입니다. 독일 민족이라는 관념을 만들어 냈고, 다음엔 자연, 미국 등을 차례로 창조해 낸 것도 바로 그런 관념이었죠. 굉장히 생산적인 모델이라 할 만합니다.

리클린 당신이 말씀하시는 그런 존재가 되고 싶은 게 사실입니다. 정말 그런 견딜 수 없는 고통스런 욕망 같은 게 있죠. 하지만 불가능한 일이겠고요.

그로이스 고통받는 포즈는 취할 수 있을 겁니다. 이해합니다. 저도 포즈를 취합니다만, 제 포즈는 좀 다릅니다. 전 분석적인 포즈를 취합니다.

리클린 1991년 프랑스에 가서, 예전에 이미 저작물들을 읽어 봤고 그래서 잘 안다고 생각했던 철학자들과 대담을 나누기 전까지는 그들의 작업과 제 작업이 상당히 가까운 곳에 있다고 느껴 왔더랬습니다. 그런데 가타리나 보드리야르, 비릴리오 등과 실제로 대담을 나눠 보니, 서로 충돌하는 지점이 적지 않았고, 우리 사이엔 마치 수십 광년의 차이 같은 게 존재한다는 것을 알게 되었죠. 그건 참 놀랄 만한 각성이었습니다. 제 말 속에는 그들 입장에서 낯설다고 할 만한 이질적인 게 별로 없었습니다. 하지만 저에 대한 그런 인지야말로 우리가 서로 얼마나 멀리 떨어져 있는 존재들인지 정확히 알 수 있게 해주는 징표들에 다름 아니었습니다. 담론은 구체적으로, 입을 통해 분절되는 발화의 아카이브와 연관되어 있습니다.

러시아의 상황에 관해, 그리고 우리가 얼마만큼 문화적 장벽을 극복할 수 있는지 등에 관해 또 다른 전망을 갖게 되면서부터, 저는 문화적 경계의 도약 가능성에 대해 보다 겸허한 자세를 지닐 수 있게 되었습니다. 이제 당신이나 일리야 카바코프처럼 보다 선구적인 자리에 있는 사람들의 발언을 세밀하게 분석해 본다면, 당신들은 자신들 본래의 출발점으로 꾸준히 되돌아가고 있다는 생각이 듭니다. 뭐 그게 당신들에 대한 생각을 더욱 흥미롭게 만들어 주는 것이기도 하지만요…….

이제 당신이 독일에서 차지하고 있는 담론상의 위치에 관해 묻고 싶습니다. 지금 현재 독일에서의 당신 자리가 당신이 소비에트 출신이란 사실과 관련이 있다고 보입니까?

그로이스 그렇죠. 하지만 바로 그렇게 보이기 때문에 제가 그런 생각에 대해 회의적입니다. 제 발언은 국제적으로 공인된 담론의 무대에서 개인적인 입장의 개진으로서 지지받고 있습니다. 하지만 다른 한편으로, 제 출신을 통해서도 설명할 수 있겠죠. 만약 제 발언이 저 아닌 다른 누군가가 한 것이라면, 발언 내용을 일일이 뜯어 분해해 보는 수고는 하지 않았을 겁니다.

본질적으로는 개인적인 입장 표명만이 있을 따름입니다. 그런 입장 표명은 견고하게 구조화되어 있으며 형식화되어 있죠. 사람은 어떤 특정한 문화적 상황에 놓이게 되었을 때 자신이 취하는 특별한 행보에 관해서 설명하려 들게 마련입니다. 사실 그런 걸 통해 그 사람이 해당 문화 속에 수용될 수 있는 것이죠. 그 다음, 일단 그가 거기에 수용된다면, 그가 진입해 들어간 문화적 장의 환상이 그 사람에게도 영향을 끼치기 시작합니다. 러시아 뉴스를 자주 접하다 보니, 일리야 카바코프가 러시아를 대표한다는 보도가 나오더군요. 문제는 그가 러시아를 대표할 수 있는 그 권리란 게 러시아 아닌 다른 무대에서 획득된 것이란 사실에 있습니다.

러시아의 영혼을 파헤쳤다고 평가받는 작가 도스토예프스키에게도 사정은 다르지 않습니다. 실제로 그는 러시아적이라기보다 오히려 가장 유럽적인 작가였으며, 그가 인정받을 수 있던 근본 이유는 그가 사용한 문학적 테크닉에 있던 것이죠. 제가 형식주의를 지지하는 것도 그런 이유에서이며, 형식적 방법을 제외한 다른 모든 것들은 그저 나이브한 몽상에 지나지 않는 것입니다. 이는 어느 정도 제 삶의 경험을 통해서도 입증된 사실이기도 하죠. 가령 사람들은 당신이 다른 문화의 대변인이고 그들에게 어떤 다른 낯선 것을 전파하기 때문에 당신을 인정한다고 말하지만, 실상 대부분의 사람들은 다른 문화권에서 무슨 일이 벌어지는지, 어떻게 살아가는지에 관해 전혀 귀를 기울이지 않습니다. 그들이 당신

말에 귀 기울이는 진정한 이유는 당신이 그들 담론의 조건 속에서, 매우 좁은 공간을 차지하는 그들 문화의 조건 속에서 흥미로운 한 수手를 두었기 때문입니다. 노발리스Novalis의 몽상이 인상적인 이유는 그가 거기에 문학적 형식을 부여했으며, 그럼으로써 순진한 아가씨들을 몽상의 세계로 이끌었기 때문이죠. 보드리야르 역시 사람들을 그런 몽상으로 이끌고 있고요.

리클린 하지만 당신도 몽상을 불러일으키지 않습니까? 그런 의미에서라면 당신 역시 별반 차이가 없다고 해야 할 텐데요.

그로이스 근본적으로 저 역시 다르지 않겠죠. 하지만 제가 그들과 다른 점은, 저는 전략에 관해 성찰하고 있다는 점입니다. 관건은 세대 간의 문제에 있어요. 각 세대는 자기 시대에 맞는 최상의 전략을 선택합니다. 1970년대에는 데리다의 전략이 최상이었죠. 그가 대담을 하는 모습을 지켜보고 내린 결론인데, 그가 만약 1970~1980년대에 자신의 상징 자본을 축적하지 않았던들 오늘날 그러한 아이디어를 가지고 출발하는 건 불가능했을 일입니다. 상황은 다음과 같습니다. 담론이나 미디어상의 수手를 고안해 낸 사람을 평가하는 국제적 무대가 존재합니다. 그리고 일단 그 무대가 받아들여진다면, 사람들은 그 수에 나머지 것들을 갖다 붙이고 몽상으로 채우기 시작하는 경향이 있단 말씀입니다.

사태의 전후관계는 보통 생각하는 대로 진행되지 않습니다. 어떤 대상이 설정되면, 그 대상은 곧 이미지가 됩니다. 그리고 이 이미지-대상은, 이미지의 배후에 있는 거대한 담론의 공간을 직시하게 만드는 몽상을 불러일으키는 것이죠. 즉 먼저 비의미적 텍스트가 발생하고, 그 다음 그것이 의미적으로 점점 더 풍부해진다는 말입니다. 바로 이것이 후설의 현상학에 대해 하이데거가 접근했던 방식이며, 그로써 현상학은 민족 사회주의, 독일 정신 등을 배면으로 덧붙여 나갈 수 있었던 게죠. 이 과정을 명료하게 서술할 수 있다면 배면에 있는 기술적 장치들이 어떤 것인지도 해명할 수 있을 것입니다. 저는 기술이야말로 선차적이며, 몽상 따위는 부차적 요소라고 생각합니다.

리클린 하지만 기술 그 자체가 이미 몽상으로 가득 차 있지 않습니까? 예컨대 하이데거가 숭앙해 마지않았던 고대 그리스인들의 기술에 대한 분석은 사실 몽상으로 가득 차 있었으니까요.

그로이스 하이데거는 후설의 지향성 이론에서 출발했죠. 여기서 주체는 지향성의 담지자이며, 부단한 실험과 운동의 과정에 있게 됩니다. 이때 의식의 지평은 언제나 더 멀리 밀려나게 되죠. 밀림과 당김의 모델이라고나 할까요. 후설에게는 밀림의 모델이 있습니다. 즉 인간에겐 늘 의식 지평을 (미리 혹은 다시) 밀려는 지향이 있다는 말이죠. 하지만 후설의 모델은 하이데거에게서 달라집니다. 하이데거의 경우 의식 지평은 인간 주체를 끌어당기거든요. 사실 이런 변화는 후설에게서 이미 발견할 수 있는 것으로, 순전히 기술적인 과정에 해당됩니다. 나중에 이 과정이 하이데거의 사유에서 독일 정신, 민족성 등으로 뒤덮여 버리는 것도 그런 탓이죠. 아무튼 순수한 기술적 과정을 가리키기 위해 사용되는 지평Horizont이라는 용어는 '존재'Sein나 '독일'의 예에서 볼 수 있듯 다양한 의미를 지니게 됩니다.

리클린 후설 자신은 그것을 하이데거의 극복되지 못한 가톨릭주의 같은 것이라 설명했는데요.

그로이스 누구든 자기 마음대로 해석할 수 있는 법이죠. 비트겐슈타인의 경우인들 극복하지 못한 유대주의라고 왜 설명 못하겠습니까? 그는 『논리-철학 논고』[21]에서 언어 활동은 랑그의 경계를 넘어선다고 썼습니다만, 또 다른 곳에서는 랑그가 언어 활동의 경계를 넘어선다고도 썼습니다. 사실 이건 완전히 동일한 모델이에요. 언제는 두 사람이 그렇게 하고, 또 언제는 한 사람이 그리 하는 것이지요…….

리클린 담론의 붕괴로군요.

그로이스 담론의 붕괴가 아니라 마케팅인 셈이죠. 제게는 어디서 시작해서 어디서 끝나는지가 중요합니다. 어떤 순수한 기술적 장치가 실현될 때, 그 시작은 매우 구체적이며 특권화된, 가치 부여된 부분에서 비롯됩니다. 가령 제가 에디슨의 램프나 텔레비전을 발명했다고 해봅시다. 곧 회사를 차리고, 상품 판매를 위해 광고 마케팅을 시작하겠지요. 회사의 기반은 램프에 있습니다만, "인생길을 환히 비춰 주는" 나머지 상품들은 램프와 아무 관계가 없는 것들입니다. 그저 마케팅에 딸려 갈 따름이지요.

리클린 즉, 푸코가 '담론'이라고 불렀던 것을 당신은 '마케팅'이라 부르는

21) Ludwig Wittgenstein, *Logisch-Philosophische Abhandlung*, Frankfurt a.M., 1921〔루트비히 비트겐슈타인, 『논리-철학 논고』, 이영철 옮김, 책세상, 2006〕.

셈이군요.

당신은 마케팅에다가 담론의 다른 모든 것들을 왕창 쑤셔 넣고 있는 셈입니다.

그로이스 그렇지 않습니다. 그렇게 쑤셔 넣는 공정 따위는 없어요. 본래부터 담론적인 것, 즉 어디론가 쑤셔 넣을 만한 것 따위는 존재하지 않습니다. 본래부터 형식적인 것, 나중에 채워질 수 있는 것이 있을 따름입니다. 당신은 항상 1970년대식 프랑스 정신에 입각해 사고하려 들기 때문에 거기에 무언가 거대한 게 있지 않나 하고 생각하는 겁니다…….

리클린 비단 1970년대식 프랑스 정신의 문제만이 아닙니다. 18세기 독일 정신, 기원전 5세기의 인도 정신도 모두 그랬습니다. 더 고대적인 기원을 갖는 정신 층위라고나 할까요.

그로이스 당신은 어떤 형식 속으로 완전히 삽입되지 않는 무언가 거대한 것, 바타유가 '저주의 몫'la parte maudite이라 부르고 푸코가 '에피스테메'라고 불렀던 것, 데리다가 처음엔 '차연'이라고 불렀다가 나중에 '메시아적인 것'이라 불렀던 것이 존재한다고 생각하는군요.

리클린 그건 당신이 거명한 사람들에 의해 고안된 게 아닙니다. 소크라테스나 마이스터 에크하르트Meister Eckhart는 어땠는지 기억해 보세요.

그로이스 그 경우는 확실히 고안의 산물이 아니죠. 전승된 것이니까.

리클린 수천 년도 더 전에 말입니다.

그로이스 수천 년 따위는 아무 의미가 없어요. 서가에 꽂힌 책 서너 권 정도에 불과하죠. 저는 아주 적은 것들로부터 시작합니다. 서너 권의 책과 대여섯 대의 기계류, 예닐곱 개의 발명품, 서너 명의 예술가가 있을 뿐이죠. 사실 이런 게 사물에 대한 자본주의적 관점입니다만…….

리클린 바로 거기서 역설적인 상황들이 도출됩니다. 시장의 승리란 것도 결국 시장 바깥에서 시장의 내부로 유입된 사람들의 입을 통해 선언되는 것이니까요!

그로이스 시장에 대해 이야기하려는 게 아닙니다. 뭐든지 무조건 많이 있다고 믿으려는 사람들이 있어요. 어떤 숲이 있고, 들판이 있고, 빙하가 있고, 칸트가 말했던 숭고한 것이 있습니다. 그 다음 이런 것들은 자연이라고, 매스미디어라고, 엔터테인먼트라고, 급기야 시뮬라크르라고도 불리게 되죠. 하지만 그런 것들은 많지 않아요. 생각해 두어야 할 몇 가지들, 예술 작품 대여섯 가지, 혹은 한두 명 정도 관심이 가는 사람들……. 실제로는 아주 적지요. 이 몇 안 되는 사람들이야말로 뭐든지 많이 있다고 생각하는 이들인데, 정작 그들 자신은 자기 같은 사람들이 많이 있다고 생각하며 집에 틀어 앉아 뭔가를 늘 만들어 내고 있지요. 어느 누구는 전체 자연을 상상해 보는가 하면, 다른 누구는 메시아적 계시 같은 것을 공상하는 식으로 말이죠. 그들은 어째 하나같이 무한에 대한 환상을 창조하고 있답니다.

리클린 당신이 기술이라고 부르는 반면 그들은 도구화라고 부르는 그것은 어떤 근원적인 반플라톤주의라 할 수 있습니다.

그로이스 도구화는 늘 부차적인 문제일 뿐입니다. 우선적으로 필요한 것은 형식form이며, 오직 그런 다음에야 도구화가 가능한 탓이죠. 그런 의미에서 저는 플라톤주의자입니다. 제가 기술이라고 부르는 것은 형식의 제작이며, 형식이란 현실에 적용 가능할 때도 있지만, 그렇지 않을 때도 있습니다. 인간이 만들 수 있는 것은 아주 적으며, 그 적은 것들 가운데서도 오직 소수만이 실제로 적용될 수 있거든요. 제가 푸코와 갈라서는 지점이 바로 여깁니다. 우리네 삶은 아카이브보다 작은 것입니다.

리클린 푸코는 삶이 곧 아카이브라고 했죠. 그는 아카이브로부터 유리된 어떤 삶도 인정하지 않았어요. 당신은 푸코에 대해 좀 오해하고 있는 듯하군요. 그는 늘 언표의 공간은 유한하다고 말했거든요…….

그로이스 "Keep Cool!"(냉정을 찾으세요!) 저는 푸코에 관해 잘 아는 사람입니다. 그는 통제 가능한 문법이 존재하며, 언표들의 총합이 유한하다고 믿었던 고전적인 구조주의자 중의 하나였습니다. 하지만 저는 실제로 언표된 것들은 잠재적으로 가능한 언표들의 총합을 능가한다고 생각합니다.

리클린 푸코도 아마 같은 말을 했을 겁니다. 당신과 마찬가지로 그 역시 존재하는 것은 실제로 언표된 것일 뿐이라고 생각했죠.

그로이스 푸코가 언표의 존재 가능성을 시사했던 이유는 저와는 달리 가령 언어 같은 것을 인정했기 때문입니다. 그는 미디어의 문제를 간과했어요. 미디어로 고정되지 않은 문법적 언표들이 가능하다고 생각했거든요. 그로써 미디어적 고정 과정과 언어 사이에 틈이 생겼습니다. 언어는 무한보다는 작지만 미디어적 실천보다는 큰 반면, 담론적 실천은 미디어적 실천보다 넓다고 합니다. 하지만 제 생각에 담론적 실천은 미디어적 실천만큼이나 제한되어 있습니다. 그래서 푸코는 미디어의 문제, 곧 언표의 물질적 고정화의 문제를 간과했다고 말하는 겁니다.

리클린 당신이 미디어라는 말로 뜻하고자 하는 게 무엇입니까?

그로이스 매개자의 물질적 고정 과정입니다. 푸코는 어떤 언어에서는 아카이브에 문법적으로 완전히 정확한 언표가 잠재적으로 존재한다고 생각했습니다. 비록 그런 언표가 사실상 발화된 적도 없고, 따라서 텍스트에 고정되지 않는다 해도 말이죠. 그가 상정하는 아카이브는 제가 생각하는 아카이브와 좀 다른데, 푸코에게 아카이브란 어떤 특정한 시대에 가능한 언표들의 총합을 뜻하기 때문이지요. 반면 저는 아카이브가 미디어적으로 고정된 언표들에만 관련된다고 생각하거든요. 만일 어떤 시대에 가능한 어떤 특정한 언표들이 미디어적으로 고정되어 있지 않다면, 그것들은 아카이브와 아무런 관계가 없습니다.

여기서 다시 한번 무한화에 주의를 돌려 보고 싶군요. 제게 무한화는 마케팅을 의미합니다. 흥미를 끌 만한 아이템들은 아주 적으며, 그 중에서 성공을 거둘 만한 것은 더욱 적은 법이죠. 가령 지향 관계에 대한 아이디어가 비트겐슈타인과 하이데거에게서 거의 동시에 일어났습니다만, 양자는 그것을 선전하는 방식에서 전혀 다른 모습을 보여 주었습니다. 그러니까 한 사람은 별반 필요도 없는 고대 그리스인들, 대지 같은 것들을 끄집어냈고, 다른 사람 역시 야구니 뭐니 하며 마찬가지로 별로 필요 없는 것들을 끄집어냈었죠. 바로 이것이 철학함에 있어서 쓸데없는 과대포장이란 것입니다. 플라톤도 예외는 아니었죠. 자기 사유에 뭔가가 떠오르자, 그는 곧 거기다 공공의 이익이니 뭐니 하며 마구 갖다 붙였던 것입니다. 저나 카바코프도 그렇고, 다른 모든 이들도 하나같이 마찬가지입니다. 먼저 무슨 일인가를 저지르고 나서, 광고를 시작하고, 거기다 러시아 물건들을 덕지덕지 끼워 넣는 겁니다. 어떤 경우에는 제대로 먹혀 들지만 아닐 때도 있죠. 광고가 잘 안 된다 싶으면 더 이상 계속하지 않고 그 아이디어를 내버려 둡니다. 그러고는 다른 아이디어를 생각해 내죠.

리클린 당신에겐 새로운 것을 무한히 창출함으로써 얻을 수 있는 즐거움, 뭐랄까 승리주의 같은 게 있군요. 하지만 당신이 비판했던 철학자들에게 있어 새로움의 가치가 늘 좋다고만 받아들여지는 것은 아니며, 오히려 극단적으로 나쁠 수도 있다는 사실을 잘 아실 겁니다.

그로이스 그래요, 동의합니다. 무한성 속에서 새로운 것과 낡은 것의 차이는 별다른 의미를 지니지 못하니까요.

리클린 낡은 것과 새로운 것의 차이를 하이데거식으로 설정하기는 불가능할 듯싶습니다(그 자신은 소크라테스 이전에도 통용되던 권위 있는 시각이라고 줄곧 주장해 왔죠). 하이데거에 따르면 우리가 도입하려고 애쓰는 모든 새로운 것이란 기실 원형das Uralte, 즉 가장 오래된 것과 다르지 않단 말이죠. 데리다는 당신이 말하는 식의 새로움에 대한 가장 큰 적대자일 겁니다. 왜냐고요? 누군가 어떤 새로운 것에 관해 이야기하고자 한다고 칩시다. 어떤 결과가 나올까요? 새로운 것에 관해 이야기하고자 하는 이는 숭고한 것의 위력에 노출되고, 병적인 열정에 휩싸이는 것입니다. 그런 사람이 쓴 글에는 언제나 가장 오래된 대립쌍이 발견되곤 하는데, 가령 자연과 문화, 성과 속 등등이 그렇습니다. 아무리 감추려 해도 다 보이게 마련이에요. 예를 들어 레비-스트로스는 아메리카 인디언들의 신화 속에서 근본 요소로서 성과 속의 대립쌍을 찾아냈습니다. 1991~1992년에 제가 데리다와 작업할 때, 그가 지치지 않고 강조했던 것은 무엇이든 새로운 것에 관해 병적으로 집착하는 태도를 경계해야 한다는 점이었습니다. 그게 무엇이건 간에 이미 오래된 무엇인가의 반복일 수밖에 없기 때문이죠. 2,500년 전 헤라클레이토스도 이에 관해 이야기했으나, 그 역시 처음으로 이런 말을 한 사람은 아니었습니다.

<u>**그로이스**</u> 그건 그렇습니다. 대체 데리다가 어떻게 그렇게 유명하겠습니까? 그건 그가 계몽되지 않은 사회적 의식, 쉽게 말해 "아니, 여기 검은 사각형 따위를 왜 그리셨소?"[22]라고 묻는 범속한 일상인들의 의식을 코드화하는 데서 출발했기 때문입니다. 그럼 이렇게 대답하겠죠. "검은 사각

---

22) 말레비치의 1915년작 「검은 사각형」(Black Square)을 말한다. 사물을 절대적으로 단순한 형태로 환원해 표현하려 했던 그의 입장을 '슈프레마티즘'(suprematism, 절대주의)라고도 부른다. 1915년 미래주의 전시회에 출품된 「검은 사각형」은 러시아 농촌에서 전통적으로 성상을 모셔다 두는 장소인 벽면 구석에 걸렸으며, 이로써 관람객들의 찬탄과 분노를 동시에 샀다고 한다.

형은 이미 성상聖像에 포함되어 있던 것입니다. 새로울 게 하나도 없죠."

새로운 것은 언제나 이미 존재했다는 식의 발언은 그다지 온당하다고 할 수 없습니다. 왜냐하면 제가 어디엔가 썼듯이, 하늘 아래 새로운 것이 없다는 말에 제가 원칙적으로 동의하긴 해도 전자화된 현대 세계에서는 아주 많은 것들이 결국 정말 새로운 것임이 드러났기 때문이죠. 모든 것이 맥락에 달려 있습니다. 새로운 것이란 특정한 공간에서 어떤 것의 맥락화입니다. 데리다 자신만 해도 스스로를 '혁신자'라고 여길 것이고 실제로도 그렇습니다. 아마 해체론을 '새로운 이론'이라고 생각할 수도 있고, 어떤 구체적인 맥락에 대입해 보려 들겠지요. 구조주의라는 맥락에다가 헤라클레이토스나 하이데거의 사상을 집어넣었듯 말입니다. 아닌 게 아니라 그런 게 '혁신'이라 부를 만하겠지만요…….

새로운 것이 무엇인지 규명하기 위해서는 맥락을 고정시켜 봐야만 합니다. 만일 데리다가 절 찾아와서, 제가 하는 이야기가 사실 헤라클레이토스도 이미 했던 것이라고 지적한다면, 그런 지적 역시 제가 하려는 말의 새로운 맥락화에 해당될 겁니다. 하지만 그렇게 만들어진 맥락 역시 '새로운 것'이라 부를 수 있겠죠. 새로운 맥락의 창조, 그게 바로 데리다가 하는 일입니다. 현대의 많은 예술가들과 작가들도 똑같은 작업을 벌이고 있죠. 실제로 존재하는 것은 새로운 맥락들의 아카이브이며, 데리다의 텍스트 전체는 새로운 것의 생산을 통해 지속되는 셈입니다. 따라서 그가 새로운 것에 반대한다면 그는 자기 자신에게 솔직하지 못하다는 말이 되며, 오랫동안 사람들을 현혹시켜 왔다고밖에 할 수 없을 것입니다.

리클린 그런 식으로라면 해당되지 않을 사람이 없겠죠. 당신도 예외는 아닙니다.

그로이스 그런 점도 고려할 줄 알아야 한다는 말씀입니다. 데리다의 경우 그 자신이 작업하고 있는 위치를 고정시킬 수 있어야 한다는 뜻이고요. 그는 새로운 맥락과 레디메이드를 창조하는 데 쓰는 여러 기술적 장치들을 고안해 냈고, 동일한 장치라고 하더라도 다양한 맥락에서 활용할 수 있다는 점을 보여 주었습니다. 그리고 개개의 맥락들과 무관하게 광고와 다름없는 결론을 내렸지요. 저에 관해서 말한다면, 저는 극단적으로 이해된 유한성의 조건 속에서 그 과정들을 기술하려 노력할 뿐입니다. 물론 우리가 고정시킬 수 있는 사유의 수는 유한하다는 사실에서 출발해야겠지요.

리클린 그렇다면 당신이 비판하는 사람들이나 당신이나 별 차이가 없겠군요. 그들 또한 유한성에 관한 사유는 유한한 방식으로만 가능하다고 생각하니까요.

그로이스 그렇습니다. 하지만 그들은 이 작업을 끝까지 밀어붙이려 하지 않습니다. 그들은 정신의 무한성을 관조하면서, 그 무한성을 창문으로 들여보내고 기호들의 무한한 유희로 탈바꿈시켰죠.

리클린 하지만 당신도 무한성으로부터 완전히 벗어나진 못하지 않습니까? 그것은 당신 텍스트에서 '목소리'라든지 '억양'을 통해서 등장하고 있습니다.

그로이스 그것을 지향하지는 않습니다. 저는 보다 구체적인 과정에 대해 일하니까요. 예를 들면 저는 그들이 자기 담론의 어느 지점에다 무한성을 들여놓는지 관찰합니다. 그건 소쉬르나 레비-스트로스의 사상을 무비판적으로 수용할 때 종종 일어나는 일이죠. 그런 무비판성은 그들이 자기들이 설정한 기호 체계에 물질적이고 미디어적 담지자가 무엇인지 묻지 않을 때 생겨납니다. 담지자에 관해 그들이 생각하는 것이란 고작 언어 그 자체 정도일 뿐이고, 언어의 물질적 담지자가 무엇인지에 대해서는 묻지 않지요. 더 선차적인 질문이 되어야 하는데 말입니다. 그런 질문이 제기되지 않았기 때문에 차이의 무한한 운동이니, 기호들의 무한한 유희니, 무한한 메시아적 계시니 희망이니 하는 것들에 대해 사유하는 사태가 벌어지는 것입니다. 여기서 그런 내용들이 잔뜩 쓰여 있는 종이뭉치가 아카이브나 정치적·경제적 정황 등과 어떤 관련을 맺고 있는지에 대해서도 별반 질문이 던져지지 않습니다. 이게 무엇이냐 하는 건 중요하지 않아요. 더 중요한 것은 그게 어디에 쓰여 있는가에 있습니다. 저는 그와 같은 순간을 고정시키려고 애쓰는 것이며, 그 논리를 정합적으로 풀어내려고 하는 것입니다. 만일 지금 제 이야기 속의 그 어떤 차원에서 무한성이 스며들고 있다고 생각하신다면…….

리클린 여러 가지 면에서 그런 듯한데요.

그로이스 왜 아니겠습니까? 좋습니다. 제 기술적 과제는 현재 문화의 파열구가 어디에 생겼는지 이해하는 데 한정됩니다. 만일 이 과정에서 제가 어떤 구멍을 메우지 못했다면 어쩔 수 없는 일이죠. 저는 제 과제를 푸는 데 몰두했을 뿐입니다. 왜냐하면 그런 과제는 적고, 사람이 짧은 생애 동안 생각해 내거나 출판할 수 있는 것도 적으며, 명성이나 인기를 누릴 기회는 더욱더 적으니까요. 우리는 개인적으로나 사회적으로나 매우 제한된 가능성을 안고 살아갑니다. 하지만 프랑스 철학이란 무한한 유희, 무한한 가능성과 같은 환상을 만들고 있지요. 문제는 그렇지 않다는 겁니다. 우리는 짧은 시간을 살다 가는 불쌍한 중생들일 따름입니다.

리클린 당신의 반대자들 역시 거의 비슷한 방식으로 말할 겁니다. 담론의 빈곤이라든지 우리가 굉장히 제한된 공간에서 활동하고 있다는 것 등은 그들의 기본적인 아이디어 가운데 하나죠. 담론을 초과하는 무엇인가가 있다는 가정이 존재합니다만, 사람들은 대체로 그런 가정 자체가 적실한지에 대해 더 많이 의심하는 편입니다. 다른 사람들과 당신의 논리가 합치한다는 것은 나름대로 괜찮은 일입니다. 전통을 생산적으로 비판하기 위해서는 거기에 들어가 볼 필요가 있죠.

그로이스 제가 다른 사람들과 갈라질 수밖에 없는, 제 발언의 맥락에 주목해 주셨으면 싶군요. 우리는 늘 비교 가능한 맥락에서 발언합니다. 만일 당신이 제가 새롭다고 이야기한 것이 실상 낡은 것이라거나 혹은 다른 이들이 말한 것과 다르지 않다는 식으로 제 발언의 맥락을 옮겨 놓고 싶어 한다면, 그 자체가 이미 새로운 비교 가능한 맥락의 창조라 할 수 있습니다. 다만 거기서 당신은 당신이 창조한 맥락의 새로움을 입증해야 하며, 그런 의미에서 제 맥락에서 제가 마주친 것과 동일한 문제에 맞닥뜨리게 될 것입니다. 사유와 비사유, 말해진 것과 말해지지 않은 것의 차이는 대단히 구체적이고 상황 의존적이며 맥락 의존적입니다.

맥락을 확장하는 데 있어서는 극히 신중해야 합니다. 부단히 맥락을 변주하고 확장하는 일에는 하이데거가 아주 열심이었죠. 데리다도 마찬가지였고……. 그들 중 누구도 적절한 한도를 넘진 않았습니다만, 무엇 때문에 그런 일을 하는지, 어떤 조건에서 그렇게 하고 있는지에 대해 성찰했어야 한다고 생각합니다. 유감스럽게도 데리다는 제가 만족할 만한 형식에 따른 성찰을 하지 않았던 것이죠……. ■

후기

Apocalypse now?*

I.

철학이 테러를 그 사유의 대상으로 삼았던 것은 어제오늘의 일이 아니다. 가령 독일 관념론은 프랑스 대혁명의 테러에 관해 사유해야 했으며, 전체주의라는 개념은 소비에트와 나치의 테러에 대한 응답으로서만 형성될 수 있었다. 그 이외에도 테러의 경험이 없었더라면 결코 사유될 수 없었던 철학의 개념들이 있다.

하지만 테러의 이전 형태들이 대개 국가, 〔소비에트 연방이나 미합중국과 같은〕 국가연합체 또는 적어도 명백히 권력을 지향하는 어떤 조직체의 이름을 걸고 실행되었던 반면, 9월 11일에 우리가 마주친 사건은 모종의

* 이 후기는 리클린이 『조국의 기록』(*Отечественные записки*) 2002년 제3호에 「Apocalypse now: 9월 11일 이후의 철학」("Apocalypse now: Философия после 11 сентября")이란 제목으로 기고한 글을 대담집 말미에 추가한 것이며, 독일어판에는 실려 있지 않다. 알다시피 'Apocalypse now'는 프란시스 포드 코폴라 감독의 1979년작 영화 제목으로, 한국에서는 「지옥의 묵시록」이라는 제목으로 상영되었다. 이하 후기에서의 각주는 (본문에서와 반대로) 별도의 표기가 없는 한 모두 지은이 주이다. —옮긴이

근본적인 침묵을 함축하고 있다는 점에서 그 성격이 전혀 다르다. 여기엔 테러를 조직한 자들과 그것을 실행한 자들의 죽음에 의해 배가될 뿐인 침묵, 그리고 끝없이 이어지는 다양한 해석을 승인할 뿐인 침묵이 버티고 있는 것이다.

우리 시대의 철학자들은 이 사건에 대해 어떤 반응을 보였는가? 그들의 반응이 사뭇 다채로웠기 때문에, 나는 문제의 범위를 좁혀 보고자 대략 다음과 같은 질문들을 던져 보았다. "9·11에 대한 그들의 사유는 어떤 것인가?"(누구의 사유가 보다 보편적인 설득력을 지녔는가?) 더 구체적으로는 이렇게 질문할 수 있겠다. "9·11은 그들의 사유에 어떤 영향을 끼쳤고, 그들은 어떤 사유의 변화를 겪었는가? 9·11은 이미 모두가 서둘러 그 의미를 밝히고자 하는 하나의 지성사적 사건이 되지 않았는가?"

지금부터 나는 내가 만나 보았던 철학자들이 9·11에 대해 어떤 반응을 보였는지 기술해 보려 한다. 여기 적은 내용은 그들이 밝힌 가장 최근의 입장들로서 완결된 텍스트 형태로 접한 것도 있으나, 신문지상에 나온 인터뷰 및 미출간 원고들을 통해 알 수 있던 것도 함께 포함되어 있다. 발표를 허락해 준 저자들의 친절에 감사를 표하며, 먼저 9·11에 대한 그들의 반응을 살펴본 다음에, 9·11 언저리에 놓인 그들의 입장을 다시 개괄해 보도록 하자.

1. 2001년 9월 22일, 테러가 발생하고 열하루가 지난 다음, 자크 데리다는 프랑크푸르트에서 아도르노상을 수상하면서 이렇게 말했다.

"지금까지 유럽은 이토록 낯설고 절박한 사유의 과제를 떠안아 본 적이 없습니다. 지금 우리에겐 명징하게 깨어 있는 해체적 비판이 요구되고 있습니다. 그것은 정치적 수사와 매스미디어 권력, 원거리 통신 기술, 자발적으로든 조작적으로든 구성된 사회 여론 등에 대한 분석을 통해 무엇이 정치와 형이상학을, 자본주의적 책략을, 종교적이고 국민적인 감정의 왜곡을 양산해 내는지 면밀하게 관찰할 것입니다. 이는 유럽의 경계 바깥에서와 마찬가지로 그 내부에서도 마찬가지로 적용되어야 합니다. 다시 말해, 모든 경계 지대에서 동일하게 해체적 비판이 실행되어야 하는 것입니다. 9·11의 희생자들에 대한 절대적인 공감과 동정이 있다 해도, 저로 하여금 이 사건에 대한 그 어떤 정치적 무고함도 믿으라고 종용하지는 못할 것입니다. 만일 무고한 희생자들에 대한 저의 동정이 무한하다면, 이는 그 감정이 9월 11일 뉴욕에서 사망한 사람들에게만 국한되지는 않는 까닭입니다. 엊그제 백악관이 발표한 '무한 정의'[2]에 대한 저의 해석은 바로 그렇습니다. 그것은 자신의 과오에 대해 책임을 벗어나려 들지 말라는 것, 실로 참혹하고도 감당할 수 없을 정도의 대가를 치러야 할지라도 결코 책임을 회피하려 들지 말라는 것입니다."[3]

요컨대 자크 데리다는 뉴욕에서의 테러가 형이상학과 정치의 전통적 관계에 대해 전에 없이 날카로운 의문을 제기했다는 사실과 이 과정에서 유럽의 역할이 다시금 재평가되어야 한다는 사실을 명확히 밝혀 주었다. 대량 학살이 자행되는 탈개인화된 세계에서는 순수한 무죄성에 대한 어떤 변론도 곧이곧대로 믿을 수 없다는 말이다. 그러므로 '희생자들'에 대

2) 무한 정의(Infinite Justice). 2001년 미국이 아프가니스탄을 침공할 때 사용한 작전명. 하지만 '무한 정의'는 오직 알라만이 행사할 수 있다는 이슬람권의 정서를 고려하여 '항구적 자유 작전'(Operation Enduring Freedom)로 개칭되었다. 2003년 개시된 이라크 침공 시 작전명은 '이라크 자유 작전'(Operation Iraq Freedom)이었고, 흔히 알려진 '충격과 공포'(Shock and Awe)는 전쟁 중 실시된 폭격 작전 중 하나의 명칭이었다. —옮긴이

3) Jacques Derrida, "La langue de l'etranger", *Le monde diplomatique*, janvier 2002, p.27〔자크 데리다, 「이방인의 언어」, 『르몽드디플로마티크』〕

한 동정에는 뉴욕에서 사망한 사람들뿐만 아니라 서구 세계 '본연의 잘못'으로 인해 희생된 사람들도 당연히 포함되어 있다. 그 '잘못'으로 인해 치러야 할 대가가 '참혹하고도' '감당할 수 없을 정도의' 수준이 되는 것도 바로 이 지점일 것이다. 하지만 전 지구화라는 서구의 행위가 오직 '과오'임을 인정하는 일과 '감당할 수 없는' 규모로 치러야 할 대가가 어떤 것이냐에 대해 내가 만난 철학자들은 각자 서로 다른 입장들을 취하고 있다.

2. 장 보드리야르는 자신의 에세이 「테러리즘의 정신」의 첫머리를 '사건의 휴지기'가 이제 종막을 고했다는 선포로 시작하고 있다. 즉, 별 사건 없이 지속되었던 역사의 오랜 휴지기가 끝나고 마침내 '진정한 사건'이 발발했다는 말이다.

유일 초강대국으로 남은 미국은 전방위적으로 '테러리즘의 상상력'을 배태시켰으며, 이는 결국 쌍둥이 빌딩의 파괴를 통해 현실화되었다. 만일 우리의 '뿌리 깊은 공모'가 없었더라면, 이 사건은 공식적 채널이 온갖 수단을 동원해서 부정하려 드는 상징적 차원을 결코 획득할 수 없었을 것이다. "마침내 그 일을 완수한 것은 그들이었지만, 정작 그것을 원한 것은 바로 우리였다."[4] 보드리야르의 핵심적 테제가 여기에 있다. 실로 우리의 뿌리 깊은 공모, 관여가 없었더라면 테러는 그저 우연의 총합으로 남았을 뿐, 장기적인 여파로 이어지지는 않는 소수 광신도 근본주의자들의 파괴 행위에 불과했을 것이다. '우리'라는 단어로 보드리야르가 지칭하

---

4) Jean Baudrillard, "L'esprit du terrorisme", *Le monde*, novembre 2, 2001〔장 보드리야르, 「테러리즘의 정신」, 배영달 옮김, 동문선, 2003〕. 이 에세이는 다음 독일어 번역본에서 인용하도록 한다. *Lettre International*, Heft 55, Winter 2001, S. 11~17, S. 11.

고자 했던 것은 전 지구화의 과정에서 모든 것을 빼앗긴 수백만의 제3세계 민중들이라기보다, 차라리 전 지구화의 혜택을 누리고 있으되 미국의 지배 및 그로 인해 유발된 '최종적 질서'라는 점증하는 알레르기에 시달리는 서구인들 자신이라 할 수 있으리라.

권력이 막강해질수록 꺾고 싶은 욕망을 참기 어려울뿐더러, 그 권력을 자기 파괴적인 목적으로 사용하고 싶은 욕망도 한층 배가된다. 예전에는 "신은 자기 자신과 싸우지 않는다"라는 말이 있었지만, 이젠 그렇지 않다. "신적인 전능함과 절대적인 도덕적 합법성마저 갖게 된 서구는 마침내 신이 되었으며 ……스스로에게 전쟁을 선포하기에 이르렀다."[5]

새로운 유형의 테러는 바이러스처럼 사방에 흩뿌려져 있다. 그것은 과거의 공식적 프로파간다가 선전하듯이 적의 이미지로 외형화되거나 구체적으로 적시되지 않는다. 구태의연한 프로파간다는 현재의 갈등을 고전적 갈등 유형에 귀속시킬 따름이며, 이로부터 무력 해결의 가능성, 선과 악의 직접적인 대립, 자유주의와 이슬람 근본주의의 대결 따위와 같은 가상들이 출현하게 된다. 하지만 실제로 우리가 목격하는 것은 전일적인 교환 시스템으로서 전 지구화 과정을 통해 집단과 개인 및 다양한 문화적 특이성들singularities이 희생되는 광경이자 그 특이성들이 복귀하는 장면이다. 모든 억압된 특이성들, 수탈된 자들은 보드리야르가 말한 '사태의 테러리즘적 전이(변환)'를 적극적으로 실행에 옮긴다. "테러의 실행을 통해 특이성은 전일적 교환 시스템의 내부로부터 빠져나가게 된다."[6]

보드리야르는 뉴욕과 워싱턴에서 일어난 테러 사건을 제4차 세계대

---

5) Ibid.
6) Ibid.

전에 비유하고 있다. 첫번째 세계대전이 식민주의를 종결시켰다면, 두번째는 파시즘을 끝장냈고, 냉전의 형태를 띠고 등장했던 세번째는 공산주의를 붕괴시켰다. 이제 네번째 세계대전은 전 지구화된 세계와 그 '항체'의 충돌을 최초로 목격하고 있다. 여기서 세계가 자기의 전 지구화에 대립하는 한편으로, '새로운 세계 질서'를 표방하며 테러리즘에 대해 테러로 대항하고자 하는 '테러리즘적 응답'이 형성되고 있다. 앞선 세 차례의 세계대전이 특정한 이데올로기(반식민주의, 반파시즘, 반공산주의)를 앞세웠다면, 네번째는 그 무엇도 내세우지 않는다는 게 특징적이다("테러에 맞선 테러, 여기엔 아무런 이데올로기도 내세울 만한 게 없다").[7)]

새로운 세계 질서의 작동 인자들과 마찬가지로, 바이러스성 '항체' 역시 식별 가능할 정도로 국지화되어 드러나지 않는다. 즉, 이데올로기적으로 외형화되지 않는 것이다. 이슬람은 '우리들 각자에게' 이미 현존하는, 사방에서 흘러넘치는 적대성의 투박한 지시물에 다르지 않다. 때문에 만약 선으로 악을 제압하고자 한다면, 무엇보다도 먼저 스스로를 선이라 자처하길 그만둬야 할 것이다. 부정성, 죽음, 상징적 원칙의 배제를 중단해야만 하는 것이다.

하지만 그 또한 불가능한 노릇이다. 죽음 및 상징적 원칙으로부터의 호출은 접수될 수 없는데, 왜냐하면 그것들은 '애초부터' 우리 문화의 자장에서 '삭제되어' 있는 탓이다. 동시에 탈산업사회에서 전에 없는 안락함을 누리며 살아가는 사람들에게 상징계의 부재라는 상황 역시 견딜 수 없는 것이 분명하다. 외부의 적 때문이 아니라 바로 이러한 상황성 자체로 인해 세계는 극도로 유약해져 버렸다. "테러리스트들은 자신들의 죽음을

7) Jean Baudrillard, "L'esprit du terrorisme".

시스템에 저항하는 절대적 무기로 바꾸는 데 성공했다. 죽음의 무화, 영도零度의 죽음은 죽음을 배제하며 존속하는 시스템의 이상理想이었던 까닭이다."[8] 더불어 시스템은 거기에 부과된 상징계의 호출로부터도 벗어날 수 없다. 그에 응답하려 애쓰는 가운데, 시스템은 결국 "초과 효과의 무게로 무너져 내리고" 말 것이다.[9]

지배적 시스템은 국지화될 수 있는 모든 적대성, 가시적 대립을 소거할 수 있다. 하지만 시스템은 소수[9·11의 테러리스트들]의 상징적 죽음에 대해서는 전혀 무력한데, '영도의 죽음으로서 시스템'은 그들이 보낸 메시지를 왜곡시키지 않고서는 전혀 해독할 수조차 없기 때문이다. 현실의 밑바탕에는 상징계로의 이행을 촉구하는 세계 질서의 힘이 작동하고 있지만, 테러리즘에 대한 호소는 바로 그런 현실을 기각하는 가운데 성립한다. 새로운 유형의 테러는 자신의 죽음조차 하나의 코드로 만들면서 그 적대자들은 이용할 수 없는 테러의 수단을 가동시키고 있다. 이로부터 테러리스트들은 새로운 세계 질서가 표방하는 모든 가능성들, 정보적이고 금융적이며 기술적인 가능성들을 손에 넣는 것이다.

심지어 미국적 일상의 진부함조차 새로운 테러의 가능성에 포섭되어 있음이 밝혀졌다. 싸구려 모텔을 전전하는 과정에서 테러리스트들은 후일 테러리즘의 혐의를 받게 될 수백만의 평범한 사람들과 뒤섞여 버렸던 것이다. 새로운 세계 질서에 고유한 내재성과 희생 논리의 결합은 일종의 폭발성 혼합물로서, 하루살이 같은 일상이 지나간 후에 마침내 진정한 사건을 폭발시켜 버렸다. 이제 새롭게 등장한 테러는 바로 부자들의 테러다. "자

8) Ibid, S. 12.
9) Ibid.

살 테러리스트들은 가난한 자들의 테러를 몸소 보여 주었으나, 지금 우리 앞에는 부자들의 테러가 자신의 모습을 드러내고 있다. 실로 놀랄 만한 사실은 부유한 테러리스트들 역시 우리의 파멸을 원하고 있다는 것이다."[10]

이미지와 현실 관계의 극단화 역시 보드리야르가 지적하는 것이다. 테러를 통해 현실이 허구의 경계를 넘어서 버린 것처럼 보인다면, 이는 순전히 현실이 허구의 에너지를 흡수함으로써 현실 자체가 허구가 되어 버린 탓이다. 폭력만으로 현실에서 벌어지는 행위의 값어치를 측정하고 평가하기는 충분하지 않다. "현실은 원칙이며, 원칙으로서 현실은 되돌릴 수 없는 것, 이미 상실된 것이다. 현실은 허구와 불가분의 관계에 있으며, 테러가 초래한 매혹은 무엇보다도 그 이미지에 있다. ……그것은 비단 공포스런 것에 그치지 않고, 또한 현실적인 것이며 ……본래부터 이미지적인 것이다. 이미지의 보충물로서 현실이 경련을 일으키는 것은 그 다음 순서다."[11]

매스미디어의 현장 중계가 테러의 일부가 된 것 역시 최초의 사건이다. 매스미디어가 테러의 핵심적 무기 가운데 하나로 등극한 것이다. 금제禁制의 증대나 전쟁은 모두 점증하는 위협에 대한 적절한 해답이 되지 못한다. 낡은 형태의 위험에 대항하기 위해 고안되었던 수단들로 새로운 위험에 대응할 수는 없는 것이다. "전쟁은 다른 수단에 의한 정치 부재의 연속이다." 클라우제비츠의 금언〔"전쟁은 다른 수단에 의한 정치의 연속이다"〕에 대한 보드리야르의 빈정거림은 그가 무엇을 염두에 두고 있는지 잘 보여 주고 있다.

---

10) Jean Baudrillard, "L'esprit du terrorisme", S. 13.
11) IbId, S. 14.

3. 9·11에 대한 폴 비릴리오의 인터뷰는 「테러에서 아포칼립스로」라는 표제를 달고 있다. 그에 따르면 테러를 조직한 자들이 품었던 신비주의적 근본주의는 폭넓은 기술적 숙련도와 언론을 주무를 수 있는 능력의 결합으로 요약된다. 테러리즘과 언론의 이런 근친성은 기실 전혀 새로운 일이 아니다. 미래 사회에서 텔레비전 스크린은 더욱 공포스럽고 예측할 수 없는 사건들이 뛰노는 영토가 될 것이다. 비릴리오의 진단을 신뢰한다면, 9·11은 "전통적인 제한적 테러 행위와는 아무런 공통점도 갖지 않는" 전혀 새로운 사건이다.[12] 우리 앞에 거대한 테러, '우발적(즉, 비실체적이며 우연성에 기반해 있는) 전쟁'이 도래했으며, 그것은 원칙적으로 전쟁에 관한 전통적인 견해와 전혀 상반되는 것이다.

2000년 네트워크 경제의 와해 이후, 논점은 미국 CNN 방송사를 통해 전 지구적 차원의 정보 지배를 누려 왔던 펜타곤의 네트워크 전략이 와해되었다는 사실에 모아졌다. 펜타곤의 네트워크 전략은 테러리스트들의 여객기 공격에 의해 진주만 기습보다 두 배 이상의 더 큰 손실을 입었으며, 결국 무력하게 허물어졌던 것이다. "선진국들과 군산 복합체들에 있어 9·11은 아마도 대단히 장기적인 여파를 미칠 사건이 될 것이다."[13]

지금까지는 두 가지 유형의 전쟁이 존재해 왔다. 국가 간 전쟁과 내전이 그것이다. 이제 우발적 전쟁이라는 세번째 유형이 나타났으며, 그것은 곧 국제적인 내전으로 전화하게 될 것이다. 지금 우리는 글로벌 시대의 첫번째 전쟁, 전 지구적 차원의 우발적 전쟁이라는 상황에 직면해 있다.

"테러 지령이 자살 공격자들에게 떨어지는 순간, 그것은 분쟁 상황을

12) Paul Virilio, "Vom Terror zur Apocalypse?", *Lettre International*, Heft 54, Herbst 2001, S. 5.
13) Ibid.

핵전쟁에 비견할 만한 새로운 국면으로 돌려놓는다. 그런 전략은 결국 세계대전으로 나가는 길을 열어 놓을 것이다. ……핵전쟁과 생화학전을 저지하던 상징적 장벽이 사라져 버렸다."[14)]

우리는 종말의 숨결을 바로 옆에서 맡고 있는 셈이다.

1972년 팔레스타인의 테러 조직 '검은 구월단'[15)] 사건 이후 대재앙을 다룬 영화들이 유례없이 인기를 누린 바 있다. 그런데 9월 11일의 테러는 그런 종류의 영화들이 갖는 현실성을 더 이상 유효하지 않은 것으로 만들어 버렸다. "우리는 1:1 사이즈로 재난 영화를 보게 되었고, 그 시나리오는 현실 자체에 의해 쓰여진 것이다."[16)] 이 사건은 마치 읽는 것부터 처음부터 배워야 하는 외국어에 흡사하다. "나로서는 클라우제비츠의 정신에 입각하여 전쟁을 재再정치화해야 한다고 말할 수 있을 따름이다. 테러리즘의 극단성에 파란불이 켜진다면 우리가 마주하게 되는 것은 핵전쟁의 아포칼립스에 다름 아니다. ……재정치화가 뜻하는 바는 전쟁이 우발성이 탈각하고 다시금 본질적 관계성을 회복하는 것이다. 대화를 통한 파트너십의 건설, 전술에 대한 숙지……마치 치밀한 상업적 거래 관계를 연상시키는 전쟁을 복구시키지 못한다면, 결국 전쟁의 아나키즘 시대가 도래할 것이다."[17)]

---

14) Paul Virilio, "Vom Terror zur Apocalypse?".

15) 검은 구월단(Black September). 팔레스타인해방기구(PLO)에서 분리되어 1970년 결성된 극단적 무장투쟁 조직. 인적 구성이나 조직 체계에 관해서는 아직까지도 알려진 바가 거의 없다. 제3차 중동전쟁 이후 미국 주도의 평화협상에 반발하며, 항공기 납치와 요인 암살 및 테러 등을 통해 팔레스타인의 해방을 기도했다. 1972년 뮌헨 올림픽에 출전한 이스라엘 선수단을 공격·살해하였고, 이후 이스라엘과 끊임없는 보복 테러의 악순환을 낳았다. 이 사건의 전후 경과에 대해서는 스티븐 스필버그의 영화 「뮌헨」(Munich, 2005)을 참조할 만하다. —옮긴이

16) Paul Virilio, "Vom Terror zur Apocalypse?", S. 6.

17) Ibid.

비릴리오의 결론에 따르면, 9·11 사태는 기계식 네트워크 방어 전략을 수립하려 했던 군산 복합체의 완전한 패배를 의미한다. 이 낡은 전략은 새로운 종류의 위협에 대처할 만한 방어력을 보여 주지 못했던 것이다. 군사 기술 및 과학에 대한 투자가 얼마나 효과적인지에 대해서도 심각한 회의론이 대두되었다. 여하간 9·11이 초래한 결과는 끝없이 이어지고 있다. 그 한 가지로 거론할 수 있는 것은 민주주의 사회에서조차 CCTV를 비롯한 여러 감시 장치 등을 이용해 경찰의 통제력이 확대·강화되고 있는 위험성이다.

4. 「남독일신문」에 게재된 독일 언론인과의 대담에서 미국의 저명한 철학자 리처드 로티 역시 2001년 9월 11일의 사건에 대한 자신의 입장을 표명했다. 아프가니스탄에서 전쟁을 벌이는 대신 문화 간의 대화를 이끌어 내는 게 더욱 좋지 않았겠느냐는 질문에 대해 그는 이렇게 대답했다. "저는 대화 따위에서는 아무것도 기대할 게 없다고 생각합니다. 프랑스 혁명 이후 200년간 유럽과 아메리카에서는 수많은 사회 불평등 요소들을 제거해 나간 세속화와 휴머니즘의 문화가 꽃피었습니다. 여전히 많은 과제가 남아 있겠지만, 중요한 것은 서구가 올바른 길을 가고 있다는 사실입니다. 저는 서구가 다른 문화권에서 무언가를 배워야 할 필요는 없다고 봅니다. 그와는 반대로, 서구적 가치를 다른 지역들로 확대하는 것이 우리의 과제가 되어야 할 것입니다."[18] 코카콜라와 맥도날드를 전 세계로 전파하는 일은 계몽의 이념을 수출하기 위해 치러야 할 작은 대가에 불과하다. 전

18) "Interview: Richard Rorty. Den Planeten verwestlichen!", *Süddeutsche Zeitung*, November 20, 2001.

지구적 시장경제를 제외한다면 평화와 정의의 그 어떤 다른 프로그램도 존재하지 않는다.

그러나 로티의 반대자들은 서구적 삶의 기준을 전체 인류의 범위로 확장하는 게 불가능하다고 격분한다. 생태학적 이유는 그들의 근거 중 하나이며, 로티도 이에 동의하고 있다. "우리의 자원 형편이 전 지구적 차원에서 중산층을 형성하는 데 턱없이 부족하다는 건 사실입니다. 만일 미국과 유럽의 유권자들로 하여금 자신들의 삶의 수준을 조금 낮추는 데 동의하도록 설득할 수 있다면, 저로서는 쌍수를 들어 환영할 일입니다. 하지만 불행하게도 그런 제안은 그다지 환영받지 못하겠지요. 우리와 이웃한 세상을 구원하려는 과제는 결코 성공할 수 없을 것입니다."[19]

로티의 반대자들은, 과거에 군사적 수단을 통해 서구적 가치를 강요한 결과가 아나키즘을 배태했고 새로운 종류의 테러를 조장했다고 주장한다. 하지만 로티는 이런 반대에 대해 평화는 경찰력 없이는 존속할 수 없다며 응수하고 있다. 유럽이 미국의 경찰 역할을 상당 부분 떠맡아 준다면 더 없이 좋은 일이겠지만, 그렇든 그렇지 않든 경찰의 역할은 평화 유지를 위해 필연적인 요소라는 말이다.

마틴 루터 킹이 흑인 소수자들의 다양한 권리를 찾아주기 위해 싸움을 시작했을 때, 보수적 반대파들은 미국 남부의 문화적 특수성을 이해해야 한다고 강변하곤 했다. 그들에 따르면 남부 문화는 북부인들로서는 전혀 이해할 수 없는 특수성들로 가득 채워져 있다는 것이었다. 그러나 이 경우 '문화'라는 말은 불의를 감싸는 일리바이에 불과하며, 혐오스럽기 짝이 없는 핑곗거리임에 분명하다. 백인들은 문화라는 이름으로 자신들의

---

19) "Interview: Richard Rorty. Den Planeten verwestlichen!".

흑인 동료 시민들에게 자행했던 불의를 은폐하고자 했던 것이다. 오늘날 타 문화에 대해 관용을 베풀고 존중해 주라는 요구는, 억압받는 자들에게 억압하는 자들의 지배에 동의하라고 요구하는 것은 아닌지 상당히 의심스럽다. 정말 그렇다면, 과거 군사적 수단까지 동원하며 약진하던 '서구적 가치'의 현재적 행보는 억압받는 자들의 유일한 희망마저 짓밟고 있음에 다름 아니다.

5. 9·11에 대한 슬라보예 지젝의 견해는 「실재의 사막에 오신 것을 환영합니다」라는 에세이에 잘 표현되어 있다. 그가 뉴욕의 쌍둥이 빌딩이 무너져 내리는 모습에서 연상한 것은 「인디펜던스 데이」(1996)로부터 「아마겟돈」(1998)에 이르는 할리우드 재난 영화의 유명한 장면들이었다. 영화 속의 현실은 실제 현실보다도 더욱 현실적이었다. 하지만 더욱 중요한 것은, 테러가 발생했던 그 '진리의 순간'에 제1세계와 제3세계의 구분, 혹은 '우리'와 '그들' 사이의 구분이 과거의 효력을 상실했다는 점이다.

우리가 목격한 것은 사람들을 덮친 거대한 먼지 구름이었을 뿐, 유혈이 낭자한 소름끼치는 장면 따위가 아니다. 그런데 그간 제3세계에서 벌어진 폭력 사태 가운데 천지사방에 피가 튀고 짓이겨진 시체가 등장하지 않던 장면이 있었던가? 유사 현실이 할리우드에 의해 창조되었을 뿐만 아니라 현실 자체도 이제 영화적 가상을 획득해 버렸다. 9·11은 가상성으로 피폐해진 우리들을 실재의 사막으로 초대했지만, "쌍둥이 빌딩이 무너져 내리는 장면에서 우리가 떠올리는 것은 혼을 쏙 빼놓는 블록버스터 재난 영화의 장면들일 뿐이다."[20]

사태에 대한 통상적인 독해 방식을 뒤집어 볼 수 있어야 한다. 왜냐하면 (통상적인 정신분석적 해석과 달리) 9·11은 우리의 방어적 환상을 뒤흔들어 놓는 실재의 틈입에 의해 생긴 파열구가 아니기 때문이다. 오히려 사정은 완전히 그 반대이다. "9·11 이전까지 우리는 우리만의 현실 속에서 살아 왔다. 거기서 제3세계는 무無와 같은 것으로, 우리의 사회적 현실의 일부로 등장하지 않았고, 텔레비전 화면 속의 환영과 같은 것으로서만 존재했을 뿐이다. 9·11. 그것은 우리의 현실 속으로 파고든 환상의 스크린이라 할 수 있다. 현실이 우리의 이미지 속으로 파고든 게 아니라 이미지가 우리의 현실로 파고들었고, 현실을 온통 뒤흔들어 놓았다."[21]

9·11 이후 이 사건을 연상시키는 영상물들이 한동안 금지되었던 것도 우연한 일이 아니었다. 달리 말해 '환상의 근원'에 대한 억압이 발생한 것이다. 하지만 이는 역으로 테러가 전적으로 예측 불가능했다는 식의 논의들이 전혀 근거 없다는 지젝의 주장을 뒷받침해 준다. 즉, "미국은 자신이 꿈꾸던 것을 되돌려 받았을 뿐"[22]이란 말이다.

이 슬로베니아 출신의 철학자이자 정신분석가에게 쌍둥이 빌딩의 두 번째 건물에 가해진 비행기 공격의 시각적 영상은 흡사 히치콕의 영화 「새」(1963)에 나오는 어느 에피소드를 떠올리게 했다. 거기서 여주인공을 최초로 공격한 갈매기는 그녀의 이마에 조그만 핏빛 반점을 남기는데, 이와 같은 묘사가 갖는 충격은 '실재의 사막'으로 변해 버린 제3세계와 디지털화된 서구 세계를 갈라놓는 경계를 고려하지 않고서는 제대로 이해될 수 없다. "우리가 격리된 인공 세계에서 살고 있다는 느낌은, 우리가 늘 외부로부터의 전면적인 파괴적 공격에 노출될 수 있다는 위기감과 더불

---

20) Slavoj Žižek, "Welcome to the Desert of the Real!", p. 6. 이 글은 영어로 쓰여진 타이프 원고에서 인용하겠다(*Die Zeit*에 독일어로도 발표됨).

21) Ibid.

22) Ibid.

어 그것을 감행하는 사악한 적이 존재한다는 관념을 동반한다."[23] 하지만 진정한 충격은 외부로부터의 틈입이 아니라, 그런 것은 전혀 존재하지도 않으며, '우리'와 '그들'을 갈라놓는 경계선 따위도 아예 허구에 불과하다는 사실에 있다(그것이 허구임을 깨닫지 못하는 것이야말로 진정 병리적 현상이다).

지젝이 9·11에서 이끌어 내는 것은 '헤겔의 교훈'이다. 우리는 "순수하게 외부로부터만 잡다한 혼합물들과 구분되는 우리 고유의 본질적 자유를 인식할 수 있다"라는 말이다.[24] 우리는 어느 순간에 이르기까지 우리의 본질을 '야만적인' 외부로 수출하고자 안간힘을 써 왔지만, 이제 역으로 그것을 우리 자신의 일부로서 되돌려 받는 처지에 놓였다. 매일 아프리카에서 에이즈로 죽어 가는 사람들의 숫자는 뉴욕의 테러로 희생된 사람들보다 훨씬 많다. 매일 사라예보에서 그로즈니까지, 르완다에서 콩고에 이르기까지 발생하는 참사는 어느 순간 미국적 삶의 일부가 되어 버렸고, 그 근본을 뒤흔들어 놓고 있다. 그 결과 안전을 빌미로 자유를 추가적으로 제한하는 조치들이 계속 시행되고 있다. 하지만 테러리스트들이 몸소 증명해 보인 가장 경악할 만한 사실은 다음과 같다. 그들은 영토적 경계에 제한받지 않는 탈영토적 조직인 동시에 후기 산업사회의 내재적 요소들이며, 국제적 조직체인 동시에 우리 자신의 '외설적인 분신'과 다르지 않다는 사실이다. 요컨대 특정한 목적만을 추구하는 것처럼 보였음에도 불구하고, 테러리즘은 전 지구적인 차원에서도 기능한다는 말이다.

타자에게 기입되었던 모든 특징들이 미국 자신의 특징이란 게 점차

---

23) Ibid, p. 7.
24) Ibid.

드러나고 있다. 가령 미국에는 200만 이상의 우익 근본주의자들이 살고 있으며, 테러가 미국인들 자신의 '죄악'으로 인해 발생했다고 설명하는 팻 로버트슨[25] 같은 설교가도 있는 것이다. 또한 적에 대한 가상의 관념을 통해 다면적으로 그 이미지를 증폭시키려는(거울 이미지 없이는 적도 불가능하다) 애국주의도 판을 치고 있다.

"미국은 죄가 없다?" 혹은 "미국은 응보를 받았다?" 테러에 대해 어떤 판단을 내려야 할까? 지젝은 그런 강요된 딜레마를 넘어설 것을 주문한다. "우리는 여기서 도덕적 논쟁의 극단과 마주쳤다. 윤리적 관점에서 볼 때 희생자들은 전적으로 무고했으며, 따라서 테러는 끔찍스런 범죄였다. 하지만 그런 무고함 자체가 결코 무죄성을 입증하는 것은 아니다. ……진정한 문제는 테러리스트들과 미국 정부가 서로 대척적인 지점에 서 있는 게 아니라는 사실에 있다. 오히려 그들 양자는 동일한 축에 속해 있다. 간단히 말해, 일반적으로 테러리스트들과의 투쟁은 필요 불가결하다 말할 수 있지만, 그러나 거기엔 일정 정도 미국과 서구 열강 자신들에 대한 투쟁도 포함되어야 하는, 더욱 폭넓은 정의가 실현되어야 한다. ……'우리'에 대해 부시와 빈 라덴이야말로 '그들'인 것이다."[26]

이로써 역사에 대한 미국의 '휴가'는 몽땅 허구라는 사실과 '무죄성'은 재앙을 내부로 수입함으로써 획득된 것에 불과하다는 사실이 명백해졌다. 전 지구화된 세계의 내부에 9·11과 같은, 어떤 외부가 틈입했다는

---

25) 팻 로버트슨(Pat Robertson, 1930~). 미국의 기독교 방송 CBN의 설립자이자 극우적 복음주의 목사. 이슬람권이나 북한 등에 대한 무력 개입을 촉구하고, 제3세계 지도자들에 대한 암살 요구를 서슴지 않고 표명했다. 9·11 테러를 미국의 도덕적 죄과에 대한 신의 징벌로 간주하고, '십자군 전쟁'을 통해 테러분자들에 대한 무력 보복을 역설했다. —옮긴이

26) Slavoj Žižek, "Welcome to the Desert of the Real!", p. 17.

가정은 더 이상 설득력이 없다. "악은 가장 순진무구한 시선에 그 둥지를 틀었으며, 거기서 악은 그 자신을 둘러싼 악을 바라볼 수 있게 되었다."[27] 자크 데리다의 논지를 좇아 지젝은 타자에게 죄를 전가하는 방식으로 성립하는 무죄성이란 그것이 어떠한 형식을 띤다 해도 의심스러울 수밖에 없다는 것, 결국 유죄성의 보편적 구도에는 그 자신이 연루될 수밖에 없다는 것이야말로 '무한 정의'의 유일한 형식임을 주장하고 있다.

에세이의 마지막에서 지젝이 되돌아간 주제는 보드리야르가 이야기했던 주제와 유사하다. 은밀하게 결부된 무의식적 공모 없이 테러 행위는 세계사적 사건이 될 수 없었다는 것이다. 바로 이런 공모의 문제야말로 이 사태의 진정한 주제로 제기되어야 한다. "그렇다. 쌍둥이 빌딩의 파괴가 낳은 효과는 (파괴의 목적에는 '메시지 전달'도 포함되어 있겠지만) 단지 상징적 차원의 공격에 그치지 않는다. 그것은 무엇보다도 대타자의 죽음이라는 향락을 낳은 파괴였기 때문이다. 그 공격의 최종적인 목적이란……우리의 일상적 삶에, 곧 니체적 의미에서 '최후의 인간'이 살아가는 삶에 절대적 부정성의 차원을 도입하는 것이었다. ……여기에 우리 자신의 연루됨을 주제화해야 할 때가 온 것이다."[28] 공격당한 무죄성이라는 '애국적' 서사를 거부함과 동시에 우리가 망각하지 말아야 할 것은, 죄를 오직 서구 세계에만 한정시키며 이를 위해 '죄악의 막가파식 계산법'을 적용하려는 '좌파적' 서사 역시 거부해야 한다는 것이다. 하지만 불행히도 지금은 절대 거부해야 할 그릇된 선택지들만이 우리에게 강요되고 있는 형편이다.

---

27) Ibid.
28) Ibid, p. 22.

6. 9·11을 다루고 있는 수잔 벅-모스의 텍스트 제목은 「전 지구적 공론 영역」이다. 그녀의 주장에 의하면 9·11은 기존 지식 사회의 지형을 뒤바꿔 놓은 일대 사건이다.

"9월 11일에 소멸된 것은 기존의 명료한 가시성, 즉 미국은 절대 안전하다는 영토적 불가침성만이 아니었다. 서구의 세계 지배라는 절대성 역시 사라져 버렸다. ……이제 헤게모니를 다투는 새로운 전 지구적 전쟁이 개시된 셈이다."[29] 궁극적으로 세계의 권력 관계는 이제 막 탄생한 '전 지구적 공론 영역'에서 다루어질 것이며, 여기서는 비판 이론을 포함하여 지금까지 유효하게 작동하던 정치 경제적 이론들이 그 부적절성을 여실히 드러낼 수밖에 없다. 한편으로 전 지구적 공론 영역의 외부란 존재하지 않을뿐더러, 다른 한편으로 이 영역의 내부 구성 요소들 사이의 연관성도 더 이상 존재하지 않는 까닭이다. 요컨대 이는 단일한 세계를 구성하는 분산적 단편들이며, 우리는 그것의 통일성조차 의식할 수 없다. 그 결과 미국의 무역 규제와 군사적 공격으로 이라크 인구의 5%가 사망했음에도 불구하고, "자기는 죄가 없다는 식으로 펼치는 미국인들의 자기 합리화는 전 지구적 공론 영역에 대한 몰이해를 조장하고 있다."[30]

9·11을 둘러싼 모종의 침묵이 있다. 상처받은 감정과 그에 대한 묘사만이 남아 있을 따름이다. 이런 분위기에서 의혹이 증폭되는 것은 당연하다. 만일 테러가 자본주의에 대한 공격이었다면, 왜 그 희생자들 상당수가 말단 직원이거나 비서, 경비원, 소방관들이었을까? 만일 테러가 미국

---

29) Susan Buck-Morss, "A Global Public Sphere?", p. 3. 이 원고는 미발표 원고이다. 인용을 허락한 저자의 친절에 감사드린다.

30) Ibid.

에 대한 공격이었다면, 왜 희생자들 중에 그렇게 많은 비非미국인들이 포함되어 있을까? 쌍둥이 빌딩은 비단 전 지구적 자본주의의 상징이었을 뿐만 아니라 또한 인류의 물질적 현실의 상징이기도 했다. 따라서 이 사태를 순수하게 상징적 차원에서 해석하는 일은 벅-모스가 '가상의 근본주의'라 불렀던 환원 절차를 도입하고 실행하는 것에 불과하다.

테러는 세계를 외상적으로 변모시켰다. 사건은 엄청나게 단순화되어 알려졌고, 사태를 그저 흑백으로 나눠 보고자 하는 욕망만 불거졌다. 걸프 전쟁의 베테랑 용사였던 티모시 맥베이Timothy McVeigh가 저지른, 바로 미국인 자신에 의한 테러[31]가 오클라호마에서 발생한 지 그리 오랜 시간이 지난 것도 아니었다. 그런데 9·11 이후 이 두 사건은 위험스러운 근친성을 지니게 되었다. "세계는 전 지구적 공론 영역이 요구하는 복잡성을 원하지 않는다."[32] 모든 정황들로부터 남겨진 것은 오로지 "국가가 공격당하고 있다Nation under attack"라고 쓰여진 성조기 하나뿐이었다. '십자군 행진'과 선/악의 단순화에 저항하는 수백만의 목소리는 이미 들리지 않게 되었다. 소위 '국민의 이익'이라는 것은 지도자들의 비밀회의 속에 봉인되어 있고, 그들의 선善의지는 결코 의심할 수 없는 것이었다. 폭력 사용에 기초한 국가 체제에 대해 '회개'를 고백하는 물결이 쇄도했는데, 국가에 용서를 비는 자들에게 국가의 폭력이란 마치 애초부터 존재하지도 않는 것처럼 보였다. 또 이슬람 교도들에 대해 국가적 차원의 폭력이 집행되어야 한다는 여론을 비판하고 질책하는 목소리는 "철저히 부정되고" 말았다.[33]

31) 1995년 미국 오클라호마 시에서 발생한 폭파 사건. 광신도 사교 집단의 일원으로 알려진 티모시 맥베이가 저지른 폭탄 테러 사건으로, 출퇴근 시간의 공공 기관을 표적 삼아 다수의 인명 살상 자체를 목적으로 했다는 점에서 미국 사회를 경악케 했다. —옮긴이

32) Susan Buck-Morss, "A Global Public Sphere?", p. 9.

사태를 정확하게 파악하기 위해 우리는 '이중의 시선'을 사용하는 방법을 익혀야 한다. 한편으로 미국은 언론, 집회, 신앙 및 법 앞에 시민들의 평등을 내세우는 자유 민주주의 국가이다. 물론 이는 미합중국만이 지닌 특별한 가치들은 아니다. 전 지구적 공론 영역의 모든 부문에서 이 가치들을 위한 투쟁이 전개되고 있다. 다른 한편, 정의상 민주주의도 공화주의도 아니기 때문에 어떠한 통제도 불가능한 또 다른 미국이 존재한다. "적들과의 투쟁을 위해서라면 야만적 권력도 불사한다는, '긴급 사태'가 선포된 이후 국가안보국National Security Agency의 행보가 그것을 보여 준다. ……역설적인 사실은, 이러한 비민주주의적인 국가가 자유 민주주의 국가의 시민들에게 자신의 절대적인 권리를 내세우고 있다는 것이다."[34)]

1947년 이래로 존속해 온 국가안보국[35)]의 논리에 따르면, 미국의 국가적 이해와 '자유 세계'의 이해는 완전히 동일하다. '자유주의 체제'란 정의상 친미적 체제를 의미하는 것이기 때문이다. 예컨대 세계 어디에서건 어떤 형태의 비민주적인 지역 집단이라 할지라도 그것이 미국의 지원을 받으며 (소비에트를 지지하는) 좌익 체제에 대항하고 있다면, 그것은 곧 자유를 위해 투쟁하는 집단이라고 간주되었다. 바꿔 말해 빈 라덴이나 사담 후세인, 탈레반을 키운 것은 미국 정부였으며, 이들 테러 집단들은 "야만적 권력이 가르친 교훈을 충실히 자기화했던"[36)] 것이다. 적으로 상정되는 어떤 대상, 여하한의 국지화된 공간이 없다면, 그 어느 국가도 온전히 존

---

33) Susan Buck-Morss, "A Global Public Sphere?", p. 11.

34) Ibid, p. 13.

35) 1947년 발효된 것은 국가안전보장법(National Security Act)이다. 이 법에 의거하여 중앙정보부(CIA)가 설치되었으며, 실제로 국가안보국이 설치된 해는 1952년이다. —옮긴이

36) Susan Buck-Morss, "A Global Public Sphere?", p. 15.

립할 수 없다. 국가가 정보의 비밀, 검열 및 독점을 요구하는 것도 그 때문이다. "이 모든 정치적 실천은 의심의 여지가 없는 전체주의이다."[37] 수잔 벅-모스가 도달한 결론이다.

인간의 권리와 자유, 정의가 어떤 한 국가나 문명에만 유일한 가치일 수 없음은 물론이다. 그것들은 전 지구적 공론 영역에 불가분하게 귀속되는 가치인 것이다.

미국 국가안보국은 이중의 잣대에 의존하고 있다. 가령 중국에서 인권은 보호받아야 한다고 주장하면서도 사우디아라비아의 인권 문제에 대해서는 침묵을 지킨다든지, 자유무역주의의 확대에서 미국의 농장주는 예외로 빠진다든지, 혹은 이슬람주의 정권은 어떻게든 절대 민주주의적일 수 없다든지……. "전 지구적 공론 영역의 주체는 미국이 아니라 인류이다. 그 어떤 국가도 전체 인류의 이름으로 전쟁을 일으킬 권리가 없다."[38] 전 지구적 차원에서 벌어지는 대립과 갈등을 '특정 공간에서의 문제'로 치부하고 국지화하며 적의 인격적 이미지로 외화시키려는 국가안보국의 시도가 여기서 필연적으로 발생한다. 하지만 이런 시도는 오로지 국가안보국이 정보를 완벽히 통제하는 경우에만, 즉 9·11이 보여 주듯 사태에 관해 단순히 정보를 전달하는 것뿐만 아니라 정보를 전쟁 수행의 본질적 수단의 하나로 간주하고 그에 대해 통제력을 발휘할 수 있을 때만 비로소 성공할 수 있다. 그렇지만 자유에 대한 어떤 종류의 제한 조치도 곧바로 자본의 이동과 투자에 악영향을 미칠 수밖에 없다. 바로 그때 전 지구적 자본주의는 미국의 세계 지배라는 보호막으로부터 벗어날 것이

---

37) Ibid.
38) Ibid, p. 18.

고, '전 지구화=미국화'의 등식도 무너져 버리고 말 것이다.

냉전 시대부터 미국은 그 자신의 적대자이자 분신인 공산주의로부터 자유 세계를 지킨다는 명분으로 국제 간 비즈니스를 보호해 왔다. 하지만 "새로운 전 지구적 상황에서 이런 전략은 더 이상 의미가 없다. 빈 라덴 자신이 조지 부시만큼이나 전 지구적 자본주의에 이미 포획되어 있기 때문이다."[39)]

7. 9·11에 대한 보리스 그로이스의 분석은 범죄자와 음모가의 이미지가 서로 대립한다는 점에서 출발한다. 그에 따르면 (궁정, 박물관, 감옥 등등) 어떤 표상 공간이 다른 공간들과 명확히 분리되어 있던 이전 시대에 범죄자의 이미지는, 그가 조커 카드마냥 여러 공간의 경계를 마음대로 넘나드는 데서 현실성을 지녔다. 그러나 이제 "뻔히 들여다보이는 권력과 범죄의 변증법을 대신해서 음모에 대한 의혹 어린 시선이 등장했다. 다시 말해, 사태를 '정상화'하거나 '수습'한다는 표현은 결국 우리는 오직 '억측'만 할 수 있다는 뜻이다."[40)]

권력은 음모의 양상을 띠고 작동한다. "음모의 스펙트럼은 비밀경찰이 저지르는 테러에서부터 현대 예술의 전략에 이르기까지 널리 뻗어 있다. 오늘날 많은 예술가들은 자신의 작품을 특정한 범주 혹은 카탈로그에 끼워 넣으려 하지 않으며, 심지어 이해조차 되지 않도록 만드는 경향이 있다. 예술과 삶의 경계를 지워 버린 한시적 전시 공간으로서 박물관이 존립하는 것처럼, 범주화된 분류에 대한 현대의 거부는 음모 상황의 전형

39) Susan Buck-Morss, "A Global Public Sphere?", p. 23.
40) Boris Groys, "Interview: Spuerhunde im Keller", *Tageszeitung*, November 17, 2001, S. 14.

적이고 일반적 특징이 아니라 할 수 없다. 그 누구도 범죄 여부를 정확히 알 수 없게 되고 보니, 전 세계가 온통 범죄의 기호를 띠고 등장해 버린 것이다."[41]

범죄 소설에 나오는 사립 탐정과 같은 인물에 대해 더 많은 관심을 기울이는 것도 당연한 노릇이다. 누가 유죄인지를 확증하는 과정이 점점 복잡해지고 전문화되는 까닭은 우리 모두가 서로 비슷하게 닮아 버리고 만 탓이다. 위대한 범죄자의 자리를 위대한 음모가가 차지해 버렸다. "우리가 어떤 연유로 또 어떤 기호들에 의해 어떻게 관련되어 있는지는 우리 자신도 모른다. 자기 자신의 행동에 대해서조차 종종 명확히 설명할 수 없는 상황이 닥쳐 버렸다."[42]

보리스 그로이스는 9·11을 자기 테제에 대한 증거로 제시한다. 세계사적 차원에서 작동하는 음모론이 냉전을 대체해 버렸다는 말이다. 만약 그게 아니라면, "단일한 사건이 그와 같은 의의를 획득했다는 사실 자체가 전혀 설명 불가능한 미스테리다."[43]

제3세계의 빈곤, 자연 자원의 수탈 또는 근본주의 등 일반적으로 거론되는 테러의 원인들은 실상 아무것도 설명하고 있지 않다. 오히려 테러리즘은 이런 원인들의 경계 너머에 있다고 해야 더 정확할 것이다. 사태의 진정한 원인은 오랜 역사적 전통을 지닌 비밀스런 사회 조직, 국가 테러 따위가 온존해 있는 서구 사회의 구조에서 천착되어야 한다. '알카에다' 역시 이러한 역사 속에 기입되어야 할 일이지, 결코 적의 이미지로 외

41) Ibid.
42) Ibid.
43) Ibid.

형화됨으로써 해결될 일이 아니다. "여기서 우리가 알 수 있는 것은 그들이 유복하고 교양 있는 집안에서 태어난 중산층의 대변자라는 사실이다. 그들의 이슬람 복장은 가면에 지나지 않는다. 그런 식의 '오리엔탈화'는 다분히 의도적인 연출이라 하지 않을 수 없다. 아마도 종교조차 여기서는 별다른 역할을 맡고 있지 않을 것이다. 보다 중요한 사실은 그들의 테러 행위가 「인디펜던스 데이」나 「아마겟돈」의 영화 속 장면들로부터 인용된 것이라는 점이며, 그들의 의사 표현 도구로서 비디오가 사용되었다는 점일 것이다. 우리 눈앞에서 100% 현대적인 과정이 진행되고 있는 것이다."[44]

그로이스는 보드리야르, 비릴리오, 벡-모스 등의 입장을 분류하면서, 9월 11일 미국이 맞부딪혔던 근본적으로 새로운 물결, 즉 테러가 불러일으킨 것은 민주주의 사회에서는 지금까지 볼 수 없었던 일련의 금제들이라고 주장한다. "여하한의 사적인 의견도 암호화된 전언으로 해석될 여지가 있으며, 그런 이유로 더 이상 사적인 것으로 받아들여지지 않는다. ……미국에서 테러리스트들의 성명이 중계 금지된 이유가 여기에 있다. 상황은 역설적이다. 한편으로 정치적 성명으로서 그것은 허가해야 한다. 다른 한편으로 그 성명에는 암호화된 지령이 포함되어 있을 수 있으므로 금지해야 한다. 이 새로운 상황은 결국 우리의 주권이 기초하고 있는 모든 법적 토대에 전반적인 획일성과 결정 불가능성을 도입하게 한다."[45]

지금까지는 권력 공간이 명확한 경계선을 그으며 존립해 왔기 때문에 오랫동안 우리는 상대적으로 안전한 지역에서 살 수 있었지만, 이제 그런 상황은 종지부를 찍고 말았다. "어떻게 살아갈 것인가? 영구적인 불

44) Boris Groys, "Interview: Spuerhunde im Keller".
45) Ibid.

확실성을 안고 살아야 할 것이다. 마치 러시아에서는 이미 그렇게 살아왔듯이 말이다. 보호받으며 살고 싶다면 마피아나 사설 경호 기관에 도움을 요청할 일이다."[46] 이제 우리는 "현대적으로 무장한 봉건 시대"로 회귀한 셈이다. 몽테뉴나 데카르트, 클라이스트Heinrich von Kleist가 그랬던 것처럼, 미래의 인텔리겐치아는 풍전등화의 상황에서 자신의 사유를 써 내려가야 할 것이다.

II.

9월 11일의 테러에 관해 현대 철학자들이 어떻게 사유하고 있는지 이제 어느 정도 명확해진 것 같다. 그들의 이름자를 나열했던 것은 실로 우연한 노릇이 아니다. 요행히 나는 최근 10년간 그들과 철학적 대담을 나눌 기회를 가졌으며, 9·11에 대한 그들의 지적 대응은 당연히 나의 생생한 호기심을 불러일으켰기 때문이다. 많은 사람들이 믿고 있듯, 9·11은 "모든 것을 바꾸어 놓았으며", 9·11 이후 우리의 삶을 "그 이전처럼 살아간다는 것은 더 이상 불가능한 일"이 되었다……. 이토록 강렬한 문구들이 의미하는 바는 무엇일까? 외상이 신속하게 사유의 중핵이 되어 버린 것일까? 혹은 논쟁의 여지가 없이 세계사적 의미를 지닌 이 사태를 이해하는 데 꼭 필요한 것, 즉 사건 이해의 지평을 확장하는 새로운 행로가 마련된 것일까?

이제 그들의 논리를 분석해 보기로 하자.

46) Ibid.

아마도 리처드 로티를 예외로 한다면, 다른 모든 철학자들은 9·11 테러가 맹렬하게 전 지구화의 과정을 밟아 온 세계의 외부가 아니라 그것의 중핵임과 동시에 그 산물이라는 점에 의견을 함께하는 듯하다. 테러를 실행한 자들은 현대의 기술적 도구들을 능숙하게 다룰 수 있었을 뿐 아니라 자신들의 행동이 불러올 매스미디어의 반응도 미리 조작할 줄 알았던 것이다. 서구의 정보전 기술 역시 애초에 그런 목적으로 개발된 것이었다.

테러 공작은 그 자신을 지워 내면서 실행되었다. 침묵에 싸인 테러의 메시지는 전 지구적 질서에는 어떠한 외부도 존재하지 않다는 점에서 비로소 명확해진다. 전 지구적 질서라는 것을 명확히 식별할 수 없는 것과 마찬가지로, 외부를 찾아내려는 시도 역시 그것을 뚜렷하게 국지화하는 데 실패하고 말 일이다.

자유는, 만일 그것이 '전 지구적 공론 영역'에 속한 게 아니라면, 그 존속을 위해 비非자유의 (자기 확장적인) 일반화된 영역을 요구한다. 테러리즘 체계의 본질에 부합하게도 새로운 세계 질서는 오랫동안 폭력을 외부로 수출하는 데 성공해 왔다. 하지만 그 폭력은 9월 11일 부메랑처럼 되돌아왔으며, 그 가장 중요한 상징물을 파괴해 버렸다. 지배 체제에 의해 테러로서 규정된 것, 그리고 적의 이미지를 띠고 필연적으로 드러난 것은 보드리야르나 비릴리오, 지젝, 벅-모스, 그로이스가 주장하는 것과 같이 바로 그 자신의 본질에 다름 아니었다. 이러한 본질을 그 자체로 인식하길 거부하는 한 지배 체제는 정확한 진단에 도달할 수 없을뿐더러 사태의 변화에 상응하는 섬세한 프로그램을 짤 수도 없을 것이다. 이런 상황에서 '테러에 대항하는 전쟁'이라는 슬로건은 고작 '테러에 대항하는 테러'로 읽힐 수밖에 없는 은폐된 동어반복에 불과하다. 다시 말해 그런 순환 논법은 사태에 대한 적합한 인식을 불가능하게 만들어 버리는 것이다.

새롭게 대두된 초국가적 양상의 테러, 곧 탈영토적인 국제 조직에 의해 벌어진 새로운 양상의 테러(지젝은 이를 '외설적인 분신'이라 직접적으로 거명한 바 있다)가 불러일으킨 것은 제도화된 국가 폭력이 개입하는 대규모의 '숙청' 작업이었다(여기엔 중단 없는 역사를 자랑하는 비밀경찰의 테러가 포함된다). 9·11 이후 테러는 자유 세계에 대한 '광신적 근본주의자들의 공격' 정도로 지나치게 좁혀 정의되었으며 빈 라덴과 같은 핵심적 테러 분자의 이미지로 인격화되곤 했는데, 그 결과 결정적인 일격을 통해 테러에 종지부를 찍을 수 있으리란 믿음이 널리 유포되기에 이르렀다. 즉, 외견상으로나마 사태는 그것을 계획하고 저지른 자들을 제거하는 것으로 곧 청산될 수 있으리라 여겨진 것이다.

하지만 이에 대해 (곧이어 살펴보게 될 로티를 제외한) 내가 만난 철학자들이 갖는 인식은 상당히 다른 차원에 있다. 그들에 따르면 9·11의 본질적인 메커니즘은 인격화된 테러범들의 이미지로 환원됨으로써 제거되지 않는다. 테러의 본질, 그 메커니즘은 전 지구화 과정이라는 '비인격적 컨텍스트'로부터 유래한 '비인격적 귀결'에 다름 아니기 때문이다. 범죄자를 색출함으로써 사태를 일소할 수 있다는 희망은, 누군가 죄 있는 자가 있다는 허구가 오직 상징계에서만 유효한 것처럼, 상상계에서나 가능한 일이다.

9월 11일은 악이 선에 도전장을 던진 날이 아니다. 그날은 차라리 전 지구적 질서가 스스로 자초한 상황의 논리를 활짝 열어젖힘으로써 상징계가 내파되는 과정을 견뎌야 했던 날이라 할 수 있다. 테러는 현존하는 전일적 교환 시스템의 정점에서 상징계를 과격하게 복권시켰다(보드리야르와 지젝은 이 시스템을 각각 '영도零度의 죽음에 도달한 시스템'과 '니체적 의미에서 최후의 인간의 삶'이라 부른 바 있다. 그로이스는 테러리스트들의 행위를 현대 예술의 비인격화된 전략에 비교하기도 했다).

'우리 자신의 잘못'이라는 문제를 제기하면서 데리다는 서구 세계의 '과오'를 지적했고, 그 대가는 "참혹하고도 감당할 수 없을 정도"에 이를 것이라 말했다. 지젝은 '무한 정의'를 무엇보다도 서구인들 자신이 이 사태에 필연적으로 연루되어 있다는 점에서 새로이 규정해야 한다고 역설하였으며, 거기서 '헤겔의 교훈'이란 것을 이끌어 내고 있다. 즉, 외부에서부터 우리를 공격했던 너무나도 기괴한 것, 낯선 외부적인 것이란 기실 우리 자신의 가장 내밀한 일부였다는 말이다. 그에 따르면 차이의 본질적인 근원은 해체론이 노정하는 차연에 있는 게 아니라 바로 동일성 자체에 있다. 한편 보드리야르는 데리다가 지적한 '잘못'을 '세계 질서 자체'(즉 냉전에서 승리한 유일 초강대국으로서 미국)에서 벌어진 체계화된 테러로 바꿔 이해하고 있다. "마침내 그 일을 완수한 것은 그들이었지만, 정작 그것을 원한 것은 우리였다"라는 보드리야르의 충격적 발언도 이런 맥락에서 이해할 만하며, 과잉에 대한 대가는 (그 반작용으로 나타나는) 또 다른 과잉일 수밖에 없다는 언명도 그에 다르지 않다.

보드리야르의 또 다른 테제는, 디지털화되고 탈영토화된 세계를 견뎌 내기 어려운 이들은 무엇보다도 제3세계의 희생자들이겠지만, 또한 바로 그 디지털화되고 탈영토화된 세계에서 온전히 이득을 누리던 사람들도 견딜 수 없으리란 발언에 있다. 바꿔 말해, 전 지구화의 매 주기마다 상징적 빈곤도 강화되고 있다는 말이다. 진정 가혹하다고 말해야 할 것은 전일적인 교환 시스템의 '과잉'이 아니라 교환 시스템 '그 자체'이다. 삶의 수준, 곧 후생 복지 따위만이 제3세계로 확산되지 못했던 게 아니라 전일적인 교환 시스템 자체가 서구 세계의 경계 바깥으로 나간 적이 없으며, 앞으로도 오랫동안 그 경계를 넘어가지 못할 것이다. 9·11의 테러리스트들은 죽음 자체의 표상 불가능성을 이미지로 제시하는 데 성공했다. 이제 죽음은 더 이상 "단추만 누르면 되는" 전쟁의, 순수하게 기술적인 이미지로 남을 수 없게 되었다.

해체와 (꼭 보드리야르적 의미에서만은 아닌) 시뮬라시옹의 다양한 국면들 사이에는 메시지의 근본적인 유사성을 배제하지 않는 한도에서 어떤 본질적인 차이를 찾을 수 있다.

소비에트 연방의 붕괴 이후 지속·강화된 '새로운 세계 질서'에 뿌리를 둔 불의不義의 목록을 나열하는 것만으로 테러에 대항하는 현실적 방법이 충족되진 않는다(이는 그 목록이 대단히 인상적이라는 사실과는 별개의 문제다). 그와 더불어, 우리의 자유가 기초하고 있는 자기 억압의 커다란 가능성을 해명하는 것도 추가되어야 한다. 테러의 새로운 양상을 문제 삼는 작업은 그러한 자유를 우리가 과연 '자유롭게' 선택할 수 있는지를 먼저 질문해 본 다음에야 가능한 일이다.

리처드 로티의 사유에서 사적인 것과 공적인 것은 근본적이고 해체 불가능한 대립을 구성한다. 특히 9·11 사태에 대해 보인 로티의 격한 반응은 테러리스트들이 이 대립의 순수성을 해치려 했다는 그의 주장에서 잘 드러난다. 하지만 만약 로티가 자크 데리다 식으로 말해 그 대립을 유럽 형이상학의 역사가 도달한 정점이라 생각했다면, 즉 사적인 것과 공적인 것의 대립이 비록 고루한 형식을 취한다 할지라도 모종의 철학사적 충족 조건을 이루는 것이라 간주했다면, 테러라는 파열에 대한 응답으로 그가 전 세계의 '서구화'를 주창하진 않았을 듯싶다. 또한 만일 그가 공/사의 구분이 명확하지 않은 사회를 '한심하다'고 여기지 않았더라면, 그가 미국을 포함한 서구 세계는 여타의 다른 문화권으로부터 아무것도 배울 필요가 없다는 식의 확신에 도달했을 것 같지도 않다.

사적인 것과 공적인 것의 대립 위에 펼쳐진 로티의 논증 없는 철학은 찬반 토론에 붙일 대상이 아니라 지속적인 논증을 생산하는 철학이다. 그렇기에 미국에 대한 그의 애국주의는 자유주의의 근거를 사유해야 한다는 요구가 그 어느 때보다도 절박하게 제기된 이 시점에서 오히려 더욱 분명히 해명될 수 있다.

로티에 따르면, 서구는 자신의 행복을 결코 제3세계에 제공할 수 없는데(여기엔 공/사의 해체 불가능한 대립에 기초한 자유주의적 행복 또한 포함된다), 서구의 그러한 행복 자체가 바로 저개발 국가들의 부존자원에 전적으로 의존하기 때문이다. 하지만 로티의 관점에서 이런 모순은 그저 서구 국가들의 내부적 문제에 해당될 뿐이다(제3세계로 행복을 분배하기 위해 정치가들은 유권자들의 마음을 돌려야겠지만, 그게 성공을 거둘 성싶진 않다. 생태학이 실패하는 것은 필연적이다). 이런 상황에서 테러리스트들의 본질적인 요구가 반복 재생산되는 것 역시 불가피한 노릇이다(그들은 자신들의 행위가 공론화될 때까지 계속 '박멸되는' 것이다). 그들은 이렇게 주장한다. "당신들이 우리의 자원 문제를 당신들 자신의 내부 문제라고 치부한다면, 당신들의 자유에 딴지를 거느냐 마느냐는 우리의 내부 문제가 될 것이다. 우리의 테러는 다만 우리의 수탈자들에 대한 수탈일 뿐이며, 테러에 대항하는 테러의 실현일 뿐이다. 즉, 우리의 테러는 당신들이 해왔던 것을 그대로 동어반복적으로 반복하는 것일 따름이다."

나로서는 수잔 벅-모스의 주장에 동의하고 싶다. 그녀의 말대로 전지구적 공론 영역의 주체는 전체 인류가 되어야지, 어느 특정 국가나 문명이 독점할 수는 없는 것이다. 로티처럼 계몽의 이념에 의거하든 혹은 여전히 남아 있는 어떤 불평등한 요소를 제거하기 위해서든, 어떤 명목으로든 공론 영역을 사적인 목적으로 전유하는 와중에 우리가 잃어버리는 것은 테러 행위에 대한 '진정한' 판단의 권리이다(테러의 발단이 되는 상황을 조장한 게 바로 우리 자신이었음은 분명하다).

현대 예술 및 매스미디어 분야에서 작업 중인 보리스 그로이스는 완전히 새로운 접근법을 제안한다. 9·11 테러를 통해 그가 목도한 것은 범속함의 영역이 '가치 부여된 문화'로 틈입하는 현상이다. 다행히도 아직까지 이 세계는 범속함 없이 지탱되고 있다는 환상을 간직하고 있다. 테러 행위는 할리우드 재난 영화의 유명한 장면들을 이어 붙여 놓은 것처럼 보이며, 그것들은 영화의 원제작자들이 저작권을 주장할 수 없을 정도로 이미 대중화된 이미지들이다. 영화적 상상력의 산물을 무색하게 하려는 시도는 성공하지 못한 것이다.

테러리스트들 자신은 러시아 나로드니키[47]에서부터 '붉은 여단'에 이르기까지 다른 테러리스트들과 마찬가지로 중산 계급의 대변자들이었다. 실상 그들의 '근본주의'는 언제든 외화되고 인격화될 수 있는 통제된 타자의 이미지로서 서구의 지식 시장에서 만들어진 것이다.

또한 테러의 극단적 파괴성은 그것의 미적 불완전성을 입증한다. 즉, 가치 부여된 문화에 대한 범속한 영역의 대립은 근본적이고 해체 불가능한 대립을 구성한다. 그로이스가 역설하는 숭고의 형식이라는 것도 가치 부여된 문화에서 창조될 수 있는 것이기 때문이다.

---

47) 나로드니키(Narodnki). 19세기 중엽 발생한 러시아 사회주의 운동. 서구 부르주아 사회의 반동성에 실망한 러시아 청년 지식층이 러시아 고유의 농민 공동체(미르)를 계몽함으로써 혁명 사회에 도달하고자 일으켰다. 심훈의 소설 『상록수』(1935)의 모델이 되기도 한 '브나로드'(인민 속으로) 운동은 여전히 봉건적 압제에 시달리는 농촌 현실에 대한 무지와 계몽주의적 가치관에 대한 이상화 등으로 농민들 자신에게도 외면당함으로써 실패하고 말았으며, 그 반동으로 1880년대 이후의 러시아 혁명 운동은 급진적 폭력 노선을 지향하게 된다. 투르게네프(Ivan Turgenev)의 소설 『처녀지』(1877)에는 나로드니키의 몽상주의가 잘 묘사되어 있다. —옮긴이

테러리스트들의 '근본주의'가 종교와는 전혀 무관한 (에드워드 사이드적 의미에서) 시장적 '오리엔탈리즘' 혹은 '가장무도회'의 산물이라 선언할 때, 그로이스의 논리는 전적으로 옳다. 이 세계에서 범죄가 더 이상 불가능하다는 확신의 이면에는 오히려 다양한 형태의 음모가 무한히 확산되고 있으며, 모든 것에 대한 의혹이 압축되고 있다는 사실이 은폐되어 있는 것이다. 이와 같은 범죄의 내재성이야말로 더 이상 위반transgression이 불가능함을 보여 준다. 여기서 비밀경찰, 예술가 및 테러리스트들이 활동하는 무대는 완전히 동일하다.

음모론 시대의 특징인 광기 어린 의혹만이 쌍둥이 빌딩의 파괴와 같은 '특이한'singular 사건을 세계사적 사건으로 뒤바꿔 놓을 수 있었다. 그러나 실상 9·11 테러를 모종의 음모, 유례없이 독특한 음모로 바라보고자 하는 광기야말로 세계사적 사건이라는 게 그로이스의 입장이다. 그리고 바로 여기서 그와 다른 철학자들의 의견이 갈라지는데, 왜냐하면 그들에게 9·11은 신기원적인 대사건까지는 아닐지라도, 최소한 전 지구화 시대를 살아가는 인류에게 지극히 본질적인 사건으로 비쳐지기 때문이다.

반면 사회적 금제와 '영구적인 불확실성'이 증가할 것이라는 그로이스의 예견은 다른 철학자들의 우려와 공명하고 있다(가령 '봉건주의'로의 회귀에 대한 폴 비릴리오의 예견이 그렇다). 당금의 위기를 벗어날 탈출구가 경찰국가로 향하고 있다는 사실이 새로운 위협으로 지각되기 시작한 것이다.

벅-모스에 따르면, 9·11이라는 파열은 유일 초강대국이 자국의 영토 안에서조차 유약하게 무너졌다는 사실을 보여 줄 뿐만 아니라 미국의 '무죄성'에 대한 신화를 의문에 부친 사건이었다. 이 시점에서 미국인들에게 필요한 것은 걸프 전쟁에서 이라크 인구의 5%가 사망했다는 사실과 이스라엘이 팔레스타인 난민들의 시민적 권리를 박탈했다는 사실, 그리고

'무죄성'이라는 말이 어떤 억압을 위해 고안되었다는 사실을 성찰하는 것이다.

세계무역센터는 전 지구적 자본주의의 지배를 나타내는 상징물 가운데 하나였다. 9·11이 보여 주었듯 전 지구화의 송가는 그 전도사들의 예견과는 전혀 다른 모습으로 실현되었다. 다시 말해, 세계는 더 높아진 예측 가능성을 보유하게 된 것이 아니라 그 반대로 더욱더 예측 불가능한 상태로 전락한 것이다. 전례 없는 테러리즘의 도전에 대해 전통적 방식의 대응 이면으로는, 특히 미국의 특수 기관들의 사례에서 여실히 입증되듯 국가가 집행하는 온갖 테러에 대한 '사면'이 광범위하게 집행되었다. 위협에 직면한 세계는 어느 순간부터 전면적인 의혹에 휩싸였고, 그 위협이 정확히 어떤 얼굴을 하고 있는지는 아무도 모르고 있다.

벅-모스는 미국이라는 국가의 두 얼굴을 보라고 권고한다. 한편으로 시민의 권리와 법 앞의 평등을 보장하는 민주 공화국이 있다. 하지만 다른 한편으로는 "야만적 권력도 불사하는" '국가안보국'이 지배하는 미국이 있다. 이 기관의 소임은 긴급 상황에서 하달된 임무를 수행하는 것이며, 자기의 존재를 외부의 적이라는 이미지를 통해 존속해 간다. 바로 이 두번째 미국의 얼굴이야말로 지금 그것이 파멸시키려 드는 빈 라덴이나 탈레반을 낳은 실체인 것이다. 따라서 이런 국가 장치의 실천이 전체주의적일 수밖에 없음은 물론이다. 그 임무 수행이 이중 잣대에 의거하기 때문인데, 두번째 미국을 방어한다는 것은 곧 첫번째 미국에 대한 적대를 의미하는 것이다.

테러가 명확히 보여 준 또 다른 사실은 언론이 분쟁에 관련된 소식을 전해 주는 보도 기구라기보다 분쟁의 수단으로 사용될 수 있는 탈영토화의 무기라는 점이다. 언론을 포함한 여러 다른 자유를 제한하는 조치는 현대 자본주의의 광기 어린 이동성과 공존할 수 없으며, 잠재적으로는 미국의 영토에서 자본이 유출되는 위험성을 노출시킨다. 따라서 전 지구화가 새로운 국면에 이르러 '미국화'의 동의어가 되지 않을 가능성이 있다.

무엇보다도 테러를 현대 예술의 전략에 비교해 볼 여지가 생겼다. 전략적인 측면에서 양자는 괴물적인 범죄이길 멈추지 않기 때문이다. 테러와 현대 예술이 지향하는 파괴는 비밀스럽고 익명적인 무기이며, (그 어떤 해석도 흡수해 버리기 때문에) 결코 해독할 수 없다는 강한 확신을 제공한다.

해체론의 입장에서 자크 데리다는 그러한 확신의 과잉은 이제 그 자신이 낳은 결과에 압도될 수밖에 없다고 지적한다. 왜냐하면 과잉된 확신이 결국 실현시키는 것은 우리가 확신하고 있는 것과는 다른 것, 즉 우리가 아직 도달하지는 못했으나 서둘러 이해해야만 하는 어떤 다른 사태이기 때문이다. 그와 반대로 보드리야르는 9·11에서 원칙적으로 사유 불가능한 어떤 특수성을 상정한다. 테러를 통해 발생한 상징적 원리는 전일적인 교환 시스템 내에서 전혀 사유 불가능하고 표상 불가능하며 또한 견딜 수조차 없는 것이다. 지젝은 형식적으로나마 데리다에게 동감을 표시하고 있다. 하지만 그가 '무한 정의'를 디지털화된 세계가 (그 자신이 창조한) 실재의 사막으로 귀환하는 것을 뜻한다고 공표했을 때, 그는 이미 해체론의 입지를 벗어난 것이다. 아마도 머잖아 우리가 사유해야 할 과제를 지젝이 밝혀 준 것일 수도 있겠으나, 현재 우리에게 더욱 절실하게 요청되는 바는 수잔 벅-모스의 지적대로 위기의 탈출구로서 '전 지구적 공론 영역'의 완성일 것이다. 한편 그로이스는 대체로 9·11에서 전적인 새로움을 발견할 수는 없었다고 말한다. 테러는 그저 음모 논리의 일부일 뿐이며, 현대 문화란 애초부터 음모론으로 시작해 음모론으로 끝나는 법이기 때문이다.

이 새로운 외상적 상황을 전혀 해독할 수 없다는 절망감으로부터 벗어날 수 있는 유일한 입장은 해체론이란 생각이 든다. 단지 이 입장에서만 우리 모두가 답하려 애쓰는 질문도 던져질 수 있는 듯하다. 다른 입지점에는 다만 파괴만이 가능할 성싶다. 부메랑처럼 되돌아오는 파괴의 힘은 더욱 강력하고 통제 불가능할 것이다.

9·11에 관한 지젝의 견해는, 20세기는 말 그대로 실재에 대한 열망에 사로잡혀 있었으며 실재의 포착 불가능성은 지속적인 폭력을 선동한다는 명제로 시작된다. 가령 스탈린 시대를 횡행했던 악명 높은 반혁명 재판을 예로 들자면, 그것의 부조리함은 역설적으로 실재의 작동을 지탱하는 힘이었다는 것이다("만일 배후에 아무것도 존재하지 않는다면, 그렇게 잔혹해질 필요도 없었을 것이다"). 만일 실재에 대한 열망이 정치적 잔혹 극장의 순수한 가시성으로 전환될 수 있다면, 가시성에 대한 포스트모던의 열망은 현실의 귀환과 같은 것으로 종결될 수 있을 것이다. 하지만 이때 현실 자체는 현실의 가상에 불과할 따름이고, 따라서 테러 행위는 무엇보다도 테러의 이미지적 외양을 띤다는 논리가 성립한다. 지젝의 계속되는 설명에 따른다면, 우리는 '실재의 사막'에 초대되었지만 거기서 우리가 볼 수 있는 것은 다만 할리우드 블록버스터의 클리셰에 지나지 않는다. 요컨대 현실이 이미지로 들어간 게 아니라 이미지가 우리의 현실로 틈입한 것이고, 그 바닥까지 죄다 뒤흔들어 놓았다는 말이다.

그 결과 재난 영화의 상영이 금지되면서 우리는 다음과 같이 질문할 권리를 빼앗겨 버렸다. "어디서 우리는 이 많은 장면들을 보았던가?", "왜 현실은 자신의 이미지를 그토록 쏙 빼닮았는가?" 만일 우리가 이런 질문들에 어떻게든 답변하고자 한다면, 우리는 곧 표상 불가능하고 외부적인 바로 그것, 즉 제3세계는 바로 우리 자신이라는 사실을 깨닫게 될 것이다. 이것이 지젝이 '헤겔의 교훈'으로 설명하고자 했던 내용이다. 미국은 지금, 예전에 온 세계를 위해 일하는 것인 양 위선을 떨며 모든 것들을 사유화한 대가를 치르고 있다. 이제 한때나마 미국을 다른 나라들과 구별해 주던 가식적인 스크린은 완전히 깨져 버렸다. 수잔 벅-모스는 이런 사태를 특정 국가에 의한 '전 지구적 공론 영역'의 불법적인 탈취라 부른 바 있다.

오직 로티의 입장만이 9·11에 관한 공식적 채널에 가장 일치하는 듯하다. 그런데 사실 이 입장에는 잠재적인 파괴성이 도사리고 있다. 로티가 대놓고 언명하는 내용은 기실 권력이 언제나 수사적 차원에서 덧칠한 다음에나 꺼내 놓는 것들이기 때문이다. 실제로 그가 이야기하고 있는 것은 암묵적으로는 용인되어 있으되 공개적으로는 공표할 수 없는 사실들이었다. 가령, 우리 자유 세계의 대변인들은 제3세계에서 아무것도 배울 것이 없다든지, 우리의 삶의 수준은 제3세계의 자원에 의존해 있기 때문에 그들은 결국 절멸하고 말 것이라든지, 혹은 누군가는 반드시 세계의 경찰 역할을 맡아야 한다든지 등등. 전반적으로 로티의 선견지명은 탁월한 진정성을 담보하고 있다. 그의 판단이 틀렸던 때는, 그가 서구에 의해 '학대받고 모욕당한' 제3세계 민중들의 투쟁에 대한 서구의 입장을 미국 흑인들의 권리를 위한 마틴 루터 킹의 투쟁과 비교했던 그 단 한번뿐이었다. 진정 서구의 입장이 로티가 다듬어 놓은 '반동적 진정성'에 있다면, 서구는 극단적 빈곤에 처한 제3세계를 도울 수 있을 뿐만 아니라 그러한 빈곤의 가장 근본적인 원인을 제공하고 있다고 말할 수 있으리라.

로티의 논증에서 제3세계가 차지하는 위상이 대단히 미미한 반면, 지젝과 벅-모스는 우리에게 끊임없이 제3세계를 상기시키고 있다. 9·11로 미국이 겪은 충격은 ('실재의 사막'이자 착취의 대상인) 제3세계의 거대한 편린이 세계 자본주의의 심장부에서 불쑥 솟아올랐다는 사실과 관련된다는 식이다. 다른 한편, 보드리야르와 그로이스에게 제1세계와 제3세계의 대립은 본질적인 중요성을 지니지 않는다. 테러의 '항체'는 모든 곳에 편재해 있다. 음모의 그물이 사방에 촉수를 뻗고 있을뿐더러 부차적 대립들을 종속시키는 '특권화된' 중심 대립 따위도 존재하지 않는 것이다. 데리다의 입장이 전투적인 중립성에 있다면, 로티는 다분히 우파적이라 할 수 있다. 반면 지젝과 벅-모스는 좌파적이고, 보드리야르와 그로이스는 허구라고 선언된 정치의 바깥에서 자신들의 자리를 찾는다. 보드리야르가 자신의 에세이를 "전쟁은 다른 수단에 의한 정치 부재의 연속이다"라고 끝맺고 있거나 그로이스가 테러 행위에서 현대 예술의 파생적 요소를 찾아내고자 하는 것 등은 우연한 일이 아니다. 이들에게 정치의 자리를 대신하는 것은 이미지다. 벅-모스의 용어를 빌리자면, 그들은 '이미지 근본주의자들'인 것이다.

폴 비릴리오는 9·11에서 무엇보다도 펜타곤의 일망주의적一網主義的 독트린이 붕괴해 버렸다는 것, 그리고 지금까지 존속해 온 전쟁과는 아무런 공통점이 없는 새로운 의미의 전쟁, 곧 '우발 전쟁'의 원리가 나타났다는 것을 지적한다. 지금까지 인류는 국가 간 전쟁과 내전의 형태만을 알아 왔으나 이제 최초로 '우발 전쟁'의 시대와 마주하게 된 것이다. 여기서 비릴리오는 새로운 전쟁의 양상을 "말하는 법을 처음부터 배워야 하는 외국어"에 비견함으로써 범상치 않은 해체적 접근법을 취하고 있다. 아쉽게도, 비릴리오는 데리다와는 달리 이 개념을 동떨어진 은유에 방치함으로써 더 이상 발전시키지는 않았다.

만일 비릴리오의 판단을 신뢰한다면, 이 새로운 상황에서 특히 위험한 것은 전적인 결정 불가능성이다(이에 관해서는 보드리야르와 그로이스, 지젝의 견해도 다르지 않다). 그것은 세계대전으로 향하는 첩경이 될 수 있기 때문이다. 비릴리오에게 '테러리즘의 극단성'에 맞서 유일하게 조망 가능한 전략은 '전쟁의 재정치화', 즉 전쟁을 과거의 형태로 되돌리는 일이다. 전쟁 당사자들이 협상을 준수하고, 또 전시 정책을 선포하던 그 형태 말이다. 하지만 비릴리오 자신도 이러한 유토피아의 실현을 그다지 믿는 듯하진 않다. 지금은 전적인 결정 불가능성이 도래한 시대이기 때문이다. 예컨대 펜타곤과 그 배후를 지원하고 있는 군산 및 군사 과학 복합체의 퇴패라든지, 예측 불가능한 결과를 몰고 올 '우발 전쟁', 혹은 테러리스트들에 의해 조종됨으로써 총체적인 파멸을 몰고 올 새로운 기술적 수단의 등장 등등…….

새로운 양상의 테러에 대한 대응책으로 나타날 수단 가운데 비릴리오의 두려움을 사는 것은 '경찰국가의 귀환'이자 동시에 미래 도시에서의 '초월적 감시 권력'의 확대이다. 물론 이런 비관적 전망을 갖는 이가 당연히 비릴리오 혼자만은 아니다.

'질주학'dromologie, 속도에 관한 학문의 창시자인 비릴리오는 테러는 항상 언론을 장악하려 했으며, 모든 '예측 불가능한' 사건이 벌어지는 영역은 텔레비전 화면과 컴퓨터 모니터상이라는 것을 늘 주장해 왔다. 9·11 이후 조성된 상황을 그가 얼마나 절망적으로 느끼는지 아는 데는 단 하나의 인용구만으로도 충분하다. "이 공격이 세계 평화에 끼친 위협은 사라예보 사건[48]이 유럽 평화에 대해 끼친 위협 이상이다."[49] 비릴리오의 이런 비교

48) 1914년 6월 28일 보스니아-헤르체고비나의 수도 사라예보에서 벌어진 오스트리아 황태자 부부 암살 사건. 황태자 페르디난트 대공 부부가 육군 사열식을 참관하기 위해 행차하던 중 보스니아 독립을 열망하던 청년들에게 공격당해 사망했다. 이 사건이 계기가 되어 제1차 세계대전이 발발했다. —옮긴이

49) Paul Virilio, "Vom Terror zur Apocalypse?", S. 5.

는 9·11이 제4차 세계대전이자 전 지구화 시대에 일어난 첫번째 전쟁이며, 그것의 논리는 냉전을 포함한 여타의 전쟁들과는 판이하게 다르다고 주장한 점에서 보드리야르의 입장과 궤를 같이하고 있다.

로티와 지젝, 그로이스 및 벅-모스의 결론이 상당히 비관적임에도 불구하고, 그들은 섣불리 종말론적 결론으로 치닫지 않는다. 다만 테러에 관한 각자의 의견과 판단이 서로 다름에도, 사회적 금제 및 결정 불가능성의 증대, 민주주의적 가치의 위기, 그리고 서구적 복리에 치명적이라 할 수 있는 자본 유동성의 저하 등등 9·11 이후 더 나쁜 결과가 이어질 것이라는 전망은 공통적이다. 또한 후기 산업사회의 발전을 떠받치는 논리 일반에 이 테러 사건이 더 깊이 뿌리내리고 있을수록 그것이 초래할 결과는 더욱 암울할 것이란 예견도 서로 다르지 않다. 설령 그로이스의 말대로 9·11이 '개별적인' 사건에 불과하다 해도, 그것이 동반할 결과는 여전히 불투명하기만 하다. 이 사건을 할리우드 공포 영화 또는 급진 예술 전시회를 관람한 것과 비교할 수 없는 노릇이다. 사정이 이런데도 종말론적 파국은 아니라며 태연하게 거리를 두는 철학자들을 보고 있자면, 학문적 관점에서는 평행선을 달리는 그들이 정작 사태의 자장으로부터는 한 발 물러선 채 테러 자체에 관한 평가와는 동떨어진, 오직 예견 가능한 결론만을 내리고 있는 것은 아닌지 심히 의심스럽다. 마치 사태 자체에 대해 흥미를 잃은 지식인들이 사태를 '미학화'하면서도 그 결과를 처리하는 일은 망각해 버린 것처럼.

2002년 2월 1~11일

모스크바에서

옮긴이 후기

미하일 리클린과 포스트-소비에트 시대의 러시아 사유

아직 우리에게 생소한 이름인 미하일 쿠지미치 리클린은 포스트-소비에트 시대 러시아의 사상을 이끌어가는 철학자 중 하나이다. 그는 1977년 모스크바 대학에서 레비-스트로스의 구조주의 연구로 박사학위를 받고서, '공식적인' 소비에트 철학의 지침들을 아슬아슬하게 비껴가며 꾸준히 서구 현대 철학과 접속해 왔다. 가령 제임스 프레이저의 『황금가지』를 러시아어로 번역[1]한 것도 리클린이며, 이러한 신화에 대한 그의 흥미는 비단 레비-스트로스에 대한 학제적 연구에 그치지 않고 근대 서구 사상 전반에 대한 그의 탐구 여정의 일부임이 드러났다. 또 리클린은 들뢰즈·가타리의 『안티 오이디푸스』를 러시아에 처음으로 소개[2]한 장본인이기도 했는데, 그의 회고에 따르면 '자본주의와 분열증'이라는 다분히 도발적이

1) Дж. Фрезер, *Золотая ветвь*, перевод М. Рыклина, Москва: Политиздат, 1986.

2) Ж. Делез и Ф. Гватари, *Капитализм и шизофрения: Анти-Эдип*, Москва: ИНИОН, 1990. 원서의 4분의 1 분량으로 요약되어 출판된 이 책은 2007년 드미트리 크랄레츠킨에 의해 완역본으로 재출간되었다. Ж. Делез и Ф. Гваттари, *Анти-Эдип: Капитализм и шизофрения*. *Екатеринбург*: *У-Фактория*, 2007.

고도 모호한 이 책의 제목이 마치 서구에 대한 비판처럼 읽힌 감이 있어 소비에트 체제 말기의 검열 기구를 무사히 통과할 수 있었다는 것이다.

체제가 강요하던 방향과는 다른 사유의 가능성을 꿈꾸던 그 시대의 다른 많은 이들이 그랬던 것처럼, 여러 가지 우여곡절을 겪으며 미하일 리클린은 소비에트 연방의 몰락 이후 러시아 철학이 서구의 사유와 교통할 수 있는 주요한 창구 역할을 해왔다. 소비에트 연방의 역사적 해체가 가까웠던 1980년대 말 유럽에서 거주할 무렵 자크 데리다를 비롯해 명망 있는 철학자들과 교우했던 경험도 그의 지적 이력을 형성하는 중요한 축으로 볼 수 있다. 『모스크바의 데리다』(1993), 『해체와 파괴』(2002) 등은 그 결산격이라 할 만하다. 리클린은 자기 사유의 스승으로 메랍 마마르다슈빌리Merab Mamardashvili와 자크 데리다 두 사람을 꼽는데,[3] 전자가 소비에트 철학의 집대성으로 '사유의 종합'에 역점을 둔다면, 후자는 예의 해체론으로서 그의 사유에서 가장 큰 이론적 바탕을 이루고 있다.

하지만 단순히 해체론의 연장선에서 리클린 사유의 자리를 비정하기엔 아직 이르다. 비록 해체론을 자기 사유의 이론적 준거로 인정하고 있으나, 실천적 측면에서 그는 해체론의 정석들을 그대로 따르지만은 않고 있기 때문이다. 사실 그는 해체의 이론적 탐구에는 별 관심이 없다. 해체의 큰 틀, 총론은 데리다 자신이 이미 짜 놓았으며, 이제 필요한 것은 오히려 각론, 곧 해체의 실천이라는 것이다. 역설적으로 각론을 통해 총론은 꾸준히 재구성되며, 복수적 변환의 과정을 통과한다. 이런 맥락에서라면

---

3) Михаил Рыклин, "Произведение философии в эпоху "суверенной демократии" ", *Кто делает философию в России*. Т. 1. Москва: Поколение, 2007, С. 247〔미하일 리클린, 「'주권적 민주주의' 시대의 철학 작품」, 『러시아에서 누가 철학을 하는가?』〕

데리다의 작업도 하나의 '각론'일 뿐, 총론 따위는 기획된 적이 없다고 볼 수 있다. 리클린이 순수 이론 철학적 저술을 쓰는 데 그리 급급해 하지 않는 이유도 여기 있다. '해체의 실천' 혹은 '실천적 해체론'이라 명명할 만한 리클린의 과제는 포스트-소비에트 시대 러시아의 문화적 지형도를 추적하고 분석하는 데 놓여 있기 때문이다. 여기서 그가 제기하는 질문들은 대강 이렇다. "전체주의 사회의 욕망 구조는 어떤 것인가?", "그 구조는 어떤 방식으로 지속되기에 지금까지도 사라지지 않고 있는가?"

전체주의 사회의 본성은 무엇인가 혹은 사회는 언제 그리고 어떻게 전체주의로 빠져드는가에 대한 질문은, 러시아사 전체를 관통하는 사회적 심성 구조에 대한 물음이자 사회 일반의 동력학에 대한 질문이기도 하다. 리클린은 이반 뇌제Ivan the Terrible로부터 표트르 대제Peter the Great까지, 또 제정 러시아로부터 소비에트 제국에 이르기까지의 러시아 역사를 전체주의라는 거대한 힘에 때로는 빨려들기도 하고 때로는 벗어나기도 했던, 복속과 탈주의 과정으로 보기 때문이다. 특히 소비에트, 또는 스탈린주의의 경험은 지금까지도 완고하게 남아 있는 전체주의의 상처와 흔적, 관성을 증거한다. 이런 관점에서 볼 때, 현재의 러시아 사회는 (단절/연속의 동시성으로서) 여전히 (포스트)소비에트적 구조 위에 놓여 있으며, 이런 상황에서 해체의 실천은 당연히 정치적 성격을 띨 수밖에 없다. 시평집 『환희의 공간: 전체주의와 차이』(2002), 『진단의 시대』(2003) 등은 이러한 판단의 결과물이다.

실제로 러시아 사회에 대한 해체론의 적용은 그의 삶을 '극적인' 실천의 무대로 이끌어 갔다. 2003년 전위예술가이자 비평가인 아내 안나 알추크Anna Altschuk가 기획한 전시회 '종교 조심!'(이 제목은 '개조심!'과 같은 맥락에서 대단히 희화적이고 풍자적으로 읽힌다)이 성물 모독을 이유로 기소되어 오랜 법정 투쟁을 벌여야 했던 까닭이다. 근 5년간 이어진 지리한 재판은 일단 무혐의로 종결되었으나, 리클린은 이론의 바깥, 해체적 실천의 장이 얼마나 험난한 것인지 온몸으로 절감해야 했으며, 러시아에서의 지적 활동이 더 이상 가능하지 않음을 깨닫고 베를린으로 이주하기에 이른다. 더욱이 이 파문은 2008년 초엽 안나가 의문의 죽음을 맞음으로써 극적인 파국에 도달하고 만다(이 사건의 전체 경과는 2006년 출간된 『철십자, 십자가, 별』에 기술되어 있다). 어느 대담에서 밝혔듯, 이 과정/소송process은 그로 하여금 한 사회의 의식 기저에 완고하게 자리 잡은 (전체주의적) 무의식과의 투쟁이었으며, 그에 저항하는 해체의 실천은 다양한 전략들을 통해 그 사회의 무의식적 심급에 파고들어야지 논리적·법리적 공방을 통해 일거에 전복할 수 없음을 깨닫게 해준 값비싼 '수업'에 다름 아니었다.

욕망 또는 무의식의 파괴적 힘에 대한 주목은 리클린과 들뢰즈·가타리 사이의 친연성을 부각시킨다. 데리다의 해체주의적 전략을 충실히 따르면서도 사회 하부에 자리 잡은 무의식과 욕망의 잠재력을 결코 무시해서는 안 된다는 게 그의 관점이다. 문제는 이 힘의 성격을 어떻게 규정하느냐에 놓여 있는데, 아무래도 리클린은 들뢰즈·가타리처럼 욕망과 무의식을 마냥 긍정하지만은 못하는 것 같다. 전체주의, 무엇보다도 스탈린주의 사회의 경험은 그로 하여금 대중의 욕망이 경직된 선형화의 길을 따를 때 발생하는 부정적 효과에 더 민감하도록 만들었으며, 이는 최근 출간된 『종교로서의 사회주의』[4]의 주요 내용을 이루는 것이다. 어디로 튈지 모르는 대중의 가공할 만한 힘과 (흔히 '혁명적 낙관주의'라고 포장된) 지식인의 감상적 낭만주의가 영합할 때 빚어지는 폭력의 역사는 리클린이 '파괴'

---

4) Michail Ryklin, *Kommunismus als Religion*, Frankfurt a.M.: Insel, 2008.

destruction라는 주제보다 '해체'deconstruction라는 보다 신중하고 조심스러운 접근법을 선호하게 만든 이유이다. 데리다나 지젝 등과의 대담에서도 선명히 드러나는 것처럼, 소비에트 러시아 출신의 지식인 리클린에게 대중의 욕망과 무의식의 힘에 온전히 휩쓸리는 것은 대단히 위험스럽고도 공포스런 일이 아닐 수 없다.

하지만 해체와 파괴라는 이 책을 이끌어 가는 두 가지 열쇠어들을 전적인 부정성의 차원에 국한시켜 이해하는 것도 옳지 않다. 명백히 하이데거를 염두에 두고 사용된 '파괴'와 그에 대한 대응어인 데리다의 '해체'에는 강력한 구축적 의지가 동시에 포함되기 때문이다. 모든 가치의 붕괴와 전도 뒤에 남은 것은 전적인 무無로서의 폐허, 공허가 아니라 차라리 이전과는 다른 맥락에서 구성되는 낯선 가치, 새로운 가치에 다름 아니다. 해체론과 들뢰즈의 긍정의 힘이 만나는 지점이 바로 여기이며, 리클린이 수차례 인용하면서 자기 사유의 준거로 내세우는 미하일 바흐친Mikhail Bakhtin의 '생성 능력'에 대한 강조도 그에 다르지 않다.

해체 혹은 파괴와 전체주의적 의지가 갈라지는 결정적 지점은 전자가 반反목적론에 기반한다는 사실에 있다. 절대적인 초월적 목적을 설정하는 여하한의 구축주의도 해체/파괴의 운명을 비켜갈 수 없는 것이다. 그러므로 문제는 구축주의, 구성에의 의지를 거부하는 게 아니라 그로부터 목적론적 함의를 제거하는 것, 알튀세르의 말을 빌린다면 그것을 '주체도 목적도 없는 과정'으로 돌리는 데 있을 것이다. 스탈린주의의 광풍으로 모든 것이 황폐화된 러시아의 현실에서 절실히 요청되는 것은 형이상학의 해체가 아니라 오히려 그것의 긍정이며 재건에 있다는 리클린의 주장은 이런 맥락에서 거듭 음미해 볼 필요가 있다.

* * *

첫 번역서를 낳는 데 든 괴로움과 힘겨움을 토로하는 게 자칫 구차한 변명이나 엄살로 비칠까 망설여진다. 애초엔 박사논문을 집필하는 틈틈이 아르바이트를 한다는 가벼운 마음으로 뛰어들었으나, 나중엔 온통 번역하는 일에만 매진해도 과연 이 일을 끝낼 수 있을지 도무지 확신이 서지 않았다. 도대체 뜻이 통하는지 마는지, 알 듯 말 듯한 문장들을 두고 며칠이고 가슴 썩였으며, 적절한 기존의 번역어가 없는 용어들은 대담하게 만들어 적어 봤다가 미심쩍은 마음으로 지웠다 다시 쓰길 수십 차례 반복한 것 같다. 번역에 입문하는 과정에서라면 누구나 겪어 봤을 일이겠지만, 내게도 쉽지 않은 수업이었음은 틀림없는 듯하다.

번역을 맡으며, 또 번역을 마칠 무렵 모스크바에 잠시 들렀던 리클린 교수를 만나 두 차례 인터뷰를 나눌 기회가 있었다. 첫 만남 때는 부인 안나 알추크가 친절히 맞아 주며 차를 권하기도 했는데, 두 번째 방문에서는 홀로된 리클린이 몹시 기운을 잃은 듯 보여 안타깝기만 했다. 하지만 철학과 정치, 소비에트의 경험과 전체주의 등에 대한 자신의 생각을 열성적으로 설명하는 그의 모습에서 '전투적' 해체주의자의 활기를 다시금 발견하는 건 역시 즐거운 노릇이었다. 더구나 미처 정리되지 않았던 내 사고의 맹점들을 그가 짚어 줄 땐 즐거운 감동마저 이는 듯했다.

동양의 언어로는 처음 번역된다는 한국어판 출간에 보여 준 리클린의 지속적인 관심에 고마움을 금할 길 없다. 그는 『해체와 파괴』의 독일어 번역본[5]을 선물해 주었고, 의미를 분간할 수 없는 애매한 부분들에 대해

5) Michail Ryklin, *Dekonstruktion und Destruktion*, Zürich-Berlin: diaphanes, 2006.

서는 이메일로 상세한 부연 설명을 덧붙여 주기도 했다. 한국어 번역본에서 러시아어본이나 독일어본과 정확히 합치하지 않는 부분들이 있다면, 리클린의 동의를 얻어 역자가 덧붙이거나 빼내는 윤문 작업을 한 결과로 보면 되겠다. 원문의 너무 긴 문장들은 글의 흐름과 맥락을 고려하여 줄갈음을 했는데, 이런 노력들이 효과를 거둬 이 책을 읽는 데 역효과를 주지 않길 바랄 뿐이다.

하지만 여전히 아쉬움은 남는다. 먼저 프랑스어에서처럼 러시아어 역시 2인칭 대명사에는 친칭$_{ty}$과 존칭$_{vy}$이 존재하는데, 철학자들 간의 대담을 한국어로 옮기는 상황에서 이런 사항들을 세심하게 반영하기 어려웠다. 예컨대 가타리와의 첫번째 대담은 존칭으로 이루어진 반면 두번째 대담은 이미 친칭으로 옮겨 가고 있어서 대담자들이 한결 가깝게 서로의 사상을 나누는 사이가 되었음을 보여 주었는데, 이 점을 한국어 번역으로는 적절히 표현할 수 없었던 것이다. 두번째는 소비에트 연방의 몰락 이후 열악해진 러시아 출판 사정을 반영하는 것인지, 러시아어 원본에 나타난 수많은 오기와 오류, 불명확한 지점들을 전부 고칠 수 없었다는 점이다. 다행히도 독일어 번역자들이 서지 사항이라든지 잘못된 연도 표기 등을 수정해 두었으나 어떤 것들은 도저히 원래 단어나 의미를 짐작하기 어려웠다. 더구나 대담자들이 잘못 말한 내용, 막연한 기억에 의존해서 발언한 내용들까지 일일이 찾아내 교정하기란 정말 불가능한 일이 아닐 수 없었다. 오랜 시간이 경과해서인지 리클린 역시 정확히 기억하지 못하는 부분이 있었고, 그런 부분들은 하는 수 없이 옮긴이가 한국어로 적절히 문맥을 따져 가며 보충해 넣을 수밖에 없었다.

부언하자면, 대담 전체는 리클린이 유럽에 머물 당시인 1990년대 초 녹음된 것인데, 영어·독일어·프랑스어·러시아어 등으로 녹취된 내용을 리클린과 그의 친구들이 듣고 풀어내는 작업을 거쳐 나온 것이다. 당연한 말이지만, 근 20년 전 아마도 대학원생들이었을 리클린의 친구들이 유럽 최고의 지성들과 나눈 대화를 온전히 이해하고 풀어내기란 쉽지 않았을 일이다(녹음 원본이 현재 어디 있는지도 이젠 불명확하다고 한다). 때문에 상당한 오기와 오류들이 발견되었고, 일부는 독일어 번역자들이 바로 잡았으며, 또 다른 일부는 역자가 고쳐 갈 수밖에 없었다. 『해체와 파괴』의 한국어 번역본에는 상당한 분량의 각주들이 달려 있는데, 특별히 지은이 표시를 하지 않은 것들은 (일부 독어판의 도움을 받아) 역자가 단 것들이다. 각주 중 어떤 것들은 꽤 상세한 설명을 포함하는 반면 어떤 것들은 건성으로 몇 글자 쓰고 지나간 것들이 있을 텐데, 각주 달기가 자기 공부의 기록이라고 본다면 어떤 곳에선 열심히 고민하고 생각한 흔적이 남아 있지만 다른 곳에선 얼렁뚱땅 그냥 넘어간 것들이 보이는 듯하여 부끄러운 마음이 든다. 후일 개정본이 나온다면 보충해 나가도록 하겠다.

이 책을 옮기는 데 실로 많은 분들이 도움을 주셨다. 먼저 진태원, 복도훈 두 분께 큰 고마움을 전하고 싶은데, 두 분은 바쁜 일정을 쪼개어 텍스트 전문을 읽고 번역상의 실수와 부정확한 서지 정보, 어색한 문체적 표현 등을 다듬어 주셨다. 또한 이재원, 김올가 두 분께도 몇몇 대담들을 읽고 고칠 점들을 지적해 주신 데 감사드린다. 아쉽게도 번역에 동참하진 못하였으나, 언제나 유익한 조언을 선사해 주신 이현우 선배에 대한 인사도 빼놓을 수 없다. 마지막으로 모스크바의 김민아, 이향화 두 친구에게 진심 어린 고마움을 전하고 싶다. 유학 말년, 개인적 사정들 때문에 잠시 취직 생활을 해야 했을 때, 무던히도 날 괴롭히던 갖가지 문제들을 해결하는 데 이 친구들이 도와주지 않았더라면 결코 편안하게 이 번역을 마칠 수 없었을 것이다. 그 외에도 오래 기다려 주신 그린비 식구분들과 연구

공간 '수유+너머'의 친구들 모두에게 인사를 전해야 옳겠으나, 책 한 권 번역해 내놓는 일에 유난히 너스레를 떠는 게 아닌가 저어되어 여기서 줄인다.

2009년 7월

최진석

찾아보기

ㄱ

ㄴ

ㅂ

ㅅ

ㅇ

ㅌ

ㅍ

ㅎ